Lebensraum Kindergarten

Lebensraum Kindergarten

Pädagogische Anregungen
für Ausbildung und Praxis

Herausgegeben vom
Ministerium für Kultus und Sport
Baden-Württemberg

Herder Freiburg · Basel · Wien
Verlag Ernst Kaufmann Lahr

Mitarbeiter-Verzeichnis

Das Ministerium für Kultus und Sport hatte in den Jahren 1972–1980 Fach- und Arbeitsgruppen eingesetzt, mit dem Auftrag, Ziele, Inhalte und Methoden der Kindergartenpädagogik zu entwickeln.

Mitglieder dieser Gruppen und ihr damaliger Arbeitsbereich:

Prof. Walter Barth, Päd. Hochschule Schwäb. Gmünd
Prof. Dr. Eva Bannmüller, Päd. Hochschule Esslingen
Eva Baumgärtner, Sozialpäd., Landesst. f. Erz. u. Unt., Stuttgart
Prof. Dr. Friedrich Bay, Päd. Hochschule Schwäb. Gmünd
Prof. Dr. Inge Birk, Päd. Hochschule Esslingen
Marianne Beck, Sozialpäd., Städt. Kindertagh. Stuttgart-Wangen
Rolf Constantin, Rektor, Südstadt GHS Pforzheim
Hartmut Daur, OStD Mörike-Gymnasium Göppingen
Prof. Dr. Hans Herbert Deißler, Päd. Hochschule Freiburg
Cäcilia Drews, Lehrerin, Grundschule Esslingen
Dagmar Eitel-Bayer, Erzieherin, Israelit. Religionsgem., Stuttgart
Elisabeth Freudenmann, Konrektorin, Spitalhof-Grundschule Ulm
Heinz Friese, Rektor, Landesbildstelle Karlsruhe
Otto Freudenmann, Rektor, U.-V.-Ensingen Realschule Ulm
Reinhard Funke, RSD, Oberschulamt Tübingen
Dr. Hartmut Gabler, Akad. Oberrat, Tübingen
Elfriede Geiger, Sozialpäd. Kindergarten Schwäb. Gmünd
Eleonore Geist, Sozialpäd., Modellkinderg. Schwäb. Frauenverein
Norbert Gildenhard, StD Uhland-Gymnasium Tübingen
Hans Gimmel, SOL, Sonderschule. f. Lernbehinderte, Gengenbach
Waltraut Graß, Dipl.-Päd., Landesst f. Erz. u. Unt., Stuttgart
Hans-Joachim Haase, Rektor, Grundsch. Weinstadt Großheppach
Sigrun Härtzsch, Abt. Leiter, Diakon. Werk, Karlsruhe
Prof. Walter Hanko, Päd. Hochschule Schwäb. Gmünd
Erich Harrer, Direktor, Städt. Jugendamt Stuttgart
Hans-Gerd Heinen, Rektor, Grundschule Musberg
Hermann Josef Ihle, Sozialarb., Psychol. Beratungsstelle Caritasverband Stuttgart
Christa Konietzko, Sozialpäd., Freiburger Modellkindergarten
Dr. Ernst-Michael Kranich, Leiter d. Seminars für Waldorfkindergärten Stuttgart
Hubert Kucher, M.A. Landesst. f. Erz. u. Unt., Stuttgart
Irmgard Lachenmaier, Lehrerin, Carl-Benz-Schule Stuttgart
Werner Lachenmaier, Dipl.-Soz., Landesst. f. Erz. u. Unt., Stuttgart
Heinrich Lang, Rektor, Bruderhof-Grundschule Singen/Htw.
Hannelore Lehnemann-Brieschke, Sozialpäd. Rottenburg
Werner Leupolz, RSR, Oberschulamt Freiburg
Ruth Macchini, FOL, Th.-Heuss-Grundsch., Mannheim-Waldhof
Brunhilde Maier, Ref., Ev. Landesverb. f. Kindertagesstätten in Wttbg.
Elisabeth M. Maier, Lehrerin, Bildungszentrum Bodnegg
Ursula Mayer, Ref., Diakon. Werk Karlsruhe
Helga Müller, Sozialpäd., Modellkinderg. des Diakon. Werkes Karlsruhe
Hildis Müller-Gaebele, OL, Talschule/PH Weingarten
Reinhard Mutter, Dipl.-Päd., Sonderschule L, Kandern
Ragnhild Neunhöffer, Dipl.-Pol., Dt. Parität. Wohlfahrtsverband Stuttgart
Mathilde Nüßlein, Sozialpäd., Landesjugendamt Stuttgart
Herta Pelz, Fachberaterin, Caritasverb. f. die Erzdiözese Freiburg
Gertrud Polster, Dipl.-Päd., Landesst. f. Erz. u. Unt., Stuttgart
Irmgard Rapp, Sozialpäd., Eichendorffschule Ludwigsburg
Hannes Reiber, OStR, Staatl. Sportschule Ludwigsburg
Helga Reich-Bürckert, Sozialpäd., Schulkinderg., Sttgt.-Feuerbach
Hilde Reiser, Kunsterzieherin, Kath. Fachsch. f. Sozialpäd. Stuttgart
Hubert Reiß †, Regierungsdirektor, Kultusministerium Stuttgart
Sigrid Rißmann, Dipl.-Päd., Fachsch. f. Sozialpädagogik, Ettlingen
Prof. Dr. Rudolf Sauter, Päd. Hochschule Schwäb. Gmünd
Helene Skorscheni, OStR'in, Kath. Fachsch. f. Sozialpäd. Stuttgart
Peter Scherer, Dipl.-Päd., Caritasverband für Württemberg
Prof. Dr. Rudolf Schilling, Päd. Hochschule Schwäb. Gmünd
Heinrich Schmitt, Ref., Caritasverband für die Erzdiözese Freiburg
Clara Schneider, Dozentin, Ev. Fachschule für Sozialpäd. Karlsruhe
Hartmut Schrenk, Dipl.-Päd., GHS Gammertingen
Elsbeth Steudle, Sozialpäd., Ev. Fachschule für Sozialpäd. Weinstadt/Beutelsbach
Merve Stöckle, Lehrerin, Schloßwallschule Schorndorf
Dr. Dieter Strecker, Dozent, Ev. Fachhochsch. f. Sozialw. Reutlingen
Dr. Kurt Sütterlin, Schulrat, Ministerium für Kultus und Sport
Gisela Theel, Sozialpäd., Internat. Kindertagesstätte Haus am Löwentor Stuttgart
Ulrich Thumm, Rektor, Landesbildstelle Stuttgart
Klaus Utz, Lehrer und Dipl.-Psych., Weingartenschule Freiburg
Prof. Karl Wendelstein, Musikhochschule Stuttgart
Thilde Wolf, Direktorin, Ev. Fachschule für Sozialpäd. Reutlingen
Dr. Margarita Beitl, Reg.-Dir., Ministerium für Kultus und Sport

---

Die Veröffentlichung sowie die ihr zugrunde liegenden Versuche wurden im Rahmen der Bund-Länder-Kommission vom Bundesministerium für Bildung und Wissenschaft finanziell gefördert. Ferner hat die Stiftung für Bildung und Behindertenförderung GmbH in Stuttgart einen Druckkostenzuschuß gewährt.

12. Auflage
Alle Rechte vorbehalten – Printed in Germany
© 1981 Verlag Herder, Freiburg, Verlag Ernst Kaufmann, Lahr
Herstellung: Freiburger Graphische Betriebe 1994
ISBN 3-451-19296-9 (Herder)
ISBN 3-7806-0447-7 (Kaufmann)

Vorwort

Nach meiner Überzeugung ist mit dem „Lebensraum Kindergarten" ein grundlegendes Buch für alle Erzieher im Kindergarten entstanden. Es geht um nichts weniger als den Nachweis, daß der Kindergarten einen eigenständigen Erziehungs- und Bildungsauftrag hat. Das Buch zeigt, daß es sowohl notwendig als auch möglich ist, Kinder im Alter zwischen drei und sechs Jahren ihrer Entwicklung gemäß zu betreuen und zu fördern.
Ich freue mich, daß dabei dem musischen Bereich ein so großes Gewicht beigemessen wird. Kinder im Kindergarten sollen singen, spielen, malen, basteln, sich bewegen und sich auch austoben können. Mit einem Wort: Die Kinder sollen sich wohl fühlen im „Lebensraum Kindergarten". Es ist das Verdienst des Buches, diese alten Erfahrungsgrundsätze wissenschaftlich fundiert zu haben.
Eine weitere Aufgabe des Kindergartens ist es, den Kindern den Übergang vom Kindergarten zur Grundschule zu erleichtern. Das vorliegende Buch gibt für die Abstimmung der Erziehungsziele und Erziehungsstile sowie für Inhalt und Methode beider Bereiche pädagogische Grundlagen und didaktische Anregungen.
Allen, die an der Entstehung des Werkes mitgearbeitet haben, danke ich ebenso wie jenen, die sich um die praktische Verwirklichung der pädagogischen Grundgedanken bemühen und dabei durch dieses Buch ermutigt werden.

Mayer-Vorfelder

Inhalt

Vorwort V

Einleitung 1

Grundlagen

1. *Ziele und Aufgaben* 4
2. *Zusammenarbeit mit Eltern* 5
3. *Zusammenarbeit zwischen Kindergarten und Grundschule* 9
4. *Hinweise zur Planung und zu den Schwerpunkten* . 11

Schwerpunkte der Kindergartenpädagogik

Spielen

1. *Begründung und Zielstellung* 17
2. *Hilfen für die praktische Arbeit* 17

    Grundlagen 17
    Spielpädagogische Aufgaben 20
    „Freispiel" – Freies Spielen 20 – Planung der Zeit 21 – Gestaltung des Raumes 22 – Bereitstellung von Spielmaterial 25 – Begleitung des Spielens durch den Erzieher 26
    Rollenspiel als Beispiel für die spielpädagogischen Aufgaben des Erziehers im freien und strukturierten Spielen 28

3. *Elternmitarbeit* 30
4. *Literatur und Materialien* 31

Soziales Lernen

1. *Begründung und Zielstellung* 33
2. *Soziale Lernfelder* 34

    Zentrales Lernfeld Familie 34
    Erweitertes Lernfeld Kindergarten 35

3. *Beispiele für soziales Lernen* 36

    Soziales Lernen im Kindergarten 36
    Erste Formen sozialer Kontaktaufnahme 38 – Spontane Gruppierungen 38 – Beziehungen aufbauen 39 – Streiten – Sich-Versöhnen 39 – Sich-selbst-Erfahren 40 – Feste feiern 41 – Mitfühlen 41

    Öffnung und Erweiterung des Lernorts Kindergarten 43

4. *Ergänzende didaktisch-methodische Hilfen* ... 45
5. *Elternarbeit* 47
6. *Literatur* 48

Religiöse Erziehung

A. Evangelisch 51

1. *Begründung und Zielsetzung* 51
2. *Begegnung des Kindes mit religiösen Fragen und Problemen in Familie und Kindergarten* 52
3. *Der Erzieher vor der Aufgabe religiöser Erziehung* 52
4. *Religiöse Erziehung als Thema der Elternarbeit* ... 53
5. *Religionspädagogische Anregungen und Materialien zu Themen aus anderen Schwerpunkten* 54

    Vorbemerkung 54
    Natur – Gottes Schöpfung 55
    Maschine – Hilfe und Bedrohung 56
    Geschenkte Zeit – Vertane Zeit 57
    Geliebt ohne Gegenleistung 58
    Standhalten, Vergelten oder Vergeben 59
    Geschöpfe und Partner Gottes 60
    Menschen brauchen einander 61

6. *Exemplarische religionspädagogische Einheiten, in denen das Anliegen christlicher Erziehung integriert ist* 63

    Einführung in die Planungshilfen 63
    Planungshilfen 65
    Erfahrungen mit einem Freund 64 – In Gottes Hand geborgen 68 – Die Heilung des Gelähmten (Joh 5, 1–9) 72 – Jesus segnet die Kinder (Mk 10, 13–16) 74 – Geburtstag 77 – Herbstzeit – Dank für Gottes Gaben 80

7. *Literatur* 84

B. Katholisch 87

1. *Begründung und Ziele* 87
2. *Hilfen für die praktische Arbeit im Kindergarten* .. 90

Ausgangslage der Kinder in Familie und Kindergarten	90
Anforderungen an den Erzieher	91
Planungshilfen für die Arbeit mit Kindern	92
Planungshilfen für die Arbeit mit Eltern	97
3. Literatur und Materialien	98

Sprechen und Sprache

1. Begründung und Zielstellung	101
2. Grundlagen	101
3. Beispiele, Anregungen und Anlässe	104
Durch Sprache zu anderen Menschen Beziehungen herstellen	105
Sich Mitteilen 105 – Fragen 106 – Bitten und Ablehnen 106 – Sich verteidigen und jemanden in Schutz nehmen 106 – Gemeinsam überlegen, planen und ausführen 108 – Etwas in Erfahrung bringen wollen 108 – Gefühle zeigen 109 – Exkurs: Unterstützende Angebote in Einzelfällen 110	
4. Elternarbeit	111
5. Exkurs: Über den Umgang mit Literatur im Kindergarten	112
6. Literatur	119

Ästhetische Erziehung

1. Begründung und Zielstellung	122
2. Gestalterische Tätigkeiten	122
Ausgangslage	122
Handlungsfelder	130
Zeichnen	130
Malen	132
Drucken	134
Reißen und Schneiden	136
Plastisches Gestalten	137
Bauen	140
Freier Umgang mit Materialien/Elementare textile Verfahren	142
Mimisch-gestisches Spielen	143
Didaktisch-methodische Hinweise	145
3. Wahrnehmungslernen	146
Ausgangslage	146
Wahrnehmungsförderung	148
Praxisbeispiel	149
4. Eltern	152
Vorüberlegungen	152
Der Elternabend	152
Mit Eltern und Kindern werken	153
Feste und Feiern	153
5. Literatur	154

Rhythmisch-musikalische Erziehung

1. Begründung und Zielstellung	156
2. Hilfen für die praktische Arbeit	157
Grundlagen	157
Aufgaben der rhythmisch-musikalischen Erziehung	158
Der rhythmische Aspekt: Wahrnehmen – Bewegen – Sich-Ausdrücken 158 – Der musikerzieherische Aspekt: Singen – Musizieren – Hören 162	
Hinweise zur Planung	163
Darstellung exemplarischer Themenbereiche	165
Vorschläge für die Raumgestaltung und Materialausstattung	172
3. Elternarbeit	175
4. Literatur	176

Bewegungserziehung

1. Begründung und Zielstellung	179
2. Methodisch-didaktische Hinweise	179
3. Aufgabenfelder	180
Spiele	180
Körpergefühl, Raum- und Zeiterfahrung	182
Umgang mit Geräten	184
Spielen und Schwimmen im Wasser	186
4. Eltern	189
5. Literatur	190

Erfahrungen mit der Umwelt (Natur und Technik)

1. Begründung und Zielstellung	192

2. *Grundlagen* 192
   Ausgangslage des Kindes 192
   Anforderungen an den Erzieher 193
   Didaktische und methodische Hinweise ... 196
   Grundbedürfnisse des Kindes 196 – Mögliche Inhalte und ihre didaktisch-methodische Aufbereitung 197

3. *Darstellung exemplarischer Erfahrungsbereiche* .. 199
   Erfahrungsbereich Wasser 199
   Erfahrungsbereich Feuer, Wärme, Licht .. 208

4. *Literatur und Medien* 221

Verkehrserziehung

1. *Begründung und Zielstellung* 224
2. *Didaktische und methodische Hinweise* ... 224
3. *Eltern* 225
4. *Literatur* 226

Pädagogische Hilfen für die Arbeit mit ausländischen Kindern im Kindergarten

1. *Begründung und Zielstellung* 228
   Zur Situation der ausländischen Kinder .. 228

2. *Hilfen für die praktische Arbeit mit Kindern ausländischer Arbeitnehmer im Kindergarten* 230
   Hilfen zur Einführung des ausländischen Kindes in den Kindergarten 231
   Spielen und Leben in der Gruppe 233
   Hilfen zum Erlernen der deutschen Sprache .. 234
   Der Übergang vom Kindergarten in die Grundschule 236
   Materialhinweise 238

3. *Elternarbeit* 239
   Didaktisch-methodische Überlegungen 240

4. *Literatur* 243

   Anhang
   A. Ausländische Wohnbevölkerung in Baden-Württemberg – Entwicklung und Veränderung 244
   B. Rechtsstatus ausländischer Arbeitnehmer 245
   C. Fragen und Anregungen für Erziehergespräche .. 248

Vom Umgang mit Kindern, die schwieriges Verhalten zeigen

1. *Begründung und Zielstellung* 250
2. *Schwieriges Verhalten im Kindergarten* .. 250
3. *Möglichkeiten, schwieriges Verhalten zu erfassen* . 251
   Beobachtung des Kindes 251
   Informationen durch Elterngespräche 252
   Die Beachtung der Gegebenheiten im Kindergarten 252

4. *Einleitung und Durchführung von Hilfen* 252
   Die Person des Erziehers 253
   Pädagogische Hilfen innerhalb des Kindergartens . 253
   Elterngespräche 255
   Vermittlung an spezielle Dienste 255

5. *Anhang:* Anregungen für die Entwicklungsbeobachtung 257

6. *Literatur* 258

Ausblick: Vom Kindergarten zur Grundschule

Förderung und Beratung in Fragen der Schulfähigkeit 259

Einleitung

Die vorliegenden Empfehlungen des Ministeriums für Kultus und Sport von Baden-Württemberg bekunden bereits im Titel die pädagogische Zielrichtung des Werkes. Die Ausführungen beinhalten ein Stück Geschichte der Elementarerziehung und dokumentieren das ernsthafte Bemühen um deren Reform.

In den siebziger Jahren wurde die Kindergartenpädagogik, angeregt durch verschiedene wissenschaftliche Untersuchungen, neu durchdacht und erprobt.

Die gesamte Diskussion um Chancen und Möglichkeiten einer Erziehung und Bildung im Kindergarten sowie die damit verbundene Frage der Begabungsförderung im frühen Lebensalter haben dazu geführt, die Kindergartenpädagogik mit ihrer gewachsenen Tradition neu zu überdenken und weiterzuentwickeln. Dieses Anliegen hat in Baden-Württemberg ähnlich wie in anderen Bundesländern dazu geführt, daß in den Jahren von 1972 bis 1978 ein großangelegtes Versuchsprogramm im Elementarbereich durchgeführt wurde.

Die engagierte Arbeit der Pädagogen in den Versuchen wurde begleitet und beraten durch die verantwortlichen Träger der Kindergartenverbände in enger Zusammenarbeit mit den beteiligten Ministerien. Pädagogen aus der Kindergartenpraxis sowie aus der Erzieher- und Lehrerausbildung haben in Fach- und Arbeitsgruppen des Kultusministeriums in beobachtender und prüfend klärender Arbeit Ziele, Inhalte und Methoden der Kindergartenpädagogik entwickelt.

Bei dieser gemeinsamen Arbeit waren alle Beteiligten darauf bedacht, die bewährte Trägerpluralität im Interesse einer lebendigen Kleinkindpädagogik zu erhalten und zu fördern.

Die Erfahrungen und Ergebnisse aus den Versuchen im Elementarbereich haben insgesamt einen Klärungsprozeß in der Diskussion um die Elementarerziehung bewirkt. Dabei haben sich Eigenart und Eigenwert des Kindergartens deutlich herauskristallisiert.

Diese sind wesentlich geprägt vom Charakter einer familienunterstützenden und familienergänzenden Erziehungseinrichtung.

Die Konzeption des vorliegenden Werkes geht von einer ganzheitlich verstandenen Erziehung und Bildung des Kindergartenkindes aus. Dabei enthalten die einzelnen „Schwerpunkte" verschiedene didaktische Ansätze, die durch die Vielfalt der pädagogischen Ausprägungen im Kindergartenbereich gegeben sind. Bei dem Bemühen um eine gemeinsame „Grundlinie" wurde die Vielfalt so weit als möglich gewahrt, weil sie insgesamt Bereicherung bedeutet.

Kindergartenpädagogik ist auch in Verbindung zur Grundschule zu sehen. Die Kooperation der Pädagogen beider Bereiche erleichtert den Kindern den Übergang vom Kindergarten zur Grundschule. Das Buch bietet Erziehern und Lehrern gemeinsame pädagogische Grundlagen, um die Erziehung und Bildung in beiden Bereichen aufeinander abzustimmen und gibt beispielhafte Anregungen für die Zusammenarbeit.

Das Werk ist nicht nur als Einzellektüre gedacht, sondern will als Gesprächsgrundlage in der Kindergartenpraxis sowie in der Aus- und Fortbildung dienen.

Grundlagen

Grundlagen

1. Ziele und Aufgaben

Der Kindergarten ergänzt und unterstützt die Erziehung des Kindes in der Familie. Er soll die gesamte Entwicklung des Kindes fördern.[1] Dabei hat der Kindergarten einen eigenständigen Erziehungs- und Bildungsauftrag.

Bei der konkreten Darstellung dieses Auftrages ist es notwendig, von einer entwicklungspsychologischen Beschreibung des Kindergartenkindes auszugehen. Alle entwicklungspsychologischen Theorien heben die Bedeutung der frühen Kindheit für die gesamte Persönlichkeitsentfaltung hervor. Das 3- bis 6jährige Kind zeichnet sich aus durch einen hohen Grad an Spontaneität, Offenheit, Neugier und die Freude am Entdecken und Sich-Bewegen. In diesem Zusammenhang ist seine besondere Bildsamkeit, Lernfähigkeit und rasche Entwicklung zu sehen.

Das Kindergartenkind hat bei seinem Eintritt in den Kindergarten bereits wichtige Entwicklungsschritte in der Familie vollzogen. Aufgrund unterschiedlicher sozialer Einflüsse sowie anlagebedingter Faktoren verläuft der Entwicklungsprozeß bei jedem Kind verschieden. Dadurch kann der Entwicklungsstand bei gleichem Alter der Kinder individuell sehr unterschiedlich sein.

Der Kindergarten als familienergänzende Einrichtung ermöglicht dem Kind, in einer Gruppe von Drei- bis Sechsjährigen zu leben, sich für eine bestimmte Zeit im Tagesablauf von der Familie zu lösen und neue komplexere soziale Beziehungen aufzubauen. Diese erweiterte Möglichkeit sozialen Lernens ist insbesondere mit Blick auf die Kleinfamilie, die Situation der Einzelkinder und ausländischen Kinder bedeutsam. Auch in allen anderen Erlebnis- und Lernbereichen bietet der Kindergarten eine ergänzende und ausgleichende Erziehung. Dabei beachtet er die emotionalen, sozialen, intellektuellen und körperlichen Komponenten der Entwicklung gleichermaßen und setzt sie zueinander in Beziehung. Darüber hinaus ist es Aufgabe der Kindergartenerziehung, das in den ersten Lebensjahren begründete Vertrauen zu anderen und zu sich selbst weiterzuentwickeln und zu vertiefen. Dabei ist bedeutsam, daß auf einem tragfähigen Urvertrauen aus den ersten Lebensjahren aufgebaut werden kann. Der kontinuierliche Aufbau des Selbstvertrauens ist Grundlage für die zunehmende Selbständigkeit des Kindes.

Zum Aufbau einer stabilen Werthaltung und zur Gewissensbildung gehört eine Erziehung mit weltanschaulicher und religiöser Ausrichtung. Die Erziehung im Kindergarten ergänzt, erweitert und bestärkt deshalb die in der Familie grundgelegten Werthaltungen.

Die Fähigkeiten des Kindes sind vom Erzieher ganzheitlich zu fördern und die Angebote möglichst offen zu gestalten, um die Entfaltung der Kinder nicht zu früh einzuengen. Anthropologisch betrachtet ist das Kindergartenkind, das sich in einem gesicherten Vertrauen geborgen fühlt, offen für ein breites Spektrum von Angeboten. Diese Sicht begründet eine erzieherische Einstellung, die sowohl der Gefahr einer Verfrühung vorbeugt als auch pädagogische Versäumnisse im Sinne einer „bloßen Bewahrung" ausschließt. Dies stellt hohe Anforderungen an das pädagogische Geschick und die Verantwortung des Erziehers. Hierin eingeschlossen ist die Forderung, daß der Erzieher selbst einem Menschenbild verpflichtet ist, das mit den Menschenrechten unserer freiheitlich demokratischen Grundordnung und dem Erziehungs- und Bildungsauftrag unserer Landesverfassung übereinstimmt.

Die folgenden *Ziele* und *Inhalte* verwirklichen sich in einem individualisierenden und differenzierenden Vorgehen. Andererseits fördern die gemeinsamen Erlebnisse und Erfahrungen gerade in der altersgemischten Gruppe die sozialen Beziehungen und den Zusammenhalt der Gruppe.

Die Ziele und Aufgaben enthalten bewährte Grundsätze der Kindergartenpädagogik und auch das Ergebnis einer intensiven, die ganze Versuchsphase begleitenden Diskussion. Die einzelnen Ziele sind jeweils im Zusammenhang mit der pädagogischen Gesamtkonzeption zu verstehen.

Entwicklung der kindlichen Persönlichkeit

Voraussetzung für eine positive Persönlichkeitsentfaltung ist die unmittelbare Erfahrung von Zuwendung und Geborgenheit, von Annahme und Vertrauen, von Anerkennung und Bestätigung.

Eine von diesen Erziehungsprinzipien geprägte und belebte pädagogische Atmosphäre im Kindergarten ermöglicht dem Kind

---

[1] Vgl. auch § 2 des Kindergartengesetzes von Baden-Württemberg.

- Freude und Glück zu erleben,
- Selbstvertrauen und Zuversicht zu entwickeln,
- immer differenzierter wahrzunehmen und sich auszudrücken

und hilft ihm,
- auch Mißerfolg und Enttäuschung, Schmerz und Leid eher zu ertragen,
- Konflikte durchzustehen und eventuell zu lösen,
- eigene Bedürfnisse und Wünsche zu äußern oder zurückzustellen
- und möglichst frei von Angst zu spielen und zu lernen.

Entfaltung sozialen Verhaltens

Das Kind, das sich in der Gruppe angenommen weiß, kann auch seine sozialen Anlagen entfalten.
Es wird fähig,
- die Gefühle und Bedürfnisse der anderen wahrzunehmen und darauf einzugehen.

Es wird zunehmend bereit,
- mit anderen Kindern in Partnerkontakt und in der Gruppe zu spielen, zu lernen und zu arbeiten.

Es lernt,
- sich für das Gruppenleben mitverantwortlich zu fühlen.

Es wird ermutigt,
- Kinder der Gruppe anzunehmen und sich um deren Eingliederung in die Gruppe zu bemühen.

Es erfährt,
- daß Erwachsene, Jugendliche und Kinder nicht nur für sich allein oder in einer Familie leben, sondern mit vielen Menschen zusammen in einer Gemeinschaft leben, in der jeder Mensch elementare Rechte und Pflichten hat, die zu achten sind.

Es gewinnt
- Verständnis für Menschen in seiner Umgebung, die andere Lebensformen haben.

Erfahrung der Umwelt

Das Kind, das sich geborgen und bejaht fühlt, erkundet eher seine Umwelt mit Neugier und Wißbegierde.

Es lernt,
- jahreszeitliche Erscheinungen und Veränderungen der Natur, technische Einrichtungen und industrielle Erzeugnisse, bekannte Berufe und öffentliche Dienstleistungen, Vorgänge und Situationen des Alltags immer differenzierter zu beobachten, zu unterscheiden, zu vergleichen, zu erkennen und zu verstehen.

Es wird angeregt,
- Fragen zu stellen, Probleme zu sehen, Zusammenhänge zu entdecken,
- Informationsquellen kennenzulernen und auszuschöpfen,
- elementare Fertigkeiten einzuüben.

Einbringen religiöser Erfahrungen

Religiöse Erziehung spricht eine weitere, die vorgenannten Ziele vertiefende Dimension der Entfaltung des Kindes an.
Das Kind wird angeregt,
- sich für religiöse Sichtweisen der Welt zu öffnen, z.B. Gott als Schöpfer und Urheber des Lebens und der Dinge zu erkennen und dafür zu danken.

Es wird ermuntert,
- religiöse Grunderfahrungen wie Geborgenheit–Angst, Freude–Not, Verlust–Tröstung, Begeisterung mitzuteilen und im Gespräch mögliche Antworten zu suchen.

Es wird sensibel für die Bedürfnisse und Gefühle der anderen durch Beispiele christlicher Nächstenliebe.
Es lernt christliche Gottesvorstellung kennen, z.B. der liebende Gott, der nahe Gott, der ansprechbare Gott.
Die Art der Ausgestaltung der religiösen Erziehung ist abhängig von den unterschiedlichen religiösen und weltanschaulichen Ausprägungen, die sich aus der Trägerpluralität ergeben.

2. Zusammenarbeit mit Eltern

Die Erziehung im Kindergarten ergänzt und unterstützt die Erziehung des Kindes in der Familie.[2]

---

[2] Vgl. auch § 2 des Kindergartengesetzes von Baden-Württemberg.

Um diesem Erziehungs- und Bildungsauftrag gerecht werden zu können, ist die vertrauensvolle und intensive Zusammenarbeit zwischen Eltern und Erziehern unabdingbare Voraussetzung.

Im Gespräch mit den Eltern lernt der Erzieher den Entwicklungsprozeß des Kindes und dessen Eigenheiten, die Einstellungen der Eltern zu Fragen und Methoden der Erziehung sowie die Familienverhältnisse kennen. Auf der anderen Seite informiert er die Eltern über die Ziele, Inhalte, Methoden und die Organisation des Kindergartens. Dadurch kann die Basis für die gemeinsam getragene Erziehungs- und Bildungsarbeit geschaffen, können etwaige Spannungen abgeschwächt, ausgeglichen oder vermieden werden. Verhaltensunsicherheiten bei den Kindern lassen sich dadurch vermindern.

Im folgenden werden einige Formen der Zusammenarbeit mit Eltern näher erläutert. Beispiele für die inhaltliche Spezifizierung befinden sich in den einzelnen Schwerpunkten unter der Überschrift „Elternarbeit".

Einzelgespräche zwischen Eltern und Erziehern

Für *informelle Gespräche* ergeben sich viele Anlässe: jede Begrüßung, auch außerhalb des Kindergartens, das Ansprechen beim Bringen und Abholen der Kinder, ein Hinweis auf Werke des Kindes, Vorschläge für Spiele während der Kindergeburtstagsfeier zu Hause fördern erste Kontakte. Es wird Vertrauen gestiftet und die Grundlage für die Zusammenarbeit mit den Eltern gelegt.

Das *Aufnahmegespräch* findet in der Regel in den ersten Tagen des Kindergartenbesuchs statt. Es dient dem gegenseitigen Kennenlernen und der gegenseitigen Information. Der Erzieher zeigt die Räumlichkeiten und stellt andere Mitarbeiter vor. Er erläutert die pädagogische Konzeption und den Tagesablauf des Kindergartens, bespricht mit den Eltern, wie dem Kind das Einleben in den Kindergarten erleichtert werden kann und informiert sie über die Kindergartenordnung (diese sollte den Eltern ausgehändigt werden). Die Eltern informieren den Erzieher über die bisherige Entwicklung ihres Kindes und können kurz ihre Vorstellungen zur Erziehung in Elternhaus und Kindergarten darlegen.

Elternsprechstunden sind persönliche Gespräche zwischen Vater und/oder Mutter sowie Erzieher. Im Mittelpunkt solcher Gespräche stehen vor allem Erziehungsfragen und -probleme. Der Erzieher beschreibt die Entwicklung und das Verhalten des Kindes im Kindergarten, umgekehrt informieren die Eltern die Erzieher über das Spielen, Fühlen und Denken ihres Kindes in der häuslichen Umgebung. Sind Erziehungsschwierigkeiten oder schwieriges Verhalten eines Kindes Grund der Aussprache, wird hier versucht, ein gemeinsames Vorgehen zur Lösung zu entwickeln.

Andere Formen des Gesprächs können sich mehr auf der Informationsebene bewegen. Beispielsweise sind Eltern neu in den Stadtteil gezogen; sie möchten Auskünfte über den Kindergarten, in den sie ihr Kind schicken wollen. Ein besonderer Gesprächsanlaß ergibt sich, wenn Eltern ihr Kind zum ersten Mal in den Kindergarten bringen.

Die pädagogischen Fachkräfte einer Gruppe sollten regelmäßig (wöchentlich) Elternsprechstunden anbieten. Auf Wunsch vereinbaren sie einen Gesprächstermin. Sie besorgen ein gemütliches, ruhiges Zimmer, achten auf eine gleichwertige Sitzverteilung der Gesprächspartner und unterbinden Störungen oder Unterbrechungen von außen. Grundvoraussetzungen sind hier wie für alle Gespräche mit Eltern Takt und Einfühlungsvermögen des Erziehers. Er muß Distanz wahren und sollte sich vor Wertungen, beispielsweise bei schwierigem Verhalten eines Kindes, hüten. Er akzeptiert die Gefühle der Gesprächspartner, gleichgültig, wie sehr sich diese von den eigenen unterscheiden. Er läßt die Eltern zu Wort kommen und hört zu. Sie sollen spüren, daß ihr Gegenüber ihre Anliegen ernst nimmt. Sie werden dann vielleicht ermutigt, sich mitzuteilen, das heißt tiefer zu gehen und beispielsweise im Zusammenhang mit Erziehungsschwierigkeiten zu Hause bzw. schwierigem Verhalten des Kindes im Kindergarten Auskunft über emotionale Beziehungen der Familienmitglieder zu geben.

Auf diese Weise deutet der Erzieher an, daß beide Partner gleichberechtigt miteinander sprechen sollen. Er zeigt, daß er die Sorgen der Eltern um ihr Kind versteht und sie dabei weder kritisiert und verurteilt noch als reine Informationsquelle benutzt. Fühlen Eltern sich und ihr Kind verstanden, sind sie eher bereit, zusammen mit dem Erzieher das weitere Vorgehen zu entwickeln und durchzuführen.

Eine Vorbedingung ist unverzichtbar. Der Erzieher muß sich vor der Sprechstunde intensiv mit dem Kind beschäftigt haben. Die Eltern müssen merken: Der Erzieher kennt unser Kind.

Besuche bei den Eltern sind eine Möglichkeit, Kontakte zu den Eltern aufzunehmen, die aus bestimmten Gründen die Angebote zur Zusammenarbeit nicht annehmen können (z. B. ausländische Eltern, Berufstätigkeit). Wann solche Besuche durchgeführt werden sollen, ist in das Ermessen des Erziehers zu stellen. Da es sich vom Kindergarten aus nie um einen „Hausbesuch" im Sinne einer sozialen Betreuung handelt, wird sich der Erzieher vorher anmelden und fragen, ob ein Besuch möglich ist und auch den Grund seines Besuches nennen. Ein Anlaß kann beispielsweise die Krankheit eines Kindes oder das Aufnahmegespräch sein. Für das Kind kann ein Besuch im Elternhaus positive Auswirkungen auf sein Verhalten gegenüber den anderen Kindern, den erwachsenen Bezugspersonen sowie die Sicherheit in der Orientierung in seiner Umwelt haben.

Eltern in der Gruppe

Elternabend ist die traditionelle Bezeichnung für Zusammenkünfte der Eltern. Diese können sowohl als Gruppen-Elternabende oder als Gesamt-Elternabende stattfinden. Bei der Terminsgestaltung für die Zusammenkünfte der Eltern sollte folgendes beachtet werden:
– Der Veranstaltungskalender des Ortes und das Fernsehprogramm,
– eine rechtzeitige Vorankündigung (ca. 3 Wochen vorher),
– sofern möglich, die persönliche Einladung der Eltern,
– die rechtzeitige schriftliche Einladung an die Eltern (diese kann von den Kindern gestaltet sein, Versand etwa 8 Tage vor der Zusammenkunft).

In *Gruppenelternabenden* kommen die Eltern mit den/dem Erzieher(n) ihrer Kinder zusammen: in kleinem Kreis werden pädagogische und methodische Probleme besprochen sowie Erfahrungen ausgetauscht. Durch die Konstanz der Gruppe werden die einzelnen Mitglieder allmählich miteinander vertraut sowie Sprech- und Kontakthemmungen abgebaut.

Ziel der intensiven Kommunikation ist es,
– den Erfahrungsaustausch der Eltern untereinander zu fördern,
– das Interesse der Eltern für das Leben ihrer Kinder im Kindergarten zu wecken,
– zum Verständnis und zur Lösung bei Problemen in der Kindergruppe beizutragen,
– Eltern zur Mithilfe und Mitwirkung bereit zu machen,
– die Planung gemeinsamer Vorhaben in Gang zu setzen.

Weitere Formen für Zusammenkünfte können sein:

Väterabende: durch Berichte über den Tagesablauf des Kindergartens, durch Dias, Spielmaterialien und durch die Werke der Kinder werden die Väter informiert und in die Kindergartenarbeit aktiv einbezogen.

Spielnachmittage: Eltern und Kinder spielen, basteln, singen und turnen im Kindergartenbereich. Gemeinsame Projekte geben den Eltern die Möglichkeit, ihre Kinder in Spielsituationen und im Umgang mit anderen Kindern zu beobachten sowie neue Spiele kennenzulernen. Möglicherweise übertragen sie ihre Erfahrungen auf häusliche Erziehungssituationen und werden zu häufigem gemeinsamen Tun angeregt.

Großelternnachmittage: durch Spiele, Lieder, Reime und Schilderungen von Erlebnissen aus ihrer Kindheit und Jugendzeit vermitteln die Großeltern ein Bild vom Wandel der Lebensumstände.

Die Zusammenarbeit von Eltern und Erzieher in der kleinen Gruppe schafft auch Voraussetzungen für das Gelingen eines *Gesamt-Elternabends*. Die Integration der einzelnen in die Gesamtelternschaft vollzieht sich leichter, weil sich Eltern durch ihre Beziehungen in der kleinen Gruppe sicherer fühlen. Aufgeschlossenheit und Aktivität der Eltern sind durch die Gruppenabende vorbereitet.

Solche Elternabende sind geeignet, Eltern über allgemeine und besondere Fragen der Entwicklung und Erziehung des Kindes zu informieren. Bei der Wahl der Themen sollte von den Interessen der Eltern ausgegangen und die Anregungen des Elternbeirats aufgegriffen werden. Dazu bedarf es in der Regel eines Referenten, der Sachkompetenz besitzt und auf Fragen und Einwände der Eltern in der anschließenden Diskussion sachlich eingeht.

Weitere Gestaltungsmöglichkeiten sind: Kurzreferat mit anschließender Diskussion und Arbeit in kleinen Gruppen; Befragung von Fachleuten über einen kontroversen Gegenstand; Film- und Diavorführungen.

Nach jedem Elternabend sollte eine Nachbesprechung oder Auswertung durch die Erzieher und die mitplanende Elterngruppe – in der Regel wird es der Elternbeirat sein – stattfinden.

Interessen- oder Projektgruppen können die Erzieher bei der Lösung praktischer Probleme unterstützen (z. B. Spielplatzgestaltung, Materialergänzung). Die Ergebnisse dieser Gruppe sind den anderen Eltern mitzuteilen (Elternbrief, Schwarzes Brett).

Bestimmte Themen oder Fragestellungen können in *Elternseminaren* vertieft werden. Die Themen sind auf konkrete Situationen des Kindergartens und der Familienerziehung bezogen, z. B. Spiele und Spielen; Die kindliche Entwicklung; Unterstützung und Förderung im Kindergartenalter; Elternmitarbeit im Kindergarten.

Elternseminare werden kursmäßig veranstaltet und sollten in Zusammenarbeit mit dem Träger und mit Unterstützung der Bildungsstätten der Freien Verbände vorbereitet und durchgeführt werden.

Die Teilnahme der Eltern am Alltag des Kindergartens

Die Bereitschaft der Eltern, am Alltag des Kindergartens teilzunehmen, kommt dem Anliegen des Erziehers entgegen, die pädagogische Arbeit in der Gruppe transparent zu machen. Eltern wollen ihr Kind im Umgang mit anderen Kindern kennenlernen. Sie wollen erfahren, wie Kinder im Kindergarten spielen und lernen. Sie erhalten Anregungen für ihr eigenes erzieherisches Handeln zu Hause; insgesamt werden die Beziehungen zum Kindergarten intensiver.

Der *Besuch von Eltern in der Gruppe* verlangt bestimmte Vorbereitungen. Der Erzieher muß in der Führung der Gruppe sicher sein. Übernimmt er eine neue Gruppe, ist dies noch nicht gewährleistet.

Zwischen Eltern und Erzieher sollte bereits eine Vertrauensbasis bestehen, die es ermöglicht, ohne Angst vor fremden Zuschauern erzieherisch handeln zu können. Eltern sollten akzeptieren, daß in der Erziehung Erfolg und Mißerfolg sehr nahe beieinander liegen, und nicht allein von Personen, sondern von vielen Faktoren abhängig sind.

Die Teilnahme der Eltern muß geplant sein. Das heißt, es können höchstens zwei Eltern gleichzeitig in der Gruppe anwesend sein, da unter Umständen das Gruppengefüge beeinträchtigt wird. In einem Vorgespräch müssen die Eltern über die Ziele und Inhalte sowie die Prozesse in der Gruppe informiert werden. Sie sind auch anzuleiten, wie sie beobachtend oder auch mitspielend an bestimmten Unternehmungen teilnehmen können. Unerläßlich ist das nachfolgende Gespräch, in dem der Erzieher sein pädagogisches Handeln erläutert und Fragen beantwortet.

Elternbesuche im Kindergarten können nur periodisch geschehen. Es muß Zeiten geben, in denen sich die Gruppenprozesse zwischen Kindern und Erzieher ungestört entwickeln können, ohne zusätzliche Spannungen, die andere Personen häufig verursachen können.

Die *praktische Mitarbeit* von Eltern sollte aufgegriffen und gefördert werden. Sie bereichert das Programm, fördert die Beteiligung am Geschehen im Kindergarten und entlastet den Erzieher. Organisatorische Planungen, pädagogische Überlegungen vor und gemeinsame Betrachtungen nach der praktischen Arbeit begleiten den Einsatz der Eltern.

Der Erzieher kann hier die verschiedenen Begabungen der Eltern aufgreifen, z. B. im Musizieren, Konstruieren und Werken, Kochen und Backen, Reparieren und Pflegen.

Ein Schwerpunkt liegt in der gemeinsamen Planung und Durchführung von Festen, Wanderungen oder Ausflügen im Kindergarten.

Elternbrief, Schwarzes Brett und Schaukasten

Diese Informationsträger gewähren allen Eltern Einblicke in das Geschehen im Kindergarten.

Der *Elternbrief* kann in lockerer Folge erscheinen.
Für seine Gestaltung eignen sich
– pädagogische Themen, bezogen auf das Alter dieser Kindergruppe (Kinder kritzeln, zeichnen, malen…),
– Berichte über Höhepunkte oder gemeinsame Unternehmungen (Sommerfest, die Erneuerung des Spielplatzes durch eine Vätergruppe…),
– Situationen aus dem Kindergartenalltag (Kirschenfest, Geburtstag, Kuchenbacken), wobei auf Lern- und Sprechsituationen aufmerksam gemacht werden könnte,
– originelle Kinderaussagen oder -fragen,

- Hinweise auf Elternsprechstunden, Veranstaltungen des Kindergartens, organisatorische Mitteilungen, öffentliche Veranstaltungen, Fernsehsendungen,
- Hinweise auf Bilderbücher, Geschichten, Lieder, welche die Kinder im Kindergarten singen,
- Beiträge von Eltern.

Das *Schwarze Brett* übt dann besondere Anziehungskraft aus, wenn die Kinder an seiner Gestaltung beteiligt sind. Es bringt beispielsweise den jeweiligen Stoff- und Themenplan für die Woche oder den Monat mit Illustrationen und Zeichnungen der Kinder, Fotos aus der Gruppe, Termine und Hinweise zu Veranstaltungen, Zeitungsausschnitte, Protokolle oder Mitteilungen über Unternehmen in kleinen Gruppen.

Der *Schaukasten* bietet zusätzlichen Platz für die Ausstellung von Kinderarbeiten, Materialsammlungen, Bücher, mit denen in naher Zukunft in der Gruppe gearbeitet wird, sowie Neuerscheinungen auf dem Büchermarkt.

Elternbeirat

Der Elternbeirat[3] unterstützt die Erziehungsarbeit des Kindergartens und fördert die Zusammenarbeit zwischen Kindergarten (Erzieher), Elternhaus und Träger. Er hat das Verständnis der Eltern für die Bildungs- und Erziehungsziele des Kindergartens zu wecken, Wünsche und Anregungen der Eltern dem Träger oder der Kindergarten-Leitung zu überbringen sowie sich für angemessene Besetzung mit Fachkräften und für die sachliche und räumliche Ausstattung beim Träger einzusetzen. Der Elternbeirat vertritt insbesondere den Kindergarten in der Öffentlichkeit. Er weckt das Verständnis für die Arbeit des Kindergartens und versucht, das Interesse öffentlicher Behörden für die besonderen Bedürfnisse des Kindergartens zu gewinnen, soweit sie im Kompetenzbereich der Behörden liegen, z.B. bei der Schaffung eines Kinderspielplatzes für den Kindergarten. Der Elternbeirat arbeitet mit den pädagogischen Kräften, der Leitung und dem Träger des Kindergartens eng zusammen. Er ist vor der Regelung der Ferien- und Öffnungszeiten, der Festsetzung der Elternbeiträge, der Festsetzung von Grundsätzen über die Aufnahme der Kinder sowie vor der Einführung neuer pädagogischer Programme zu hören.

Literatur und Medien

Arbeitskreis Neue Erziehung e.V.: Elternbriefe des Arbeitskreises Neue Erziehung e.V. Berlin vom 1. – 8. Lebensjahr, 1 Berlin 15, Kurfürstendamm 67.
Im Bild. Erziehungs-Filmreihe des Bayerischen Rundfunks: Welt unserer Kinder I, II. Auszuleihen bei den Landesbildstellen oder Im Bild, Postfach 263, 8000 München 44, Tel.: 089/390774.
Bäuerle, W.: Theorie der Elternbildung, Weinheim-Basel 1972.
Huppertz, N.: Elternarbeit vom Kindergarten aus – Didaktische und methodische Möglichkeiten der Sozialpädaogogik. Freiburg 1976.
Lattke, H.: Das helfende Gespräch. Freiburg 1969.
Schmitt-Wenkebach, B.: Kindergarten und Elternarbeit. Bedingungen. Möglichkeiten. Methoden. Inhalte. Praxishandbuch. Schroedel Vorschule, Hannover 1976.
Schmitt-Wenkebach, B.: Zusammenarbeit von Elternhaus und Kindergarten, in: Der Kindergarten. Handbuch für die Praxis, Band 1, S. 242 ff. Hrsg. von Mörsberger, Moskal, Pflug. Freiburg 1978.

3. Zusammenarbeit zwischen Kindergarten und Grundschule

Neben der Zusammenarbeit mit den Eltern ist auch die Kooperation mit der Schule ein wichtiges pädagogisches Anliegen des Kindergartens und durchdringt seine ganze Arbeit.[4]

Die Kinder sehen dem Schuleintritt mit gemischten Gefühlen entgegen. Sie sind einerseits neugierig darauf und freuen sich, daß sie dann zu den „Großen" gehören. Andererseits sind sie unsicher und ängstlich. Sie kennen das Schulgebäude nicht, der Lehrer ist ihnen fremd, sie haben gehört, daß man in der Schule brav sein und stillsitzen muß... Eine Zusammenarbeit zwischen Kindergarten und Grundschule kann

---

[3] Näheres siehe Richtlinien über die Bildung und Aufgaben der Elternbeiräte nach § 5 des Kindergartengesetzes von Baden-Württemberg vom 12. 9. 1972 (GABl. S. 1267).

[4] Ausführliche Informationen über Fragen der Zusammenarbeit zwischen Kindergarten und Grundschule enthält die 1979 erschienene Schrift Nr. 1 der Reihe „Dokumentation Bildung" des Ministeriums für Kultus und Sport Baden-Württemberg mit dem Titel „Kooperation zwischen Kindergärten und Grundschulen". Die Schrift wurde allen Kindergärten und Grundschulen Baden-Württembergs zur Verfügung gestellt.

die Kinder auf den Schulbeginn vorbereiten und ihnen so den Übergang erleichtern.

Die in Baden-Württemberg durchgeführten Versuche mit vorschulischen Einrichtungen (5- bis 6jährige) haben die Frage der Kooperation zwischen Kindergarten und Grundschule in besonderem Maße erprobt. Nach vier Versuchsjahren ließen sich zu diesem Bereich durchweg positive Ergebnisse feststellen. Aufgrund dieser Ergebnisse und der übereinstimmend befürwortenden Haltung der betroffenen Mitarbeiter und verantwortlichen Gremien – insbesondere auch aller Träger – wurde allgemein den Kindergärten und Grundschulen auf freiwilliger Basis die Zusammenarbeit empfohlen[5].

Übergeordnetes Ziel der Zusammenarbeit zwischen den beiden Einrichtungen im Sinne dieser Empfehlung ist die Sicherung eines möglichst bruchlosen Übergangs vom Kindergarten zur Grundschule. Dies wird nur durch eine sinnvolle Abstimmung der Erziehungsstile, Inhalte und Arbeitsformen beider Einrichtungen gewährleistet. Dabei geht es nicht um eine einseitige Anpassung des Kindes an die Anforderungen der Schule, sondern auch um eine Änderung der schulischen Eingangsbedingungen und des Anfangsunterrichts[6].

Die pädagogische Zusammenarbeit zwischen Kindergarten und Grundschule kann – abhängig von den örtlichen Bedingungen – auf verschiedene Art durchgeführt werden. Sie erstreckt sich vor allem auf drei Gebiete:

auf gezielte Vorhaben für Kindergartenkinder und Schulanfänger,

auf gemeinsame Elternarbeit und

auf Formen spezieller Zusammenarbeit von Erziehern und Grundschullehrern.

Die Vorhaben für Kindergartenkinder und Schulanfänger möchten die Befangenheit der Kinder gegenüber der Schule abbauen und Hilfen für die Einführung in das Schulleben geben. Dazu trägt ein Besuch der Kindergartengruppen in der Grundschule bei. Bei dieser Gelegenheit lernen die Kinder das Schulgebäude, das Klassenzimmer, evtl. den Hausmeister und einige Lehrer kennen. Die Grundschüler können – zusammen mit ihren Lehrern – den kleinen Gästen einen Eindruck von der Arbeit in der Schule vermitteln, indem zum Beispiel gemeinsam ein Lied gelernt oder ein Thema aus dem Sachunterricht auf eine abwechslungsreiche Art behandelt wird. Der regelmäßige Besuch, bzw. die allmähliche Mitarbeit eines Lehrers – möglichst des künftigen Erstklaßlehrers – im Kindergarten baut erste Kontakte auf. Die Kinder lernen „ihren" Lehrer kennen. Er spielt mit den drei- bis sechsjährigen Kindern und macht ihnen in Absprache mit dem Erzieher Angebote. Beispielsweise erzählt er ihnen eine Geschichte und läßt sie ein Bild malen oder eine plastische Figur gestalten. Auch ein von Kindergartenkindern und Grundschülern gemeinsam vorbereitetes und durchgeführtes Fest – etwa eine Weihnachtsfeier oder ein Sommerfest – fördert die Beziehungen zur Schule. Schulanfängern kann das Einleben in die Schule erleichtert werden durch einen kindgerechten Anfangsunterricht. Dabei werden Lern- und Arbeitsweisen aus dem Kindergarten wie spielendes Lernen, wechselnde Gruppierungsformen, Anknüpfung an die unmittelbare Anschauung und die Erfahrungen der Kinder fortgesetzt und ergänzt durch schrittweise aufgebaute mehr systematische Lernformen. Das Klassenzimmer wird als eine anregende und aktivierende Lernumwelt gestaltet.

Das Aufgreifen von Themen wie: „Was ist in unserer Schule anders als im Kindergarten?"[7] kann darüber hinaus zur Verarbeitung neuer Eindrücke beitragen.

Die Zusammenarbeit von Erziehern und Lehrern mit den Eltern hat das Ziel, den spezifischen Auftrag von Kindergarten und Grundschule darzustellen, um so das Verständnis für eine angemessene pädagogische Förderung des Kindes zu vertiefen. Die Erwartungen der Eltern über Schulfähigkeit, Einschulung und Lernen in der ersten Klasse können bei einem von Erziehern und Lehrern vorbereiteten und durchgeführten Elternabend aufgegriffen und gegebenen-

---

[5] Vgl. Empfehlungen an die Grundschulen zur Kooperation zwischen Kindergärten und Grundschulen (Bekanntmachung vom 20. 12. 1976, UA II 1047–15/118, Amtsblatt Kultus und Unterricht Nr. 2/1977, S. 37 ff.) sowie das Schreiben des Ministeriums für Arbeit, Gesundheit und Sozialordnung vom 22. 8. 1977 an die Kindergartenträger.

[6] Leitgedanken zur Arbeit in der Grundschule, in: Bildungsplan für die Grundschulen in Baden-Württemberg, Kultus und Unterricht, Lehrplanheft 3/1977, S. 9–16, Neckar-Verlag, Villingen-Schwenningen.

[7] Vgl. Lehrplan Sachunterricht, in: Bildungsplan für die Grundschulen in Baden-Württemberg, Lehrplanheft 3/1977, S. 121, Neckar-Verlag, Villingen-Schwenningen.

falls richtiggestellt werden. Bei dieser Gelegenheit können die Eltern auch über die Formalitäten beim Schuleintritt informiert werden. Bei Bedarf werden einzelne Eltern auf die Möglichkeit der Rückstellung bzw. der Aufnahme in den Allgemeinen Schulkindergarten hingewiesen oder im Hinblick auf eine vorzeitige Einschulung beraten. Die Eltern ihrerseits informieren Lehrer und Erzieher über Besonderheiten in der Entwicklung des einzelnen Kindes in der Familie. In speziellen Fragen des Übergangs können auch Elternbeiräte von Kindergarten und Grundschule einbezogen werden. Die gute und vertrauensvolle Zusammenarbeit ist die Voraussetzung für eine aufeinander abgestimmte Erziehung und Förderung des Kindes in Familie, Kindergarten und Schule.

Zur Sicherung und Vertiefung der Zusammenarbeit von Erziehern und Lehrern sind weitere Kooperationsformen möglich. Gegenseitige Hospitationen sowie die Teilnahme an Konferenzen und anderen Veranstaltungen der jeweils anderen Institution vermitteln einen Eindruck von Zielen, Inhalten und Arbeitsweisen des Kindergartens bzw. der Grundschule. Besprechungen der an Kooperationsvorhaben beteiligten Erzieher und Grundschullehrer vertiefen die so gewonnenen Erkenntnisse. Weitere Themen gemeinsamer Gespräche sind die Angebote des Lehrers, die mit der Planung des Erziehers abgestimmt werden müssen, und die Ergebnisse der Beobachtung einzelner Kinder mit den gegebenenfalls daraus resultierenden pädagogischen oder heilpädagogischen Maßnahmen. Auch die Entscheidung, ob Kinder den für den Schulbesuch erforderlichen geistig-seelischen und körperlichen Entwicklungsstand besitzen, wird von Erzieher und Grundschullehrer aufgrund einer länger dauernden Beobachtung gemeinsam beraten (siehe auch S. 259ff.).

Aufgrund der positiven Erfahrungen, die mit der Zusammenarbeit zwischen Kindergarten und Grundschule in den vergangenen Jahren gemacht wurden, ist es wünschenswert, daß im Interesse der Kinder künftig möglichst alle Einrichtungen des Elementar- und des Primarbereichs eng zusammenarbeiten.

4. Hinweise zur Planung und zu den Schwerpunkten

Es ist Aufgabe des Erziehers, entsprechend dem Selbstverständnis des Kindergartens und im Einklang mit dessen übergreifenden Zielen den Kindern ein qualifiziertes pädagogisches Angebot zu machen, das ihren Interessen und Bedürfnissen weitestgehend entgegenkommt und ihre gesamte Persönlichkeit fördert. Dies erfordert eine gründliche Vorbereitung und Planung des Tagesablaufs im Kindergarten.

Pädagogisches Handeln geht von klaren Zielvorstellungen aus. Der Rahmencharakter der Ziele und Aufgaben des Kindergartens läßt dem Erzieher breiten Raum, eigene Entscheidungen zu treffen. Er entscheidet beispielsweise, welche Ziele im gegenwärtigen Zeitpunkt für die Entwicklung eines Kindes wichtig sind. Der Rahmencharakter bietet weiter die Möglichkeit, nicht Vorhersehbares, aus konkreten Ereignissen oder aus dem Augenblick sich entwickelnde Neigungen und Tätigkeiten der Kinder aufzunehmen, weiterzuentwickeln und zum Ausgangspunkt für Aktivitäten der Gruppe zu machen. Dies bedeutet für die Planung, daß das Geschehen in der Gruppe im voraus nicht vollständig bedacht werden kann. Für das pädagogische Handeln des Erziehers folgt daraus, offen zu sein für die individuellen Anliegen der Kinder und flexibel darauf einzugehen sowie durch Impulse und eine geschickte Materialanordnung die Chance für selbständige Tätigkeiten zu eröffnen.

Andererseits muß sich der Erzieher ständig vergewissern, ob sein pädagogisches Handeln mit den Zielen und Aufgaben des Kindergartenträgers übereinstimmt, ob es den Bedürfnissen der Kinder entspricht und den Wünschen der Elternschaft entgegenkommt.

Die Planung des pädagogischen Handelns geht von den Bedürfnissen und Fähigkeiten, aber auch den Schwierigkeiten der Kinder der altersgemischten Gruppe aus. Die Kinder unterscheiden sich nicht nur hinsichtlich ihres Alters, Geschlechts und ihrer Nationalität, sondern gerade auch im Hinblick auf ihre Fähigkeiten und Fertigkeiten, ihre Bedürfnisse und Interessen, ihr Verhalten in der Gruppe, ihre Bereitschaft, soziale Beziehungen aufzunehmen und auszuhalten, ihre Erfahrungen und Erlebnisweite, ihre Sorgen

Grundlagen

und Probleme. Diese Vielfalt trägt auf der einen Seite zur Lebendigkeit des sozialen Lebens in der Kindergartengruppe bei. Sie bestimmt aber auf der anderen Seite das erzieherische Handeln und dessen Planung: Der Erzieher muß die Ausgangslage eines Kindes in Erfahrung bringen. Seine pädagogischen Überlegungen gehen dann von der Frage aus, welche Bedürfnisse für welche Kinder augenblicklich oder längerfristig bedeutsam sind und durch welche Angebote er die Kinder in ihrer Entwicklung voranbringt.

Antwort auf diese Fragen gibt die Beobachtung des Kindes. Der Kindergartenalltag, insbesondere das Spielen bietet viele Gelegenheiten, Kinder in Lebensvollzügen zu beobachten. Hier kann der Erzieher in spontanen oder angeleiteten kindlichen Aktivitäten Fähigkeiten und Fertigkeiten, Ausdauer und Erkundungslust, soziale Lernfähigkeit, aber auch Schwierigkeiten und Hemmungen kennenlernen. Die Beobachtung vermittelt ihm Einblicke in den Entwicklungsstand und die Entwicklungsvoraussetzungen des Kindes. Sie erlaubt ihm im Vergleich zu alterstypischen Befunden der Entwicklungspsychologie bestimmte Rückschlüsse und schafft die Grundlage für differenzierende und individualisierende Angebote. Gespräche mit Eltern und Mitarbeitern ergänzen notwendigerweise die Beobachtung. Sie ist nie abgeschlossen, sondern beginnt jeden Tag neu.

Die individuellen Unterschiede zwischen den Kindern erfordern, daß der Erzieher auf die Bedürfnisse der einzelnen Kinder, auf die sozialen Beziehungen und die Prozesse in der Gruppe eingeht und bereits in der Planung so weit als möglich berücksichtigt. Er greift deshalb schwerpunktmäßig Inhalte auf, die die Handlungsfähigkeit der Kinder anbahnen und weiterentwickeln:

– Inhalte und Anlässe, welche die Selbstfindung des Kindes fördern;
– Inhalte, Anregungen und Anlässe, welche soziales Lernen durch Erfahrungen in der Kindergruppe, durch Spielen, durch Ausdruck in Bewegung, Tanz, Sprache und Gestalten ermöglichen;
– Inhalte und Anlässe, die Erscheinungen und Vorgänge aus der Natur, jahreszeitliche Gegebenheiten und Ereignisse, Feste, Feiern und religiöses Brauchtum in der Gemeinde sowie Einrichtungen wie Wochenmarkt, Feuerwehr, Schule vorstellen und aufgreifen.

Die unterschiedlichen situativen örtlichen Bedingungen erlauben hier nur grundsätzliche Überlegungen. Der Erzieher muß bei der Planung von den Kindern seiner Gruppe und den Möglichkeiten des Kindergartens ausgehen.

Für die Kinder geht es um offene Erlebnis- und Lernsituationen, die ihren Bedürfnissen und individuellen Entwicklungsmöglichkeiten entgegenkommen.

Eine sinnvolle Organisation der Räumlichkeiten, die Gestaltung des Gruppenraumes in verschiedene Aktivitätszonen sowie ein durchdachtes Materialangebot unterstützen die pädagogischen Absichten des Erziehers. Die Anordnung der verschiedenen Zonen sowie bewegliche Raumteiler, verbunden mit einem geschickten Bereitstellen verschiedener Materialien regt die Kinder zu selbständigen Aktivitäten an, baut über spontane Gruppierungen soziale Beziehungen auf, ermuntert zum Erkunden und Probieren, stärkt das Vertrauen in die eigenen Fähigkeiten. Raumteilung und Materialausstattung sind deshalb vom Erzieher beim Planen und Vorbereiten des erzieherischen Handelns zu bedenken. Die Aufteilung der Räume in verschiedene Aktivitätszonen und deren überschaubare Gliederung hilft dem Erzieher, Spiel-, Lern- und Ruhebedürfnisse einzelner Kinder angemessen zu berücksichtigen. Sie erlaubt den Kindern, in wechselnden Gruppierungsformen mit selbstgewählten wechselnden Spielpartnern selbstinitiierte Tätigkeiten durchzuführen. Gerade die altersgemischte Gruppe verlangt aus entwicklungspsychologischen Gründen eine durchdachte Raumaufteilung. Ein Kind möchte beispielsweise ein Bilderbuch allein anschauen: Die Leseecke schützt es vor Störung und Ablenkung. Andere Kinder möchten in einer Kleingruppe Spiel- und Bauideen verwirklichen: Sie benötigen einen größeren Ausweichraum. Die Raumteilung entspricht auch der unterschiedlichen motorischen Entwicklung und dem verschiedenen Aktions- und Bewegungsdrang einzelner Kinder. Bauecken, Bauzonen auf dem Fußboden, eine Tischgruppe als Spielecke, eine Kuschelecke als Ruheplatz und Versteck kommen diesen Bedürfnissen entgegen. Ein reichhaltiges Materialangebot schafft eine anregungsreiche Lernumwelt: Spiele und Spielzeuge, Konstruktionsmaterialien, Utensilien zum Verkleiden und zum Darstellenden Spiel, Sach- und Bilderbücher, Märchen- und Geschichtenbücher, Materialien zum Gestalten, zum Erzählen,

Sichbewegen und vieles andere gehört dazu. Ihre Ausstellung macht die Kinder täglich auf ihre Lebenswirklichkeit aufmerksam, regt an, stiftet Beziehungen, etwa durch den Bau einer Autobahn mit Tankstelle..., fordert die kindliche Phantasie und Entdeckerfreude heraus. Die altersgemischte Gruppe begünstigt auch hier individuelle Entwicklungsprozesse und unterstützt das pädagogische Handeln des Erziehers: das Beispiel gelungener Werke älterer Kinder regt jüngere Kinder zur Nachahmung an, beide treten in soziale Beziehungen zueinander: einer hilft dem anderen, erklärt, macht vor, wiederholt...

Diese offene Kindergartenarbeit steht nicht im Widerspruch zu den Zielen und Aufgaben des Kindergartens. Der Erzieher orientiert sich auch an den bewährten inhaltlichen Schwerpunkten der Kindergartenerziehung. Hierzu gehören das Spielen, die Sozialerziehung, die religiös-weltanschauliche Erziehung, die Sprachförderung, die rhythmisch-musikalisch Erziehung und die Bewegungserziehung, die ästhetische Erziehung sowie die Vertiefung und Erweiterung der Umwelterfahrung.

Der Erzieher bemüht sich hier, aufgrund vorangehender Beobachtung durch Impulse und gezielte Angebote einzelne oder mehrere Kinder für eine bestimmte Tätigkeit, einen Sachverhalt, für die Aufnahme eines Außenseiters in das Spiel einer Kleingruppe zu motivieren. Bereits in der Planung bedenkt er dabei, wie er sich pädagogisch verhalten kann: einmal gibt er die Richtung an, ein andermal wird er zum Anreger, Partner und Helfer. Auch hier wird er sich bemühen, planend alle voraussehbaren Reaktionen, Einwände, Assoziationen der Kinder zu bedenken und bereit sein, Unvorhergesehenes anzunehmen. Eine fundierte sachliche Vorbereitung macht den Erzieher frei von *einem* Konzept, nur *einem* Weg zum Ziel, erlaubt ihm vielmehr, flexibel auf die Anregungen der Kinder einzugehen, ohne das Ziel aus den Augen zu verlieren.

Die Beobachtung der Kinder in der Situation gibt dem Erzieher Aufschlüsse über sein weiteres Vorgehen. Er muß offen sein für folgende Überlegungen und deren Konsequenzen: Brauchen die Kinder mehr Zeit, geeignetere Materialien, neue Situationen, um die Sache zu vertiefen? Wünschen sie eine Wiederholung? Wie kann dieser Sachverhalt in das freie Spiel einbezogen werden, vielleicht durch ausgewählte Materialien, durch Anspielen des Erziehers? Sollen Kleingruppen gebildet werden? Wie kommen sie zustande? Freiwillig aufgrund der Interessen der Kinder, durch Unterstützung des Erziehers? Sind die zu erreichenden Ziele nicht besser durch freigewählte Gruppierungen und durch selbstgesteuerte Aktivitäten zu erreichen?

Die Entwicklungsunterschiede der Kinder der altersgemischten Gruppe verlangen Formen der Differenzierung und Individualisierung. Diese richten sich nach den Neigungen und Interessen der Kinder, ihren individuell unterschiedlichen Fähigkeiten, Kenntnissen und Entwicklungsverläufen sowie der Struktur der Angebote.

Die Gruppenzusammensetzung kann dabei von den Kindern frei gewählt werden. Manchmal unterstützt der Erzieher seine Absicht durch eine geschickt ausgesuchte Materialzusammenstellung und durch eine flexible Raumteilung. Er beobachtet die gruppendynamischen Prozesse fortlaufend, gibt Anregungen, er unterstützt, etwa bei der Integration eines Kindes in eine Spielgruppe, hilft weiter, wenn die Kleingruppe die Lösung eines Streits um Spielzeuge nicht vorantreiben kann, greift gezielt ein. Die Aufteilung der Gruppe in jüngere und ältere Kinder sollte nur in Einzelfällen und dann begründet erfolgen. Der Erzieher bedenkt, daß die Altersmischung der Gruppe den Gruppenprozeß im Hinblick auf gegenseitiges Geben und Nehmen, Hinwendung zum anderen, Übernahme wechselnder Rollen und Stärkung des Gemeinschaftsgefühls durch gemeinsame Erlebnisse und Erfahrungen bereichert.

Die folgenden Schwerpunkte wollen dem Erzieher Hilfen an die Hand geben, damit er stärker auf die Situation der Kinder eingeht und beim Planen ganzheitliche Aspekte soweit wie möglich berücksichtigt. Sie setzen bei verschiedenen praktischen Aufgabenstellungen an und lassen sich nicht – aus der Sicht eines bestimmten curricularen Ansatzes – in ein nur formal abgegrenztes Gesamtsystem einordnen. Sie orientieren sich an einem kindergartenspezifischen Vorgehen. Da Ziele, Inhalte und Verfahren der Schwerpunkte mit dem eigenständigen Erziehungs- und Bildungsauftrag des Kindergartens übereinstimmen müssen, gelten als wichtige Auswahlkriterien Vielseitigkeit, Offenheit und Einbettung in die kindliche Lebenswelt. Diese Kriterien bieten dem Erzieher die Möglichkeit, die vorgegebenen Angebote unter pädagogischen Gesichtspunkten ganz oder teilweise zu verändern, zu ergänzen, durch andere zu ersetzen oder selbst neu zu entwerfen.

Die einzelnen Schwerpunkte sind dabei so miteinander verzahnt, daß jede Trennung und Gliederung künstlich und mehr oder weniger willkürlich erscheint. So kann von einem Schwerpunkt aus die gesamte pädagogische Arbeit transparent gemacht werden, wenn sich z. B. im Spielen Möglichkeiten zur Sprachförderung, zu situativen Umwelterfahrungen, zu sozialem Lernen u.a.m. ergeben.

Eine pauschale Übernahme von bestimmten curricularen Ansätzen der neueren wissenschaftlichen Diskussion um die inhaltliche Ausgestaltung der Kindergartenarbeit erscheint nicht angemessen, da eine Festlegung auf notwendigerweise einseitige Interpretationen der kindlichen Lebenswirklichkeit nicht in Frage kommen kann. Als wichtige Impulse aus den genannten Ansätzen werden mitaufgenommen und innerhalb der Schwerpunkte zur Geltung gebracht:

– Das Einüben und Durchspielen bestimmter Situationen des kindlichen Lebens der Gegenwart oder näheren Zukunft ohne weitgehende Festlegung der Planung und Durchführung der pädagogischen Arbeit auf umfangreiche Vorhaben;
– das Einüben bestimmter Funktionen oder formaler Fertigkeiten auch unter dem Aspekt entwicklungsgemäßer ausgleichender Erziehung, ohne Einengung auf isolierte Trainingsprogramme, die den Kindern inhaltsarm und fremd bleiben;
– die gezielte Förderung auch der kognitiven Entwicklung des Kindes, ohne sich dabei an wissenschaftlichen Disziplinen bzw. Schulfächern zu orientieren.

Die folgenden Schwerpunkte enthalten Ausführungen zur Begründung und Zielstellung, geben praktische Hilfen für die Arbeit im Kindergarten und spezifische Vorschläge für die Zusammenarbeit mit Eltern. Außerdem bringen sie ausgewählte Literatur und Materialien.

Schwerpunkte der Kindergartenpädagogik

Spielen

1. Begründung und Zielstellung

Begründung: Spiel und Spielen haben für die gesamte Kindergartenpädagogik zentrale Bedeutung. Auf der Entwicklungsstufe des Kindes besteht die Bestimmung und Erfüllung der menschlichen Existenz im Spielen. Das Kind ist überhaupt nur Kind, weil und indem es spielt. Ein Kind, das nicht spielt, ist nicht normal oder krank. Spielen ist die Lebensform des Kindes. Nur im Spiel kann es seine Kräfte und Fähigkeiten entwickeln und entfalten.
Es ist Aufgabe des Kindergartens, Kindern ein angemessenes Spielfeld für uneingeschränktes Spielen bereitzustellen. Spielen ist Ausgangspunkt für alle Bereiche der Kindergartenarbeit und durchdringt alle Schwerpunkte:

Spielen als Ausgangspunkt für soziale und religiöse Erziehung

Das Kind entwickelt in spontanem Spielen erste soziale Beziehungen zur Familie sowie zu 3- bis 6jährigen Kindergartenkindern in der Gruppe. Es gewinnt dabei Erfahrungen von Sicherheit und Vertrauen, die Voraussetzung für die weitere soziale und religiöse Erziehung sind.

Spielen als Ausgangspunkt für Sprechen und Sprache

Das Kind spielt und äußert sich spontan im Umgang mit gleichaltrigen und älteren Kindern sowie mit Erwachsenen und erwirbt die Grundlage für alle weitere Kommunikation, die von Mimik und Gestik begleitet ist.

Spielen als Ausgangspunkt für Erfahrungen mit der Umwelt

Das Kind macht im Spielen während des Tagesablaufs Umwelterfahrungen sowohl in der Familie und Nachbarschaft als auch im vorgegebenen gestalteten Lebensraum des Kindergartens und gewinnt so Zutrauen zur Eroberung neuer Räume und Möglichkeiten in Arbeitswelt und Natur.

Spielen als Ausgangspunkt für rhythmisch-musikalische Erziehung und Bewegungserziehung

Das Kind äußert sich spontan im freien Spielen mit Singen und Bewegungen. Diese Verzahnung von Spielen, Singen und Bewegen muß bei aller rhythmisch-musikalischen Erziehung berücksichtigt werden.

Spielen als Ausgangspunkt für ästhetische Erziehung

Das Kind ist sensibel für seine Umwelt, die es im freien Spielen erfährt und wahrnimmt. Eine behutsame ästhetische Erziehung unterstützt diese spontane Fähigkeit. Die Entfaltung der Ausdrucksfähigkeit setzt elementare Tätigkeiten wie Kritzeln, Sandeln, Matschen, Planschen... im freien Spielen voraus.

Spielen als Ausgangspunkt für Verkehrserziehung

Das Kind macht im Spielen Erfahrungen mit Regeln, die befähigen, Verkehrsteilnehmer zu werden.

Zielstellung: Weil „Spielen" die umfassende Aufgabe des Kindergartens darstellt, muß das Ziel dieses Schwerpunkts Spielen auch umfassend sein. Mit diesen Empfehlungen für das Spielen sollen dem Erzieher Hilfen gegeben werden, seinen spielpädagogischen Auftrag angemessen zu erfassen, zu reflektieren und in pädagogischer Verantwortung für das Kind im Auftrag der Gesellschaft zu erfüllen.

2. Hilfen für die praktische Arbeit

Grundlagen

Vitale Spielfähigkeit

Das Kindergartenkind kann spielen, es braucht es nicht erst zu lernen. Voraussetzungen zum Spielen sind vertraute Spieldinge und ein Gefühl der Sicherheit. Es spielt zunächst alleine oder *neben* anderen Kindern. Im Laufe seiner weiteren Entwicklung kommt es zum Spielen *mit* anderen.
Die elementaren Tätigkeiten – Funktions- und Übungsspiele – sind folgendermaßen zu charakterisieren:
– Sie geschehen spontan, aus einem inneren Drang heraus (Intrinsische Motivation).
– Sie drücken Lust aus (Funktionslust).
– Ihre Dauer ist bestimmt von Spannung und Entspannung.

Schwerpunkt: Spielen

– Wiederholung steigert die Freude (Spielintensität).
– Sie geschehen absichtslos, um des Spielens willen (Zweckfreiheit).

Neben der vitalen Fähigkeit zum Spielen zeigt sich bald ein „Symboldenken". Das heißt, das Kind lernt die Dinge nicht nur kennen, es legt ihnen Bedeutung zu und verwandelt sie für den Gebrauch in seinem Spielen. Beim Zweijährigen wird die Decke, unter der er „Wildes Tier" spielt, später als Wohnung gebraucht.

So eignet es sich nicht nur die Dinge an, sondern erfährt sich als Individuum, indem es handelt und wirkt als ein Mensch, als in dieser Welt Seiender.

Formen des Spielens

Die Spiele, die sich auf die Vitalsphäre beziehen (lallen, schauen, greifen), werden ergänzt wenn:

– Das Kind in seinem Ich gestärkt ist,
– es sich auf unterschiedliche Weise auszudrücken lernt,
– es sensibel wird für seine Umwelt,
– es von Gleichaltrigen, Älteren oder Erwachsenen Spiele, Spieltechniken und Spielregeln übernimmt.

Gestaltungsspiele

Das Kind schafft Neues:
Es setzt Bauklötze übereinander, knetet Ton, trägt Farben auf, zerlegt Dinge und setzt sie zusammen.
Neues entsteht auch im Spiel mit der Stimme: Im Sing-Sang, im Spielen mit Silben, Worten und Reimen.
Es erfindet neue Bewegungen: Auf einem Bein hüpfen, Arme verschränken, sich drehen...
Es experimentiert mit Klängen, probiert die Klangdynamik aus und rhythmisiert.
Es geht gestaltend mit Objekten, mit der Sprache, mit Bewegung und Klängen um.
In all diesen wahrhaft kreativen Erscheinungsformen äußert sich der „Urhebertrieb"[8] des Menschen.

Hingabespiele

Spielen kann von höchster Sensibilität begleitet sein:
Das Kind beobachtet die Kugel, die in der Bahn rollt, hört der Spieluhr zu, läßt Sand durch die Hände rieseln, bläst den Samen des Löwenzahn auseinander, schmeckt den Schnee auf der Zunge, riecht an den Blumen, läßt sich schaukeln, träumt vor sich hin.

Arnulf Rüssel nennt diese Tätigkeiten „Hingabespiele"[9]. Nicht die äußere Aktivität des Kindes drückt sich hier aus, die Hingabe an die Eigengesetzlichkeit der Dinge, „an den schönen Schein"[10] bewirkt innere Aktivität.

Rollenspiele

Das dramatische Spiel lockt das Kind auf allen Altersstufen in unterschiedlicher Weise:

– Es wird zum Lokführer, wenn es die Lok neben sich herschiebt,
– es ist „Hund", der gestreichelt werden will,
– es ist „Vater", wenn es mit anderen Kindern „Familie" spielt.

Das Kind entwickelt die Fähigkeit, andere Rollen zu übernehmen, indem es nachahmt und die Grenzen der Realität mit dem „Tun-als-ob" überwindet.

Regelspiele sind:

– Kreis-Hüpf- und Laufspiele,
– Spiele mit Spieldingen (Ball, Seil, Murmeln),
– Spiele, die das Gedächtnis, die Beobachtung und Reaktionsfähigkeit ansprechen (Memory, Lotto, Halma...),
– Spiele, die Glück-Haben, den Zufall einbeziehen (Mensch ärgere dich nicht, Fang den Hut...).

Regelspiele lernt das Kind aufgrund der Leistungsmotivation verstehen. Nach Heckhausen ist sie „ein wichtiger kognitiver Leistungsschritt, der in der Regel nicht früher als im vierten Lebensjahr"[11] getan wird. Mit wachsender Fähigkeit, eigene Leistungen zu beurteilen, kommt es zum Wetteifer.

Zur Beherrschung von Spielregeln gehört auch die Fähigkeit, die objektiv bestehende Regel anzuerkennen und sich der Regel entsprechend einzuordnen.

---

[8] Buber, M.: Reden über Erziehung. Heidelberg 1969, S. 14.
[9] Rüssel, A.: Das Kinderspiel. München 1953.
[10] Ders.: A.a.O.
[11] Heckhausen, H.: Leistungsmotivation. In: Handbuch der Psychologie, Band 2, Göttingen 1965, S. 678.

Wandlung der Spielformen in der kindlichen Entwicklung

Spielformen haben während der Kindheit unterschiedliche Bedeutung. Diese ist von folgenden Komponenten abhängig:
- Vom Alter der Kinder und ihrem Entwicklungsstand. (Was spielen jüngere Kinder? Welche Spiele werden erst von älteren Kindern beherrscht?)
- Von der Neigung und dem Bedürfnis der Kinder. (Welche Spiele bevorzugt das einzelne Kind? Warum wiederholt es bestimmte Spiele immer wieder?)
- Vom Anregungsmilieu und der Kultur. (Welchen Einfluß haben Spielzeug, Verständnis der Eltern, die Kultur unserer Zeit, auch die Zivilisation, auf das Spielen der Kinder?)
- Von den Jahreszeiten und vom Brauchtum. (Welcher Rhythmus in der Wahl der Spiele entsteht durch das Wetter, durch bestimmte Feste und Bräuche?)
- Von den Spielmoden. (Welche Spiele, zum Teil auch durch neue Materialien bestimmt, tauchen auf und verschwinden wieder?)

Weisen des Spielens

Vom Spielen haben Eltern und Pädagogen unterschiedliche Vorstellungen. Die einen schätzen die freien Aktivitäten der Kinder hoch ein und sehen darin viele Lernmöglichkeiten. Die anderen wollen das spontane Spielverhalten möglichst bald in das veranstaltete und erzieherisch bereitete Spiel überführen, weil sie darin die adäquate Voraussetzung sehen, dem Kind Begriffe zu vermitteln und seine Sprache und sein Denken zu stimulieren. Diese kontroversen Standpunkte haben falsche Denkansätze, zu deren Klärung die Unterscheidung von „freiem Spielen" und „strukturiertem Spielen" beitragen kann.[12]
- *„Freies Spielen"* heißt: Das Kind wählt sein Spielthema. Seine Lust und seine Vorstellungen bestimmen den Verlauf des Spielens.
- *„Strukturiertes Spielen"* ist vom Erwachsenen initiiert. Es erhält die Struktur durch die Wahl des Spielmaterials, durch die Spielregel und die Anregungen des Erwachsenen.

Das freie Spielen wird dahingehend falsch verstanden, als sei dadurch nur die Duldung, nicht aber die Hilfe des Erwachsenen wichtig. Dadurch nimmt der Erwachsene jedoch seine spielpädagogischen Aufgaben nicht wahr und schätzt die von ihm initiierten Spiele höher ein als die dranghafte Spielaktivität des Kindes. Diese jedoch zu unterstützen und zu begleiten ist ungleich wichtiger als alle an das Kind herangetragenen Vorhaben.

Denn auch hier gilt: Was mit Freude und Lust getan und erworben wird, hat aufs Ganze gesehen den größten Lernerfolg. (Daher hat das sogenannte didaktische Spielmaterial, das einseitig strukturiert ist, nur wenig Begeisterung bei den Kindern hervorgerufen, wenn es nicht gar die Lernmotivation beeinträchtigt hat.)

Bedeutung des freien Spielens

Freies Spielen ist ganzheitliche Förderung der kindlichen Entwicklung. Diese These wird von den verschiedenen Fachwissenschaften vertreten und bildet die Grundlage für weitere empirische Forschungsprojekte.

Das freie Spielen hat in hohem Maße psychohygienische Bedeutung für das seelische Wachstum des Kindes, weil es tiefe Befriedigung der Gefühle ermöglicht.[13]
- Das Kind kann frei seinen eigenen Impulsen folgen, es kann tun, was es will und ist frei von Weisungen und Vorschriften durch den Erwachsenen. Dabei erlebt es Freiheit, die ihm im realen Leben nicht gegeben werden kann.
- Das Kind ist schöpferisch tätig. Es erlebt Freude, die nicht mit materiellen Werten meßbar ist; eine überaus wichtige Erfahrung für eine positive Einstellung im späteren Leben.
- Das Kind erlebt das Gefühl von Kraft, wenn es Vater, Polizist, Krankenschwester, Lehrer spielt. Dadurch fühlt es sich vollwertig in der Erwachsenenwelt, in der es real nur das jüngste und schwächste Glied ist. Daß es sich nur um eine symbolische Übernahme der Macht handelt, stört das Gefühl nicht.
- Im freien Spiel hat das Kind die Möglichkeit, Eindrücke positiver wie negativer Art zu verarbeiten, indem es Kon-

---
[12] Vgl. Almy, M.: Das freie Spiel als Weg der geistigen Entwicklung. In: Flitner, A. (Hrsg.): Das Kinderspiel. München 1973. S. 101–113.
[13] Biber, B.: Wachsen im Spiel. In: Flitner, A. (Hrsg.): Das Kinderspiel. München 1973. S. 12–17.

flikte nachgestaltet. Das Kind „wird heimisch in einer Lebensform, die für die Humanität, für die Behauptung des Menschen innerhalb von Systemzwängen unentbehrlich ist und die ihm in einer Welt der Leistung und der Zweckhaftigkeit Räume der Freiheit und des Glücks zu erhalten vermag.

Wenn man das Spielen als eine humane Grundfähigkeit anzusehen bereit ist, bedarf es kaum weiterer Rechtfertigungen; es zu lernen und sich darin zu Hause zu fühlen, es über die Kindheit hinaus zu bewahren, ist ein hinreichend bedeutendes Ziel."[14]

Das freie Spiel hat eine zentrale Bedeutung für die geistige Entwicklung des Kindes

– Im freien Spielen ist der Ursprung echten begrifflichen Denkens zu sehen. Dadurch, daß das Kind die Gegenstände bewegt, berührt, aufhebt, hält, arrangiert, sortiert usw. lernt es, Ähnlichkeiten zu bemerken, kann sie unterscheiden und Vergleiche anstellen. Es lernt, mit dem begrifflichen System zu operieren, indem es vom freien Spielen her zum Aufbau logischer Kategorien kommt.
– Mehr als im angeleiteten Spiel müssen solche Erfahrungen im freien Spiel gemacht werden, weil das Kind die Realität auf seine ihm eigene egozentrische und affektgeladene Art wahrnehmen muß, ehe es das System des logischen Denkens, dessen sich die Erwachsenen bedienen, verwenden kann.[15]
– Lerninhalt und Lernbedürfnis stehen in einer besseren „Passung", wenn das Kind im freien Spiel in seinem eigenen „kognitiven Stil" Erfahrungen machen und seine geistigen Fähigkeiten weiterentwickeln kann.
– Der Wiederholung kommt wesentliche Bedeutung zu, weil das Kind dabei von sich aus Lernerfahrungen vertieft und festigt.

Das freie Spiel hat Bedeutung für den Aufbau der sozialen Beziehungen des Kindes

Die geistige Entwicklung des Kindes hängt nicht allein von der Beschäftigung mit Dingen ab, sondern auch von Unternehmungen mit anderen Kindern. Soziale Beziehungen führen zu einem wichtigen Rahmen des Denkens, in dem die Kinder miteinander kommunizieren müssen (nach Piaget). Das Zusammenwirken gleichaltriger Kindergartenkinder kann sich unter vielfältigen Bedingungen entwickeln: Ältere lernen Rücksicht zu nehmen auf jüngere und umgekehrt. Kinder lernen, Interessen anderer zu akzeptieren, aber auch eigene durchzusetzen. So entwickeln sie Strategien zum Lösen von Streitigkeiten.

Bedeutung des strukturierten Spiels

Im strukturierten Spiel geht der Erwachsene als Partner auf die Spiel- und Symbolwelt des Kindes ein und bildet gleichsam eine Brücke zur Realität.
– Er vermittelt Spiele, Spieltechniken und Spielregeln.
– Er gleicht Spieldefizite, die sich in allen Bereichen (im psychohygienischen, im geistigen und im sozialen) ergeben, aus.
– Er knüpft an Spielanfänge der Kinder an und hilft zur Entwicklung von Spiel- und Lernprozessen.

Die Gewichtung der beiden Spielweisen verschiebt sich in der allgemeinen und individuellen Entwicklung. Es gibt Zeiten, in denen fast ausschließlich das intensive freie Spielen im Vordergrund steht und solche, in denen das Kind stärker das vom Erwachsenen strukturierte Spielen braucht. Ausgewogenes Gleichmaß ergibt sich aus den Bedürfnissen und den Interessen des Kindes und der pädagogischen Verantwortung des Erwachsenen.

Alle Hilfen, die der Erzieher gibt, dienen dazu, das freie Spielen zu stützen und zu fördern.

Spielpädagogische Aufgaben

„Freispiel" – Freies Spielen

Das freie Spielen hat im Kindergarten schon immer seinen angestammten Platz im sogenannten „Freispiel". Darunter werden alle im Bereich des Kindergartens möglichen Aktivitäten verstanden: Das Kind kann Tätigkeit und Material frei wählen, es entscheidet, ob es allein oder mit einem frei gewählten Partner (bzw. einer Gruppe) spielt. Auch die Ent-

---

[14] Flitner, A.: Spielen – Lernen. München 1972. S. 120.
[15] Almy, M.: A.a.O.

scheidung über Ort und Dauer des Spiels liegt beim Kind. Daneben bietet das „Freispiel" die Gelegenheit, das Kind „freizulassen", d.h. es ist ihm auch die Freiheit zum „Nichtstun" zu gewähren; wenn es ihm Bedürfnis ist, nur da zu sitzen, soll der Erzieher keine Ansprüche an das Kind stellen.

Das „Freispiel" wird jedoch in seiner vollen Bedeutung oft nicht richtig verstanden. Der Erzieher muß immer wieder neu darüber nachdenken, unter welchen Bedingungen das Kind frei spielen kann.
Der Ausgangspunkt seiner spielpädagogischen Bemühungen ist die Frage nach den Bedürfnissen des Kindes:
— Das Kind will mit anderen Kindern spielen; es muß sich aber auch zurückziehen und allein spielen können.
— Das Kind will sich ausreichend bewegen und aktiv sein; es braucht auch ruhiges Spielen und „Nichtstun".
— Das Kind will tun, was ihm einfällt; es braucht dabei jedoch auch den Erwachsenen.
— Das Kind will das eine Mal lange an einem Spiel verweilen, ein anderes Mal kann sein Interesse an bestimmten Spielen schnell wechseln.
— Das Kind will sich allein im Kindergarten bewegen; es braucht die Nähe und persönliche Zuwendung des Erwachsenen.
— Das Kind muß seine körperlichen Bedürfnisse individuell regeln können; darüber hinaus will es auch an der Arbeit der Erwachsenen teilhaben.

Die vielfältigen Bedürfnisse des Kindes können nur in einer Atmosphäre befriedigt werden, in der es sich sicher fühlt, in der es ohne unangemessene Disziplinforderungen, ohne Zwang frei spielen kann, so daß es täglich mit positiven Erwartungen, mit Spannung und Neugier in den Kindergarten kommt.
Das wird umso mehr der Fall sein, wenn der Erzieher selbst spielen kann und gelegentlich auftretende Langeweile und Verdrossenheit überwinden hilft.
Dafür schafft er Voraussetzungen, wenn
— er Zeit zum ausgiebigen freien Spiel einplant,
— die räumliche Umwelt bereitet,
— geeignete Spielmittel zur Verfügung stellt,
— das Spielen der Kinder begleitet.

Planung der Zeit

Der Erzieher plant Zeit zum ausgiebigen Spiel ein.
Den Bedürfnissen des Kindes entspricht eine offene Arbeitsform, das heißt: das freie Spielen bildet die Grundstruktur, von der aus alle Lern- und Erfahrungsfelder wahrgenommen werden können. Nicht ein planmäßig festgelegtes Reglement mit „Freispiel" und „gezielten Angeboten" organisiert den Tag, sondern eine Ordnung, die aus dem lebendigen Umgang mit der Zeit entsteht; so werden die Bedürfnisse befriedigt, aber auch alles das wahrgenommen, was sich im wirklich gelebten Leben ereignet. Nur so ergeben sich die natürlichen Situationen für alle Vorhaben.
Das Kind ist mit Lust bei Tätigkeiten, die es frei wählt, auf die sein Interesse aus eigener Motivation gerichtet ist. Thematisierte, isolierte, methodisch zubereitete Lerninhalte, die in einer zusammengestellten Gruppe vermittelt werden, sind wohl Beschäftigungen, nicht aber Spielen, Lernen durch Erfahren.

In der *offenen Arbeitsform*
vollziehen sich alle nur denkbaren freien Aktivitäten, die sich in einem gestalteten Lebensraum des Kindergartens ergeben, wie etwa:
— Spielen
— Bilderbücher anschauen, eine Platte hören, Tanzen, mit Klanginstrumenten experimentieren...
— Zuschauen; wenn Handwerker im Haus sind, Väter Spielzeug reparieren, Mütter Puppenkleider nähen.
— Helfen; beim Kuchenbacken, Laub zusammenrechen, Einsäen, beim Reinigen des Aquariums...
— Arbeiten; Frühstückgeschirr spülen, Blumen gießen, den Raum richten, Aufräumen, Farbpinsel auswaschen...

In der offenen Arbeitsform sind die *Übergänge fließend*. So gibt es keine Zeiten, in denen Kinder untätig sind; solche „leeren Zeiten" führen häufig zu sinnlosem Toben und zu Disziplinschwierigkeiten.
— Bedürfnisse wie Hände waschen, frühstücken, („freies Frühstück") regelt das Kind individuell.
— Der Wechsel von Spielweisen (freies Spiel – strukturiertes Spiel) muß sich nicht immer für die Gesamtgruppe, sondern kann sich auch nur für einzelne Kinder oder kleine Gruppen ergeben.

Schwerpunkt: Spielen

- Das gilt auch für den Wechsel der Spielplätze vom Zimmer ins Freie. Kinder sollen nicht genötigt werden, Spiele abzubrechen; sie können nur bei plausiblen Begründungen um eine Unterbrechung des Spiels gebeten werden. Im intensiven Spielen wird die spätere Lernkonzentration eingeübt!

Die *Regelung der Zeit* richtet sich nach den Spielbedürfnissen:
- Einzelne Kinder oder Gruppen bleiben bei ihren begonnenen Vorhaben, andere entscheiden sich für Tätigkeiten, die der Erzieher anregt.
- An manchen Tagen bestimmen die freien Aktivitäten den gesamten Ablauf, andere Tage sind erfüllt mit gemeinsamen Vorhaben: Ausgänge, Besuch in der Schule, Feste, die ersten sonnigen Tage nach dem Winter, Regenpfützen, Schnee, Winter, Feuer (Laub wird im Garten verbrannt)...
- Manche Tage verlocken zu ruhigen Spielen, während andere stark von motorischen Bedürfnissen bestimmt sind (bei Herbstwind, vor Gewitter).

Gestaltung des Raumes

Kindergärten sind in Anlage, Ausstattung und Einrichtung durch die Richtlinien des Kindergartengesetzes bestimmt. Damit ist der äußere Rahmen gegeben, in dem der Auftrag der Kleinkinderziehung erfüllt werden kann.

Welche Bedeutung hat „Raum" für das Kindergartenkind?

Das Kind kommt aus dem Lebensraum der Familie, in dem es beheimatet ist, wo es hingehört, wo es sich geborgen fühlt; er ist ihm Zuflucht und Rückzugsmöglichkeit.
Der Eintritt in den Kindergarten bedeutet die erste, oft einschneidend erlebte Loslösung aus dieser vitalen Bindung; er ist der erste Aufbruch in das eigene Leben.
Der Kindergarten muß für das Kind zu einem Ort werden, der ihm Selbstfindung ermöglicht und Zutrauen zur Welt erfahrbar macht. Ort meint das elementare Lebensbedürfnis, in Vertrautem verwurzelt zu sein, seinen Platz im Leben zu finden, sein Anrecht auf sein Da-Sein in diesem Lebensraum geltend zu machen.

Raum als Orientierungshilfe

Der Gruppenraum kann für das einzelne kleine Kind erschreckend und fremd sein. Es irrt zwischen unübersehbar vielen Möbelstücken herum und hat darin noch keinen Ort. Der eigene Mantelhaken, das eigene Handtuch im Waschraum, das eigene Fach im Regal für die eigenen Dinge bilden die ersten Fixpunkte in dieser unüberschaubaren Welt. Beim Tisch der Gruppenleiterin hat es einen weiteren Fixpunkt, zu dem es Zuflucht hat und wo es Zuspruch findet. Orientierung wird dem Kind auch erleichtert, wenn es den großen Raum als einen gegliederten erlebt.
Der Raum ist gegliedert durch
- festgelegte Aufteilungen (Puppenecke, Leseecke, Frühstückstisch...)
- Aufteilungen, die durch bestimmte Spielvorhaben von den Kindern selbst eingerichtet werden (Kaufladen, Eisenbahnspiel, Post...)
- Bestimmte Spielräume, die sich aus dem Zusammenspiel oder dem Alleinspiel ergeben (Maltisch, gemeinsames Bauen, ein Kind allein am Fensterplatz). Dazu sind die vorhandenen Matten, Trennwände, variable Möbelteile, Holzwürfel, Bretter etc. immer wieder neu einsetzbar.

Verläßlichkeit des Raumes

Der Raum muß für das Kind vertraut werden und gewohnt sein, damit es Mut hat, seine Spielvorhaben durchzusetzen. Dazu ist es notwendig, daß der Raum verläßlich ist, das heißt,
- daß die festgelegten Teilspielräume nicht ohne das Mitwirken der Kinder verändert werden dürfen,
- daß angefangene Spielvorhaben (ein unvollständiges Legespiel...) am nächsten Tag wieder vorgefunden werden,
- daß der eigene Spielraum geschützt ist vor Übergriffen der anderen Kinder.

Die Verläßlichkeit des Raumes wird dort am tiefsten erfahren, wo das Kind sich eine eigene Behausung schafft:
- Sich in eine Ecke kuscheln,
- ein Waschmaschinenkarton wird ein Puppenhaus, in dem das Kind selbst kochen kann,
- eine Decke über zwei Stühle gehängt wird zum eigenen Häuschen, in das sich das Kind zurückziehen kann,

- der von Trennwänden geschaffene eigene Raum schützt die individuelle Spielsphäre,
- ein eigener Fensterplatz ermöglicht einen Ausguck in die Welt.

In solchen verläßlichen Räumen macht das Kind wichtige Lebenserfahrungen:

Wer bei sich selbst ist, kann auch zu anderen gehen. Beheimatung ermöglicht Offenheit zur Welt und zu den Menschen.

Sichzurückziehen bedeutet nicht Abkapselung und Sichverschließen: Das Fensterchen in der Trennwand, der Spalt in der Decke, der Ritz im Karton sind Fenster nach draußen und schaffen Verbindung zu den anderen.

Eine eigene Behausung haben bedeutet sich eigene Sicherheit verschaffen: indem man Rückendeckung hat, kann man sich öffnen.

Raum als Ort für Erlebnisse

Wenn das Kind Geschichten hört, baut es sich eine Höhle: mit dem Arm des Erwachsenen, mit dem Kissen, in das es sich gekuschelt hat. Aus dem so gesicherten Raum kann es Spannung, Angst, Bedrohung ertragen und Lösungen beglückend miterleben.

Wenn die Gruppe die Stühle zum Stuhlkreis zusammenschiebt, geschieht ähnliches. Die zusammengedrängten Kinder bilden den Raum für das Erleben einer Geschichte. Dabei erleben sie auch, daß Geschichtenerzählen und -hören Gemeinschaft begründet und festigt.

Im Stuhlkreis wird auch Gemeinschaft erlebt, wenn Kinder musizieren. Das Sitzen in der festlichen Tischrunde vermittelt ebenso starke glückhafte Erlebnisse, die aufbewahrt werden. Noch der Erwachsene ruft sich in der Erinnerung solche Erlebnisse ins Gedächtnis, die unlösbar mit dem Ort verknüpft sind, an dem sie sich ereigneten (Schoß der Mutter, Erzählkreis, festliche Tafel).

Das Kind braucht Raum zum Bewegen

Das Kind erfährt den Raum, indem es in ihm herumgeht, Spielplatz und Material wechselt, andere Kinder aufsucht, Kontakt zum Erzieher aufnimmt.

Das Kind braucht Raum, um seinem natürlichen Bewegungsdrang in selbstverständlicher Weise nachzugeben. Der Erzieher muß mit räumlichen Einrichtungen zu vielseitigen Bewegungsmöglichkeiten herausfordern:

- Kinder bewegen sich auf dem Fußboden: Sie krabbeln, kauern, hocken, robben, knien, liegen auf dem Bauch, auf dem Rücken...
- Kinder bewegen sich beim Umräumen: Sie schleppen, schieben, tragen, rollen, ziehen, fahren Tische, Stühle und Kisten...
- Kinder bewegen sich an Schränken und Schubladen: Sie bücken sich, strecken sich, stehen auf den Fußspitzen, steigen hoch, öffnen und schließen die Schubladen, holen Sachen heraus, ordnen sie ein...
- Kinder bewegen sich an der Sprossenwand: Sie hängen, hangeln, klettern, strecken sich...
- Kinder bewegen sich auf der Matte: Sie hüpfen, machen Handstand, schlagen Purzelbäume, machen Brücke, rollen sich zusammen, spielen Schubkarren...

Zur Ausstattung gehören: Teppiche, Sitzkissen, bequeme Sessel für die Bilderbuchecke, sitzgerechte Stühle, eine Liege zum Ausruhen.

Grenzen überschreiten

Nachdem das Kind den Gruppenraum als überschaubar, verläßlich und gesichert erlebt hat, wird es fähig, die Grenze dieses Raumes zu überschreiten. Dieses Sichlösen, Neues entdecken, auf Eroberungen ausgehen ist ein Zuwachs einer weiteren elementaren Lebenserfahrung, bei der zugleich ein erstes Sich-verantwortlich-Fühlen für die eigenen Vorhaben erlebbar wird. Es löst sich zwar aus dem direkten Blickkontakt, bleibt aber in Rufweite zur Erzieherin und versichert sich auch durch Zuruf dieser Bindung.

- Zu einem geplanten Eisenbahnprojekt braucht das Kind viel Platz; es spielt im Gymnastikraum.
- Kinder haben Schiffe gebaut; sie lassen sie im Waschraum schwimmen.
- Zwei Kinder wollen eine Melodie erproben; sie gehen mit ihren Instrumenten ins Leiterinnen-Zimmer.
- Ein Kind hat sich vorgenommen, Laub zu harken; es geht in den Garten.
- Einige Kinder möchten einen Kuchen backen; sie sind in der Küche.

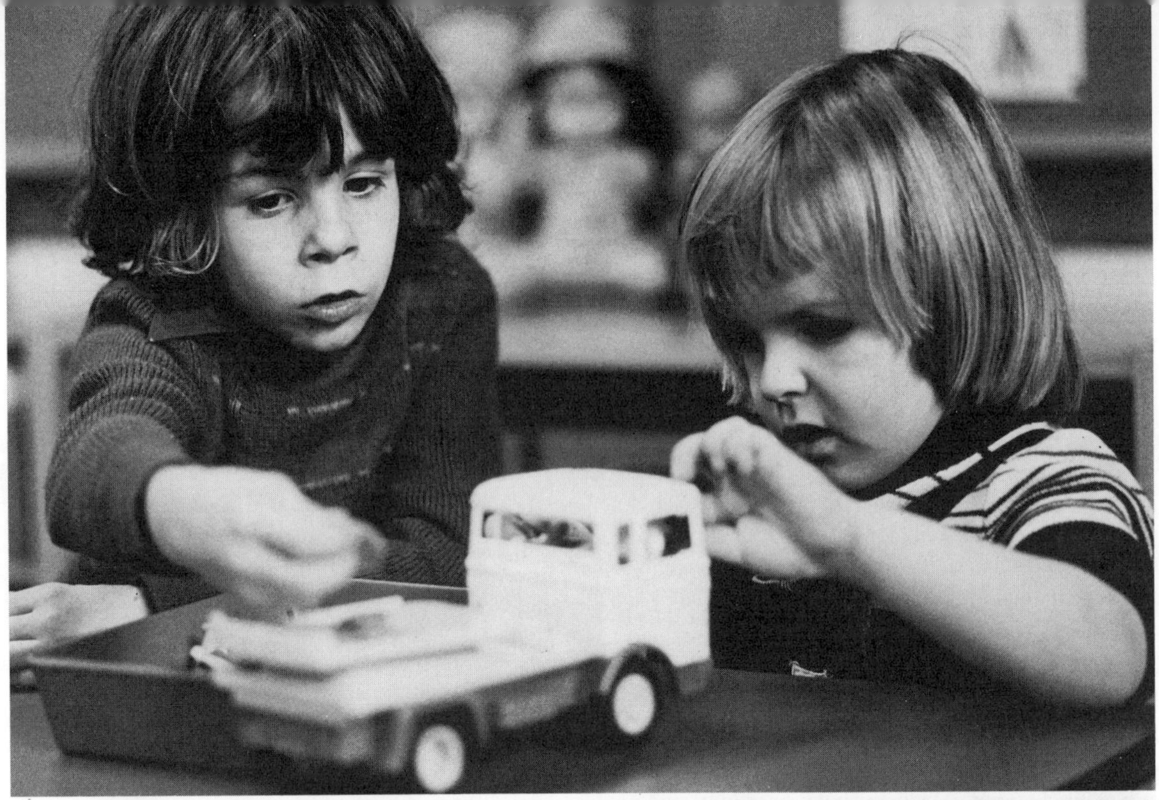

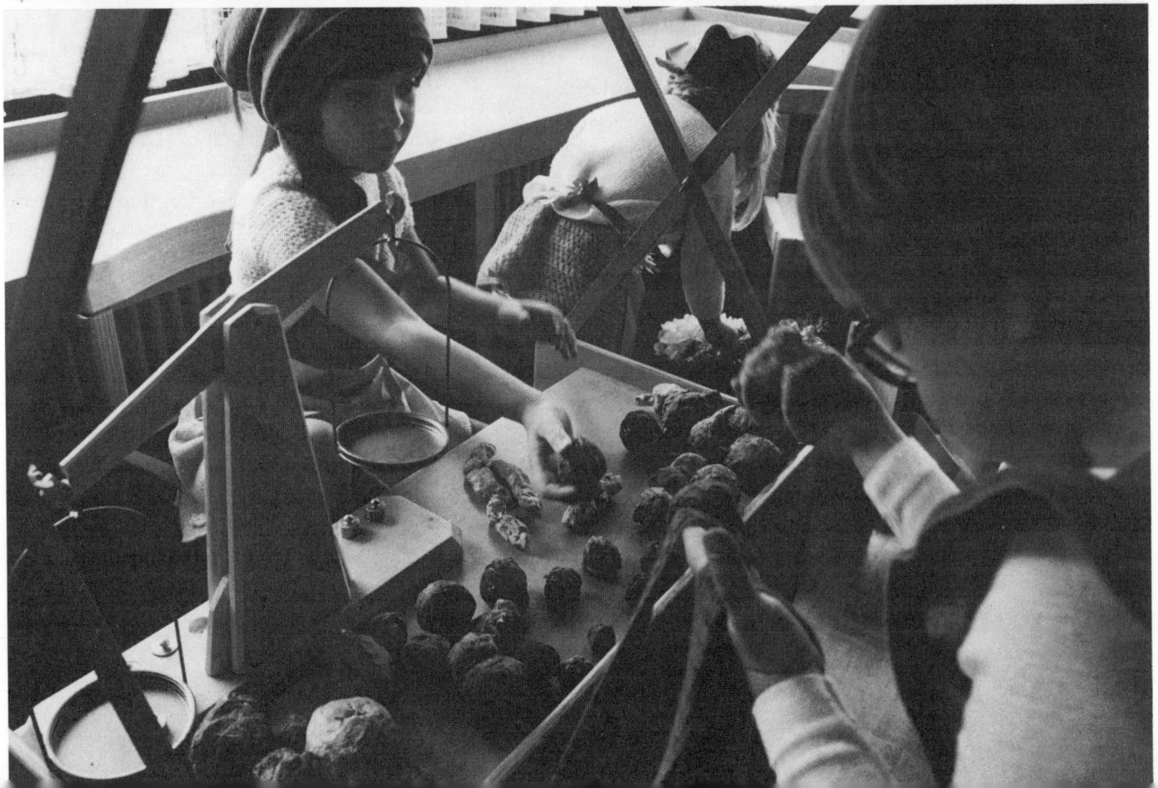

Die Kindergruppe spielt „Draußen"

Im freien Raum können Kinder andere Erfahrungen machen als im geschlossenen Raum. Hier werden die klassischen Elemente Erde, Wasser, Feuer, Luft und damit zusammenhängende Erscheinungen erlebbar. Kleinere Kinder erfahren Erde, wenn sie sandeln, buddeln, Kuchen backen, sich auf die Erde setzen, barfuß laufen...
Größere arbeiten am Sandplatz, graben, bauen Burgen, bewegen Sand hin und her, beteiligen sich an der Gartenarbeit.
Kleinere erfahren Wasser in einer gefüllten Wanne, in der sie spielen; Größere bauen Staudämme, Kanäle, leiten Wasser ab...
Kleinere halten den Drachenfisch und das Windrädchen in den Wind; mit den Größeren wird ein Drachen gebaut, den man steigen läßt.
Feuer wird auch mit Sonne und Schatten erlebt; Laub wird abgebrannt, Kinder sitzen um das Feuer.
Der Raum draußen erlaubt andere Selbsterfahrungen als der geschlossene Raum.
Kinder rennen und schreien, laufen, klettern, hüpfen, schaukeln, wippen, schmeißen sich in den Schnee, lassen sich in den Sand eingraben...

Auch der Raum im Freien wird für bestimmte Spiele verändert und gestaltet:

Die gewachsene Laube wird zur Puppenecke, die schattige Ecke zum Ort für Erzählen und Musizieren, windgeschützte Plätze werden genutzt für Spiele mit Naturdingen.
Mit Materialien (Bretter, Klötze, Matten...) bauen sich die Kinder eigene Behausungen.

Draußen können andere Spiele als drinnen gespielt werden:

Verstecken, Fangen, Miteinander-kämpfen, Wettspiele, Tanzen, Singen, Kreisspiele...

Bereitstellung von Spielmaterial

Pädagogisch begründete Auswahl von Spielmaterial

Im Kindergarten stehen den Kindern für das Spielen folgende Gegenstände zur Verfügung:

– Dinge zum Spielen: Jedes Ding (Tannenzapfen, Stuhl, Tisch...) wird von dem Kind nach seiner freien Vorstellung für seine Spielvorhaben benutzt.
– Spielzeug: ein eigens für das Spielen hergestellter Gegenstand (Puppe, Wagen, Ball, Bauklotz, Förmchen).
– Strukturiertes Material: Ein eigens für das Spielen hergestellter Gegenstand, mit dem auf der Ebene des kognitiven Lernens bestimmte Fähigkeiten erworben werden sollen (Schau genau, Wörterduo, Logische Blöcke...).
– Dinge, die ihre eigentliche Bestimmung erst erfüllen, wenn zu ihrem Gebrauch eine Anleitung gegeben ist: Instrumente (Musikinstrumente, physikalische Instrumente wie Lupe, Mikroskop, Magnete...).
Geräte (Küchengeräte, Turngeräte...)
Werkzeuge (Pinsel, Schere, Hammer...)
Materialien (vgl. Schwerpunkt „Ästhetische Erziehung")

Welche Bedingungen sind an Spielzeug zu stellen?

– Alle Spieldinge müssen einen starken Aufforderungscharakter haben in bezug auf Größe, Farbe und Material.
– Sie müssen funktionstüchtig und vielseitig verwendbar sein.
– Die Aufforderung zu einzelnen Dingen darf nicht durch ein Überangebot an Material verloren gehen.
– Dieses muß sichtbar und für die Kinder erreichbar aufbewahrt werden.
– Die Spieldinge für die verschiedenen Spielformen müssen in den jeweils verschiedenen Entwicklungsstufen der zunehmenden Realitätsbewältigung des Kindes entsprechen: An großen Perlen mit großen Löchern in den vier Grundfarben lernt das Kind entsprechend der noch nicht entwickelten Feinmotorik eine Schnur durch ein Loch zu stecken; an kleinen vielfarbigen Perlen übt es sich im Entwerfen von Ketten. Mit einem Spielbügeleisen fährt das Kind hin und her, mit einem elektrischen Bügeleisen bügelt es die Puppenwäsche.

Einfache Farbspiele ermöglichen ein erstes Kennenlernen von Regelspielen; beim „Fang den Hut" wird die Bedeutung der Würfelaugen als Menge erfaßt und in die Zahl der erlaubten Sprünge umgesetzt.

Schwerpunkt: Spielen

Bedeutung von Augenblicksspielzeug

Der Erzieher kann Spieldinge aus einfachen Mitteln herstellen:
– eine Maus aus einem Taschentuch,
– eine Zaubertüte aus einem Bogen Schreibpapier,
– ein Kränzchen aus Blättern,
– eine Pfeife aus Haselholz,
– einen Hexenbesen aus einem Faden,
– ein Körbchen aus Binsen.

Die Entstehung selbst übt eine besondere Faszination auf die Kinder aus. Als Spieldinge können sie Impulse für neue Spiele geben, von einem Kummer (Heimweh) ablenken, Langeweile vertreiben. Sie schaffen Erinnerungen an Jahreszeiten und besondere Plätze in der Landschaft und bleiben unlösbar mit bestimmten Erlebnissen verbunden.

Wenn die Kinder die Dinge später selbst herstellen können, wächst ihr Ansehen in der Kindergruppe. Indem sie die Kinderkünste weitergeben, leisten sie einen wichtigen Beitrag zur Spieltradition.

Begleitung des Spielens durch den Erzieher

Mit der Planung von Raum und Zeit und mit der Bereitstellung von Spieldingen wird dem Kind das freie Spielen eröffnet.

Das Spielen geschieht für das Kind in der Gruppe von Drei- bis Sechsjährigen. So wird freies Spielen bedeutsam für den Aufbau von sozialen Beziehungen mit allen Formen von Kommunikation, die sich im ganzheitlichen Spielgeschehen ergeben. Das Kind kann Umwelterfahrungen machen, es lernt, sich auf vielerlei Weise auszudrücken und macht dabei weitere grundlegende Lebenserfahrungen.

Dieses Spielen und Lernen vollzieht sich auf den unterschiedlichsten Ebenen, die hier von verschiedenen Ansätzen aus deutlich sichtbar werden und vom Erzieher selbst in seinem Praxisfeld beobachtet werden können.

Im Kindergarten vollzieht sich eine Fülle lebendiger Prozesse, wobei kindhafte Spontaneität und Aktionsdrang mit einem Erzieherverhalten zusammentreffen, das von Flexibilität und Sensibilität gekennzeichnet sein sollte. Dieses Wechselspiel kann zur Entfaltung kommen, wenn Voraussetzungen und Zielvorstellungen pädagogisch verantwortlich reflektiert sind. Was hier gemeint ist, kann die folgende Grafik verdeutlichen.

Ein gleichseitiges Dreieck ist in drei Abschnitte eingeteilt. Die von unten nach oben aufeinander bezogenen Teile veranschaulichen die vom Erzieher einzubringenden Aktivitäten, die jedoch nicht eine zeitliche Abfolge oder einen hierarchischen Aufbau darstellen.

Das Fundament bildet der Abschnitt, dem die Beobachtung, die Planung und die Vorbereitung des Erziehers zugeordnet sind.

Abschnitt 2 umfaßt die erzieherischen Tätigkeiten beim freien Spielen in Form der Präsenz, des Anspielens und Mitspielens des Erziehers.

Abschnitt 3, die Spitze des Dreiecks, zeigt den Stellenwert seiner spielpädagogischen Aufgabe im Zusammenhang mit dem strukturierten Spielen. Die hier veranschaulichten Erzieheraktivitäten sollen noch näher beschrieben werden[16].

Die fundamentalen Voraussetzungen sind Beobachten, Planen, Vorbereiten

Beobachtung und Planung sind als ein fortwährender, sich gegenseitig bedingender Prozeß zu verstehen. Beobachtung im hier verstandenen Sinn kann sich nur darauf beziehen, daß der Erzieher Einblick gewinnt in Spielverhalten und in Spielbedürfnisse der einzelnen Kinder. Solche Einblicke erhält er, wenn er seinen pädagogischen Auftrag im Ablauf des Kindergartenalltags wahrnimmt, das heißt, während er Spielen und Aktivitäten der Kinder begleitet, kann er sie beobachten (teilnehmende Beobachtung).

---

[16] Vgl. auch Schneider, C.: Förderung vielfältiger Ausdrucksmöglichkeit. In: Mörsberger/Moskal/Pflug (Hrsg.): Der Kindergarten. Didaktik des Kindergartens (Band 3), Freiburg 1978. S. 256 ff.

Planen und Vorbereiten sind einerseits von dem Spielvorhaben und den Spielbedürfnissen der Kinder bestimmt, andererseits durch pädagogisch verantwortete Zielreflexion: Der Erzieher wird von den Jahreszeiten abhängende, situationsbedingte und individuell vorhandene Spielbedürfnisse bedenken und durch entsprechende Vorbereitungen in Gang setzen.

Ebenso wichtig sind die *Präsenz* des Erziehers sowie die Spielhilfen in Form von *Anspielen* und *Mitspielen*. Der Erzieher ist zwar da, aber er muß *wirklich* da sein. „Er muß, um dem Kind in Wahrheit präsent zu werden und zu bleiben, dessen Präsenz in seinem eigenen Bestand aufgenommen haben."[17]

Dieses Dasein des Erziehers zeigt sich in der innerlichen Beteiligung am Tun des einzelnen Kindes:
- Er hört die Melodie, die das Kind auf dem Xylophon ausprobiert,
- er sieht das Bemühen des Dreijährigen, die Steine zu einem Turm aufzubauen,
- er nimmt wahr, daß ein Kind unlustig und bedrückt ist,
- er verfolgt den Streit zweier Kinder um ein begehrtes Spielzeug.

Dabei läßt er gewähren, ohne selbst tätig zu werden und wartet ab, wie Kinder den Streit lösen, ehe er einen Kompromiß vorschlägt, läßt das Kind probieren, ob es nicht selbst den richtigen Ton findet, läßt das Kind mit den Bausteinen experimentieren, ohne den Lernprozeß durch falsche Hilfen abzublocken. Er begleitet mit innerer Teilnahme das bedrückte Kind, ohne sich zunächst mit Fragen in seine Intimsphäre zu drängen.

Durch solche Präsenz kann sich ein vertrauensvoller Umgang miteinander entwickeln, der bestimmt ist durch eine immerwährende „unterirdische Dialogik"[18], eine Atmosphäre, in der sich die Kinder frei und geborgen fühlen.

Beim *Anspielen* gibt der Erzieher Hilfen, ohne sich selbst am Spiel zu beteiligen.

Er ermutigt,
indem er mit einem Kind, das mit dem Material noch nicht vertraut ist, ein Spiel beginnt.

Er bestätigt
mit seiner Freude über ein Spielgebilde, hängt ein Bild auf, schützt das Bauwerk...

Er verstärkt
das Spielverhalten durch Zusehen, Zuhören und durch Interesse, z.B. bei der Lösung eines Problems beim Werken.

Er regt an
mit Impulsen, die das Spiel weiterführen, mit einem Rat, diese oder jene Schachtel zu verwenden.

Er lenkt behutsam
mit Spielhilfen, die aus festgefahrenem Spielverhalten führen. Er entwickelt mit den Kindern Regeln, die den Betätigungsraum erweitern und sichern. Er integriert ein Kind mit destruktivem Spielverhalten in eine Gruppe.

Er erkennt
Spielhemmungen und gestörtes Spielverhalten und sucht nach Hilfen.

Bei all diesen Situationen hat der Erzieher vielfältige Möglichkeiten zum Mitspielen.

An- und Mitspielen setzen pädagogischen Takt und Situationssicherheit voraus. Der Erzieher erkennt, wann seine Beteiligung fördernd ist, wann er Anregungen geben muß, ohne die kindliche Eigeninitiative zu hemmen, wann es angezeigt ist, sich aus dem Spiel wieder zurückzuziehen und den Kindern allein das Spielen zu überlassen.

Pädagogischer Takt heißt: Kinder zu ihrer eigenen Aktivität anzuregen, sich selbst aber mit der Erziehertätigkeit zurücknehmen zu können, wenn die kindliche sich entfaltet. „Die Erzieherin ist Informantin auf Abruf und Anregerin."[19]

Wenn die fundamentalen Voraussetzungen des Beobachtens, Planens und Vorbereitens erfüllt sind, wenn der Erzieher seine Präsenz im An- und Mitspielen verwirklicht, kann er auch als Initiator von strukturiertem Spielen tätig werden. In der veranschaulichenden Grafik ist der Stellenwert dieser

---

[17] Buber, M.: Reden über Erziehung. Heidelberg 1969, S. 33.
[18] Ders.: A.a.O., S. 33.
[19] Deißler, H.H.: Verschulter Kindergarten? Freiburg 1973, S. 113.

Schwerpunkt: Spielen

spielpädagogischen Aufgabe gekennzeichnet; deutlich wird aber auch der vergleichsweise schmale Raum, der dieser Aktivität zugestanden wird, die stets auf die wichtigen fundamentalen Voraussetzungen aufbauen muß.

||Was soll unter strukturiertem Spiel verstanden werden?||

Beim strukturierten Spiel sind Kinder in Gruppen gemeinsam tätig, wobei der Spielplan vom Erzieher vorgegeben ist. Spielen kann sich in allen Bereichen vollziehen: in der sozialen und religiösen Erziehung, in der Sprachförderung, in der rhythmisch-musikalischen Erziehung, in der Bewegungserziehung, in den Erfahrungen mit der Umwelt, in der ästhetischen Erziehung und der Verkehrserziehung (vgl. die einzelnen Schwerpunkte). Anregungen und Impulse gehen vom Erzieher aus, Einfälle und Ideen der Kinder werden aufgegriffen und eingebaut und können den Ablauf des Spiels verändern und erweitern.

Wichtig bleibt auch hier, wie bei allem Tun im Kindergarten, die Kinder ohne Leistungsanspruch wirken zu lassen.

Die angebotenen Tätigkeiten entsprechen dem Prinzip der Passung, das heißt, die Forderungen stehen etwas über dem Leistungsniveau der Kinder. Damit ist gewährleistet, daß sie nicht überfordert werden. Auch die Dauer des Vorhabens ist auf das Konzentrationsvermögen der Kinder abgestimmt.

Die Inhalte sind wie Bausteine frei verfügbar einzusetzen. Das heißt, sie sollen sich nicht auf vorangegangene oder nachfolgende Tätigkeiten abstützen. Nur so ist die freie Wahl der Kinder gewährleistet, nur so können sie sich nach eigener Lust beteiligen, nur so kommt intrinsische Motivation wie beim freien Spiel zur Wirkung.

Es versteht sich von selbst, daß alle Tätigkeiten, die im strukturierten Spiel angeregt wurden, von den Kindern im freien Spiel aufgenommen und wiederholt werden können.

Rollenspiel als Beispiel für die spielpädagogischen Aufgaben des Erziehers im freien und strukturierten Spielen

Im Kindergarten sind folgende Formen zu beobachten:
– Rollenspiel als Form der Weiterführung eines Gestaltungsspiels: Kinder bauen und spielen anschließend mit dem Bauwerk und Bauzugaben.
– Einzelrollenspiel, d. h. ein Kind allein spielt in einer Rolle: als Puppenmutter, als Lokomotivführer…
– Soziales Rollenspiel: mehrere Kinder spielen zusammen.
– Übertragenes Rollenspiel: Spielen mit Handpuppen aller Art.
– Darstellendes Rollenspiel: Spielen von Märchen, Geschichten, Liedern und Reimen.
– Angeleitetes Rollenspiel: Puppengeburtstag, Taufe, Hochzeit, Verreisen, Zirkus… Verkleidungsfeste…

Das soziale Rollenspiel hat eine zentrale Bedeutung im Kindergarten-Alltag. Deshalb wird es hier ausführlicher behandelt, jedoch mit dem Hinweis auf die anderen Formen des Rollenspiels.

Kinder beginnen spontan ein Spiel (Mutter und Kind, Doktor, Kaufmann…)
Solche Spiele sind gekennzeichnet:
– durch das Zusammenspielen mehrerer Kinder,
– durch Elemente von Nachahmung und „Tun als ob"
– durch das Sprechen.

Kinder sind zu einem kooperativen Spiel in einer kleineren Gruppe (3–4 Kinder) fähig. Sie können das Spiel aufrecht erhalten und sich aufeinander einstellen.

Sie identifizieren sich mit anderen Personen, indem sie diese in ihren Handlungen und Gebärden und im Sprechen nachahmen und mit Requisiten unterstützen.

Das fiktive Element zeigt sich im „Tun-als-ob", das vom Kind eingesetzt wird, wenn in der Realität nicht alle Spielmöglichkeiten vorhanden sind.

Das Sprechen dient dazu, „Tun-als-ob" herzustellen: Dinge in der Vorstellung zu ersetzen („Ich tue so, als ob ich ein Telefon hätte"), Handlungen zu bestimmen („Du tust so, als hättest du schon gekocht, und jetzt essen wir"), Orte und Situationen festzusetzen („Wir tun so, als wäre das unser Haus und wir wären eben von der Reise gekommen").

Weiter hilft die Sprache, das Spiel zu planen, Rollen zu verteilen, das Spiel aufrechtzuerhalten, Anordnungen zu geben, auch Kritik zu üben: „Du kannst doch nicht reinkommen, die Türe ist doch zu!" Zuweilen wird auch mit Ausschluß gedroht: „Wenn du es nicht richtig machst, darfst du nicht mehr mitspielen!".

Die ganzheitliche Bedeutung des Spiels für die Entwicklung des Kindes wird beim sozialen Rollenspiel besonders deutlich:
- Soziale Rollenspiele verschaffen dem Kind Zugang zur Erwachsenenwelt, indem es Themen menschlichen Zusammenlebens in sein Spiel aufnimmt.
- „Tun-als-ob" fördert die Abstraktionsfähigkeit, das Kind lernt aus der Vorstellung zu handeln und zu sprechen. Das ist ein wichtiger Beitrag zur Schulfähigkeit. Die Intensität des Spiels überträgt sich auf das Sprechen im Dialog. Kinder lernen, die Sprache verschieden einzusetzen.
- Die Übernahme einer anderen Rolle festigt die Rollendistanz, das Einfühlen in andere Rollen fördert die Empathie. Zu ertragen, daß Rollen doppeldeutig sein können, fördert die Ambiguitätstoleranz. (Peter spielt den Vater nach seinen Erfahrungen vom Vater, Hans hat andere Vorerfahrungen).
- Das Kind wiederholt im Rollenspiel Konflikte und Spannungen und verarbeitet sie gleichzeitig.
- Das Zusammenwirken der Kinder (Kooperation) wird in hohem Maße gefördert: Gemeinsam planen, Spielführung anerkennen, Verantwortung für eine Rolle übernehmen, sich auf den anderen einstellen sind hochentwickelte Spiel-Verhaltensweisen, die einen wichtigen Beitrag für soziales Lernen leisten.

Voraussetzungen

Damit Kinder frei sind, dieses wichtige Spiel zu realisieren, müssen folgende Voraussetzungen gegeben sein:
- Es muß ein spielbegünstigendes Klima herrschen: Das heißt, die Kinder haben gelernt, sich gegenseitig wahrzunehmen, sich einfühlend zu verhalten und ihre Konflikte verbal auszutragen. Kinder spüren, daß sie in ihren Spielbedürfnissen ernst genommen werden.
- Kinder müssen ebenso ernst genommen und unterstützt werden in der Entwicklung ihrer Vorstellungskräfte: Sie hören Geschichten, sie nehmen Zukünftiges vorweg durch Planungen, sie werden in Wünschen und Erwartungen unterstützt, sie erfassen einfache Kausalzusammenhänge („Wenn im Sommer die Sonne scheint, gehen wir baden").

Der Erzieher gibt darüber hinaus direkte Anregungen:
- Durch sparsames Angebot von Requisiten, die immer verfügbar sind (Verkleidungskiste, Puppenecke, Dinge aus der Erwachsenenwelt wie altes Bügeleisen, Handtasche...).
- Durch gelegentliche Bereitstellung eines Requisits, das eine neue Spielthematik anregen kann (Lochzange fürs Eisenbahnspiel, Spiegel, Kamm und Bürste für Friseur).
- Durch gemeinsame Erlebnisse wie der Besuch beim Bäcker, bei dem sie auch selbst handeln dürfen (Brezeln backen).
- Durch Möbelteile, mit denen die Kinder Räume herrichten, in denen die intime Spielsphäre geschützt ist.

Spielhilfen durch den Erzieher

Kinder greifen Erlebnisse auf und entwickeln daraus ihr Spielthema. Dazu richten sie den Raum her und verteilen die Rollen. Beides nimmt oft viel Zeit in Anspruch; es ist nicht etwa nur unwichtiger Vorlauf, sondern für die Kinder wichtiger Bestandteil, der bereits zum Spielen gehört, manchmal auch in andere Bahnen lenkt.

Gelegentlich landet das Spiel auch in nur stereotypen Abläufen, weil Kinder die Elemente der Nachahmung, das „Tun-als-ob", die Sprache und das Zusammenspiel nicht genügend einsetzen.

Der Erzieher beobachtet die Kinder aufmerksam, um Hilfestellung leisten zu können.
- Im Anspielen hilft er zur Nachahmung, indem er an Handlungen der Person, deren Rolle das Kind übernommen hat, erinnert: „Wie macht es die Mama, wenn sie das Baby badet?" usw.
- Zum „Tun-als-ob" hilft er, indem er auf Möglichkeiten hinweist: „Wir können ja so tun, als wäre das ein Ofen!" Er weist auf Gebärden hin, die z.B. die Milchflasche ersetzen sollen.
- Ein Kind, das sich nicht handelnd und sprechend am Spiel beteiligt, spricht er in der Spielsprache an: „Wann kommt denn Ihr Mann nach Hause, Frau Meyer? Rufen Sie doch einmal an und fragen Sie ihn!"
- Im Mitspielen übernimmt er eine Rolle, z.B. die eines Einkäufers, und gibt damit Muster vor: Grüßen, Ware

Schwerpunkt: Spielen

auswählen, bezahlen, sich kurz unterhalten usw. Wenn die Kinder die Rolle selbst übernehmen, zieht er sich spielend zurück: „Ich habe heute keine Zeit, gehen Sie doch allein einkaufen!"
Wichtig bei allen Hilfen ist, daß sich der Erzieher der Spielsprache bedient.
Weitere Ermutigungen und Anregungen werden in allen anderen Formen des Rollenspiels gegeben.

Handpuppenspiel

Wenn ein Kind mit Handpuppen spielt und der Erwachsene zuschaut, kann er die Puppe ansprechen und damit ein monologes Spiel zum Dialog bringen. Gelegentlich spielt er eine zweite Handpuppe und regt damit zum Zusammenspiel an.
Wenn er allein für Kinder spielt, ist sein Handpuppenspiel nur dann gut, wenn die Zuschauer durch ihre Beteiligung Mitspieler werden können.

Darstellendes Rollenspiel

Zum Spielen von Märchen, Liedern und Reimen sollen die Kinder immer wieder angeregt werden. So eignen sie sich die Inhalte an, indem sie diese ins Tun übersetzen, um dann in der Vorstellung damit umgehen zu können. Dabei haben die Kinder erstaunliche Einfälle zur Darstellung. Doch brauchen sie zunächst die Hilfe des Erziehers, der mit der Erzählung den Gang der Handlung beibehält und zu Dialogen ermuntert. Alle Anregungen, die vom Erzieher ausgehen, sollen ohne Zwang und Aufforderung von den Kindern selbständig aufgegriffen werden können.

Angeleitetes Rollenspiel

Spielfeste, Puppengeburtstag, Zirkus, Verkleidungsspiel zu Fastnacht, Krippenspiel werden vom Erwachsenen angeregt (strukturiertes Spielen). Die Kinder planen, verteilen Rollen mit, beteiligen sich an der Vorbereitung. Das Spielfest wird zu einem Rollenspiel, wenn Kinder mit der Übernahme ihrer Rolle Nachahmung, „Tun-als-ob" einsetzen und miteinander sprechen.
Der Erzieher wird Impulse, die von solchen Spielen ausgehen, spontan aufnehmen und in andere Zusammenhänge einbauen. Er führt das Spiel, indem er selbst eine geeignete Rolle übernimmt und sich der Spielsprache und Spielthematik anpaßt.
Es ist ein Mißverständnis, wenn man Spielfeste zur Vorführung oder Demonstration der Kindergartenarbeit einsetzen will. Sie bleiben spontane Spiele, die zwar der Erzieher sorgfältig vorbereitet hat, die aber von den Kindern nicht eingeübt werden können. Sie sind einmalige Ereignisse, die von der Spielatmosphäre des Kindergartens leben, wobei auch der Erzieher eine wichtige Rolle spielt, indem er sich auf die Spielebene der Kinder begibt und mit jeder Anregung die spontane Aktivität der Kinder fördern will. So verstanden können Spielfeste Höhepunkte sein. Sie sollten in größeren zeitlichen Abständen stattfinden und können nur als eine wichtige Bereicherung der allgemeinen Spielmöglichkeiten verstanden werden, wollen aber auf keinen Fall das spontane soziale Rollenspiel verdrängen.

3. Elternmitarbeit

Kinder spielen im Kindergarten, aber auch zu Hause. Sie setzen Erlebnisse mit der Familie beim Spielen im Kindergarten um und bringen Spielimpulse oder -ergebnisse mit nach Hause.
Für die ganzheitliche Entwicklung des Kindes ist es daher notwendig, daß die Erwachsenen sich über das Spielen der Kinder und seine Bedeutung verständigen und pädagogische Absichten in Zusammenhang mit dem Spielen abstimmen. Der Erzieher sollte versuchen, unter folgenden Gesichtspunkten die Eltern für das Spielen ihrer Kinder aufmerksam zu machen:
– Eltern spielen.
– Eltern lernen, das Spielen ihres Kindes verstehen.
– Eltern lernen, das Spielen ihres Kindes zu unterstützen.
Es handelt sich hierbei weder um Themen noch um den Aufbau einer systematischen Elternschulung; vielmehr sollten diese drei Aspekte bei allen Aktivitäten im Zusammenhang mit Elternmitarbeit berücksichtigt werden.
Eltern lernen die Spielmaterialien kennen. Sie spielen damit, bauen, legen, konstruieren, spielen mit Orff-Instrumen-

ten, gestalten mit Ton, Farbe, sehen sich Bilderbücher an. So setzen sie sich mit dem Material auseinander und gewinnen Einsichten in die Erfahrungswelt ihrer Kinder. Von daher werden Eltern angeregt, sich untereinander über spielpädagogische Fragestellungen zu verständigen.

Eltern sollten Gelegenheit haben, die Kinder beim Spielen im Kindergarten zu erleben und das Verhalten des Erziehers dabei zu beobachten (vgl. S. 8). Sie werden wichtige Einsichten gewinnen, die zugleich pädagogische Anregungen für die Eltern sind und besonders dann fruchtbar werden, wenn der Erzieher das Spielgeschehen erläutern und sein Verhalten begründen kann.

Anregungen können auch von gemeinsamen Unternehmungen ausgehen. Beispielsweise können bei Ausflügen Wasserräder gebaut, Moosgärten aufgestellt, Naturmaterial gesammelt, Drachen fliegen gelassen werden.

Beim Kinderfest kann das Kasperle spielen, Wettspiele oder Gesellschaftsspiele können veranstaltet werden, Eltern, Kinder und Erzieher singen und musizieren gemeinsam.

So kann eine Vertrauensbasis zwischen Eltern und Erzieher entstehen. Dann wird es möglich sein, Eltern auf Spielhemmungen ihres Kindes aufmerksam zu machen. Spielhemmungen können unter anderem ihre Ursache in falschem Leistungsdenken der Eltern, in ungelenktem und nicht verarbeitetem Fernsehkonsum oder in ungeeignetem Spielmaterial haben, allerdings auch in kinderfeindlichen Wohnverhältnissen.

Länger andauernde und gravierende Spielstörungen einzelner Kinder sind möglicherweise auf Krisen in der normalen Entwicklung zurückzuführen (Scheidung der Eltern, Tod der Großmutter...). Mit Takt und Einfühlungsvermögen sollte der Erzieher spüren, wann sein Rat gebraucht wird (vgl. Schwerpunkt „Vom Umgang mit Kindern, die schwieriges Verhalten zeigen").

4. Literatur und Materialien

Literatur zur allgemeinen Information

Buber, M.: Reden über Erziehung. Heidelberg 1969.
Guardini, R.: Die Lebensalter. Ihre ethische und pädagogische Bedeutung. Würzburg 1965.
Tournier, P.: Geborgenheit – Sehnsucht des Menschen. Freiburg 1974.

Literatur zur pädagogischen Information über das Spiel

Rüssel, A.: Das Kinderspiel. München 1953.
Almy, M.: Das freie Spiel als Weg der geistigen Entwicklung. In: Flitner, A. (Hrsg.): Das Kinderspiel. München 1973.
Biber, B.: Wachsen am Spiel. In: Flitner, A. (Hrsg.): Das Kinderspiel. München 1973.
Flitner, A.: Spielen-Lernen. München 1972.
Schmaus, M./Schörl, M.M.: Die sozialpädagogische Arbeit der Kindergärtnerin. München 1964.
Bittner, G.: Zur pädagogischen Theorie des Spielzeugs. In: Bittner G. (Hrsg.): Erziehung in früher Kindheit. München 1968.
Der Kindergarten. Handbuch für die Praxis in drei Bänden, hrsg. von Mörsberger, H., Moskal, E., Pflug, E. Freiburg 1978.
Deißler, H.H.: Verschulter Kindergarten? Freiburg 1973.
Ders.: Der neue Kindergarten. Die erzieherische Gestaltung. Freiburg 1974.
Château, J.: Das Spiel des Kindes. Paderborn 1976.
Heckhausen, H.: Entwurf einer Psychologie des Spielens. In: Flitner, A. (Hrsg.): Das Kinderspiel. München 1973.
Hundertmarck, G.: Soziale Erziehung im Kindergarten. Stuttgart 1972.
Zulliger, H.: Heilende Kräfte im kindlichen Spiel. Frankfurt 1971.

Bücher und Materialien für das „Spielen" im Kindergarten

Arbeitsausschuß Gutes Spielzeug e.V., Ulm: Gutes Spielzeug, Kleines Handbuch für die richtige Wahl, Ravensburg 1973.
Huber, J.: Lustiges Papierfaltbüchlein, Ravensburg 1964.
Arndt, F.: Puppenspiel für kleine Gäste. München 1975.
Ders.: Das Handpuppenspiel. Kassel 1950.
Michovich, Jo: Das 1 x 1 des Handpuppenspiels. Wuppertal 1977.
Zechlin, R.: Fröhliche Kinderstube. Ravensburg 1955.
Möller-Lassen, V.: Faden-Spiele. München 1975.
Heimmann, L.: Jahreszeitliches Spielzeug. Ravensburg o.J.
Arndt, M.: Didaktische Spiele. Stuttgart. 1974[6].

Soziales Lernen

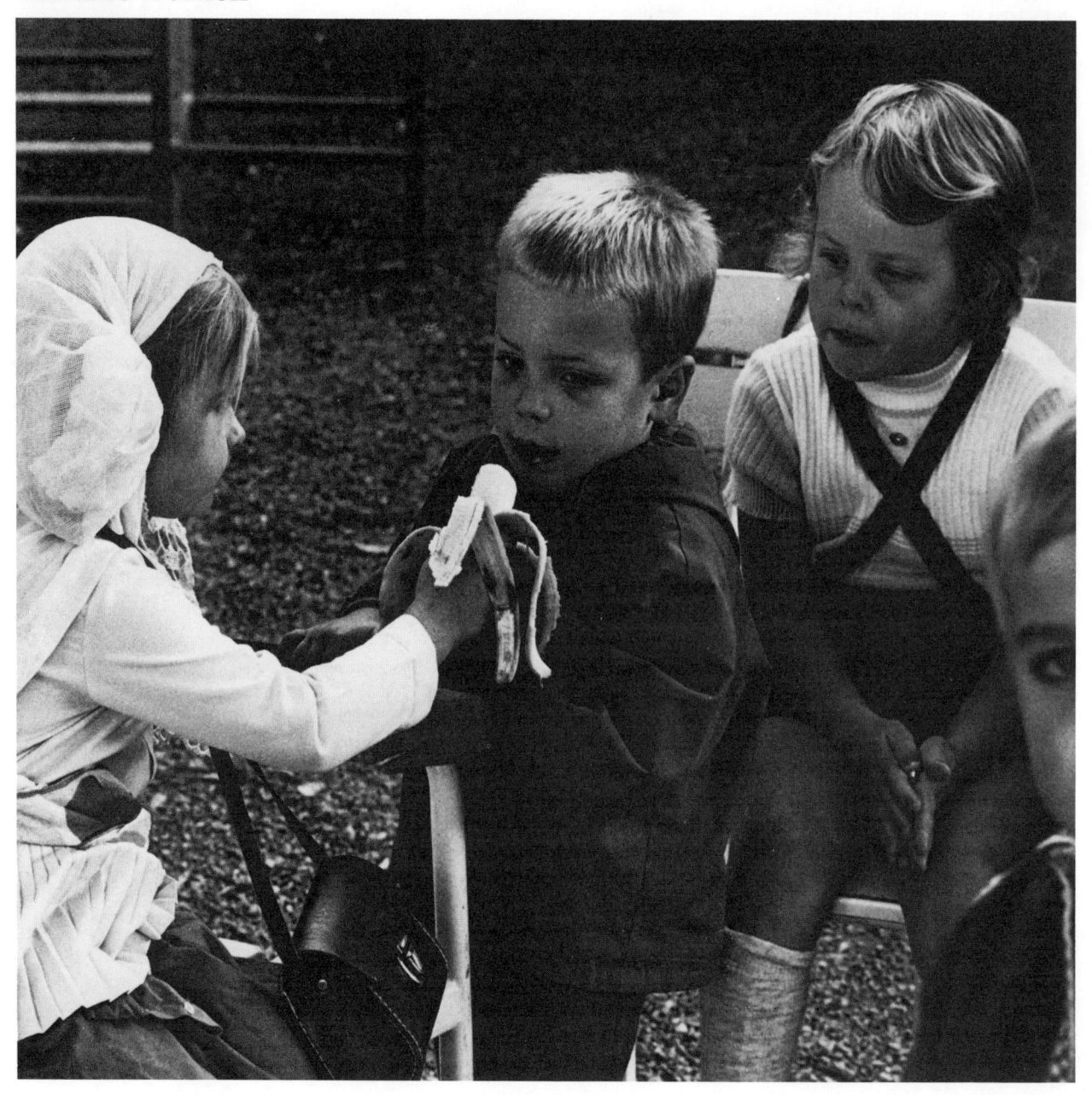

1. Begründung und Zielstellung

Begründung: Soziales Lernen[20] und Persönlichkeitsbildung sind untrennbar aufeinander bezogen. Der Mensch als soziales Wesen verwirklicht sich im Laufe seines Lebens in und mit der Gesellschaft: aus einer vertrauensvollen Beziehung zu seiner ersten Bezugsperson, zu seiner Mutter, erwächst die Bereitschaft und die erforderliche Sicherheit, selbständig Kontakte zu anderen Menschen aufzunehmen und soziale Verhaltensweisen zu entwickeln.

Das erste soziale Beziehungsfeld – die Familie – hat für das soziale Lernen des Kleinkindes grundlegende Bedeutung: es bietet ihm Geborgenheit und Zuflucht. Das Kleinkind lebt in hohem Maße von dem Vertrauen, das ihm entgegengebracht wird und kann sich mit dieser Vertrauensvorgabe emotional und sozial für seine Umgebung aufschließen. Durch vielfältige Interaktionen mit der Mutter oder einer anderen nächsten Bezugsperson entfaltet es seine Persönlichkeit. Ethische Haltungen wie Gewissen und Werteinstellungen werden grundgelegt.

Das soziale Lernen des Kindes zielt in den ersten Lebensjahren auf eine zunehmende Verselbständigung. Letztere ist Voraussetzung für das Eingehen neuer sozialer Beziehungen mit anderen Menschen und das Sich-Einordnen-Können in soziale Gruppen.

Eng verbunden mit der Verselbständigung ist der Wunsch, mit anderen Kindern auch außerhalb des engeren Familienkreises soziale Kontakte zu knüpfen. Es ist also ein Erfordernis der kindlichen Entwicklung, diesem Anliegen zu entsprechen und es zu unterstützen.

Der Kindergarten eröffnet ein familienergänzendes und familienunterstützendes Interaktionsfeld. Er ermöglicht Kindern in dem Alter, in dem sie Bindungen zu anderen Kindern suchen, in einer altersgemischten Gruppe vielfältige Kontakte und Anlässe zu sozialem Lernen: im täglichen Zusammenleben der Kinder ebenso wie beim Spielen und bei themengebundenen Aufgabenstellungen.

Unter dem Aspekt des sozialen Lernens bildet die altersgemischte Gruppe ein soziales Übungsfeld, in dem Kinder unter sorgsamer Beobachtung und behutsamer Lenkung ihre sozialen Erfahrungen machen können. Soziales Lernen ist im Kindergarten übergreifendes Erziehungsprinzip.

Auf der anderen Seite ist es notwendig, soziales Lernen, ausgehend von Erlebnissen der Kinder und konkreten und anschaulichen Situationen zu thematisieren und aufzubereiten. Der Erzieher greift alltägliche Handlungen und Verhaltensweisen einzelner oder gruppendynamische Prozesse oder aktuelle Anlässe aus der Umgebung auf, die im Hinblick auf soziales Lernen einzelner Kinder oder der Gruppe bedeutsam sind, bespricht und vertieft sie gemeinsam mit den Kindern. Eine Kleingruppe z. B. lehnt einen Jungen als Mitspieler ab: Der Erzieher regt zu gemeinsamen Spielen an, stiftet Freundschaft und sensibilisiert diese Kinder für den anderen. Ein Mädchen war längere Zeit krank: Kinder und Erzieher wenden sich diesem Kind besonders zu und unterstützen den Eingliederungsprozeß. Kindergeburtstage und Feste fördern das Zusammengehörigkeitsgefühl: In deren Gestaltung gehen Anregungen und Wünsche der Kinder mit ein. Ein Kind hält sich an keine Spielregeln: Der Erzieher beobachtet das Kind, bekräftigt positive Ansätze oder er spielt selbst mit und dient als nachahmenswertes Modell für das erwünschte Verhalten. Kinder helfen einander beim Bauen oder bei einem Puzzle: Der Erzieher plant und unterstützt durch die Bereitstellung von Raum, Zeit und Material solche Aktivitäten, die gegenseitiges Helfen fördern und den Kindern zeigen: gemeinsames Spielen macht Spaß, diese Autobahn ist uns gut gelungen!

Der Kindergarten öffnet sich auch für Bereiche der sozialen Umwelt, in die Kinder allmählich hineinwachsen. Kinder besuchen beispielsweise einen Wochenmarkt, das Spritzenhaus oder die örtliche Grundschule.

Umgangsformen, Raumgestaltung und Materialien, die gesamte Umwelt der Kinder muß so gestaltet sein, daß sie soziale Lernprozesse herausfordert und unterstützt. Es ist Aufgabe des Erziehers, eine solche fördernde Grundstimmung zu schaffen und aufrechtzuerhalten.

Ziele: Soziales Lernen ist übergreifendes Erziehungsziel der pädagogischen Arbeit im Kindergarten: Es durchwirkt alle Tätigkeiten wie Spielen, Sprechen, Erkunden der Umwelt und steht in enger Beziehung zur religiösen Erziehung.

---

[20] Unter dem Begriff „soziales Lernen" werden im folgenden die Bezeichnungen „Soziale Entwicklung", „Sozialisation", „Soziale Erziehung" subsumiert.

Wesentliche Ziele und Aufgaben sind dabei die Entwicklung der kindlichen Persönlichkeit und die Entfaltung sozialen Verhaltens im Beziehungsfeld Kind – Gruppe – Erwachsener.

Da „Soziales Lernen" das umfassende Erziehungsziel der Kindergartenarbeit darstellt, müssen Zielbeschreibungen in diesem Bereich für das gesamte Tun gültig sein. Deshalb wird auf die Ziele und Aufgaben im Teil „Grundlagen" verwiesen.

2. Soziale Lernfelder

Zentrales Lernfeld Familie

Ein drei- bis vierjähriges Kind, das in den Kindergarten kommt, ist bereits eine eigenständige Person. „Das Kind wird nicht erst ein Mensch, es ist schon einer" (Korczak). Das soziale Verhalten dieses Kindes wurde durch Erlebnisse und Erfahrungen in der zurückliegenden Kindheit geprägt: die erzieherischen Handlungen der Bezugsperson sowie die sozialen Verhältnisse des Kindes wirkten stimulierend oder hemmend auf die Personwerdung ein.

Bereits das Neugeborene ist als ein soziales Wesen anzusehen, „dessen Verhalten auf die Partnerschaft mit zumindest einem anderen Menschen zugeschnitten ist, seiner mütterlichen Bezugsperson."[21]

Es fordert durch seine totale Hilflosigkeit in höchstem Maße soziale Verhaltensweisen der nächsten Bezugsperson heraus. Die Mutter stillt, pflegt, liebkost es und spricht es an. Der Säugling zeigt darauf erste Reaktionen von sozialem Verhalten: Er erkennt die Mutter und „antwortet" ihr durch Lächeln, Lallen und Strampeln. Die Mutter bestärkt dieses Verhalten, indem sie in fein abgestimmten Antworten Zuwendung gibt. In der engen Mutter-Kind-Bindung vollzieht sich erstes soziales Lernen als vitales Geschehen.

Die Mutter-Kind-Bindung beinhaltet auch, daß das Kind sich um seiner selbst willen daraus lösen muß. Dieser Ablösungsprozeß geschieht vom Kind aus unter Freisetzung starker eigener Aktivitäten.

Das erste Selbständigwerden vollzieht sich über längere Zeit in kleinen Schritten. War die Nähe zur Mutter zunächst ausschließlich durch Körperkontakte und Dabeisein gewährleistet, genügt bei der fortschreitenden Verselbständigung, wenn das Kind sich darüber hinaus durch gelegentliche Blickkontakte oder durch Zurufe der Nähe der Mutter versichern kann. Es lernt schließlich zu ertragen, eine Zeitspanne von der Mutter getrennt zu sein.

Im Kontakt mit anderen Personen (Vater, Geschwister, Großeltern; Nachbarn, andere Kinder) baut das Kind weitergehende verläßliche Beziehungen auf und lernt neue soziale Verhaltensmuster kennen, die es imitieren kann. Auf Spielplatz, Hof oder Straße trifft es mit anderen gleichaltrigen, jüngeren oder älteren Kindern zu spontanen Gesellungen zusammen: Die Begegnungen häufen sich, die Verweildauer in der Gruppe (Spielgruppe) wird länger, es erfährt Gruppennormen wie Über- und Unterordnung, Sich-Durchsetzen mit Gewalt, aber auch Verantwortungsbewußtsein gegenüber Jüngeren, Sympathie und Mitgefühl. Durch das Eingehen dieser Beziehungen löst sich das Kind zunehmend aus der sozialen Einheit Mutter bzw. mütterliche Bezugsperson – Kind heraus. Dieses Abstandnehmen ist die Voraussetzung dafür, daß das Kind Verbindungen mit anderen Erwachsenen, gleichaltrigen, jüngeren oder älteren Kindern eingehen kann.

Unter günstigen Voraussetzungen in der sozialen Umwelt des Kindes ist dieser Prozeß der Verselbständigung bis zum Alter von 3 bis 4 Jahren vollzogen. Das Kind erfährt sich als „Ich" und ist fähig, sowohl gegenüber anderen Menschen als auch gegenüber seiner Sachwelt selbständig zu handeln.

Mit einer so erworbenen Selbständigkeit wird dieses Kind fähig, in den Kindergarten zu gehen. Für seine weitere soziale Entwicklung ist dieser Schritt – in und mit anderen Kindergruppen soziale Erfahrungen zu sammeln und soziales Verhalten zu entwickeln und zu üben – notwendig und erforderlich.

Hat ein Kind von sich aus diesen Schritt in der Sozialentwicklung noch nicht vollzogen, ist der Besuch des Kindergartens noch nicht zu verantworten. Ein verfrühtes „Hinein-

---

[21] Hassenstein, B.: Verhaltensbiologische Aspekte der frühkindlichen Entwicklung und ihre sozialpolitischen Konsequenzen, Sonderdruck aus: Mannheimer Forum 72, S. 175.

geben in einen Kindergarten bedeutet für ein Kind keine Förderung, sondern eher eine Hemmung seiner Sozialentwicklung."²²

Erweitertes Lernfeld Kindergarten

Tritt ein Kind mit diesen Entwicklungsvoraussetzungen in den Kindergarten ein, findet es dort ein familienergänzendes und familienunterstützendes Beziehungsfeld, das es anregt, im Zusammenleben mit anderen Kindern und Erwachsenen vielfältige, über die Familienerfahrung hinausgehende soziale Fähigkeiten zu entwickeln und zu erproben. Kinder spielen, entdecken, gestalten, arbeiten, leben mit anderen zusammen in einer Gruppe; sie werden zu eigenverantwortetem sozialen Verhalten ermutigt.

Im Kindergarten wird ein Kind Mitglied einer Gruppe, deren Glieder zwar in unmittelbarer sozialer Wechselbeziehung zueinander stehen, die sich aber auch deutlich voneinander unterscheiden: sie haben eine individuelle Biografie, verschiedene Nationalitäten; sie unterscheiden sich in ihren Interessen, Bedürfnissen und Fähigkeiten, in ihren körperlichen Merkmalen, in ihrem Alter, im Geschlecht. Diese Vielfalt trägt zur Lebendigkeit des sozialen Lebens in der altersgemischten Gruppe bei. Sie ermöglicht den Kindern vielfältige soziale Erfahrungen, die in der Kleinfamilie mit nur einem oder zwei Kindern oft nicht gemacht werden können. Kinder lernen aufeinander Rücksicht zu nehmen und sich gegenseitig zu helfen. Die verschiedenen Altersjahrgänge und die Unterschiede zwischen den Kindern einer Altersstufe tragen neben der Förderung des sozialen Verhaltens auch zu einer Förderung in emotionaler, sprachlicher, kognitiver und motorischer Hinsicht bei.

Besonders im Hinblick auf das soziale Lernen bereichern die individuellen Besonderheiten der einzelnen Kinder das alltägliche Leben in der Gruppe. Das ältere Kind wird beispielsweise zur Hilfe und Rücksichtnahme auf jüngere und schwächere Kinder herausgefordert. Das jüngere Kind findet Vorbilder erfolgreichen und bestätigten Handelns und ahmt diese nach. Es wächst allmählich in die Gruppe hinein, bis es sich selbst in der erstrebenswerten Rolle des „Großen" wiederfindet. Mit Gleichaltrigen lernt es vorwiegend in Freiheit unter Gleichen zu handeln.

Das Kind übt also soziale Verhaltensdispositionen ein, die das spätere Leben in einer Demokratie ermöglichen.

Der eigene Gruppenraum bildet den vertrauten und verläßlichen Mittelpunkt für die Kinder. Durch seine Gestaltung regt er diese zum sozialen Lernen an (vgl. Schwerpunkt „Spielen", S. 22ff.). Weitere Räume, z. B. Flur, Waschraum und Spielplatz ermöglichen Begegnungen mit Kindern und Erwachsenen anderer Gruppen, mit Eltern.

Der Erzieher ist für viele Kinder der erste Erwachsene außerhalb der Familie, der als Bezugsperson und Identifikationsfigur bedeutsam wird. Er besitzt für die Kinder eine hohe personale und Sachautorität. Sie versuchen, eine emotionale Beziehung zu ihm aufzubauen, identifizieren sich mit ihm und imitieren sein Verhalten. Der Erzieher muß sich also bewußt sein, daß sein Verhalten, beispielsweise die Art des Umgangs mit den Kindern sowie die Methoden, den Umgang der Kinder untereinander zu lenken, als Modell dienen kann und folglich die angestrebten Verhaltensweisen vorleben.

Der Erzieher sollte bei seinem Handeln zwei Aspekte berücksichtigen. Einmal hilft er dem Kind zu dessen Selbstverwirklichung. Er bejaht dessen Zuwendungsbedürfnis, so daß es Geborgenheit und Vertrauen, Anerkennung und Bestätigung erfährt. Aufgrund dieser emotionalen Sicherheit wird das Kind dann in Stand gesetzt, zu anderen Personen Beziehungen aufzubauen und soziales Verhalten zu entwickeln bzw. weiterzuentwickeln. Positive soziale Erfahrungen wirken sich verstärkend auf das Selbstvertrauen aus. Das Kind wird zunehmend zu eigenverantwortlichem sozialen Handeln geführt.

Der andere Aspekt ergibt sich von der Kindergruppe her. Das Zusammenleben in der Gruppe verläuft nicht nur harmonisch. Kinder müssen lernen, Gefühle und Bedürfnisse anderer wahrzunehmen und darauf einzugehen, mit anderen Kindern in der Gruppe zu spielen, zu lernen und zu arbeiten. Kinder benötigen für das Zusammenleben in der Gruppe und für die Behandlung der Gegenstände Regeln als Orientierungshilfen. Zum Schutz der Kinder sind einige wenige

---

[22] Hellbrügge, Th.: Kindliche Sozialisation und Sozialentwicklung. Wien 1978, S. 67.

vorgegeben. Die anderen Umgangsregeln erarbeiten Erzieher und Kinder gemeinsam und entwickeln diese weiter.
Konflikte und Spannungen zwischen Kindern in der Gruppe löst der Erzieher in pädagogischer Verantwortung. Er achtet besonders darauf, daß bei Streitanlässen gemeinsam konstruktive Lösungsansätze gesucht und realisiert werden. Er sollte nicht sofort maßregelnd eingreifen und nicht vorschnell Lösungen aufdrängen.
Es ist falsch, daraus ableiten zu wollen, der Erzieher habe lediglich als „Feuerwehr" einzugreifen, der nur tätig wird, wenn es „brennt", der also nur reagiert. Seine Aufgabe ist vielmehr, immer wieder neu in einzelnen Situationen die wohl abgestimmte Balance zwischen Individuum und Gruppe zu schaffen, indem er sowohl agiert als auch reagiert.
Der Erzieher beobachtet das Geschehen unter den Kindern und läßt sie gewähren; mit pädagogischer Intuition erfaßt er, wann das Geschehen ihn zu eigenem pädagogischen Handeln herausfordert. Wenn der Erzieher nur distanziert gewähren läßt ohne selbst präsent zu sein und ohne daß er den Ansatzpunkt zu erspüren sucht, wo er pädagogisch verantwortlich handeln müßte, schafft er lediglich Freiräume für chaotische Zustände.
Besondere Beachtung schenkt der Erzieher jüngeren Kindern, die neu in die Gruppe kommen, Kindern in Randpositionen, überaktiven Kindern. Grundsätzlich muß er jedes Kind in seiner Eigenart bejahen: Er deutet dessen Besonderheiten als Symptome eines Bedürfnisses und versucht, die zugrunde liegende Motivation zu verstehen und gibt ihm Hilfen zur Steigerung des Selbstwertgefühls, indem er Freundschaften stiftet, Leistungen hervorhebt, lobt und belohnt. Andrerseits muß er versuchen, die Kinder der Gruppe für ihr eigenes Verhalten diesen Kindern gegenüber und für das Verhalten dieser Kinder zu sensibilisieren. Durch Rollenspiele, Geschichten und Bildbetrachtungen kann dieser soziale Lernprozeß unterstützt werden. Das bloße Verbalisieren sozialer Verhaltensweisen oder ein Verhaltenstraining mittels Lernprogramme ist dieser Altersstufe nicht angemessen und aus grundsätzlichen Erwägungen abzulehnen.
Soziales Lernen kann sich nur verwirklichen in Lebensvollzügen, denen ein dialogisches Verhältnis zugrunde liegt: Im Reden und Angeredet werden, im Fragen und Antworten, im Anspruch und Zuspruch, im Geben und Nehmen, im Anregen und Aufnehmen von Anregungen, in Identifikation und „Akzeptation des Anderen" (Buber) verwirklicht sich dieses Verhältnis zwischen Kind und Erzieher.
Kind und Erwachsener begegnen sich im dialogischen Verhältnis. Der Erwachsene hat einen Vorsprung an Lebensjahren, an Lebenserfahrung, an Körpergröße. Für das soziale Lernen ist dieser Vorsprung von entscheidender Bedeutung. Der Erzieher wird dadurch fähig, in seiner Person und mit seinem Handeln dem Kind Identifikationsangebote zu machen, z. B. wenn er von früher erzählen kann, weil er mit der eigenen Mutter Kind war, wenn er Rat geben kann oder Trost weiß, weil er sich zu Werteinstellungen bekennt.

3. Beispiele für soziales Lernen

Das soziale Lernen ist eingebunden in den komplexen Vorgang des Lebens überhaupt, das sich mit dessen vielfältigen Erscheinungen, Möglichkeiten, Situationen und Bedingungen ergibt. Das Leben als Ganzes entzieht sich zureichender und allzeit gültiger Beschreibung. Auch das soziale Lernen als Teilaspekt des Lebensprozesses kann nicht in seiner Komplexität aneinanderreihend dargestellt werden.
Im folgenden soll an einzelnen Beispielen gezeigt werden, wie Kinder soziales Verhalten lernen und welche Aufgabe der Erzieher dabei hat.

Soziales Lernen im Kindergarten

Der Übergang vom Elternhaus in die neue Umgebung „Kindergarten" ist zu erleichtern. Erzieher und ältere Kinder können den „Neuen" helfen, sich einzugewöhnen, indem sie Räume, deren Aufteilung und Ausstattung (Spielzeuge; WC, Waschraum u. a.) zeigen und die Kleinen besonders umsorgen („Partnerschaften"). Der Erzieher beobachtet das Gruppengeschehen, unterstützt spontane Gruppenbildungen, macht Vorschläge für Unternehmungen, ohne jedoch einer weitgehenden Selbststeuerung der Kindergruppe entgegenzuwirken. Es ist wichtig, daß jedes Kind einen Platz (Fach, Kästchen…) hat, an dem es etwas Persönli-

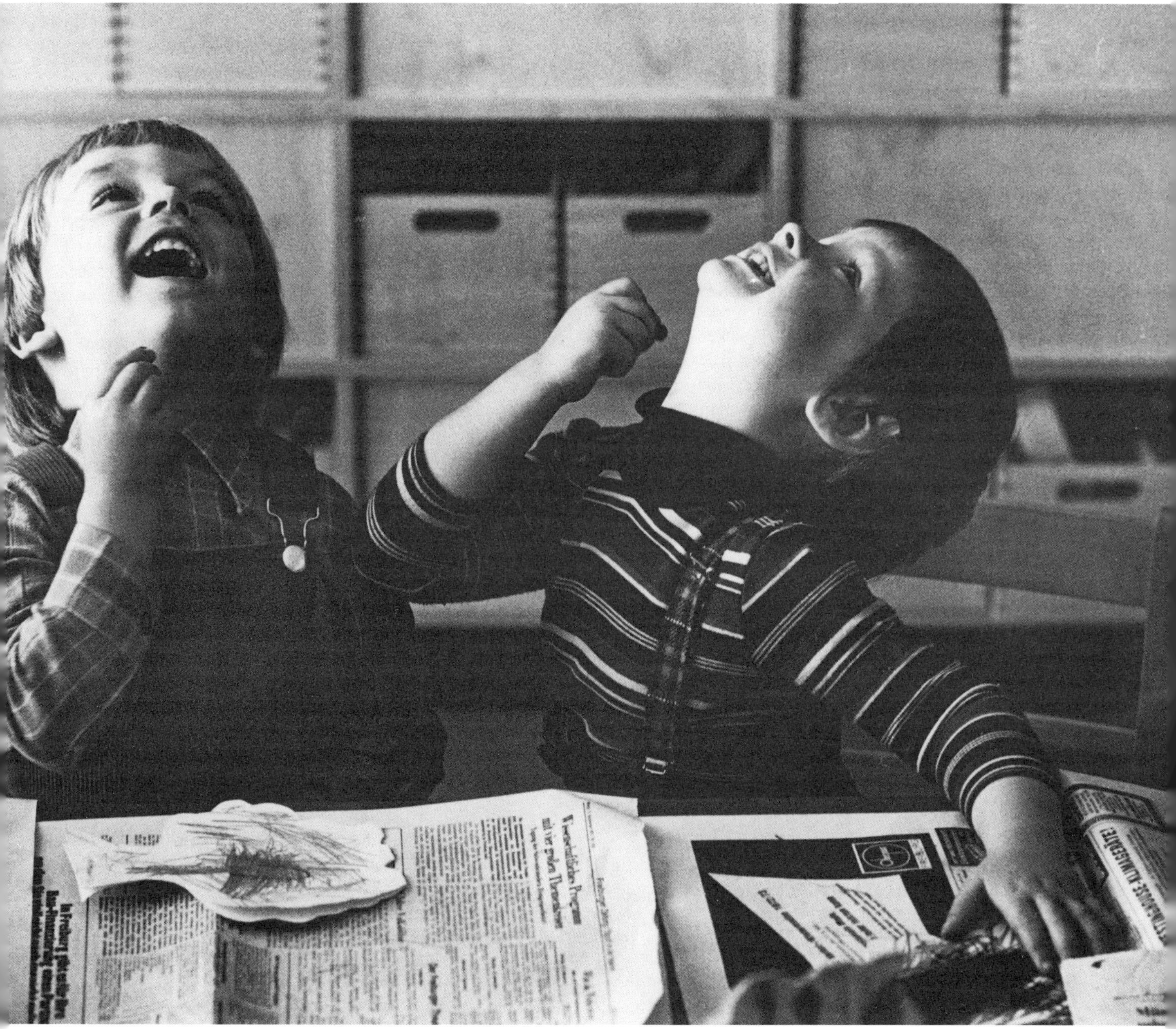

ches aufbewahren kann. Spiele zum gegenseitigen Kennenlernen oder Aufführungen durch die älteren Kinder erleichtern die Kontaktaufnahme und bauen die Angst vor dem Fremden und Neuen ab.

Erste Formen sozialer Kontaktaufnahme

Wenn Kinder mit der Kindergartensituation vertraut geworden sind, werden sie bereit, ein anderes Kind neben sich wahrzunehmen. Sie fühlen sich hingezogen zu ihm und möchten gern bei ihm sein. Das Nebeneinander ist Ausdruck für diese erste Form sozialer Kontaktaufnahme. Im weiteren werden beide Kinder etwas miteinander tun: mit dem anderen laufen, die Tätigkeit des anderen nachahmen, jetzt mit ihm am Tischchen sitzen und frühstücken...

Darauf kann beobachtet werden, daß jedes der beiden Kinder die gleiche Tätigkeit ausführt: beide malen ein Bild, beide bauen eine Garage, beide spielen in der Puppenecke... Sie nehmen Kontakt miteinander auf: „Dein Bild ist prima, du hast eine große Garage, ich lege meine Puppe ins Bett... oh ja, ich auch..."

Diese differenzierten Vorformen sozialer Kommunikation leben die Kinder voll aus; danach erst kann man das „Zusammenspiel" beobachten. Erste Formen sozialer Kontaktaufnahme sind also:

– Nebeneinander sitzen,
– etwas miteinander tun,
– die gleiche Tätigkeit ausführen,
– Kontakte durch Sprechen verstärken,
– zusammen spielen.

Spontane Gruppierungen

Beispiel: Michael, Renate, Klaus und Dieter bauen zusammen.

Ein Kind hat eine Idee: „Wir bauen eine Autobahn. Dazu brauchen wir viel Platz, wir gehen in den Flur!" Sie planen das Vorhaben: „Ich baue die Straßen, Klaus macht das Rasthaus..." Der Initiator des Spiels, Michael, erklärt seine Vorstellungen: „Hier soll die Autobahn langgehen, da hinten..." Die anderen artikulieren Gegenvorstellungen: „Ich dachte, wir sollten..." Die Kinder einigen sich und erkennen Michaels Vorschlag an. Dabei akzeptieren sie ihn unbewußt als Autorität auf Zeit. Sie beginnen das Spiel, indem sie ihre Arbeitsstrategie entwerfen: „Wir holen uns erst die Bausteine... Die Autos bleiben noch im Regal..."

Während des Bauens beraten sie sich: „Willst du nicht auch eine Ausfahrt bauen?" Sie kritisieren sich: „Wenn du die Bausteine so übereinanderlegst, hält deine Wand nicht..." Sie erkennen an, was der andere gemacht hat: „Das ist eine prima Kurve..." Sie tolerieren sich: „Renate kann nichts dafür, sie ist aus Versehen an die Wand gestoßen..." Sie helfen sich gegenseitig: „Willst du noch von mir Steine haben?" Die Kinder brauchen die Anerkennung des Erwachsenen. Der Erzieher soll sich das Werk anschauen. (Am Nachmittag sieht es auch noch die Mutter.) Sie beschließen gemeinsam, eine Pause einzulegen zum gemeinsamen Frühstücken.

Die erste Phase des Spielens ist mit dem Fertigstellen des Bauwerks abgeschlossen. Jetzt wird das Spiel in einer anderen Dimension fortgesetzt, indem sich die Kinder neue Rollen zuschreiben: „Ich bin der Tankwart, du sollst den LKW haben, wer ist der Polizist?"

Das pädagogische Handeln des Erziehers besteht darin, die Aktivitäten einer Spontangruppe zu fördern, indem er Raum, Zeit und Material bereitstellt. Er wird sie mit Anerkennung begleiten und nur Rat geben oder Hilfe leisten, wenn er darum gebeten wird (vgl. Grundlagen 4.). Früher schon hat er im strukturierten Spielen Grundmuster kooperativen Spielens erlebbar gemacht und damit selbstinitiierte Aktivitäten angeregt und vorbereitet (vgl. Schwerpunkt „Spielen").

In dem so beschriebenen kooperativen Spiel erfahren die Kinder in bezug auf ihr soziales Verhalten und soziales Handeln:

– Spielen in der Gruppe bereichert und erweitert die eigenen Möglichkeiten.
– Eine Gruppe entsteht durch das Aufnehmen einer bestimmten Idee, die verwirklicht werden soll.
– Als Spielautorität kann anerkannt werden, wer sich für die Verwirklichung der Idee einsetzt.
– Spielführer, die herrschen wollen, werden abgelehnt.
– In der Spielgruppe ist jeder wichtig; jeder kann mit seinen Vorschlägen das Spiel korrigieren oder verändern.
– Eine Gruppe braucht Regeln, die jeder anerkennt.

- Das Zusammenspiel in der Gruppe kann nur dann glücken und beglücken, wenn jeder die ihm angemessene Rolle annimmt und spielt.
- Wenn einzelne ihre eigene Rolle nicht annehmen wollen, indem sie bocken, trotzen, sich in den Mittelpunkt spielen wollen, wird unter Umständen die Gruppe zerstört.

Kinder machen im kommunikativen Spiel soziale Grunderfahrungen, die für sie als Mitglieder von Gemeinschaften über die Familie hinaus von entscheidender Bedeutung sind. Als Bürger einer Gemeinde, als Gemeindemitglied in der Kirche, als Mitglied in einem Verein, als mitverantwortlicher Staatsbürger in unserem demokratischen Staat kann sich nur einsetzen, wer gelernt hat, sich in altersangemessenen kooperativen Interaktionen zu bewähren.

Beziehungen aufbauen

Beispiel: Bärbel und Peter mögen sich leiden.

Der Erzieher beobachtet die Entwicklung freundschaftlicher Beziehungen. Gelegentlich fördert er sie:
- Er eröffnet Möglichkeiten zu gemeinsamen Aufgaben, etwa „Wollt Ihr nicht zusammen den Korb nehmen und im Garten Äpfel auflesen?"
- Er gibt Anregungen, Beziehungen in besonderen Situationen zu pflegen: „Peter ist krank, überlege dir doch, wie du ihm eine Freude machen kannst."

Hat er aber den Eindruck, daß diese Beziehungen mehr negative als positive Aspekte haben, ist hier der Ansatzpunkt, pädagogisch zu handeln:
- Wenn sich die Kinder in ihrer Zweierbeziehung zu stark von der Gruppe absondern, wird er sie behutsam in die gemeinsamen Aktivitäten einbeziehen.
- Wenn sich beide zu stark zum Kaspern anregen und die Gruppe länger andauernd mit ihren Albernheiten stören, wird er die Kinder ablenken und ihren Übermut durch besondere Angebote kanalisieren.
- Wenn er beobachtet, daß das eine Kind zu stark vom anderen abhängig wird, kann er versuchen, beide in andere Gruppen zu integrieren.

Im Aufbau von Beziehungen lernen die Kinder:
- In einer Freundschaft werden die eigenen Möglichkeiten bereichert und erweitert;
- wird der eigene Sozialstatus gestärkt;
- wird die Fähigkeit geweckt, dem anderen etwas zuliebe zu tun;
- wird Selbstlosigkeit angebahnt, wenn man etwas für den anderen tut, ohne eine Gegenleistung zu erwarten;
- wird Konfliktfähigkeit angebahnt gegenüber Ansprüchen und Anforderungen anderer;
- wird die Fähigkeit angebahnt, Verantwortung für sich selbst und für andere zu übernehmen; weil einem Zuneigung entgegengebracht wird, kann sich Zuneigung entwickeln.

Über spontane Gruppierungen und Zweierbeziehungen wachsen Kinder in die Gruppe hinein. Gemeinsame Spiele, gemeinsames Singen und Bewegen, insbesondere das gemeinsam eingenommene Frühstück unterstützen diesen Prozeß.

Die Kinder erleben bei eigener Öffnung und Zuwendung immer wieder neue Augenblicke erfüllten Daseins, Momente wirklich erfahrenen Glücks. Hier lernen Kinder in altersgemäßen Ansätzen, was sie später als Erwachsene in Liebe und Ehe zu leisten und zu bewähren haben.

Streiten – Sich-Versöhnen

Beispiel: Simone spielt mit der Lieblingspuppe, Uwe möchte sie auch haben.

Beide haben den spontanen Drang, sich zu behaupten; daraus ergibt sich ein Streit. Simone verteidigt ihren Besitz, Uwe will ihr die Puppe wegreißen.

Der Erzieher greift von sich aus nicht ein. Die Kinder sind vermutlich nicht in der Lage, allein diese Auseinandersetzung zu lösen. Das schwächere Kind kommt zum Erzieher, um sich zu beklagen. Kleinere Kinder tun dies nonverbal, ältere beschreiben die Lage aus ihrer Sicht und stellen ihren Standpunkt dar. Hier ist der Ansatzpunkt für den Erzieher, pädagogisch zu handeln.

Er hört jeden an und zeigt Verständnis für dessen Anspruch.
Er macht Vorschläge zur Lösung des Streits:
- „Simone kann doch mit der Puppe bis zum Frühstück spielen, dann soll Uwe sie haben!"
- „Könnt ihr nicht zusammen spielen? Wer will Vater, wer will Mutter sein?"

- „Kann nicht Simone heute die Puppe haben und du morgen?"
- „Willst du nicht ein Haus bauen? Die Puppe wird dich sicher mit Simone besuchen!"

Der Erzieher regt die Verhaltensweisen an ohne darauf zu bestehen, daß sie angenommen werden. Die Kinder müssen frei sein, sich für eigene oder vorgeschlagene Lösungen zu entscheiden. Er wartet geduldig ab, unterstützt die Lösungseinfälle der Kinder, die das Recht des anderen wie das eigene anerkennen. Er greift nur dort ein, wo sich Kinder gefährden oder wo die Chance besteht, aus der Situation heraus Kinder soziale Sensibilität und soziales Handeln erfahren zu lassen.

Bei diesem Beispiel lernen Simone und Uwe:
- Jeder hat Bedürfnisse. Der andere ebenso wie ich.
- Eigene Wünsche können erfüllt werden, soweit sie den anderen nicht beeinträchtigen.
- Ich muß es ertragen, daß meine Bedürfnisse nicht unmittelbar oder auch gar nicht befriedigt werden.
- Ein Kompromiß ermöglicht, daß das Gegeneinander zu einem Miteinander wird.
- Ein Erwachsener weiß Rat.
- Wenn ich schwach bin, brauche ich einen Fürsprecher.
- Ein Konflikt kann fair gelöst werden. Statt Gewalt anzuwenden, kann man mit Worten verhandeln.

Das Beispiel will deutlich machen: Soziales Lernen durch Kommunikation und Interaktion kann nicht hoch genug eingeschätzt werden. Hier bietet sich den Kindern eine altersangemessene und alternative Aggressionsbewältigung an. Kinder lernen: Um Frieden zu machen und zu halten, bedarf es eigener Anstrengungen.

Sich-selbst-Erfahren

In den täglichen Handlungssituationen ermöglicht der Kindergarten Kindern vielfältige Erfahrungen, die jedem einzelnen allmählich bewußt machen, daß es ein eigenes von anderen unterscheidbares Wesen ist, ein eigenes „Ich" hat, das unverwechselbar und wesentlich ist.

Dies ist ein lebenslanger Prozeß. Bereits das Kleinkind erlebt im Kontakt mit den Eltern ein bestimmtes Maß an Wertschätzung im Hinblick auf seine Fähigkeiten und Eigenschaften. Dadurch wird das Bild, das ein Kind von sich selbst entwickelt, geprägt und sein soziales Verhalten, sein Vertrauen in seine Fähigkeiten und Fertigkeiten bestimmt.

Beim Eintritt in den Kindergarten beobachtet der Erzieher in seiner Gruppe Kinder, die sich selbstbewußt an Aufgaben herantrauen, zu Erwachsenen und Kindern kontaktfreudig und aufgeschlossen sind, ihre Wünsche und Gefühle offen aussprechen. Er bemerkt andere Kinder, die den Erzieher nicht anzusprechen wagen, von sich aus keine Freundschaften bilden, zurückhaltend, mitunter ängstlich und verkrampft an Spiele und Tätigkeiten herangehen.

Daraus wird die entscheidende Bedeutung des Kindergartens und die Aufgabe des Erziehers ersichtlich: Es gilt, ein positives Selbstbild aufzubauen und weiterzuentwickeln bzw. zu verstärken. Der Erzieher schafft deshalb Handlungsanlässe und Situationen, stellt Spiele und Materialien bereit, greift Anregungen aus der Gruppe auf, durch welche Kinder ihre mehr äußerlichen Merkmale („So sehe ich aus!" „Ich habe einen Namen!" „So ziehe ich mich an!") und ihre Fähigkeiten und inneren Vorgänge wahrnehmen lernen. Letzteres sind Erfahrungen, die dem Kind das Gefühl vermitteln: „Ich bin wichtig!" Erfahrungen, die Erfolgserlebnisse mit dem eigenen Können in Beziehung setzen: „Ich kann etwas!" Erfahrungen, in denen das Kind die Wertschätzung der Gruppe erlebt, indem es mitspielen und mitbestimmen darf, indem es gelobt wird und Aufgaben zu Ende bringen darf: „Mich haben die anderen gern!"

Der Erzieher unterstützt die Identitätsfindung, indem er Kinder durch einfühlendes Verstehen veranlaßt, ihre Gefühle, persönliche Erlebnisse und Erfahrungen, aber auch ihre Ängste und Unsicherheiten zu äußern. Dies setzt beim Kind ein Gefühl der Sicherheit und Geborgenheit voraus. Er hilft weiter, die Ängste oder Hemmungen abzubauen und bekräftigt regelmäßig alle positiven Aussagen und Wertschätzungen der eigenen Person.

Spiele, in denen sich das Kind mit seinen Fähigkeiten angesprochen weiß oder seine äußeren Merkmale entdeckt, gestalterische Tätigkeiten wie Kritzeln, Zeichnen, Malen, Modellieren sind hier wichtig. Kinder können sich malen, Hand- und Fußabdrücke in Gips oder mit Wasser herstellen, Schattenrisse oder Körperumrisse zeichnen, Körpergrößen messen und an der Wand markieren, an Fotos die eigene

Entwicklung (oder die anderer Kinder) sehen. Kinder maskieren, schminken, verkleiden sich – und bemerken, daß sie immer dieselben bleiben. Die Wiederholung von Spielen und Tätigkeiten macht den Fortschritt in den eigenen Kenntnissen und Fertigkeiten deutlich: „Ich kann schon…" „Ich weiß schon…" „Morgen lerne ich…"
Die Identitätsfindung schließt auch die eigene Geschlechtlichkeit ein. Der Erzieher gibt auf Fragen der Kinder klare Antworten, die zukünftigen Fragen standhalten können. Fragen nach Geburt und Schwangerschaft beantwortet er nur so weit, wie es die Kinder selber wollen. Die Zusammenarbeit mit Eltern sowie Elterngespräche sind dabei selbstverständlich[23].
Das Zusammenleben von Jungen und Mädchen bietet günstige Voraussetzungen für das Erfahren der eigenen Geschlechtsrolle. Der Erzieher unterstützt die Entwicklung eines flexiblen Rollenverhaltens. Alle Kinder können mit allen Spielzeugen oder alle Spiele spielen.

Feste feiern

Beispiel: Susanne wird fünf.

Die Gefühle anderer zu verstehen, ist Kindern in Situationen am leichtesten möglich, in denen sie in einer ähnlichen emotionalen Verfassung die Übereinstimmung ihrer Gefühle mit den Gefühlen anderer erleben (vgl. auch Schwerpunkt „Religiöse Erziehung").
Ein Kindergeburtstag bietet dem Erzieher die Gelegenheit, soziales Handeln und soziale Sensibilität unmittelbar erfahren zu lassen. Seine pädagogische Aufgabe besteht darin, Geburtstagskind und Gruppe auf das Ereignis einzustimmen.
Das Geburtstagskind soll sich als Mittelpunkt erleben. Der Erzieher kann deshalb mit ihm gemeinsam überlegen, wie der Tag gestaltet werden soll (Spiele, Geburtstagsgeschichte, Geburtstagstafel, Überraschungen…). Auch wird er sich selbst fragen, was er dem Kind schenkt. Der ideale Wert eines Geschenks liegt darin, daß es die Fähigkeit des Erziehers zum Ausdruck bringt, Wünsche und Erwartungen des Kindes erspürt zu haben: ein gefalteter Regenschirm für die Puppe, ein goldener Pappstern für den Sheriff Peter…
Die pädagogische Aufgabe des Erziehers im Hinblick auf die Gruppe besteht darin, alle Kinder sensibel zu machen, daß sie von sich aus bereit sind, das Geburtstagskind zu beglücken: Einige wollen ein Bild malen, einige denken sich ein Lied aus und üben dazu eine Begleitung mit Instrumenten, einige wollen einen Kranz flechten und pflücken dafür Blumen, andere backen Plätzchen…
Die Feier selbst ist Höhepunkt für die Kindergesellschaft. Alle erleben: Wir gehören zusammen; alle miteinander sind glücklich; jeder hat geholfen, daß es schön wird. Glück muß sich mitteilen, Mutter freut sich auch… Jedes einzelne Kind freut sich schon auf seinen Geburtstag: Dann sollen auch Waffeln gebacken werden, dieselbe Geschichte soll erzählt werden… Das Geburtstagskind hat erfahren: Heute war es so, wie ich es mir gedacht habe; meine Wünsche sind erfüllt worden, alle haben mich lieb, ich habe viele Freunde. Heute war ich wirklich Sheriff!…
Feiern vermitteln Erziehern und Kindern Erlebnisse, die lange nachwirken und später als Erinnerung zurückgerufen werden und immer wieder beglücken können.

Mitfühlen

Beispiele: Sonja hat ein Brüderchen bekommen.
Ali hat Heimweh.
Inges Großmutter ist gestorben.

Glückhafte und traurige Erlebnisse bilden für die Gruppe eine tragfähige Basis, um über direktes emotionales Mitfühlen die Bereitschaft anzubahnen, auch vom anderen her fühlen und denken zu lernen und so zu handeln, daß sich der andere verstanden weiß.
Helfen und Mitfühlen setzt die Bereitschaft und die Fähigkeit voraus, Signale oder Reaktionen anderer zu beobachten und zu erkennen, die anzeigen, daß jemand Hilfe braucht oder Freude mitteilen will.

---

[23] Vgl. hierzu Freud, S.: Drei Abhandlungen zur Sexualtheorie, GW Bd. V. Leipzig und Wien 1905. – Heinrich, H.: Sexualerziehung und Aufklärung in Elternhaus, Kindergarten und Schule. Kevelaer 1971. – Schuh-Gademann, L.: Erziehung zur Liebesfähigkeit. Heidelberg 1972. – Schultz-Hencke, H.: Der gehemmte Mensch. Stuttgart 1965. – Verch, K.: Lehrmappe zur Unterrichtung in der Familie – Sexualerziehung. St. Augustin 1970. – Ziebeil-Luttmer, F. C.: Frühkindliche Sexualität und Sexualerziehung. München 1972.

Schwerpunkt: Soziales Lernen

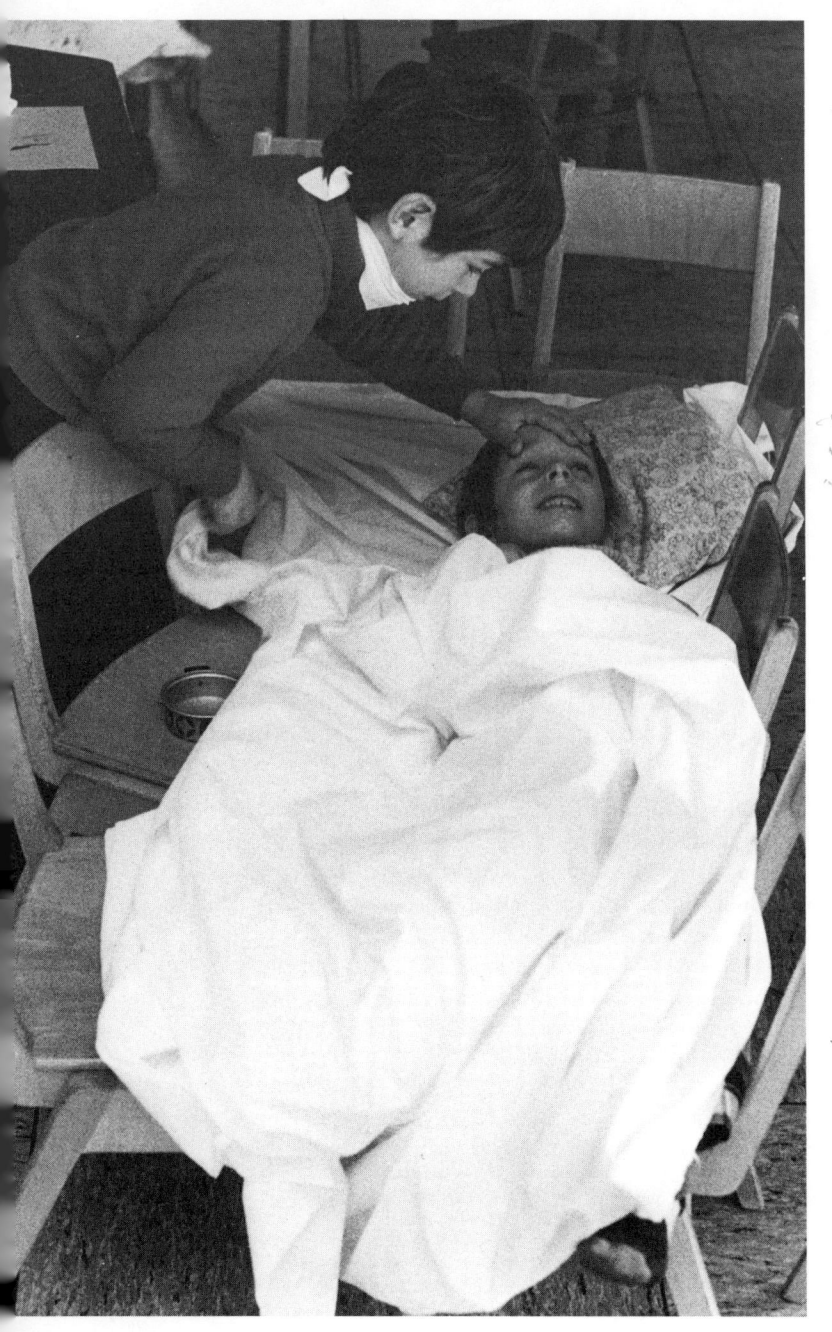

Anfänge der Fähigkeit zum Mitfühlen, zur Sorge und zur Hilfsbereitschaft sind schon im zweiten Lebensjahr des Kindes vorhanden. Im engen Raum der Kleinfamilie kann das Kind zu wenig Beziehungen zu anderen Erwachsenen und Kindern aufbauen. Folglich entwickelt es auch kaum soziale Sensibilität für andere Menschen, da die Gelegenheiten fehlen, Reaktionen anderer herauszufinden und zu interpretieren. Die altersgemischte Gruppe im Kindergarten schafft hier einen Ausgleich, indem sie vielfältige Problemhandlungen und verschiedenartige soziale Erfahrungen zuläßt.

Kinder äußern Bedürfnisse, Stimmungen und Gefühle auf unterschiedliche Weise. Es ist Aufgabe des Erziehers, diese Signale wahrzunehmen, sie inhaltlich zu erfassen, ihren Sinn zu deuten und pädagogisch verantwortlich darauf zu reagieren. Er schafft eine vertrauensvolle Atmosphäre und ermutigt Kinder, gelassen ihre Wünsche zu äußern und ihre Gefühle zu zeigen.

Die Bereitschaft und die Fähigkeit der Kinder, anderen zu helfen und mit anderen zu fühlen, kann der Erzieher erweitern, indem er einmal Ereignisse aus dem Tagesablauf herausgreift und Kinder zur Hilfe anregt und zum anderen sie ermutigt, Stimmungsäußerungen anderer zu beobachten, zu erfahren und zu interpretieren.

Beispielsweise ist gegenseitige Hilfe anzubieten beim Anziehen der Mäntel, beim Binden der Schuhe, beim Einräumen von Spielen und Spielsachen, beim Ausschenken des Frühstücksgetränkes. ... Der Erzieher lobt Kinder oder Kindergruppen, die andere mitspielen lassen oder zum Spielen einladen. Er unterstützt Umgangsregeln, die nach und nach aus dem Zusammenleben der Kindergruppe entstehen, z.B. Verteilung des Spielzeuges, Austausch von und Spieldauer mit beliebten Spielen, Rollentausch durch Wechsel von Anführer und Mitspieler bei gebundenen Spielen (vgl. S. 21 und S. 28 ff.).

Er erspürt existentielle Lebenssituationen einzelner Kinder und läßt diese Kinder zu Wort kommen: Der Wunsch, einer Gruppe anzugehören, das Bestehen auf seinem Recht, die Schilderung von Enttäuschung, Krankheit und Schmerz, aber auch von Freude und Glück, das Bedürfnis nach Zärtlichkeit und das Zeigen von Zuneigung. Dadurch ermöglicht er ihnen Erfahrungen, die ihren Grundbedürfnissen entsprechen; andere, zuhörende Kinder fragen nach den Gründen, so zu handeln. Sie versuchen, sich in den anderen hineinzuversetzen und dessen Verhalten und Gefühlsäußerungen in Ansätzen zu respektieren.

Die Bereitschaft, sich in andere hineinzuversetzen und deren Beweggründe und Gefühle zu deuten zu versuchen, kann durch Pantomime, besonders aber durch Bilderbücher, durch Vorlesen und Erzählen von Geschichten und Märchen angeregt und gefördert werden. Diese zeigen Stimmungen und Gefühlsausbrüche, stellen menschliche Beziehungen, Lebenskrisen und Entwicklungsfortschritte dar, weisen Lösungen und glücklichen Ausgang vor. Geschichten und Märchen vergrößern den Kreis der Figuren, mit denen man sich identifizieren kann und mit denen man fühlt und dies in einem Rahmen, der frei ist von den Zwängen der Wirklichkeit (vgl. S. 46, Exkurs).

Auf der anderen Seite hilft der Erzieher, Worte zu finden, um die eigenen Gefühle auszudrücken, oder er hilft, sprachlich noch nicht faßbare Stimmungen zu bezeichnen, z.B. „Wenn du mit den Füßen stampfst, weiß ich, daß du dich ärgerst!" Er deutet an, daß er den Wutanfall richtig einordnet; das Kind erfährt, daß es auch negative augenblickliche Gefühle ausdrücken darf, ohne die positive Beziehung zum Erwachsenen zu zerstören. Für beide besteht nachfolgend die Möglichkeit, die aggressive Stimmung – auch sprachlich – zu bewältigen.

Werden Kinder und Erzieher von solchen Situationen und Ereignissen berührt, und suchen beide diese zu bewältigen, gewinnt das Leben in der Gruppe religiöse Dimensionen: Religiöse Grunderfahrungen wie Geborgenheit – Angst, Freude – Not, Verlust – Tröstung, Nächstenliebe werden mitgeteilt und beispielhaft vorgestellt.

Öffnung und Erweiterung des Lernorts Kindergarten

Gelegentlich treffen mit der Kindergruppe andere Menschen zusammen. Dabei eröffnen sich im Kindergarten selbst neue Situationen für soziales Lernen.

Situation: Ein Schulkind, das früher im Kindergarten war, kommt zu Besuch.
Die Kinder erleben die Vertrautheit zwischen diesem älteren Kind und ihrem Erzieher. Der Erzieher bedeutet auch für andere etwas. Das Schulkind weiß neue Spiele, zeigt be-

stimmte Fertigkeiten; die Kinder bewundern das Können und die Überlegenheit, sie lassen sich gern bevormunden, führen, anregen...

Situation: An einem Nachmittag werden Großeltern eingeladen.
Die Kinder erleben sich einer älteren Generation gegenüber, zu der sie selbst starke Bindungen haben[24].
Die Großeltern zeigen ihre Zuneigung in der Bereitschaft, sich für die Belange der Kinderwelt zu öffnen. Sie hören zu, lassen sich etwas zeigen, nehmen teil, erfragen Berichte. Andererseits können sie manche Lieder mitsingen, kennen andere Spiele oder Späße von „früher" (Reime, Rätsel, Nonsens-Verse) und wissen etwas, das niemand sonst erzählen kann: als Mutter so groß war wie ihr..., als Opa noch auf der Straßenbahn fuhr, als Oma in den Kindergarten ging...
In solchen Begegnungen erfahren die Kinder von der Verbundenheit der Generationen, von ihrer Aufeinanderfolge im Familienverband und daß sie selbst Glieder dieser Kette sind.

Situation: Eine Mutter bringt ihr Baby mit.
Vielleicht begreifen die Kinder, wie hilflos das Baby ist, wie zart seine Haut ist, seine Härchen sind, wie vertrauensvoll es im Arm seiner Mutter liegt, wie groß seine Augen in die Welt staunen. Sie verstehen unmittelbar, daß das kleine Kind Zuwendung, Hilfe, Schutz, Geborgenheit braucht.

Situation: Väter kommen, um Spielzeug zu reparieren.
Andere Väter können anderes als der eigene Vater (Ambiguitätstoleranz). Sie sind stolz, daß der Vater helfen kann und verfolgen seine Arbeit. Sie sind neugierig, in welchen Berufen die Väter arbeiten, was sie dort tun.

Situation: Handwerker kommen in den Kindergarten.
Wenn Handwerker in das Haus kommen, können Kinder angeregt werden. Manchmal wird geduldet, wenn sie zuschauen, manchmal abgewehrt, weil dort u. U. mit gefährlichen Dingen umgegangen wird. Manche Handwerkertätigkeit regt zur Nachahmung an (Maler, Maurer...).

Situation: Der Zahnarzt kommt.
Wieder anders ist es, wenn der Zahnarzt kommt. Irgendein „fremder Mann" hat ein intensives Interesse an der eigenen Person und daran, daß die Zähne kontrolliert werden. Sie begegnen ihm als jemandem, der sachkompetent ist und daher Autorität hat („etwas zu sagen hat").
Das Kind erlebt, daß jemand Forderungen erheben kann und erwarten darf, daß Anordnungen ausgeführt werden, auch wenn dies zunächst für einen selbst unangenehm sein kann.

Ergaben sich die vorhin beschriebenen Möglichkeiten für soziales Lernen im Kindergarten selbst, so gibt es *Öffnungen nach draußen*, wenn dies im natürlichen Ablauf des Geschehens nötig wird.

Anlaß: „Wir wollen uns Obstsalat machen, wir brauchen Obst!"
Der Erzieher nutzt die Gelegenheit, auf den Markt zu gehen. Die Kinder lernen „Markt" mit Ständen und Buden kennen und erleben mit, wie das Obst gekauft wird: Die Marktfrau wird begrüßt, die Wünsche gesagt; die Kinder erleben sich als Kunden, die von der Marktfrau bedient werden[25].

Anlaß: Kinder besuchen die Grundschule.
Erstkläßler laden Kindergartenkinder ein. Diese lernen das Schulgebäude, ein Klassenzimmer kennen, sehen und sprechen mit einem Lehrer, erleben Unterricht, spielen mit, erleben das Treiben in der großen Pause.
Vor allem für die Schulanwärter sind diese Erfahrungen im Hinblick auf den Übergang vom Kindergarten zur Schule bedeutsam. Werden die Kontakte zwischen beiden Einrichtungen im Sinne von Kooperation[26] vertieft, erhalten die Kinder ein realitätsgerechtes Bild von Schule, Klassenraum und Lehrern (vgl. Grundlagen, 3.).

Anlaß: Wir schicken ein Paket an das Waisenhaus.
Die Post als Einrichtung in der Umwelt kann kennengelernt werden, wenn die Kinder gemeinsam ein Paket gepackt haben und es aufgeben.

---

[24] Zolotow, Ch./Williams, G.: Der Himmel war blau. Hamburg 1969.
[25] Vgl. Ernährungserziehung im Kindergarten. Hrsg. vom Ministerium für Ernährung, Landwirtschaft, Umwelt und Forsten. 1980.
[26] Vgl. Dokumentation Bildung Nr. 1, Kooperation zwischen Kindergarten und Grundschulen, hrsg. vom Ministerium für Kultus und Sport, Baden-Württemberg, Stuttgart 1979.

Wo ist die Post? Was brauchen wir dort (Paketkarte, Aufkleber)? Wie nimmt der Beamte das Paket an? Wohin „verschwindet" es? Wie wird es befördert? Mit dem Eintreffen der erwarteten Bestätigung rundet sich für die Kinder der Erfahrungskreis, den sie an dieser Dienstleistungssituation kennenlernten.

Das kleine Kind, das „Welt" vorwiegend egozentrisch begreift, kann Sachinformationen nur soweit erfassen, als sie ihm funktional zugänglich gemacht werden.

Weitere Anlässe können sein: Kinder nehmen teil an Veranstaltungen des Gemeindelebens: im Rahmen der kommunalen Gemeinde am Feuerwehrfest und am Sommerfest des Stadtteils, im Rahmen der Kirchengemeinde durch einen Familiengottesdienst oder die Taufe eines Geschwisters (vgl. Schwerpunkt „Religiöse Erziehung").

Auf diese Weise wachsen Kinder durch natürliche Anlässe in größere soziale Gruppen und in ihr Brauchtum hinein. Sie erleben die Zugehörigkeit und die Bedeutung des Dabeiseins. Alle diese unmittelbaren Erfahrungen in Situationen und mit Personen werden ergänzt und vertieft durch Bilderbücher, Spiele, Geschichten und Märchen.

4. Ergänzende didaktisch-methodische Hilfen

Soziales Lernen vollzieht sich im Leben selbst, in seinen Bezügen, Situationen und Ereignissen. Kinder machen folglich im Lebensvollzug soziale Erfahrungen. In verschiedenen Spielangeboten können diese Erfahrungen symbolhaft wiederholt oder erweitert, ergänzt und vertieft werden. Dazu eignen sich:
– Rollenspiele
– gebundene Spiele
– Gesellschaftsspiele
– Bilderbücher
– Geschichten und Märchen

Zum Rollenspiel sind dem Schwerpunkt „Spielen" nähere Angaben zu entnehmen.
Gebundene Spiele haben eigene Regeln. Der Spielablauf ist durch einen Sprechtext oder ein Lied festgelegt. Für das soziale Lernen sind die Spiele wichtig, die Mitspieler mit Namen nennen. So können sich alle Namen einprägen und andererseits kann jeder einmal im Mittelpunkt stehen.
Solche Spiele sind u. a.:
– Wir wollen den Kranz binden... Inge hübsch und fein...
– Wir treten auf die Kette... Peter dreht sich um...
– Mein rechter Platz ist leer, ich wünsche mir Andrea her...

Kinder lernen, auf die Besonderheit anderer Kinder aufmerksam zu werden; dies wird unterstützt durch Ratespiele:
– Ich klopfe mit dem Hämmerlein... Wer bin ich?
– Kämmerchen vermieten...
– Wer fehlt im Kreis?

Der Erzieher hilft, indem er an bestimmte persönliche Merkmale erinnert (er hat eine Lederhose an, kommt mit dem Fahrrad in den Kindergarten...).

In einer Reihe von Spielen wird dem Kind eine Rolle zugeteilt, nach deren Ausführung es wieder in den Kreis der Mitspieler zurücktritt, z. B. bei
– Rote Kirschen eß' ich gern...
– Ist die schwarze Köchin da...
– Ein Bauer fuhr ins Holz...

Manchmal bleibt am Ende eines Spiels ein Kind übrig und wird ausgelacht (Da steht der Gänsedieb, den hat kein Mensch mehr lieb). Der Erzieher achtet darauf, ob Kinder diese Symbolsituation verstehen oder ob sie diese als Realität erleben. Bei letzterem steht er bei und gleicht aus.

In solchen Spielen werden Rollenübernahme und Rollentausch eingeübt, die für den Erwerb der Rollenflexibilität wichtig sind. So können Kinder wechselnd Anführer oder Mitspieler sein in Spielen wie:
– Ochs am Berg
– Goldene Brücke
– Herr Fischer, wie tief ist das Meer?
– Wer fürchtet sich vorm schwarzen Mann?

Im letzten Spiel kann der Wechsel von Angst machen und Angst haben erlebt werden.
Spiele sind „Vorwegnahme späterer Lebenssituationen" (Haigis). Kinder lernen dabei auch erfolglos zu sein, nicht zum Zuge zu kommen und der Angst zu begegnen. So wird Frustrationstoleranz eingeübt. Der Erzieher wählt Spiele dieser Art pädagogisch verantwortet aus und setzt sie sinnvoll ein, weil sie für die Gruppe und das soziale Lernen einen hohen Stellenwert haben. Ihre Qualitäten für soziales Ler-

nen bleiben ungenutzt, wenn sie nur routinemäßig oder zufällig oder als Zeitfüller gebraucht werden.

Bei Gesellschaftsspielen lernen ältere Kinder vor allem verlieren zu können und als Sieger die Verlierer nicht durch den eigenen Triumph zu entmutigen. Kinder machen die Erfahrung, daß „Glück haben – Pech haben" unbeeinflußbare Größen sind, die zum Spiel gehören. Unabänderliches akzeptieren zu lernen ist eine Grundvoraussetzung für eine Lebenseinstellung, die nicht in der Resignation stecken bleibt. Auch Verhalten, das mit Neiderregen und Neidischsein zusammenhängt, wird hier erlebt.

Der Erzieher beobachtet und gleicht aus, wenn Kinder eine zu geringe Frustrationstoleranz haben. Er hilft zur Einsicht, daß es zu den Spielregeln gehört, sich mit Unabänderlichem abzufinden.

Mit Bilderbüchern (vgl. Schwerpunkt „Sprechen und Sprache") werden einzelne Probleme oder Situationen in verfremdeter Form dargestellt. Das Kind erhält ein Angebot, sich mit dem Helden eines Buches zu identifizieren und erlebt dessen Nöte, Abenteuer oder Taten mit. Es kann dabei eigene Problembewältigung vorwegnehmen oder kann sich davon distanzieren.

Bilderbücher müssen dem Kind durch den Erwachsenen erschlossen werden. Der Erzieher trifft eine sorgfältige Auswahl. Dabei berücksichtigt er Ausstattung, Text und Bildqualität. Im gemeinsamen Betrachten ist er bestrebt, daß Kinder die Problemstellung, d. h. die Aussagen von Text und Bildern, erfassen können. Er wird ein Buch zunächst mehrmals mit den Kindern gemeinsam anschauen, damit sie ihre Fragen stellen und Äußerungen machen können. Durch Impulsfragen regt er zum Entdecken, Fragen und Verstehen an. Später kann er Kindern einzelne Bücher zum wiederholenden Betrachten überlassen.

Das Erzählen von Geschichten und Märchen (vgl. Schwerpunkt „Sprechen und Sprache") ist besonders geeignet, soziales Lernen zu fördern. Beim Erzählvorgang erleben die Kinder eine elementare Form sozialen Zusammenlebens: die Erzählgemeinschaft. Kinder und Erzieher rücken zusammen, bilden einen Kreis, erleben sich als zusammengehörend.

Der Erzähler nutzt das Erzählen als dialogischen Vorgang. Er gestaltet seine Sprechweise auf die Zuhörer hin und nimmt sie in die Geschichte mit hinein. Die Geborgenheit in der Gruppe läßt die Kinder die Spannung um die Entwicklung des Helden der Geschichte aushalten und befähigt sie zum Anteilnehmen und zum Überlegen von Problemlösungen.

Exkurs: Die Bedeutung von Märchen für soziales Lernen

Eine Sonderstellung nimmt dabei das Märchen (vgl. auch Schwerpunkt „Sprechen und Sprache") ein. Mit Märchen gewinnen Kinder einen ersten Zugang zur Welt. Die Überschaubarkeit von „Welt" wird in Darstellungen von unterschiedlichen Sozialstrukturen, menschlichen Beziehungen und Reifungen, in gelebten Werteinsichten und in der Bewältigung von Schicksalsfügungen anschaubar gemacht.

Das Volksmärchen bewahrt in vielen verschiedenen Motiven und Formen Grundwahrheiten menschlichen Lebens und menschlicher Erfahrungen auf. Im Laufe einer langen Erzählüberlieferung entwickelten sich aus Stoffen, die einstmals aktuelle Erzählanlässe gehabt haben mögen, Geschichten mit allgemeingültigen Botschaften, die bis heute nur so weitergesagt werden können.

Märchen übermitteln mit sprachlichen Symbolen auch Themen und Konflikte aus dem sozialen Bereich. Die unüberschaubare Vielfalt menschlicher Beziehungen erfährt eine auch für die Kinder einsehbare Gruppierung in gute und böse Menschen, gute (hilfreiche) und böse (feindliche) Mächte. Märchen zeigen Menschen in bestimmten Lebenskrisen (Ablösung von Eltern, Erwachsenwerden; Aufgaben als eigene erkennen und annehmen; Hilfe annehmen und erhalten; an das verborgene Gute, nicht aber dem trügerischen Schein glauben; das eigene Geschick voll Vertrauen zu bewältigen suchen...) und geben Einsicht, wie solche Krisen zu meistern sind.

Der Hörer wird mit dem Helden in Schwierigkeiten und Gefahren geführt und erlebt mit ihm die Lösung und den glücklichen Ausgang. Dabei erfährt er, daß das Leben gelingen kann, was ihm Stärkung und Befriedigung verschafft.

Das komplexe Leben erscheint im Märchen in sozialen Polaritäten. Dies erleichtert es dem Kind, soziale Unterschiede zu erfassen (König und Hütejunge), die Doppeldeutigkeit und Ambivalenz menschlicher Rollen zu erkennen (liebende Eltern schicken ihr Kind fort...). Der Hörer des Märchens bekommt Angebote zur Lebensorientierung und zur Identifikation: will man entschlossen und fleißig sein und Reichtum erwerben oder lässig und faul sein und zum Gespött der anderen werden? Märchen, nach ihrer didaktischen Funktion ausgewählt, stellen auch für das soziale Lernen einen unschätzbaren Wert dar.

Märchen haben einen je eigenen Charakter, der in Sprachmelodie, Rhythmus und Akzentuierung lebendig wird. Kinder wollen immer wieder das gleiche Märchen hören, um die vielen Bilder, Motive und die dramatischen Züge nach und nach zu erfassen. Märchen haben zeitlos Gültiges zu sagen; eine Aktualisierung oder „Modernisierung" verbietet sich.

Märchen bieten Identifikationshilfen an, die es dem Kind erleichtern, sich in eigenen unüberschaubaren Lebenssituationen zu orientieren:
— Märchen zu erzählen und zu hören schafft im Kindergarten die Geborgenheit und Zugehörigkeit einer Erzählgemeinschaft;
— Kindern muß Raum und Zeit gewährt werden, im Spiel, Lied, Bilder schaffen und Kasperlspiel Märchen zu verarbeiten und zu vertiefen.

Märchen bereichern, indem sie Lebensweisen, Beziehungen und Konfliktlösungen unter Menschen und Schicksalsmächten zeigen und dem einzelnen im gegenwärtigen Leben Lösungen von Spannungen (auch anderen geht es so) und Orientierungshilfen anbieten („Dem ist es geglückt, ich kann es vielleicht auch und brauche keine Angst zu haben!"). Sie haben gültige Wahrheiten, nämlich das Erfahrungswissen der Menschheit aufbewahrt, das sich nur aneignen kann, wer es durch Personen vermittelt bekommt.

Inhalte der Tradition, wie sie das Märchen enthält, können nur durch Weitererzählen lebendig bleiben und zur individuellen Lebenshilfe werden[27].

---

[27] Vgl. Bettelheim B., Kinder brauchen Märchen. Stuttgart 1977.

5. Elternarbeit

Im Hinblick auf soziales Lernen im Kindergarten ergeben sich bei der Zusammenarbeit mit Eltern folgende Schwerpunkte:
— Gespräche und Kontakte vor und beim Eintritt des Kindes in den Kindergarten.
— Andauernder Austausch und Verständigung von Eltern und Erzieher während der gesamten Kindergartenzeit.
— Gezielte Hinführung der Eltern zu Gesprächen und gegenseitigem Erfahrungsaustausch.

Ein Kind, das in den Kindergarten aufgenommen werden soll, muß die reifemäßigen Voraussetzungen haben. Altersangaben für die „Kindergartenreife" stellen einen Näherungswert dar, der Abweichungen einschließt. Dies ist den Eltern mitzuteilen.

Der Erzieher macht die Eltern darauf aufmerksam, daß das Einleben des Kindes Schwierigkeiten bereiten kann und berät sie, was zu tun ist, damit das Kind den Anfang positiv erlebt und in die fremde Umgebung Zutrauen gewinnen kann. Falls ein Kind eine 3–4stündige Trennung von der Mutter noch nicht ertragen kann, kann er z.B. vorschlagen, dieses Kind am Anfang nur eine kürzere Zeit am Vormittag zu schicken und erst allmählich die Dauer des Aufenthaltes zu verlängern. Dadurch werden unnötige Trennungsängste vermieden; durch das Festsetzen zumutbarer Trennungszeiten kann sich eine angemessene Frustrationstoleranz entwickeln.

Eltern sollten über die Konzeption des Kindergartens, über die weltanschaulichen Normen, die ihm zugrundeliegen und die Werteinstellungen, die das pädagogische Handeln bestimmen, informiert werden. Dann können sie selbst entscheiden, ob sie ihr Kind in diesen Kindergarten schicken wollen. Es ist nicht Aufgabe des Erziehers, die vom Kindergartenträger festgelegte Konzeption gegenüber Eltern rechtfertigen zu müssen. Solche Auseinandersetzungen lähmen den pädagogischen Einsatz und untergraben das Verhältnis der Eltern zum Erzieher. Dies schadet am meisten dem Kind. Ein kleines Kind kann im Lernort Kindergarten nur dann aufgeschlossen sein, wenn es spürt, daß Eltern und Erzieher in ihrer erzieherischen Grundeinstellung übereinstimmen und sich gegenseitig achten und akzeptieren. Es spürt dies beim täglichen Gruß und bei kurzen freundlichen Begegnungen, bei schnellen Verständigungen, die Übereinstimmung bestätigen und bei immer wieder notwendigen Aussprachen. Wenn Erwachsene so miteinander umgehen, daß gegenseitige Achtung und Einvernehmen in der pädagogischen Grundeinstellung spürbar sind, kann auch das Kind Sicherheit und Vertrauen, die Voraussetzung für das Einleben in die Kindergartengruppe, gewinnen.

Eltern sollen Gelegenheit haben, am Kindergartenalltag teilzunehmen und zu erleben, wie der Erzieher pädagogisch reagiert und agiert. An Beispielen kann der Erzieher dabei sein pädagogisches Handeln erläutern und begründen:

Streitfälle: Weshalb verhinderte der Erzieher nicht die Auseinandersetzung?

Führung: Weshalb ließ er es zu, daß einige Kinder weiterspielten und das Angebot in der Rhythmik nicht wahrnahmen?

Vorbild: Weshalb half er einem Kind beim Aufsammeln der Bauklötze, obwohl dieses mutwillig den Bauwagen umkippte?

An einem Elternabend können ähnliche Fragen Ausgangspunkt sein, das pädagogische Handeln im Hinblick auf soziale Lernprozesse der Kinder zu erläutern. Filme zu dieser Thematik eignen sich als Ausgangspunkt für Gespräche.

Kontakte der Eltern untereinander befruchten die Zusammenarbeit. Der Erzieher initiiert solche Kontakte, z. B. werden Eltern zu Austausch, Beratung und gegenseitiger Anregung in Erziehungsfragen zusammengeführt; helfen sich Eltern gegenseitig, z. B. wenn eine berufstätige Mutter allein erzieht, wenn jemand mit Behörden und Formularen nicht zurechtkommt, wenn jemand einen Babysitter braucht. Dadurch, daß sich Eltern für die Belange des Kindergartens einsetzen, geben sie ihren Kindern Vorbilder für soziales Verhalten und soziales Handeln.

6. Literatur

Literatur zur allgemeinen Information

Buber, M.: Reden über Erziehung. Heidelberg 1969.
Bettelheim, B.: Kinder brauchen Märchen. Stuttgart 1977.
Pieper, J.: Das Viergespann – Klugheit, Gerechtigkeit, Tapferkeit, Maß. München 1964.
Lorenz, K.: Die acht Todsünden der zivilisierten Menschheit. München 1973.
Meves, Ch.: Kinderschicksal in unserer Hand. Freiburg 1974.
Mitscherlich, A.: Auf dem Wege zur vaterlosen Gesellschaft. München 1963.
Fromm, E.: Die Kunst des Liebens. (Weltperspektiven). Ullstein Materialien. Berlin 1979.
Korczak, J.: Wie man ein Kind lieben soll. Göttingen 1976.

Literatur zur pädagogischen Information über Soziales Lernen

Roth, H.: Pädagogische Anthropologie, Band II. Entwicklung und Erziehung. Hannover 1971.
Flitner, A.: Einführung in pädagogisches Sehen und Denken. Piper. München 1967.
Ders.: Erziehung in früher Kindheit. Piper. München 1968.
Ders.: Brennpunkte gegenwärtiger Pädagogik. Piper. München 1969.
Hundertmarck, G.: Soziale Erziehung im Kindergarten. Stuttgart 1972.
Hellbrügge, Th.: Kindliche Sozialisation und Sozialentwicklung. München–Wien–Baltimore 1978.
Mörsberger, H., Moskal, E., Pflug, E. (Hrsg.): Der Kindergarten. Handbuch für die Praxis. Band 2. Das Kind im Kindergarten. Freiburg 1978.
Piaget, J.: Das moralische Urteil beim Kinde. Suhrkamp Taschenbuch Nr. 27. Zürich 1973.
Erikson, E. H.: Identität und Lebenszyklus. Suhrkamp Taschenbuch Nr. 16. Zürich 1973.
Oerter, R.: Moderne Entwicklungspsychologie. Donauwörth 1967.
Lüthi, M.: So leben sie noch heute. Betrachtungen zum Volksmärchen. Kleine Vandenhoeck-Reihe 294/295/296. Göttingen 1969.
Betz, F.: Märchen als Schlüssel zur Welt. Eine Auswahl für Kinder im Vorschulalter. Handreichung für Erzieher. Lahr 1977.

Bilderbücher, Geschichten und Spielbücher

Bilderbücher und Geschichten zum Thema Mutter und Kind: Geborgenheit – Vertrauen – Verselbständigung

Fechner, A.: Auch ein Elefant fängt klein an. Freiburg 1980[3].
Sendak, M.: Der kleine Bär. Text von Else Homelund-Minarik. Aarau 1976.
Ders.: Wo die wilden Kerle wohnen. Zürich 1972[5].
Ungerer, T.: Kein Kuß für Mutter. Zürich 1974.
Zimnik, R.: Bills Ballonfahrt. Zürich 1972[2].
Janosch: Ich sag, du bist ein Bär. Weinheim 1977.
Lindgren, A.: Lotta zieht um. Hamburg 1971.
Dies.: Pelle zieht aus. Aus: Gebt mir Bücher gebt uns Flügel. Almanach, Hamburg 1964.

Haas, J.: Das Negerlein und der Regen. Aus: Abends bei den Singerlein. Von Lotteliese Kümm und Conradine Lück. Stuttgart 1959.

Bilderbücher und Geschichten zum Thema Kind und Familie: Fortgehen und Wiederkommen

Hoban, R.: Fränzi geht schlafen. Aarau 1970[4].
Chönz, S.: Schellen-Ursli. Ein Engadiner Bilderbuch. Zürich o. J.
Fischer, H.: Pitschi. Das Kätzchen, das immer etwas anderes wollte. Zürich 1968.
Klostermann, U.: Ninas Reise an die See. Freiburg 1977[2].
Prokofieff, S.: Peter und der Wolf. München 1976[23], Hannover 1979.
Roser, W.: Die Pimpelmaus. Zürich 1966, 1968.
Schneider, G.: Mein Onkel Harry. Illustration Lilo Fromm. München 1971.
Schmidt, F., Ranke, W.: Ich und Opa. Oldenburg 1976.
Lindgren, A.: Polly hilft der Großmutter. Hamburg 1959.

Bilderbücher und Geschichten zum Thema Soziales Lernen in Beziehungen: Konflikte lösen – Beziehungen aufbauen – Lieben lernen – Zusammenspielen

Löbel, A.: Kartoffeln hier – Kartoffeln da. Aarau 1967.
Hürlimann, B.: Katze und Maus in Gesellschaft. Zürich 1977.
Carle, E.: Die kleine Maus sucht einen Freund. Oldenburg 1978.
Fatio, L.: Der glückliche Löwe. Illustr. Roger Duvoisin. Freiburg 1977.
Valentin, U.: Herr Minkepatt und seine Freunde. Illustr. Josef Wilkon. Köln 1969.
Hock, K.: Telat sucht den Regenbogen. Illustr. Joachim Schuster, Freiburg 1980[4].
Kunze, R.: Das Kätzchen. Illustr. Horst Sauerbruch. Frankfurt 1979.
Velthuijs, M.: Der Junge und der Fisch. Mönchaltorf 1969. Ravensburg 1977.
Janosch: Das Apfelmännchen. Nord-Süd 1965. Mönchaltorf 1972.
Krüss, J.: Swimmy. Illustr. Leo Lionni. Köln 1973.
Lindgren, A.: Nils Karlson-Däumling. Aus: Im Wald sind keine Räuber. Hamburg 1972.
Dies.: Die Kinder von Büllerbü. Hamburg 1970.
Wölfel, U.: Die Geschichte von der Wippe. Aus: 27 Suppengeschichten. Düsseldorf 1968.

Bilderbücher und Geschichten zum Thema Soziales Lernen in einzelnen Lebenssituationen: Geburtstag – Ausländerkind – Behinderung – Geburt – Tod – Krankheit

Brückner, Ch.: Momokos Geburtstag. Illustr. Iwasaki. Hanau 1977.
Dies.: Ein Bruder für Momoko. Illustr. Chihiro Iwasaki.
Kirchberg, U.: Selim und Susanne. München 1978.
Hasler, E.: Dann kroch Martin durch den Zaun. Illustr. Dorothea Desmarowitz. Ravensburg 1977.

Leher, L.: Die bunte Flaschenpost. Illustr. Hetty Krist-Schulz, Freiburg 1980[7].
Reinbeker Kinderbuch: Großvater stirbt. Hamburg 1975.
Weber, A., Blass, J.: Elisabeth wird gesund. Illustr. Jacqueline Blass. Freiburg 1980[4].
Lindgren, A.: Mein allerschönster Geburtstag. Aus: Die Kinder von Bullerbü. Hamburg 1970.
Dies.: Allerliebste Schwester. Aus: Im Wald sind keine Räuber. Hamburg 1972.
Lindgren-Enskog, B.: Ein Schwesterchen für Kalle. Hamburg 1970.

Bilderbücher und Geschichten zum Thema Öffnung und Erweiterung des Lernorts Kindergarten: Wochenmarkt – Post – Feuerwehr – Kirche

Krüss, J.: Kinder, heut ist Wochenmarkt! Illustr. Katharina Maillaird. Oldenburg 1977.
Baumann, H., Schramm, U.: Die Feuerwehr hilft immer. München 1970.
Schindler, R.: Florian in der Kirche. Religion für kleine Leute. Illustr. Hartmut W. Schmidt. Lahr 1979.
Ventura, P.: Die Welt der großen Städte. Freiburg 1978.

Bilderbücher und Geschichten zum Thema Selbstfindung und Verantwortung
Geschichten

Recheis, K.: Der kleine Biber und seine Freunde, Illustr. Herbert Lentz. Freiburg 1975[11].
Dies.: Kleiner Bruder Watomi. Illustr. Monika Laimgruber. Wien 1977[3].
Hüsch, H. D.: Förster Pribam. Ein Bilderbuch erdacht und gemacht von Klaus Winter und Helmut Bischoff. Oldenburg 1959.
Ruck-Pauquèt, G.: Geschichten vom kleinen Briefträger, Zoowärter u. a. Aus: Sandmännchens Geschichtenbuch. Ravensburg o. J.
Wildsmith, B.: Die kleine Wildente. Freiburg 1972.
Burningham, J.: Simp, der Hund, den niemand wollte. Ravensburg 1977.
Tresselt, A.: Der kleinste Elefant der Welt. Illustr. Milton Glaser. Weinheim 1964.

Kreisspiele und Gesellschaftsspiele

Gaß-Tutt, A.: Tanzkarussell. Boppard 1972.
Wenz, J.: Die goldene Brücke. Kassel 1965[17].
Reichel-Merian, E.: Spielen mit Kleinen. Spielkartei. Bern.
Hinnighofen, M.: Kinderspiel bei Sonnenschein und Regen. Kassel 1971.
Enzensberger, H. M. (Hrsg.): Allerleirauh. Viele schöne Kinderreime, Frankfurt 1961; auch als Suhrkamp-Taschenbuch.
Bompiani, E. (Hrsg.): Das große Buch der Kinderspiele. Freiburg 1980[7].
Das Kindernest. Geschichten, Gedichte, Spiele, Lieder für Familie und Kindergarten. Wien 1979.

Religiöse Erziehung

A. Evangelisch

Dieser Schwerpunkt wurde von einer Arbeitsgruppe im Auftrag der beiden Evangelischen Oberkirchenräte Stuttgart und Karlsruhe erarbeitet.

1. Begründung und Zielsetzung

Pädagogische Begründung: Aufgabe der Erziehung im Kindergarten ist es, Kinder in ihrer gesamten Persönlichkeit zu fördern. Solche ganzheitliche Erziehung nimmt die Erziehung in der Familie auf, ergänzt und unterstützt sie. Dabei greift sie auch Fragen nach Sinn und Ziel menschlichen Lebens auf und vermittelt dem Kind eine Sichtweise des Lebens und der Welt, die menschliches Leben als Sinnganzes versteht und ihm dadurch Richtung weist.

Angebote, die dem Kind Hilfen und Anstöße in dieser Richtung vermitteln, braucht das Kind schon früh; religiöse Erziehung in diesem allgemeinen Sinne ermöglicht es ihm, entsprechende Erfahrungen zu machen und sich in der Vielfalt und Widersprüchlichkeit seines Lebens zu orientieren.

Rechtliche Voraussetzungen: Die Landesverfassung von Baden-Württemberg beschreibt in Artikel 12 umfassend die Aufgabe der Erziehung unter Einschluß religiöser Aspekte und nennt in diesem Zusammenhang u. a. Eltern und Religionsgemeinschaften als verantwortliche Träger der Erziehung:

„(1) Die Jugend ist in der Ehrfurcht vor Gott, im Geiste der christlichen Nächstenliebe, zur Brüderlichkeit aller Menschen und zur Friedensliebe, in der Liebe zu Volk und Heimat, zu sittlicher und politischer Verantwortlichkeit, zu beruflicher und sozialer Bewährung und zu freiheitlicher demokratischer Gesinnung zu erziehen.
(2) Verantwortliche Träger der Erziehung sind in ihren Bereichen die Eltern, der Staat, die Religionsgemeinschaften, die Gemeinden und die in ihren Bünden gegliederte Jugend".

Evangelische Perspektiven religiöser Erziehung im Kindergarten: Unbeschadet seiner persönlichen religiösen und weltanschaulichen Bindung schuldet jeder Erzieher um der ganzheitlichen Erziehung und Entfaltung des Kindes willen dem Kind die Erschließung religiöser Grunderfahrungen und Lebensformen, Sichtweisen und Vorstellungen. Wie er dies tut, welche Fragen er an das Leben richtet, und welche Antworten er auf die vom Leben gestellten Fragen gibt, wird allerdings von seiner persönlichen Einstellung geleitet sein. Deshalb gibt es keine „neutrale", sondern immer nur „geprägte" religiöse Erziehung.

Religiöse Erziehung in evangelischer Verantwortung geht von der Voraussetzung aus, daß Gott für den Menschen da ist. Dies findet seinen Ausdruck in vielen Erzählungen und Bekenntnissen des Alten und Neuen Testament, am deutlichsten in dem Bekenntnis, daß Jesus Christus für uns Menschen gestorben ist. Die Botschaft von seiner Auferstehung befreit den Menschen vom Zwang, sich selbst verwirklichen zu müssen, und verheißt ihm die Erfüllung und Vollendung des Lebens durch Gott.

Mit dieser christlichen Grundeinstellung zum Leben sind entscheidende Voraussetzungen geschaffen, die innere Freiheit ermöglichen, Vertrauen zum Leben eröffnen, Sinnerfüllung erfahren lassen, zur Lebensbewältigung befähigen sowie Menschlichkeit und Brüderlichkeit unter den Menschen fördern. Erziehung, die auf dieser Grundlage aufbaut, schafft eine Atmosphäre des Vertrauens, in der das Kind ermutigt wird, sich selbst und seine Welt anzunehmen und hoffnungsvoll in die Zukunft zu sehen.

Gottes Zuwendung gilt jedem Menschen, vor allem den Versagenden und Schuldiggewordenen, den Unfertigen und Heranreifenden. Dies wird in vielen Erzählungen des Neuen Testament deutlich, besonders in der Erzählung, in der Jesus die Kinder segnet. Deshalb wird diese Erzählung bei jeder Taufe als „Kinderevangelium" gelesen. Sie macht darüberhinaus aber auch die religionspädagogische Verantwortung Kindern gegenüber deutlich.

Zielsetzung: Aufgrund dieser Überlegungen soll sich die religiöse Erziehung im Kindergarten an folgenden Zielen orientieren:
– Das Kind soll hören und erleben, daß es von Gott angenommen, bejaht und geliebt ist. Das Erzählen biblischer Geschichten und alltäglicher Begebenheiten sowie der liebevolle Umgang mit der Gruppe und dem einzelnen Kind gehören zusammen; sie ergänzen einander und interpretieren sich gegenseitig.

- In dieser Art ganzheitlicher Erziehung soll das Kind christlichen Wissensinhalten in kindgemäßer Form begegnen, es soll Gefühle der Geborgenheit und der Ehrfurcht entwickeln können und Gelegenheit erhalten, christliche Lebensformen zu beobachten, zu erproben und einzuüben.
- Das Kind soll dadurch eine Hilfe bekommen, sich mit seinen persönlichen Fähigkeiten und Begrenzungen anzunehmen, mit Widersprüchen im eigenen Leben und mit Spannungen in der Gruppe allmählich besser zurechtzukommen. Dabei erfährt es zugleich, was es allein und was es besser mit anderen Kindern oder mit Erwachsenen bewältigen kann.
- Indem das Kind mit seinem Tun und Erleiden und die Gruppe mit ihren Erlebnissen, Vorhaben und Schwierigkeiten in den Zusammenhang des Evangeliums gestellt werden, soll sich eine Perspektive eröffnen, die das Fragen nach Warum und Wozu, nach Sinn und Ziel menschlichen Lebens und Handelns zuläßt und die Hoffnung auf Antworten weckt.

2. Begegnung des Kindes mit religiösen Fragen und Problemen in Familie und Kindergarten

Die religiöse Entwicklung des Kindes beginnt bereits in der Familie. Sie wird von den Bezugspersonen entscheidend beeinflußt, insbesondere davon, wie diese in ihrem Leben mit religiösen Fragen und Problemstellungen umgehen und wie sie Stellung dazu beziehen. Daraus resultieren bei einzelnen Kindern sehr unterschiedliche Einstellungen und Verhaltensweisen als Ergebnisse religiöser Sozialisation: Einige Kinder können wenig oder gar nichts mit religiösen Symbolen und Inhalten anfangen; andere sind mit Elementen religiöser Tradition vertraut; wieder andere lehnen ab, was mit religiösen Ausdrucksformen und Inhalten zu tun hat.

Im Kindergarten erfährt das Kind, daß seine gewohnte Einstellung zu religiösen Ausdrucksformen (Gebet, Andacht, Brauchtum...) und Inhalten (z.B. biblische Geschichten, Legenden...) nicht die einzig mögliche ist. Es wird zustimmende, kritische, staunende, fragende, lachende, spottende und ablehnende Stimmen zu religiösen Fragestellungen im Kreise seiner Spielgefährten hören.

Am Erzieher wird es liegen, die unterschiedlichen Meinungen in toleranter Weise aufzunehmen und den Fragestellungen entsprechend weiter zu entwickeln. Er wird aber auch versuchen, selbst Stellung zu beziehen, ohne dabei einzelne Kinder zu verletzen. Damit setzt er selbst ein Beispiel für Toleranz und Mut zur Stellungnahme im Umgang mit Andersdenkenden.

Dabei wird er aber auch die Eltern-Kind-Beziehung im Auge haben müssen. Denn oft spielt auch bei einer scheinbar vordergründigen Wissensfrage die Angst vor der Gefährdung einer guten Kind-Eltern-Beziehung eine Rolle. Wenn dem Kind zum Beispiel im christlichen Glauben von der Möglichkeit erzählt wird, zu Jesus Christus eine Beziehung zu haben (Jesus ist mein Freund!), wird es ausgesprochen oder unausgesprochen immer auch danach fragen, inwieweit seine Elternbeziehung dadurch beeinträchtigt wird (Haben die Eltern etwas gegen meinen Freund Jesus?).

Dieselbe Problematik entsteht bei vielen Fragen, mit denen das Kind zum Erzieher kommt. Gerade wenn es sich um Grundfragen handelt, um Fragen nach dem Woher, Wohin, Warum und Wozu ist die religiöse Verflochtenheit menschlichen Lebens mit angesprochen.

Aus diesen Gründen ist eine enge Zusammenarbeit zwischen Kindergarten und Elternhaus erforderlich. In der Elternarbeit soll geklärt werden, wo Kindergarten und Elternhaus übereinstimmen und wo Konflikte liegen. Es ist wichtig, daß ein Streit über religiöse Erziehung nicht auf dem Rücken der Kinder ausgetragen wird. Dennoch ist eine Klärung im Interesse aller Beteiligten notwendig.

3. Der Erzieher vor der Aufgabe religiöser Erziehung

An religiöse Erziehung richten sich heute ganz unterschiedliche, oft sogar gegensätzliche Erwartungen seitens der Kinder, Eltern und Trägervertreter, auch wenn diese nicht ausgesprochen werden. Deshalb ist es nötig, daß der Erzieher sich mit Kindern, Eltern und den Trägervertretern über diese Fragen verständigt.

Diese gemeinsame Verständigung ist ein erster Schritt, die Grenzen des Kindergartens zu überschreiten und den Kindergarten in Beziehung zu setzen mit der Gemeinde, die ihn trägt. Vor allem im Interesse der Kinder ist eine Integration des Kindergartens in sein soziales Umfeld erstrebenswert. Auch der Träger, die bürgerliche wie die Kirchengemeinde sollten sich um eine solche Verständigung bemühen. Religiöse Erziehung wird immer gemeinsam verantwortet werden müssen. Eine solche Öffnung des Kindergartens zur Gemeinde hin erschließt allen Beteiligten – den Erwachsenen wie den Kindern – ein Feld gemeinsamen Lernens.

Nur auf sich allein gestellt und ohne Unterstützung anderer fühlen sich verständlicherweise manche Erzieher religiösen Fragen gegenüber unsicher. In der täglichen Arbeit mit den Kindern aber kann der Erzieher die Beantwortung religiöser Fragen nicht aufschieben. Hier liegt eine wichtige Aufgabe der Fortbildung.

In jedem Fall ist der Erzieher bei der religiösen Erziehung mit seiner Person gefordert. Das fällt manchem schwer; denn es kommt immer wieder vor, daß man die gesicherte Position des distanzierten Erwachsenen verlassen muß. Nur zu oft decken kindliche Fragen die Ungesichertheit und Vordergründigkeit menschlichen Lebens auf. Manche dieser Fragen wird deshalb überhaupt nicht beantwortet werden können; auf andere wird man nicht mit Worten antworten, sondern mit dem, was man tut. Weil Kindergartenkinder noch ganzheitlich verstehen, begreifen sie auch dies. Gerade diese Umsetzung in persönliches Verhalten und erzieherisches Handeln, in gemeinsames Erleben und gemeinsamen Vollzug ist besonders eindrücklich.

Die Position des Erziehers sollte also für Kinder und Eltern erkennbar sein. Dies darf jedoch nicht dazu führen, daß einzelne Kinder oder ganze Gruppierungen ausgeschlossen werden. Der pädagogische Auftrag des Erziehers gilt allen Kindern seines Kindergartens, unabhängig von ihrer religiösen, konfessionellen oder weltanschaulichen Herkunft (vergleiche auch Schwerpunkt „Pädagogische Hilfen für die Arbeit mit ausländischen Kindern").

In all diesen Problemen und Fragestellungen geht es auch um die Frage, welches Verständnis der Erzieher von sich selbst und seiner Arbeit hat. Häufiger als sonst wird er gerade in der religiösen Erziehung die Position des überlegenen Erwachsenen verlassen müssen. Die Kinder werden ihn immer wieder vor Probleme stellen, auf die er von seiner eigenen lebensgeschichtlichen Situation her keine Antwort weiß. Aber er kann die Kinder in das eigene Suchen nach Antworten mit hineinnehmen. Eigene Unsicherheiten und Zweifel sollten ihn deshalb nicht davon abhalten, mit Kindern und Eltern gemeinsame Schritte zu tun und Erfahrungen zu sammeln, zum Beispiel bei der Gestaltung eines Vorhabens oder im gemeinsamen Feiern eines Festes.

4. Religiöse Erziehung als Thema der Elternarbeit

Die Arbeit mit Eltern im Zusammenhang mit religiösen Fragen muß drei Schwierigkeiten beachten:
1. Die Scheu, öffentlich über religiöse Fragen zu sprechen.
2. Die konfessionelle, religiöse und weltanschauliche Pluralität der Eltern und Kinder. Dieses Problem hat in den letzten Jahren an Gewicht gewonnen.
3. Die Tatsache, daß Eltern und Erzieher im Gespräch über religiöse Erziehung eigene Glaubensprobleme mitdiskutieren. Das macht solche Gespräche oft sehr schwierig.

Diese Schwierigkeiten zeigen aber auch, wie dringlich und unverzichtbar es ist, religiöse Erziehung zum Thema der Elternarbeit zu machen. Eltern brauchen Informationen über die religionspädagogische Arbeit in der Kindergruppe; sie benötigen das Gespräch über die religiöse Erziehung ihres Kindes und Anregungen, was sie selbst dazu beitragen können. Deshalb sind Eltern durchaus für Gespräche über religiöse Erziehung zu gewinnen. Es sollte aber jeweils geprüft werden, welche Methoden der Situation angemessen sind.

Drei Aktivitäten sollen herausgegriffen werden:
1. *Die Information:* Für Eltern ist es hilfreich, wenn sie Informationen über die religionspädagogische Arbeit im Kindergarten erhalten. Dies ist zum Beispiel dadurch ohne zusätzlichen Aufwand möglich, daß die schriftliche Ausarbeitung einer Planungseinheit und dabei verwendete Materia-

lien gut sichtbar ausgestellt werden. Gerade zur religiösen Erziehung gibt es viele und hervorragend gestaltete Medien (siehe hierzu 7. Literatur).
Auch ein Elternbrief eignet sich für eine solche Information. Ebenso kann man einen ganzen Elternabend damit gestalten, Planungseinheiten und Medien vorzustellen und mit den Eltern zusammen zu besprechen.

2. *Das Gespräch mit einzelnen Eltern:* Oft bieten gerade die oben erwähnten Materialien für Eltern wie Erzieher einen guten Ausgangspunkt für ein Gespräch. Dabei kann persönlicher gesprochen werden im Hinblick auf alle Beteiligten. Erzieher machen dabei immer wieder die Erfahrung, daß in solchen Gesprächen auch schwierige Probleme einer Lösung nähergebracht werden. Manchmal kommen aber auch Probleme zur Sprache, denen sich der Erzieher nicht gewachsen fühlt. Man kann, nach gegenseitiger Absprache, einen dritten, etwa den Pfarrer oder eine Kollegin zu Rate ziehen. Vielleicht eignet sich ein solches Problem aber auch dazu, grundsätzlich und in der Öffentlichkeit eines Elternabends behandelt zu werden.

3. *Der Elternabend:* Er muß nicht unbedingt von der Erzieherin selbst gehalten werden. Sie kann ihn auch gemeinsam mit der Fachberaterin, einer erfahrenen Kollegin oder mit dem Pfarrer durchführen. Themen können sein:
– Die Gestaltung einzelner Feste des Kirchenjahres,
– Umgang mit biblischen Geschichten,
– einzelne Fragen religiöser Erziehung wie z.B.: von Gott reden, Beten, Gewissenserziehung, vom Tod sprechen u.ä.

Religiöse Fragen werden jedoch auch im Rahmen von Elternabenden zu allgemeinerzieherischen Problemen zur Sprache kommen. Die bei den Kindern eingesetzten Medien dienen dazu, die jeweilige Problematik für die Eltern anschaulicher zu machen.
Es sollte beachtet werden, daß den Eltern genügend Zeit zum gemeinsamen Gespräch und zum Austausch der Gedanken bleibt.

5. Religionspädagogische Anregungen und Materialien zu Themen aus anderen Schwerpunkten

Vorbemerkung

Die folgenden sieben Themenbereiche wollen die Verflechtung religionspädagogischer Fragestellungen mit dem Gesamterziehungsauftrag des Kindergartens zeigen. Sie machen deutlich, wie religionspädagogische Anregungen die erzieherische Arbeit im Kindergarten ergänzen und vertiefen. Jeder dieser Themenbereiche nimmt Einheiten auf, die in den Schwerpunkten „Rhythmisch-musikalische Erziehung", „Erfahrungen mit der Umwelt" und „Soziales Lernen" dargestellt sind. Dies soll dem Erzieher helfen, die Anliegen der religiösen Erziehung nicht von seiner übrigen Arbeit zu trennen, sondern mit ihr zu verbinden. Daher werden hier keine in sich vollständigen religionspädagogischen Einheiten vorgelegt, sondern Anregungen, Hinweise und Materialsammlungen, die den Erzieher ermutigen sollen, einzelne Aspekte auszuwählen, in seine Arbeit einzubeziehen oder zur Grundlage eigener Planung zu machen.

Im einzelnen bestehen folgende Zusammenhänge:

Das Thema	bezieht sich auf den Schwerpunkt
Natur – Gottes Schöpfung	Erfahrungen mit der Umwelt, z.B. Wasser, Wetter, Wind. Rhythmisch-musik. Erziehung, z.B. Wind.
Maschine – Hilfe und Bedrohung	Erfahrungen mit der Umwelt
Geschenkte Zeit – vertane Zeit	Soziales Lernen
Geliebt ohne Gegenleistung	Soziales Lernen, z.B. Sich-selbst-Erfahren
Standhalten, Vergelten oder Vergeben	Soziales Lernen, z.B. Streiten-Sich-Versöhnen
Geschöpfe und Partner Gottes	Soziales Lernen, z.B. Mitfühlen, Beziehungen aufbauen
Menschen brauchen einander	Soziales Lernen

Natur – Gottes Schöpfung

Welche Erfahrungen macht das Kind?

Naturphänomene wie: Wetter und Unwetter, Tag und Nacht, Sommer und Winter, Werden und Vergehen, „liebe" und „böse" Tiere, Gesundheit und Krankheit, schützende und gefährdende Natur.

Naturerscheinungen begegnen dem Kind als Mächte, die beschenken und bedrohen, Freude und Angst auslösen, helfen und behindern. Kinder neigen zum Teil dazu, diese Erscheinungen als Mächte zu personalisieren. Sie beobachten, wie Erwachsene versuchen, diese Mächte in den Griff zu bekommen, aber dabei auch auf ihre Grenzen stoßen.

Was kann man theologisch dazu sagen?

Fast alle Religionen haben diese Einsicht auf die Grundaussage bezogen, daß die Erde nicht des Menschen Macht und Gewalt entspringt, sondern göttlicher Herkunft ist. In den Aussagen des christlichen Glaubens verdichtet sich dies auch zum Bekenntnis, daß Gott als Schöpfer allein Macht über diese Schöpfung und seine Geschöpfe hat. Die Begegnung mit der Schöpfung ist für den Menschen dann immer mit Staunen vor dem Schöpfer, dessen Größe und Macht verbunden. Die Verfügungsgewalt über Teile dieser Schöpfung hat der Mensch dann auch diesem Schöpfer gegenüber zu verantworten. Der Bund Gottes mit dem Menschen birgt die Hoffnung, daß diese Welt trotz aller Bedrohungen eine sinnvolle Zukunft hat. Er enthält auch die Verpflichtung für den Menschen, seine Verantwortung zum Besten der Schöpfung wahrzunehmen.

Was soll dem Kind mitgeteilt werden?

Die Welt ist schön, Gott hat sie gemacht. Wir können mithelfen, daß sie so schön bleibt.
An Naturerscheinungen wie Regenbogen, Wassertropfen auf Pflanzen, blühende Blumen etc. gibt es viel Erstaunliches zu entdecken, was Grund zur Freude gibt.
Kein Mensch kann Wetter machen, auch Erwachsene beherrschen die Natur nur zum Teil.
Gottes Schöpfung ist für alle da. Wir sind Gott und den Menschen dafür verantwortlich, wie wir mit ihr umgehen.

Dafür eignen sich folgende Aktivitäten und Materialien

Aktivitäten:

– Gespräche über Verantwortung gegenüber der Natur
– Spielplatz-Putzete, Vogelfütterung u.a.m.
– Begehung und Feste, die Staunen, Freude und Lob beinhalten

Materialien:

– „Unsere Welt – Schöpfung Gottes" Förderprogramm für den Kindergarten. Herausgeber: Comenius-Institut, 4400 Münster, Schreiberstr. 12
– „Solange die Erde steht". Fritz/Pokrandt, Lahr: Kaufmann
– „Und es ward Abend und Morgen". Samson/Rous. Freiburg: Christophorus
– Sachbilderbuch zur Bibel: Schöpfung. D. Steinwede. Lahr: Kaufmann, Düsseldorf: Patmos
– Entdeckungen in Gottes schöner Welt: „Die kleinen Wunder" und „Um uns herum", Gießen: Brunnen-Verlag
– Fotomappe: Mit offenen Augen, Heft 2, „Werden und Vergehen", W. Longardt, Gütersloher Verlagshaus G. Mohn, Lahr: Kaufmann
– Katech. Arbeitsmappe: Worüber wir staunen. W. Longardt, Lahr: Kaufmann
– Geschichten aus: Kurze Geschichten. Krenzer/Pokrandt/Rogge, Lahr: Kaufmann, München: Kösel; besonders unter 3: Wir leben in unserer Welt
– ebenso aus: Vorlesebuch 1, Lahr: Kaufmann/Göttingen: Vandenhoeck & Ruprecht/München: Kösel, Zürich: TVZ.

Maschine – Hilfe und Bedrohung

Welche Erfahrungen macht das Kind?

Fortbewegungsmittel wie Autos, Motorräder, Fahrräder, auch Eisenbahnen und Straßenbahnen, Maschinen auf Baustellen, die Häuser abreißen und aufbauen, Apparate im Krankenhaus, beim Arzt, Maschinen zu Hause in der Küche...

Die Erfahrungen mit Maschinen sind für ein Kind zwiespältig: es kann tagtäglich auch die Bedrohung durch Maschinen erfahren (z. B. Straßenverkehr); Kinder können erleben, wie Menschen mit Hilfe von Maschinen Macht erlangen, sie können auch Selbstsicherheit und Überheblichkeit miterleben, die den Menschen nicht selten zum Opfer seiner eigenen Maschine werden läßt (vgl. Verkehrsunfälle); Kinder können aber auch das Gefühl eigener Macht über Maschinen schon im Kindergarten bekommen und bedenken...

Was kann man theologisch dazu sagen?

Die Entwicklung von Techniken, Erfindungsreichtum und naturwissenschaftliche Forschung können Erfüllung des Schöpfungsauftrages sein, den der Mensch nach christlichem Glaubensverständnis erhalten hat. Seine Talente sind Geistesgaben, die ihm zum verantwortlichen Gebrauch überlassen sind. Diese Verantwortung hat der Mensch gegenüber Gott und dem Mitmenschen. Wo ihn seine schöpferische Leistungsfähigkeit so fasziniert, daß er diese Verantwortung vergißt, wird er überheblich und rücksichtslos gegenüber dem Mitmenschen. Auch wo sich die Anwendung der Technik als hilfreich erweist, sind dem Menschen Grenzen gesetzt. Zwar kann er z. B. mit einem Rollstuhl Lahme „gehend" machen, aber weder mit technischen Mitteln unheilbare Krankheiten noch gar den Tod überwinden. Christlicher Glaube weiß davon, daß der Mensch auch als Schaffender immer Geschöpf und damit begrenzt bleibt. Er ist angewiesen auf die Liebe und Vergebung Gottes und seiner Mitmenschen.

Was soll dem Kind mitgeteilt werden?

Mit Autos kommt man schneller zum Ziel, mit Autos kann man andere Menschen gefährden.

Maschinen sollen dem Menschen helfen, sie müssen sachgerecht eingesetzt werden.
Über die Faszination an den Maschinen dürfen wir nicht unsere Mitmenschen vergessen.
Mit Maschinen verantwortlich umgehen heißt, sie als Helfer einsetzen.

Dafür eignen sich folgende Aktivitäten und Materialien

Aktivitäten:

– Spiele mit konstruktiven Spielmaterialien (Fischer-Technik, Baufix, Lego o. ä. ...)
– Werken, Experimentieren
– Telefonieren
– Besuche bei Behinderten

Materialien:

Bilderbücher:
– Alle Jahre wieder saust der Preßlufthammer nieder, J. Müller, Aarau: Sauerländer
– Lochschaufler und Tunnelbauer, F. Hofbauer/T. Kitada, Hannover: Schroedel
– Das Auto hier heißt Ferdinand, v. Janosch, München: Parabel
– Ole sieht einen Verkehrsunfall, M. Gydal/Th. Danielsson/M. Andersson, Reinbek b. Hamburg: Carlsen

Geschichten:
– Birne kann alles, G. Herburger, Neuwied: Luchterhand

Lieder:
– „Was ist mit unserem Auto los", in: Das Liedernest von Lieselotte Rockel, Boppard: Fidula

Geschenkte Zeit – Vertane Zeit

Welche Erfahrungen macht das Kind?

Festzeit und Alltag, Arbeitszeit und Freizeit (der Eltern), Morgen und Abend, Tag und Nacht, Sommer und Winter, schöne Zeit und weniger schöne Zeit, endlose Zeit und begrenzte Zeit...
Kindern wird Zeit erlebbar, wenn z. B. Eltern und Erzieher, aber auch Freunde Zeit für sie haben.
Im Ablauf der Zeit begegnen Kinder dem Warten, dem Hoffen und Bangen; sie leben auf bestimmte Ereignisse hin und sind noch lange beeindruckt von anderen Ereignissen.
Sie erfahren, wie ihnen für bestimmte Dinge Zeit eingeräumt wird, wie für andere Dinge keine Zeit mehr ist. Immer wieder werden sie auch hören und spüren, daß Menschen keine Zeit für sie haben...

Was kann man theologisch dazu sagen?

Christlicher Glaube sieht in der Zeit, die dem Menschen zur Verfügung steht, eine Gabe Gottes. Die Zeit jedes Menschen beginnt mit seiner Geburt und endet mit dem Tod. Christen glauben, daß sie in dieser Zeit von dem Segen und Schutz Gottes begleitet sind. Aber auch die Zeit über den Tod hinaus steht in der Hand des Schöpfers, aus dessen Hand Menschen ihre Zeit zugewiesen bekommen. Es ist wichtig zu bedenken, wie man mit seiner Zeit umgeht. Man kann Zeit vertun, aber auch in Verantwortung vor Gott und den Menschen gestalten...

Was soll dem Kind mitgeteilt werden?

Man kann sich die Zeit einteilen.
Die Eltern haben nicht immer Zeit.
Sonntag und Werktag sind ziemlich unterschiedlich.
Warten ist so schwer.
Zeit liegt vor dem Kind, wenn es groß ist, soll manches anders werden, Kinder haben ein Recht zu hoffen.
Für wichtige Dinge kann man sich Zeit nehmen, z. B. für einen Besuch, für das Spielen mit anderen, für Gespräche...
Zeit haben ist eine schöne Sache.

Dafür eignen sich folgende Aktivitäten und Materialien

Aktivitäten:

– Beobachten und Beschreiben von Wachstum und Veränderung, z. B.
  . ein Baum im Garten
  . ein Neubau in der Nachbarschaft
  . kleine Tiere im Kindergarten oder bei Nachbarn
  . Blumenstöcke auf dem Fensterbrett
  . Samen, der aufgeht und Pflanzen, die größer werden und evtl. blühen
– Uhr im Kindergarten verdeutlicht, daß zu bestimmten Zeiten des Tages bestimmte Dinge getan werden, z. B. Essenszeit, Spielzeit, Abholzeit
– Jahreszeiten bewußt erleben lassen in Beobachtungen, Gesprächen, gestalterischem Tun
– Für das Erlebte und Erfahrene Gott danken, die Zukunft in seine Hand legen (Psalm 31)
– Gespräche über Leben und Tod führen; aktuelle Begebenheiten aufgreifen; Spaziergang zum Friedhof

Materialien:

– Bibl. Text: Lukas 13, Vers 6–9
– Lieder zum Hoffen und Wünschen, z. B. ,,Wenn ich erst mal groß bin..." in: M. G. Schneider, Sieben Leben..., Freiburg: Christophorus/Lahr: Kaufmann
– Film: Saat und Ernte (11 Min.), Landesbildstelle F 715

Schwerpunkt: Religiöse Erziehung

Geliebt ohne Gegenleistung

Welche Erfahrungen macht das Kind?

Erwartungen an die eigene Leistungsfähigkeit, Enttäuschungen, nicht beachtet zu werden, Ablehnung, Gefühle, noch zu klein zu sein, Anerkennung, Bestätigung eigener Leistungen, Vertrauen in die eigenen Fähigkeiten...
Oft erlebt es das Kind, daß es von Erwachsenen lediglich an deren Leistungsmaßstäben gemessen wird. Nicht selten wird so die Selbstfindung erschwert, denn es sind dann Erwartungen, die das Kind überfordern. Großwerden eröffnet dem Kind so nicht nur neue Möglichkeiten, sondern schafft zugleich auch Ängste und Gefahren. Bei der Auseinandersetzung mit sich selbst ist das Kind auf Hilfen durch seine Umwelt angewiesen. Dadurch, daß andere es mit seinem Namen ansprechen, ihm Rechte und Pflichten übertragen, weisen sie ihm einen unverwechselbaren Platz im sozialen Gefüge zu und tragen somit zu seiner Identitätsfindung bei.

Was kann man theologisch dazu sagen?

Wo es um Selbstfindung geht, erkennt der christliche Glaube zunächst das Handeln Gottes. Allem Bemühen des Menschen, seine Identität zu bestimmen, kommt Gott zuvor, indem er den Menschen als Geschöpf und Kind annimmt. Der Mensch findet sich also immer schon als einer, der von Gott gekannt und bei seinem Namen gerufen ist.
In seinem Handeln an Kindern zeigt Jesus, daß die Zuwendung Gottes gerade auch den Kindern gilt.
Die Taufhandlung macht diese grundsätzliche Anerkennung des Menschen vor aller eigenen Leistung zeichenhaft sichtbar.
Die biblischen Texte zeigen aber auch, daß der Mensch sich nicht nur im Gegenüber zu Gott, sondern immer auch im Gegenüber zum Mitmenschen findet.

Was soll dem Kind mitgeteilt werden?

Gott kennt das Kind und steht zu ihm, wie es ist.
In der Taufe kann das Kind dieses Vertrauen und diese Zuwendung zeichenhaft sehen.
Das Kind gehört in eine Gruppe, die Gruppe ist Teil einer Gemeinde. Diese Gemeinde gehört zu Gott.

Auch wenn das Kind Fehler macht, wird es nicht aus der Gruppe ausgeschlossen.

Dafür eignen sich folgende Aktivitäten und Materialien

Aktivitäten:

– Gespräche über Taufe, evtl. Teilnahme an einer Taufe
– Gestaltung von Mk 10,13–16 (vgl. Einheiten: Jesus segnet die Kinder / In Gottes Hand geborgen / Geburtstag)
– Spiele zur Wahrnehmung des anderen: Stillsein, hören, fühlen
– Gruppendarstellungen (Collagen u. Fotomappen: Ich und die Gruppe)
– Geburtstagskalender herstellen

Materialien:

– Bilderbücher: – Die Reise des einsamen Umirs, v. R. Brooks, Köln: Benziger
– Seine eigene Farbe / Fisch ist Fisch, v. Leo Lioni, Köln: Middelhauve
– Ich will, B. Blech, Hannover: Schroedel
– Das kleine Ich bin ich, v. M. Lobe/S. Weigel, München: Jungbrunnen
– Geschichten: – Tim will nicht mehr Tim sein, U. Wölfel in: Vorlesebuch Religion I, Lahr: Kaufmann, Köln: Benziger, Göttingen: Vandenhoeck & Ruprecht, Zürich: TVZ
– Trau dich, V. Ludwig/B. Heymann in: Liederkiste (Student für Europa 2) Vlg. Student f. Europa/Student für Berlin Postfach 1480, 6232 Bad Soden/Ts.

Standhalten, Vergelten oder Vergeben

Welche Erfahrungen macht das Kind?

Unterschiedliche Formen der Auseinandersetzung, denen sowohl Kinder als auch Erwachsene ausgesetzt sind: Das Entstehen, Anhalten und Aufhören von Auseinandersetzungen, Interessengegensätze, Möglichkeiten und Grenzen, die eigenen Interessen durchzusetzen, Versagungen, Enttäuschungen, Verzicht…

Daß Wünsche auch versagt und geäußerte Bedürfnisse übergangen werden, erfahren Kinder schon früh. Sie entdecken dabei, wie vielfältig zugleich aber auch wie begrenzt ihre Mittel sind, ihre eigenen Interessen durchzusetzen. Ihre entwicklungsbedingt egozentrische Betrachtungsweise hindert sie jedoch oft, die Berechtigung der Bedürfnisse anderer zu erkennen und selber Konfliktlösungen zu finden, die allen gerecht werden. Manche dieser Konflikte werden daher unvermeidlich zu Enttäuschungen führen, besonders deshalb, weil es das Kind erst lernen muß, damit umzugehen, sich durchzusetzen, aber auch dem anderen gerecht zu werden.

Was kann man theologisch dazu sagen?

In der Bibel wird beschrieben, wie konfliktreich menschliches Leben ist. Immer wieder wird erkennbar, daß zu menschlichem Leben auch die Erfahrung von Unrecht, Enttäuschung und Leid gehört, wie auch die Erkenntnis des eigenen Versagens. Das wird nicht verschwiegen. Es finden sich hier eine Fülle von Anregungen, wie Christen sich im Alltag verhalten können, z.B. offen untereinander reden, Rechte des anderen achten, wo es nötig wird, für sich und andere einstehen, einander vergeben, nicht nur einmal, sondern immer wieder. Möglichkeiten, innere und äußere Konflikte vor Gott und den Menschen zur Sprache zu bringen, eröffnen aber auch das Gebet und das Bekenntnis. Immer wieder haben Glaubende dabei erfahren, daß Klage und Verzweiflung überwunden und Chancen eines neuen Anfangs sichtbar werden.

Was soll dem Kind mitgeteilt werden?

Wenn man sich nicht versteht und miteinander Schwierigkeiten hat, sollte man darüber sprechen.

Gott kann man ganz offen sagen, wo „einen der Schuh drückt".

Manchmal muß man mutig sein und für seine Sache einstehen. Das haben Christen auch getan.

Als Christ soll man aber auch nicht nur einmal, sondern immer wieder bereit sein, auf sein Recht zu verzichten, nachzugeben und einander zu verzeihen.

Gott will das Glück aller Menschen. Auch wir können etwas dazu beitragen, daß die Menschen um uns gerechter und liebevoller miteinander umgehen.

Dafür eignen sich folgende Aktivitäten und Materialien

Aktivitäten:

– Rollenspiele zu Konfliktsituationen und ihren Lösungen
– Gespräche: Man kann sein Recht durchsetzen, man kann auch verzichten
– Gestaltung von Lk 19,1ff; Apg. 4,1–21 in Auswahl
– Erzählen vom Leben Martin Luthers

Materialien:

– Geschichten aus Kap. 2 u. 4 in: Kurze Geschichten, Krenzer/Pokrandt/Rogge, Lahr: Kaufmann, München: Kösel
– Geschichten und Anregungen unter „Zusammengehören" und „Der fremde Mann" in: Mit Staunen fängt es an, J. Behr, Göttingen: Vandenhoeck & Ruprecht; Köln: Benziger
– Kinder im Alltag, v. AG Kind und Buch, Ravensburg: Otto Maier
– Fotomappe: „Was so unter uns geschieht" v. W. Longardt, Gütersloher Verlagshaus; Lahr: Kaufmann
– Bilderbuch: Ich hab so eine Wut im Bauch, v. G. u. P. Ekholm, Darmst.: Schroedel
– Film: Die menschliche Torheit, Landes- u. Kreisbildstellen, FT 2270
– Film: Ein Platz an der Sonne, Landes- u. Kreisbildstellen LT 786

Schwerpunkt: Religiöse Erziehung

Geschöpfe und Partner Gottes

Welche Erfahrungen macht das Kind?

Die Vielfalt, Unterschiedlichkeit und oft auch Problematik von Kontakten mit anderen und Gruppen, Einigkeit und Uneinigkeit, Einsamkeit und Gemeinschaft, Rücksichtnahme und Rücksichtslosigkeit. Der Eintritt in den Kindergarten bringt für viele Kinder eine nur schrittweise Ausweitung ihrer sozialen Umwelt mit sich. Sie erleben die Eigenart der anderen, entdecken, daß man auf deren Gefühle und Erwartungen eingehen und mit ihnen gemeinsam etwas unternehmen kann. Sie stellen fest, daß manche Formen des Miteinanderumgehens belohnt, andere bestraft werden. Zugleich erfahren Kinder aber auch, daß eigene und fremde Bedürfnisse und Gefühle übersehen werden und daß Menschen beziehungslos nebeneinander herleben. Sie entdecken sogar, daß soziale Tugenden wie Rücksichtnahme auf andere und auf ihre Gefühle einem selbst Nachteile bringen können. Erzieherische Absicht und alltägliche Erfahrungen widersprechen sich daher oft. Soziale Regeln erscheinen dann unverständlich, ja sogar sinnlos. Umso mehr sind Kinder auf orientierende Angebote angewiesen, deren Tragfähigkeit sie im Alltag erproben können.

Was kann man theologisch dazu sagen?

Die Frage nach dem Verhältnis zum Menschen neben mir ist eine Grundfrage der Religionen. Der christliche Glaube betrachtet den Menschen als Geschöpf und Partner Gottes. Das hat Folgen für den Menschen selbst wie für sein Verhältnis zum Mitmenschen. Jeder einzelne kann gewiß sein, daß Gott ihn liebt und ihn in seiner Eigenart gewollt hat. Diese Gewißheit ermöglicht ihm, sich anderen liebend zuzuwenden. Jesus zeigt, wie diese Wertschätzung des Menschen in der eigenen Zuwendung zum Nächsten konkret wird. Mit seiner Forderung, den Nächsten wie sich selbst zu lieben, markiert er einen Zielpunkt, auf den hin sich christlich verantwortete Sozialerziehung orientiert. Die biblischen Geschichten, vor allem die des Neuen Testaments zeigen, wie Verfeindete aufeinander zugehen und sich vergeben. Über die Einfühlung in die dargestellten Personen kann das Kind in unverbindlicher Weise deren Handeln erproben und einüben. Zugleich wird damit aber auch die Frage erörtert, was das eigene Verhältnis zum Mitmenschen bestimmt. Die Beschäftigung mit den biblischen Gestalten wird so zum Ausgangspunkt für eigenes Handeln.

Was soll dem Kind mitgeteilt werden?

Jeder ist wichtig, weil Gott ihn liebt und so gewollt hat, auch das Kind neben mir ist Geschöpf und Partner Gottes. Jesus stellt das soziale Handeln unter das Gebot, den Nächsten wie sich selbst zu lieben.
Über Nächstenliebe soll man nicht nur nachdenken und sprechen.
Jeder erlebt Situationen, wo er etwas tun kann, daß Nächstenliebe erfahrbar wird.

Dafür eignen sich folgende Aktivitäten und Materialien

Aktivitäten:

– Collagen und Fotomontagen: Wir in unserer Gruppe
– Wahrnehmungsspiele
– Kreisspiele
– gemeinsames Musizieren
– Gespräche zu Erfahrungen auf Bauteppich und in der Puppenecke
– Gestalten von Ps 104 (Schöpfung) u. Lk 10,26 ff (barmherziger Samariter)

Materialien:

– Anregungen aus dem Buch: Spiele ohne Sieger, H. P. Sibler/Riehmer/Kuhn u. a., Stuttgart: WBA; Ravensburg: O. Maier
– Bilderbuch: „Freunde", v. S. Ichikawa/B. Nagel, Hanau: Peters
– Wir können noch viel zusammen machen, v. K. Fr. Waechter, München: Parabel
– Büffelmann und Adlerkönig, S. Henck, Betz
– Der Junge und der Fisch, M. Velthuijs, O. Maier

Menschen brauchen einander

Welche Erfahrungen macht das Kind?

Menschen, die geachtet und geschätzt, andere, die übergangen und abgelehnt werden; Menschen die auffallend aussehen, über die man lacht, die man fürchtet; bekannte und vertraute Menschen, Menschen die fremd sind, Menschen, die Kinder gern haben und solche, die sie ablehnen...

Mehr noch als Erwachsene bereitet es den Kindern Schwierigkeiten, ihre soziale Umwelt zu begreifen. Auch sie neigen daher dazu, Vorurteile zu übernehmen, zu entwickeln und Randgruppen auszugrenzen, um so die soziale Vielfalt und Komplexität zu vereinfachen und durchschaubar zu machen. Ausländerkinder, Behinderte, Rothaarige u. a. leiden darunter und stehen in der Gefahr, vom alltäglichen Zusammenleben ausgeschlossen zu werden. Immer wieder setzen sich Kinder aber auch über die Vorurteile Erwachsener hinweg und entdecken dabei, wie fragwürdig diese oft sind. Kinder selbst geraten aber auch ohne besondere Anhaltspunkte in die vorurteilsbeladene Situation des Außenseiters. Vielen Erwachsenen gelten sie insgesamt als laut und schmutzig, als nutzlos und zu kostspielig...

Was kann man theologisch dazu sagen?

Christlich verantwortete Erziehung darf die Not eines solchen, von Vorurteilen bedrängten Außenseiters nicht übersehen, denn der christliche Glaube sieht in ihm das Geschöpf, das Gott bejaht und anderen Menschen zum Partner gibt. Indem der Mensch andere bewußt ernst nimmt, erlebt er die Welt als Ganzes.

In seinem Reden und Handeln verwirklicht Jesus die Zuwendung Gottes zum Menschen. Er zeigt die Fragwürdigkeit von Vorurteilen (Gl. v. barmherzigen Samariter) und wendet sich Außenseitern zu (Kindersegnung). Für eine christlich verantwortete Erziehung gibt Jesus dadurch eine Richtung an, auf die hin auch das Zusammenleben im Kindergarten gestaltet und verändert werden kann.

Was soll dem Kind mitgeteilt werden?

Kinder sind Geschöpfe Gottes; deshalb haben sie schon den Auftrag und das Recht, unsere Welt mitzugestalten. Jesus zeigt, wie fragwürdig Vorurteile sind und wie ein Handeln aussieht, das Randsiedler nicht im gesellschaftlichen Abseits stehen läßt. In der Gruppe, aber auch in vielen Situationen außerhalb des Kindergartens kann man dieses vorurteilsfreie Zusammenleben erproben und einüben.

Dafür eignen sich folgende Aktivitäten und Materialien

Aktivitäten:

- Gespräche über Behinderungen, Besuche bei Behinderten
- gemeinsame Veranstaltungen mit Senioren
- Kindergartenfeste mit Ausländern
- Sprachspiele zur gegenseitigen Verständigung
- Gestaltung von Mk 10,13–16 (vgl. Einheit „Jesus segnet die Kinder")
- Gestaltung von Lk 10,25 ff

Materialien:

- Bilderbücher: Dann kroch Martin durch den Zaun, D. Demarowitz/E. Hasler, Ravensburg: Otto Maier
  Der ist ganz anders als ihr glaubt, v. S. Weigel, München: Jungbrunnen
  Die kleine Wildente, Brian Wildsmith, Freiburg: Atlantis
  Das häßliche Entchen, J. Palecek, Nord-Süd
- Geschichten: Die anderen Kinder, Mamis Sandalen, in: U. Wölfel
  Die grauen u. die grünen Felder, Mülheim/Ruhr: Anrich
- Film: Das häßliche Entchen, FT ZH 2434
- Lieder: -spix-spax-spexen, in: Redig/Edelkötter: Guten-Tag-Lieder, Drensteinfurt: Impulse-Musikverlag

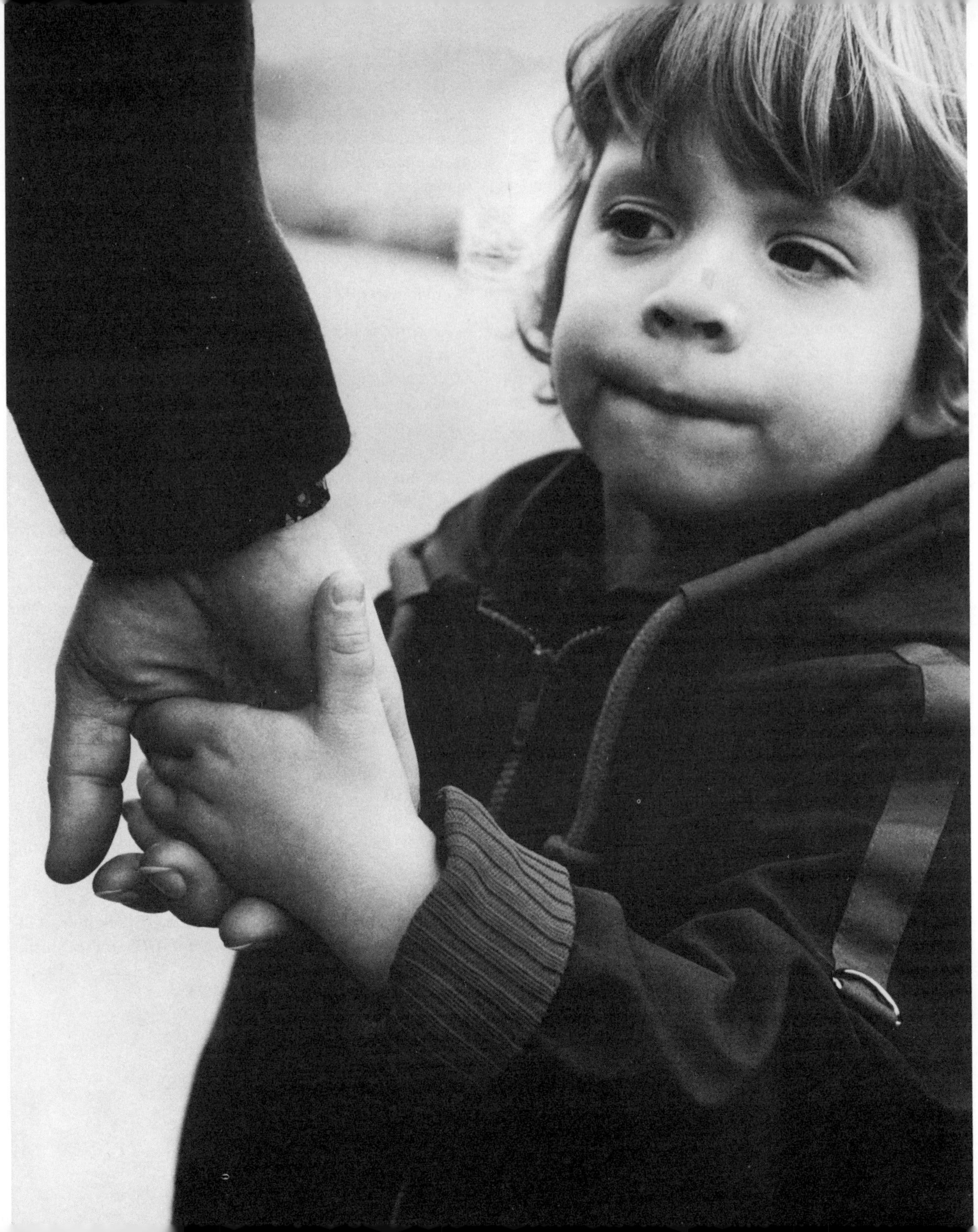

6. Exemplarische religionspädagogische Einheiten, in denen das Anliegen christlicher Erziehung integriert ist

Einführung in die Planungshilfen

Die folgenden Planungshilfen sollen verdeutlichen, wie religiöse Erziehung in den Alltag des Kindergartens eingebracht wird und welche Impulse davon für die erzieherische Arbeit und das Zusammenleben ausgehen. Die Planungshilfen stehen in keinem systematischen Zusammenhang, sie stellen auch keinen Jahresplan dar. Sie sollen vielmehr zeigen, wie unterschiedlich und vielgestaltig religiöse Erziehung sein kann. Einige Beispiele gehen mehr von einem biblischen Text aus und vermitteln seine Anliegen in die Alltagssituation von Kindern. Andere nehmen eine bestimmte Situation zum Ausgangspunkt, die für Kinder wichtig ist und bieten hierzu Hilfen an.

Von beidem, von der Überlieferung wie von den alltäglichen Lebenssituationen her kann man planen. Genaugenommen gehören auch beide Formen zusammen, denn das Vermitteln von Überlieferungen allein wird sinnlos, wenn sich nicht im alltäglichen Leben Situationen finden lassen, in denen dieses Wissen sinnvoll ist. Andererseits stellt die Überlieferung einen Schatz vorgelebter Lebenserfahrung dar, durch den kindliche Lebenssituationen erweitert und vertieft werden können.

Die Planungshilfen sollen nicht nur zur Übernahme, sondern mehr noch dazu anregen, selbst zu planen und zu überlegen, wie die Planungshilfen oder einzelne Bausteine daraus in die jeweils besondere Situation der Kinder und der Gruppe übersetzt werden können.

Planungshilfen, die von biblischen Texten ausgehen

Christliches Erziehen und christliches Leben bezieht sich auf Erfahrungen, die Menschen mit Gott und Jesus Christus gemacht haben und die in der Bibel überliefert werden. Die Erzählungen der Bibel zeigen Situationen und Erlebnisse, in denen Gott und sein Handeln für Menschen bedeutsam geworden ist.

Kindern werden biblische Geschichten nicht mit dem Ziel erzählt, abfragbares Wissen anzuhäufen. Es geht vielmehr darum, sie miterleben zu lassen, welche Erfahrungen Menschen mit Gott machten und ihnen so Angebote zur Identifikation zu geben, an denen sie sich im Verhältnis zu Gott, zu sich selbst, zu ihrer Umwelt und zu ihren Mitmenschen orientieren können.

Biblische Geschichten zeigen den Kindern Perspektiven auf, wie z.B. Freiheit, Hoffnung, Frieden, Sinn und Vertrauen. Viele überlieferte Stücke der Bibel bieten damit Orientierung und vermitteln Werte in Situationen, wie sie unten beispielhaft beschrieben werden. Andererseits ergibt sich aber auch, daß biblische Inhalte erst auf Lebenszusammenhänge aufmerksam machen. Dabei werden möglicherweise kindliche oder allgemeinmenschliche Erfahrungen erst benannt, die bei einer Situationsbeschreibung allein unberücksichtigt blieben. Jede in der Bibel überlieferte Erzählung spricht menschliche Erfahrungen an. Für die didaktische Erschließung im Kindergarten ist wichtig, daß diese herausgefunden werden, um so den Kindern den Zugang zum Nachvollziehen zu ermöglichen. Dies soll an einem biblischen Text aufgezeigt werden.

Die Heilung des Gelähmten: Joh. 5,1–9

Gerade Kranksein erleben die Kinder immer wieder in seiner Ambivalenz. Kurze Krankheiten können sehr angenehm sein, solange Kinder sich umsorgt und im Mittelpunkt fühlen. Es gibt aber auch Erfahrungen von Enttäuschung, Verlassenheit und Langeweile, ja sogar Angst.

In der vorliegenden Erzählung begegnet Jesus einem Kranken, der die Einsamkeit, keinen Menschen zu haben, 38 Jahre lang durchlitten hat. In der Zuwendung Jesu erlebt der Gelähmte „Heil" Gottes, das ihn von seinem körperlichen Gebrechen heilt und ihm als ganzem Menschen neue Lebenshoffnung und Zuversicht gibt.

Im Nachvollzug dieser Geschichte werden Kinder mit der Botschaft Jesu vertraut, die besonders in der Begegnung mit Kranken, Schwachen und Ausgestoßenen wirksam wird. Sie können erfahren, daß der einsamste nicht allein ist, wenn er sich von Jesus ansprechen läßt und für ihn offen ist. Sie werden aber auch ermutigt, dem Beispiel Jesu zu folgen, andere Menschen zu besuchen, ihnen Freude zu bringen (vgl. die Ausarbeitung unten).

Schwerpunkt: Religiöse Erziehung

Situationsorientierte Planungshilfen

Im Mittelpunkt der Planung stehen hier Situationen, in denen Kinder gegenwärtig stehen oder in die sie in voraussehbarer näherer Zukunft kommen. Dabei erleben Kinder Freundschaft, Freude und Geborgenheit, aber auch Angst und Leid. Betrachtet man solche Situationen genauer, dann entdeckt man, wie vielseitig die Anforderungen sind, die dadurch an Kinder gestellt werden.

Freundschaft

z. B. entsteht nicht von selbst, das Kind muß sich darum bemühen. Gegenseitige Rücksichtnahme, Geduld und Freundlichkeit helfen dazu, Freunde zu finden und zu behalten. Andererseits entdeckt das Kind schon früh, daß Freundschaft nicht beliebig machbar ist. Neben die Erfahrung der Freude treten dann auch Enttäuschung, Resignation und Leid. Wie die Erfahrung der gelingenden, so muß auch die Erfahrung von mißlingender Freundschaft verarbeitet werden. Dabei erfährt das Kind vom christlichen Glauben her Begleitung und Hilfe, die es ermutigt, auch Enttäuschungen zu tragen.

Solche Situationen sind nicht nur für Kinder wichtig, sondern auch für den Erwachsenen. Er sieht sich, wenngleich oft in veränderter Weise, vor ähnliche Probleme und Aufgaben gestellt. Einen anderen Menschen, einen Partner und Freund zu suchen und zu behalten ist eine Aufgabe, an der Menschen auch verzweifeln können. So gesehen geht es bei dieser Einheit also um mehr als um eine einmalige Bewältigung im Spiel, Handlungsübungen und Nachdenken im Kindergarten. Vielmehr wird das Kind mit Problemen, die sich aus Freundschaften ergeben, sein ganzes Leben konfrontiert werden. Gerade deshalb ist es wichtig, nicht nur auf die Aspekte von Freundschaft einzugehen, die handlungsmäßig bewältigt werden können, sondern auch darüber nachzudenken, was nicht zu bewältigen ist, sondern immer neu getragen und ertragen werden muß. Eine ganz wichtige Erfahrung für das Kind muß es sein, daß es trotz seiner Konflikte mit Freunden nicht aus seiner Gruppe ausgestoßen wird. Wenn das Kind in diesem schwierigen zwischenmenschlichen Bereich die Erfahrung machen kann, daß es selbst trotz seiner Fehler und seiner Schwierigkeiten, die es mit Freunden hat, in der Gruppe und von der Erzieherin angenommen ist, wird es ihm leichter fallen, die entsprechenden Fragen und Aufgaben zu bewältigen. Es wird dann auch eher ahnen können, was das theologische Reden von der Annahme und Geborgenheit durch Gott meint, das dem Kind im Kindergarten zugesprochen und erfahrbar werden soll.

Planungshilfen zur Gestaltung eines Festes

Die große Zahl kirchlicher und weltlicher Feste, daneben die Feste einzelner Kinder wie der Gruppe stellen besondere Anforderungen an die planerischen und organisatorischen Fähigkeiten des Erziehers. Die beiden Planungshilfen zum Erntedankfest und zum Kindergeburtstag sollen dazu Anregung vermitteln.

Aufgabe einer Festgestaltung ist es, die Lebenssituation von Kindern mit der Überlieferung zu verknüpfen. In der Festüberlieferung selbst spiegeln sich ja Lebenssituationen unserer Vorfahren. Durch die Festgestaltung werden diese Erfahrungen vergangener Generationen wieder lebendig und erweitern und vertiefen so die Erfahrungsräume der Kinder. Die Schwierigkeit besteht aber oft darin, beidem – der Überlieferung wie der Lebenssituation der Kinder – gerecht zu werden.

Ein Fest wie das *Erntedankfest* und seine Tradition droht immer mehr aus dem Bewußtsein der Kinder und ihrer Eltern zu verschwinden. Hier gilt es, Situationen zu finden, in denen die Überlieferungen lebendig werden können. (Vgl. Herbstzeit – Dank für Gottes Gaben).

Anders ist das beim *Kindergeburtstag*. Hier steht das Erlebnis, die Geschenke, die Freude und Feier ganz im Vordergrund. Das Anliegen religiöser Erziehung besteht nun darin, die Erlebnisse des Kindes auf dem Hintergrund der christlichen Glaubensaussage, daß Gott es bejaht und annimmt, zu vertiefen und zu deuten.

Planungshilfen

Erfahrungen mit einem Freund

Freundschaftliche Beziehungen mit Gleichaltrigen helfen dem Kind, Selbstwertgefühl in bezug zu seiner sozialen Umwelt zu entwickeln. Auch erkennt es, daß durch gegenseitige Hilfe und Anerkennung, durch gemeinsames Tun neue Erfahrungen erschlossen werden können. Wenn allerdings die Gelegenheiten, freundschaftliche Beziehung zu Gleichaltrigen einzugehen, fehlen, behindert oder eingeschränkt werden, können wichtige Fähigkeiten des Umgangs miteinander, der Selbstbehauptung und der Konfliktlösung nicht erworben werden. So sind Kinderfreundschaften für die Entwicklung des Kindes lebensnotwendig. Allerdings sind sie oft von vielen kleinen Konflikten begleitet. Die Art und Weise, wie diese Konflikte bewältigt werden – wie überhaupt der Umgang miteinander – unterliegt bestimmten Wertentscheidungen, die das Kind in der Regel von seinen Bezugspersonen übernimmt. Diese Wertentscheidungen müssen im Erziehungsprozeß bedacht werden. Wie Menschen miteinander umgehen, ist weitgehend davon abhängig, welches Menschenbild sie haben und welche Grundwerte sie bestimmen. Diese Grundwerte haben religiöse Bedeutung oder sind religiösen Ursprungs.

So bezieht z.B. das christliche Reden vom Menschen dessen Unvollkommenheit mit ein. Es weiß von der Schwierigkeit und Konflikthaftigkeit der Beziehung zwischen Mensch und Gott, aber auch der Beziehung zwischen Mensch und Mitmensch. Diese Konflikthaftigkeit kann der Mensch durch eigene Leistungen aufgrund seiner Unvollkommenheit (Abwendung von Gott = Sünde) nicht wieder aufheben. So redet der christliche Glaube von Jesus Christus, durch dessen Leben, Leiden und Sterben wieder Hoffnung besteht, daß Menschen friedlich zusammenleben können. Sie werden dadurch ermutigt, selbst alles Menschenmögliche für eine friedliche Beziehung zum Mitmenschen zu tun. Es wird aber auch deutlich, daß ihr Tun und ihre Bemühungen, Konflikte friedlich auszutragen, nur im Horizont der Gottesverheißung, die dem Menschen Gottes Hilfe zusagt, einen Sinn haben.

Die Kinder sollen nun erfahren, daß sie auch im Konfliktfall zur Gruppe gehören und weder von der Erzieherin noch von der Kindergartengruppe ausgestoßen werden. Darin kann für sie spürbar werden, was es heißt, trotz eigener Fehler und eigenen Versagens von Gott geliebt und bejaht zu sein. Dies wird man in einem solchen Erziehungsklima dem Kind leichter mitteilen können. Schließlich können dann solche Erfahrungen dem Kind auch helfen, selbst andere anzunehmen. Bei der Beschäftigung mit dem Thema kann das Kind lernen, daß Freundschaft zwar Einsatz kostet, aber nicht machbar ist. Es wird zu weit führen, die notwendige Differenzierung zwischen Freundschaft und Kameradschaft im Kindergarten einzuführen. Die Kinder sollten im Umgang mit diesem Thema Probleme und Chancen, die sich im Miteinander von Menschen zeigen, erleben und erörtern. Dabei kommen Grunderfahrungen wie Enttäuschung, Freude, Angst, Geborgenheit, Ratlosigkeit, Wut etc. in den Reflexionshorizont des Kindes. Auch Haltungen wie Rücksichtnahme, Geduld, Freundlichkeit… werden im Verlauf der Einheit angesprochen werden müssen.

Querverbindungen zu anderen Einheiten:
Der Aspekt der Wahrnehmung des anderen und der Einfühlung in den anderen wird besonders in der Einheit: „Ein Freund aus einem anderen Land" im Schwerpunkt „Rhythmisch-musikalische Erziehung im Kindergarten" angesprochen. Dort wird die Situation des Suchens, der Kontaktaufnahme und der Beziehungsvertiefung intensiv rhythmisch-musikalisch gespielt. Die religionspädagogischen Aspekte, wie sie sich aus den oben dargelegten Relativierungen des Themenfeldes Freundschaft ergeben, sind von dieser Einheit her einzutragen.

Schwerpunkt: Religiöse Erziehung

Thema: **Erfahrungen mit einem Freund**

Rahmenziel: Kinder bei der Erfahrung gelungener und mißlungener Freundschaft Begleitung und Hilfe zuteil werden lassen

Mögl. Erfahrungen/Ziele	Aktivitäten/Angebote/Inhalte	methodische Hinweise
– Freundschaft muß wachsen – Freunde spielen miteinander – Freunde sprechen miteinander – Freunde hören einander zu – Freunde sind offen zueinander – Freunde nehmen Rücksicht aufeinander – Freunde sind ein Geschenk – Freundschaft läßt sich nicht erzwingen – Freunde brauchen Geduld miteinander – Freunde entdecken die Gaben des anderen – Freunde reagieren manchmal anders wie erwartet – Freunde setzen sich füreinander ein	Bildabfolge/Dias: Kontaktaufnahme → Freundschaft Anregungen im Freispiel: Rollenspiel Spiel in der Puppenecke Spiel in der Bauecke Spiel mit konstrukt. Materialien Telefonieren Erlebnisberichte „Morgenkreis" Die dumme Augustine, Bilderbuch v. Lentz/Preußler, Stuttgart: Thienemann Der Löwe und die Ratte, von Brian Wildsmith, München u. Zürich: Artemis Gemeinschaftsarbeit: Reißen zum Bilderbuch „Die dumme Augustine" Bibl. Geschichte: „Die Heilung des Gelähmten", Markus 2, 1–12	– Durch Raumgestaltung und freie Spiel- und Partnerwahl Möglichkeiten schaffen zu Partner- und Gruppenspielen (vgl. Schwerpunkt „Spielen") – Vgl.: Schwerpunkte „Soziales Lernen", „Sprechen und Sprache"
– Freunde können mich enttäuschen – Freunde beten füreinander – Freunde erwarten Hilfe – Freunde nehmen die Hilfe des anderen an – Freunde sind bereit, einander zu helfen – Freunde haben Vertrauen zueinander – Freunde können eigene Wünsche zurückstellen zugunsten des anderen – Freunde hören nicht immer zu – Freunde verstehen sich manchmal nicht – Freunde brauchen einander – Freunde setzen sich für den anderen ein – Freunde können sich in den anderen einfühlen	Freies Gebet: miteinander beten, füreinander beten Lied: „Ich gebe dir die Hand" aus: 100 einfache Lieder, v. R. Krenzer, Lahr: Kaufmann, München: Kösel Bilderbuch: „Büffelmann und Adlerkönig", v. S. Henck, München: Annette Betz Rhythmik: Führen und Folgen Aufgreifen einer Spielsituation Bibl. Geschichte: „Turmbau zu Babel", 1. Mose, (und/oder) „Pfingsten" Märchen: „Die Bremer Stadtmusikanten" Lied: „Du bist du, und das find ich gut", aus: „Sing, Sang, Song" Reinbek: Rowohlt Trickfilm: „Warum weint die Giraffe?" mit anschließendem Gespräch	– Erzieher als Vorbild – Morgenkreis, Schlußkreis Vgl.: Schwerpunkt „Bewegungserziehung" Aufgreifen des Märchens durch Spiel und Lied

Exemplarische religionspädagogische Einheiten

Mögl. Erfahrungen/Ziele	Aktivitäten/Angebote/Inhalte	methodische Hinweise
– Freunde können um den anderen trauern	Wahrnehmen: Beobachten, Tastübung oder: Pantomime: Trauer, Freude, Lachen, Wut Lied: „Wie man andere versteht" v. W. Longardt, aus: Longardt, W.: Im Kreislauf des Jahres, Gütersl. Verlagshaus	
– Freunde können einander auch verraten		u. U. Erzählung, wie Petrus aus Angst Jesus verleugnet hat und trotzdem von Jesus eine neue Chance bekam (Joh. 18, 15–18. 25–27 und Joh. 21, 15–18)
– Freunde bereiten einander Freude	Bild für den Freund malen, ihm schenken	
– Freunde verlassen sich aufeinander	Bildmeditation aus: „Mit Staunen fängt es an" v. J. Behr, Göttingen: Vandenhoeck & Ruprecht; Köln: Benziger	
– Freunde können einander verlassen	Bildbetrachtung: „Trauernder Junge mit seinem toten Hund" mit anschl. Gespräch, in: Longardt, W.: Im Kreislauf des Jahres	
– Freunde haben zusammen weniger Angst – Freunde sind zusammen stark	Bilderbuch „Swimmy" v. Leo Lionni, Köln: Middelhauve Faltarbeit: Fische – Zusammenlegen zu einem großen Fisch Lied: „Heut war ein schöner Tag" 3. Vers, aus: Schneider, M. G.: Sieben Leben möcht ich haben, Lahr: Kaufmann; Freiburg: Christophorus	
– Freunde können streiten	Fotomappe: Wenn wir uns gestritten haben, W. Longardt, Lahr: Kaufmann, Freiburg: Christophorus	
– Freunde können sich ärgern – Freunde haben Spaß miteinander – Freunde können sich auslachen – Freunde tolerieren die Meinung des anderen – Freunde können anderer Meinung sein – Freunde können auch verspotten – Freunde erleben sich in einer bestimmten Rolle – Wir danken Gott für jeden Freund – Nicht jeder/jedes Kind will mein Freund sein – Auf Freundschaft kann man keinen Anspruch erheben	Spiel mit Japanbällen oder Luftballons Kasperlespiel – Handpuppenspiel Geschichte: „Selim und Susanne", v. U. Kirchberg, München: Ellermann oder „Die Kinder aus der Bahnhofstraße", aus: Die grauen und die grünen Felder, v. Wölfel, Mülheim/Ruhr: Anrich Gespräch: „Was ist ein Freund?" Thema: Male deinen Freund Bildmappe: „Wenn einer keinen Freund hat", Longardt, Freiburg: Christophorus; Lahr: Kaufmann	Vgl.: Schwerpunkte „Soziales Lernen", „Bewegungserziehung" Vgl.: Schwerpunkt „Päd. Hilfen für die Arbeit mit ausländischen Kindern im Kindergarten" Vgl.: Schwerpunkte „Sprechen und Sprache", „Soziales Lernen"

Schwerpunkt: Religiöse Erziehung

In Gottes Hand geborgen

Mit dem Verlassen des Mutterleibes verliert das Kind eine Geborgenheit, die ihm nun durch die liebende Zuwendung der Mutter, des Vaters und seiner Umwelt kaum ersetzt werden kann. Zwar versuchen die ersten Bezugspersonen, die Eltern, das Kind in einer Atmosphäre des Vertrauens und des Umsorgtseins aufwachsen zu lassen, aber trotzdem, so lehrt uns auch die moderne Psychologie, lebt das Kind seit seiner Geburt in einem Spannungsverhältnis zwischen Vertrauen und Mißtrauen. Um in diesem Spannungsverhältnis Zuversicht zum Leben und Vertrauen zu seiner Umwelt gewinnen zu können, ist es auf verläßliche Vertrauenspersonen angewiesen, die es auf seinen ersten Schritten im Leben begleiten. Besonders wichtig ist dabei, daß dem Kind vertrauensvolle Bezugspersonen zur Seite stehen, wenn es neue Erfahrungen gewinnt, sich ihm neue Horizonte erschließen. Mit dem Eintritt in den Kindergarten ist für das Kind wieder eine solche Situation gegeben, in der es neuen Eindrücken ausgesetzt wird. Deshalb ist wichtig, daß das Kind hier verläßliche Bezugspersonen hinzugewinnt. Wer allerdings dem Kind Zuversicht und Vertrauen vermitteln will, muß selbst Vertrauen erfahren. Gelingende zwischenmenschliche Beziehungen sind dafür die beste Voraussetzung. Auch für solche Beziehungen darf man Gott danken. Keine menschliche Beziehung bleibt jedoch vor schmerzlichen Erfahrungen bewahrt. Christen sprechen hier von Gottes Treue, die nicht enttäuscht. Die Zuwendung Gottes, die Tatsache, daß Gott den Menschen annimmt, liebt und Ja zu ihm sagt, soll auch in der Gemeinschaft der Glaubenden erfahrbar werden. Dort hört und erlebt der Christ, was Menschen in der Bibel, aber auch in der Geschichte der Kirche im Vertrauen auf Gott erlebt und erfahren haben.

Von Geborgenheit und Vertrauen wird man im Kindergarten nicht viel reden dürfen. Vielmehr wird es darum gehen, den Kindern Räume von Geborgenheit und Vertrauen zu erschließen. Erfahrungen von Vertrauen und Geborgenheit können die Kinder in entsprechenden Gemeinschaftsspielen, beim gemeinsamen Essen, Singen, Feiern und beim gemeinsamen Loben und Danken im Gebet erfahren. Die Zuversicht zum Leben, die vom Vertrauen in Gottes Ja zum Menschen getragen wird, kann für das Kind aber auch durch viele kleine alltägliche Erlebnisse mit Erzieher und Kindern im Kindergarten verdeutlicht werden. Schon die Art, wie Kinder und Erzieher miteinander umgehen, weist deutlich darauf hin, ob Angst und Vertrauen die Beziehung untereinander bestimmen. So wird gerade in dieser Einheit weniger von Gott gesprochen als vielmehr gelebt und erlebt, was es heißt, Vertrauen zu Gott zu haben, der zuerst die Menschen annimmt und in seiner Hand hält (Psalm 139, 5).

Anlaß/Thema: **In Gottes Hand geborgen**

Rahmenziel: Den Kindern das Gefühl der Sicherheit und des Vertrauens vermitteln

Mögl. Erfahrungen/Ziele	Aktivitäten/Angebote/Inhalte	methodische Hinweise
Dem Kind eine Atmosphäre der Geborgenheit vermitteln	Partnerspiele Spiel in der Bauecke Spiel in der Puppenecke Tischspiele Spiele mit Konstruktionsmaterial Telefonieren	Durch Raumgestaltung Spiel in Kleingruppen ermöglichen: Nischen, Kuschelecke Kinder in Raumgestaltung und Ausschmückung einbeziehen Einstellung der Erzieher zum Kind – siehe Vorwort
– ich erobere meine Umwelt	Bildmeditation: Kleines Kind an der Hand eines großen Kindes, aus: „was und wie" 2/78, Gütersloher Verlagshaus G. Mohn Lied: „Manchmal fühl ich mich allein", aus: Krenzer, 100 einfache Lieder Religion, Lahr: Kaufmann, München: Kösel	Erlebnisberichte

Exemplarische religionspädagogische Einheiten

Mögl. Erfahrungen/Ziele	Aktivitäten/Angebote/Inhalte	methodische Hinweise
– ich lerne Menschen kennen – ich spreche mit ihnen – ich frage sie, wenn ich etwas nicht verstehe	Spaziergang in kleinen Gruppen: wir zeigen uns gegenseitig, wo wir zuhause sind Wir nennen unsere Adresse Werkarbeit: Häuser aus großen Kartons Lied: „Ich baue ein Häuschen" aus: L. Rockel, Das Liedernest, Boppard: Fidula „In meinem Haus wohne ich", in: M. G. Schneider, Sieben Leben möcht ich haben, Lahr: Kaufmann, Freiburg: Christophorus Rollenspiel: Familie; Sich-Besuchen Spiellieder: „In einem hicke hacke hucke Häuschen", aus: L. Rockel: Das Liedernest, Boppard: Fidula „Häschen in der Grube", aus: Trede, R.: Ich bin das ganze Jahr vergnügt, Reinbek: Carlsen	Mit den Eltern vorbereiten mögl. Bezug: Kinderfreundschaft, Nachbarschaftshilfe, Patenschaft für Kinder berufstätiger Eltern Kinder gestalten die Häuser mit kostenlosem Material und bemalen sie
– ich vertraue ihnen, auch wenn ich schon enttäuscht worden bin	Spiel mit Kartonhäusern oder Reifen: Jeder hat ein Haus	Wir gehen zwischen den Häusern spazieren, besuchen uns, bringen uns gegenseitig nach Hause, führen ein „blindes" Kind nach Hause…
Das Selbstvertrauen des Kindes stärken		
Dem Kind vermitteln: – ich werde gebraucht	„Die Geschichte von der Wippe", v. U. Wölfel, in: Kurze Geschichten, v. Krenzer/Pokrandt/Rogge, Lahr: Kaufmann; München: Kösel Gemeinschaftsarbeit: Malen zur Geschichte Aufgaben im Tagesablauf Spiellied: „Sieben kleine Bären" in: Lemmermann „Zugabe 3"	
– ich werde geliebt	Bilderbuch: „Der Schäfer", v. Häkker/Vonhof, Ev. Berufsfachschule f. Sozialpädagogik Herbrechtingen Bibl. Geschichte: Der verlorene Sohn (Lk 15) Rollenspiel zum verlorenen Sohn Bilderbuch zum verlorenen Sohn v. K. de Koort Freudenfest – Freudentanz	
– ich kann etwas, auch wenn mir manches mißlingt	Partnerspiele Gemeinschaftsspiele Gemeinschaftsarbeiten: Malen/Reißen/Collagen/Musizieren u. a.	

Schwerpunkt: Religiöse Erziehung

Mögl. Erfahrungen/Ziele	Aktivitäten/Angebote/Inhalte	methodische Hinweise
	Lied: „Hände können fassen", in: Longardt, W.: Kat. Spielmappe 4 – Was ich auch schon kann, Lahr: Kaufmann; Freiburg: Christophorus „Daß ich springen darf und mich freuen", in: Watkinson, 111 Kinderlieder zur Bibel, Lahr: Kaufmann, Freiburg: Christophorus Spiellied: „Leute seht mal an, was ich alles kann", aus: „Der Zippelzappelmann" v. Th. Lorenz, Boppard: Fidula Spiel mit Klängen und Geräuschen: „Die Maus niest", aus: Jutta Schwarting „Klingende Geschichten"	
– ich darf anderen helfen	Geschichte: „Zehn kleine Freunde", in: Krenzer/Pokrandt/Rogge: „Kurze Geschichten". Lahr: Kaufmann; München: Kösel Lied: „Hier sind meine Hände", in: Krenzer/Pokrandt/Rogge: „Kurze Geschichten". Lahr: Kaufmann, München: Kösel Gespräch: Was können wir mit unseren Händen tun	Anregen: wir helfen den Kleinen beim Anziehen
Das Vertrauen zu Gott aufbauen – ich erfahre, wie Menschen meiner Umgebung mit Jesus sprechen – ich höre von Jesus – ich lerne ihn kennen – ich rede mit Jesus	Freies Gebet – vorgegebenes Gebet Morgenkreis. Geschichte: „Der fremde Mann", in: I. Behr „Mit Staunen fängt es an", S. 134, Göttingen: Vandenhoeck & Ruprecht; Köln: Benziger Lieder: „Warum bin ich froh", in: Krenzer „100 einfache Lieder Religion", Lahr: Kaufmann; München: Kösel „Meinem Gott gehört die Welt", in: Rosewich/Schweizer: „singt mit – spielt mit 1", Lahr: Kaufmann, München: Kösel „Wo ich gehe, wo ich stehe", in: L. Rokkel „Das Liedernest", Boppard: Fidula Abendgebet/Gebet im Schlußkreis Bilderbuch: „Fränzi geht schlafen", v. Hoban/Williams, Frankfurt/Main: Sauerländer Gedicht: Was uns Angst macht – Was uns die Angst nimmt v. M. Bolliger, in: Vorlesebuch Religion 1, Lahr: Kaufmann, Köln: Benziger, Göttingen: Vandenhoeck & Ruprecht, Zürich: TVZ	Diese Frage des Gebets mit Kindern sollte auch mit den Eltern besprochen werden

Exemplarische religionspädagogische Einheiten

Mögl. Erfahrungen/Ziele	Aktivitäten/Angebote/Inhalte	methodische Hinweise
– ich erfahre, Jesus ist mein Freund	Spiel mit Klängen zum Gedicht Bibl. Geschichte: Jesus stillt den Sturm (Mt. 8,23–27) Lied: „Alle Kinder dieser Erde", in: Rosewich/Schweizer: „Singt mit – spielt mit 1", Lahr: Kaufmann, München: Kösel Bilderbuch: „Die bunte Flaschenpost", v. Leber/Krist-Schulz, Freiburg: Herder Gemeinschaftsarbeit zum Lied/Bilderbuch, Wandfries: „Die Kinder kommen zu Jesus", v. Reinhard Herrmann, Lahr: Kaufmann	Querverweis: religionspädagogische Einheit: Jesus segnet die Kinder
Das Verantwortungsgefühl stärken – der andere ist anders – ich lerne ihn kennen – ich spiele mit ihm	Bilderbuch: „Selim und Susanne", v. U. Kirchberg, München: Ellermann Partnerspiele, Schattenspiele, Gesellschaftsspiele, Tischspiele, Bildmappe: So leben wir in... Ravensburg: O. Maier Geschichte: „Tim will nicht mehr Tim sein", v. U. Wölfel, in: Vorlesebuch Religion 1, Lahr: Kaufmann, Köln: Benziger, Göttingen: Vandenhoeck & Ruprecht, Zürich: TVZ	Vgl.: Schwerpunkt „Päd. Hilfen für die Arbeit mit ausländischen Kindern im Kindergarten" Vgl.: Schwerpunkt „Soziales Lernen"
– ich sage: du bist du ich bin ich	Bilderbuch: „Das kleine Ich bin ich", v. Lobe/Weigel, München: Jungbrunnen musikalische Gestaltung des Bilderbuches Selbstbildnisse herstellen, miteinander vergleichen	
– der andere braucht mich	Geschichte: „Angelika", v. C. Wethekam, aus: Vorlesebuch Religion 1, s. o. Im Gespräch überlegen, wem wir eine Freude machen können Werkarbeit: Wir basteln/malen ein Geschenk für ein krankes Kind unserer Gruppe/für einen Freund Bilderbuch: „Der kleine Nerino", v. Helga Galler, Reutlingen: Ensslin	Querverweis: religionspädagogische Einheit: Die Heilung des Gelähmten
– der andere verläßt sich auf mich – ich übernehme Verantwortung	Partnerspiele mit dem Ball Rhythmik: Führen und Folgen Blumen und Tiere versorgen, anderen helfen, kleine Hausarbeiten übernehmen Bilderbuch: „Der Junge und der Fisch", v. Velthuijs, Mönchaltorf: Nord-Süd	Vgl.: Schwerpunkt „Rhythmisch-musikal. Erziehung", „Bewegungserziehung"

Schwerpunkt: Religiöse Erziehung

Die Heilung des Gelähmten (Johannes 5,1–9)

In der Geschichte, die dieser Einheit zugrunde liegt, nämlich der Geschichte von der Heilung des Gelähmten, wird uns von Jesus erzählt. Aus vielen Berichten des Neuen Testamentes wissen wir, daß er sich vor allem um die Kranken, Entrechteten und Ausgestoßenen gekümmert hat. In der vorliegenden Geschichte wird uns erzählt, wie Jesus einen Gelähmten besucht, der schon 38 Jahre krank an einem See mit Heilquellen liegt. Er spricht mit dem Menschen, der verbittert und resigniert sagt: „Herr, ich habe keinen Menschen!" Dies ändert sich für ihn durch die Begegnung mit Jesus, der ihn dann auch heilt. In der Begegnung mit Jesus haben Menschen aber auch andere Erfahrungen gemacht. Im 2. Brief an die Korinther (Kap. 12) erzählt Paulus, daß ihm die Nähe Jesu nicht die Heilung von seiner Krankheit gebracht habe. Vielmehr erfuhr er durch sie Hilfe, sein Leiden zu ertragen.

Im Zusammenhang des Johannesevangeliums weist diese Geschichte besonders auf Jesus. Hier schließt sich eine längere Diskussion an über Recht und Unrecht dieser Heilung, die an einem Sabbat geschah. Es scheint jedoch für die Beschäftigung mit der Geschichte im Kindergarten nicht unbedingt notwendig, diesen Aspekt mit einzubringen.

Kinder erleben selbst Kranksein als etwas Schönes, solange es nicht zu sehr schmerzt. Sie stehen im Mittelpunkt des Geschehens, werden umsorgt und genießen es, besonders beachtet zu werden. Erst wenn eine Krankheit länger dauert, wird sie zunehmend als unangenehm empfunden. Hier kann Sensibilität geweckt werden für Krankheiten, die sehr lange dauern, die sehr schwer sind, die Schmerzen und Leid verursachen. Sicher gibt es auch in der Umgebung der Kinder Menschen mit solchen Krankheiten. Und je länger eine Krankheit dauert, desto weniger Beachtung wird gemeinhin den Kranken geschenkt, so daß auch heute noch viele Menschen verbittert sagen könnten: „Ich habe keinen Menschen".

Den Kindern soll auf doppelte Weise mit dieser Geschichte der Anspruch und Aufruf Jesu deutlich werden. Zum einen erfahren sie, daß Jesus gerade bei denen ist, die sich allein gelassen fühlen. Beim Erzählen dieser Geschichte können sie dies miterleben, nachvollziehen und weitererzählen. Sie können aber auch dem Beispiel Jesu folgen und selbst Kranke besuchen, sich also um Kranke kümmern. So soll deutlich werden, daß Jesus dem Menschen in der Krankheit helfen kann. Es soll aber auch verdeutlicht werden, daß das Handeln Jesu Ansporn sein kann, sich selbst soweit als möglich um Kranke und Behinderte zu kümmern. Die Einheit enthält Ansatzpunkte, die gerade in der Richtung auf Begegnung mit Behinderten ausgebaut werden könnten.

Solche Geschichten sind sehr vielschichtig. Kinder und Erwachsene können sie in ganz unterschiedlicher Weise erleben. Der Erzieher sollte daher darauf achten, eigene Schwierigkeiten nicht in die Erzählung hineinzutragen.

Anlaß/Thema: **Heilung des Gelähmten, Joh 5,1–9**

Rahmenziel: Kindern die Not Kranker erfahrbar werden lassen und ihnen zeigen, daß Jesus bei ihnen ist

Mögl. Erfahrungen/Ziele	Aktivitäten/Angebote/Inhalte	methodische Hinweise
– Kranke Kinder müssen im Bett liegen bleiben	Gespräche über Kranksein Bilderbetrachtungen Arztkoffer Rollenspiele in der Puppenecke	Wenn ein Kind im Kindergarten wegen Krankheit fehlt, ergibt sich eine gute Möglichkeit, von daher ein Gespräch über „Kranksein" zu beginnen.
– kranke Kinder sind oft sehr umsorgt, sie sind im Mittelpunkt		Wichtig ist, ziemlich zu Beginn das Thema im Rahmen der Elternarbeit anzusprechen.

Mögl. Erfahrungen/Ziele	Aktivitäten/Angebote/Inhalte	methodische Hinweise
– kranke Kinder brauchen Menschen, die ihnen helfen	Lied: „Gott, du hast uns Augen gegeben", v. Schweizer/Rosewich, Singt mit – spielt mit 1, Lahr: Kaufmann, München: Kösel	Zur ganzen Einheit: Querverweis: rel.-päd. Einheit „In Gottes Hand geborgen" und „Jesus segnet die Kinder"
– kranke Kinder können nicht mit anderen Kindern herumtollen	Rhythmik: Verschiedene Bewegungsarten Führen und Folgen	
– kranke Kinder haben Schmerzen	Bilderbuch: „Riesen sind nur halb so groß", v. David L. Harrison/H. A. Halberg/Philippe Fix, Ravensburg: Maier	Bilder aus Zeitschriften zum Thema „Kranksein" suchen
– es gibt Kranke, die können nicht gehen, nicht sehen, nicht sprechen... – Kranke haben oft Langeweile	„Ole kommt ins Krankenhaus", v. M. Gydal/Th. Danielsson/M. Anderson, Reinbek: Carlsen „Ich bin doch auch wie ihr", v. Becker/Niggemeyer, Ravensburg: Maier „Anne ist krank", v. R. Moertel, Ravensburg: Maier	
– Kranke fühlen sich oft alleingelassen – Kranke freuen sich, wenn sie besucht werden	Teilnehmenlassen der kranken Kinder am Kindergartenalltag durch versch. Materialien, u.U. Spielzeug, das die Erzieherin beim Besuch dem Kind mitbringt (s.u.)	
– Jesus hat Kranke besucht, er hat mit ihnen gesprochen, er hat sie geheilt	Bibl. Geschichte: Jesus und der Gelähmte am Teiche Bethesda, Joh 5,1–9 Lied: „Die ersten Schritte" in: M. G. Schneider, Sieben Leben möcht ich haben, Lahr: Kaufmann, Freiburg: Christophorus	Geheiltwerden als Beginn neuen Lebens verstehen und Körperbewußtsein vermitteln
– Jesus hilft kranken Menschen, sie wissen: wir sind nicht allein – Jesus schickt uns zu kranken Menschen	Rhythmische Ausgestaltung und Darstellung der Geschichte Sprechen über kranke Kinder im Morgen- oder Schlußkreis, sie im Gebet nennen Lied: „Weißt du schon, wer dich braucht", in: Rosewich/Schweizer: „Singt mit – spielt mit 1", Lahr: Kaufmann, München: Kösel Bilderbuch: „Barmherziger Samariter", v. K. d. Kort, Stuttgart: Deutsche Bibelstiftung	

Schwerpunkt: Religiöse Erziehung

Mögl. Erfahrungen/Ziele	Aktivitäten/Angebote/Inhalte	methodische Hinweise
– wir können Kranken eine Freude machen, wir dürfen sie trösten – wir können für sie singen, beten…	Bilderbuch: „Mama liegt im Krankenhaus", v. Sharmat/Mc Cully, Reinbek: Carlsen	
– wir können ihnen von Jesus erzählen – wir freuen uns, wenn andere sich freuen – wir freuen uns, daß wir gesund sind	Bilder malen für das kranke Kind Über Cassetten dem kranken Kind aus dem Kindergarten erzählen Für das kranke Kind singen und musizieren Lieder: „Daß ich springen darf", in: R. Schweizer/G. Rosewich, „Singt mit – spielt mit 1", Lahr: Kaufmann, München: Kösel	Die Begegnung des kranken Kindes mit den Liedern und Musikstücken aus dem Kindergarten auf Cassetten kann sehr anstrengend und emotional aufrührend sein. Es sollte deshalb behutsam vorgegangen werden.

Jesus segnet die Kinder (Markus 10,13–16)

Das sogenannte Kinderevangelium von Markus 10 erzählt, wie Jesus gegen den Widerstand von Erwachsenen sich um Kinder kümmert. Jesu und Gottes Sorge und Fürsorge gilt nicht nur Erwachsenen, sondern auch Kindern. Die Begegnung mit Jesus ist, so zeigt diese kleine Episode, nicht an bestimmte Vorleistungen gebunden. Von Gott bejaht, von ihm geliebt und angenommen sein kann nicht durch Leistung erreicht werden, sondern ist dem Menschen schon immer und von vornherein zugesagt. So wird dieser Text zu einem kritischen Maßstab für unsere Wertsysteme, wie wir sie im Umgang mit anderen Menschen leben.

Gerade Kinder erleben immer wieder, daß sie an dem Leistungsmaßstab, an dem Erwachsene sich selbst orientieren, gemessen werden. Sie haben zu schweigen, wenn Erwachsene reden; sie sind zu klein für bestimmte Dinge; manches wird für sie erst später wichtig. So sehen sich Kinder an den Rand gedrängt, sie bekommen den Eindruck, daß sie noch zu nichts fähig und deshalb nichts wert sind. In der Begegnung mit dieser kurzen Geschichte aus dem Markusevangelium kann den Kindern deutlich werden, daß für Gott keiner zu klein ist. Sie erleben in dieser Geschichte endlich einmal einen Erwachsenen, der sich voll und ganz auf ihre Seite stellt gegen die so gängigen Vorurteile anderer Erwachsener.

Wenn im Kindergarten neue Kinder in eine Gruppe kommen, so erleben sie oft, daß sie den Anforderungen dieser neuen Situation noch nicht gewachsen sind. In diesem Zusammenhang können Erfahrungen, wie sie in dem Evangelium von den Kindern vorgezeichnet sind, für die Kinder hilfreich werden. Es gilt deshalb, bei der Beschäftigung mit diesem Text den Kindern nicht allein die Aussagen Jesu vorzusprechen, sondern sie etwas von der Zuwendung Jesu zu den Kindern spüren zu lassen.

Exemplarische religionspädagogische Einheiten

Thema: **Jesus segnet die Kinder, Markus 10,13–16**
Rahmenziel: Kinder erfahren lassen, daß sie von Jesus angenommen und geliebt sind

Mögl. Erfahrungen/Ziele	Aktivitäten/Angebote/Inhalte	methodische Hinweise
Das Kind spüren lassen, Große und Kleine gehören zusammen		Die Situation „Neu in der Gruppe" wird als Anlaß für diese Einheit vorausgesetzt. In Gesprächen werden die größeren Kinder motiviert, den neuen Kindern beim Eingewöhnungsprozeß aktiv zu helfen. (vgl. auch Einheit: „In Gottes Hand geborgen"; Schwerpunkt „Soziales Lernen")
– ich bin der Kleinste im Kindergarten	Neue werden mit den Räumen vertraut gemacht. Erzieherin führt die Kinder durch die Räume	
– ich kenne mich noch gar nicht aus, zu Hause ist vieles anders	Die Größeren helfen den Kleineren. Sie zeigen ihnen Garderobe, Handtuch, Spielzeug, Bauwagen, Puppenecke	Ziemlich am Beginn dieser Einheit sollte auch ein Elternabend stehen, siehe Anlage
– manches kenne ich schon, die Großen helfen, daß ich mich zurechtfinde	Große werden ermuntert, die Neuen im Freispiel mit einzubeziehen Gemeinsam: Kreisspiele, Partnerspiele Rhythmik: klein-groß	Querverweis: rel.-päd. Einheit „In Gottes Hand geborgen"
– Anne und Peter sind größer als ich	Größere spielen den Kleinen etwas vor in Gruppen: Bibl. Geschichte: Josef in Ägypten	Kleine schauen zu, wenn größere Kinder etwas tun
– Anne sagt: Das kannst du noch nicht, geh weg!	Bilderbuch: „Willi ist der Kleinste", v. M. Schlein/L. Hawkinson, Reinbek: Carlsen Lied: „Die ersten Schritte", in: M. G. Schneider, Sieben Leben möcht ich haben, Lahr: Kaufmann, Freiburg: Christophorus	
– Peter sagt: Komm, spiel mit mir!	Lied: „Komm, gib mir deine Hand", in: I. Lotz/R. Krenzer: Wir sind die Musikanten, Lahr: Kaufmann, München: Kösel	
– Miteinander spielen macht Spaß	„Schaut euch doch mal um" aus: Neue Kinderlieder, v. Behr/Seidel/Zils, Regensburg: Bosse	

Schwerpunkt: Religiöse Erziehung

Mögl. Erfahrungen/Ziele	Aktivitäten/Angebote/Inhalte	methodische Hinweise
Dem Kind vermitteln, Große und Kleine werden gebraucht		Vgl.: Schwerpunkt „Soziales Lernen"
– ich bin groß, Martin ist kleiner, ich helfe ihm	Beim Anziehen, beim Bauen helfen Größere den Kleineren einfache Basteleien	Querverweis: rel.-päd. Einheit „In Gottes Hand geborgen"
– ich kann schon etwas	Ausmalen eines eigenen Umrisses Mithelfen beim Tischdecken, Abräumen und Geschirrabtrocknen zum Frühstück, Mithilfe beim Aufräumen	Bilder der Kleinen, Spielbeiträge werden gelobt
– manchmal tue ich Dinge, die Kleinere noch nicht können	Spielmappe: Was ich auch schon kann, v. W. Longardt, Lahr: Kaufmann, Freiburg: Christophorus	Angebot mit verschiedenem Schwierigkeitsgrad, besondere Aufgaben für ältere Kinder (s. o.)
– ich bin wichtig für das gemeinsame Spiel, aber die Kleinen brauchen wir auch dazu	Leo Lionni: „Swimmy", Köln: Middelhauve Fotomappe: „Ich mag dich – wollen wir Freunde sein?", v. R. Leser/H.-E. Opendorff, Ravensburg: O. Maier	Musikspiele, Kreisspiele Rollenspiele in der Puppenecke, Gespräche darüber Kleinen und Großen spezifische Rollen zuteilen, jeder wird für das Spiel gebraucht!
– ich werde noch größer	„Ja, wenn ich erst mal groß bin", Lied in: Sieben Leben möcht ich haben, M. G. Schneider, Lahr: Kaufmann, Freiburg: Christophorus Fotomappe: „Mit offenen Augen", v. W. Longardt Nr. 2: Werden und Vergehen, Gütersloher Verlagshaus, G. Mohn, Freiburg: Christophorus, Lahr: Kaufmann	
– ich gehöre dazu, die Erzieherin lacht mich an, ich freue mich	Lied: „Lad mich doch mal ein!" in: Lotz/Krenzer: Wir sind die Musikanten, Lahr: Kaufmann, München: Kösel Spiel mit Handpuppen und Spieltieren (gemeinsames Gespräch)	Die Erzieherin ermuntert die Kinder durch emotionale Verstärkungen, sich an den Spielen sowohl im Freispiel als auch in den Angeboten der Gesamtgruppe zu beteiligen.
Das Kind erleben lassen, Jesus hat die Kinder lieb	Im Morgen- und Schlußkreis von Jesus und seinen Jüngern erzählen.	In der Freispielphase Bilderbücher mit bibl. Geschichten auslegen.
– manche Großen erzählen von Jesus, Jesus hatte Freunde, die immer bei ihm waren	Erzählungen in Kleingruppen, Leporello „Jesus segnet die Kinder".	

Mögl. Erfahrungen/Ziele	Aktivitäten/Angebote/Inhalte	methodische Hinweise
– Jesus sagt: Keiner ist zu klein, jeder darf mein Freund sein	Lied: „Jesus hat die Kinder lieb", in: 9 x 11 Kinderlieder zur Bibel, v. G. Watkinson, Lahr: Kaufmann, Freiburg: Christophorus und ebenda „Schwarze, Weiße, Rote, Gelbe"	Selbstbildnisse gestalten, zu einem Wandfries zusammensetzen.
– Jesus mag auch mich (meine Eltern haben mich taufen lassen)	(u. U. Gespräch über Taufe, Besuch eines Taufgottesdienstes, Taufbilder betrachten)	Bei der Thematisierung der Taufe muß beachtet werden, daß heute aus theologisch vertretbaren Gründen manche Eltern ihre Kinder noch nicht taufen lassen. Diese Kinder sind deshalb nicht weniger geliebt.
– Wenn ich will, kann ich mit Jesus sprechen	Die Möglichkeiten geformten und freien Betens anführen (Morgenkreis)	

Geburtstag

Fast jedes Kind erlebt, wie sein Geburtstag gefeiert wird. Es erfährt, daß es für einen Tag Mittelpunkt der Familie, der Kindergartengruppe wird. Hauptperson zu sein genießt es sehr. Es erhält in verstärktem Maße Zuwendung und Anerkennung. Es spürt, daß es selbst in seiner Einmaligkeit gemeint ist. Diese Bestätigung braucht das Kind für die gesunde Entwicklung seiner ganzen Person. Jeder neue Geburtstag macht ihm deutlich, daß es größer und älter wird. Damit ist auch das Verlangen nach neuen Erfahrungen mit der Umwelt verbunden. Mit zunehmendem Alter wird das Kind dabei sensibel für das Wachstum und die altersbedingten Veränderungen des Menschen. Es beginnt zwischen kleineren Geschwistern bzw. Spielkameraden und sich Vergleiche zu ziehen. Gleichzeitig eifert es Vorbildern und älteren Kindern nach.

Der Geburtstag ist ein Fest, das gefeiert wird, ohne daß damit Leistungen des Kindes verbunden sind. Geburtstag weist auf den Tag der Geburt, den das Kind weder bewußt erlebt noch durch eigene Leistung herbeigeführt hat. Jeder Geburtstag wie auch jede Geburt verweist den Menschen an die Grenzen seines Lebens; das Staunen vor dem Leben, das neu entsteht, eröffnet dem Christen den Blick für den, der Leben allein geben kann, für Gott. Dies bedeutet dann, daß er Leben als Geschenk Gottes annehmen und verstehen kann. Dem entspricht die Tatsache, daß am Geburtstag keine eigene Leistung gefeiert wird. Die kurz nach der Geburt in den meisten Fällen geschehene Taufe verdeutlicht dieses Moment: angenommen zu sein ohne eigene Leistung. Ausdrucksformen und äußere Begleiterscheinungen des Geburtstages wie Feiern, Schenken und auch sonst im Mittelpunkt zu stehen, verdeutlichen den religionspädagogisch wichtigen Aspekt des Geburtstages als Hinweis auf die Tatsache, daß der Mensch Geschöpf Gottes ist und von Gott geliebt und angenommen ist.

Das Kind kann am Geburtstag erfahren, wie es in seiner Einzigartigkeit angesprochen wird. Allein für das Geburtstagskind wird die Feier ausgerichtet. Zum Feiern gehören aber auch Gäste; erfahrene Freude wird im gemeinsamen Feiern mitgeteilt und vertieft. In dieser Gefühlssituation kann das Kind erfahren und miterleben, was gemeint ist, wenn ihm erzählt wird: „Gott hat dich lieb". In der Zeichenhandlung der Taufe und anderen biblischen Zusammenhängen kann das Kind Bewegungen Gottes auf den Menschen zu miterleben und nachvollziehen. Es kann ahnen, was andere Menschen im Vertrauen auf Gott erlebt haben (z.B. Psalm 23).

Schwerpunkt: Religiöse Erziehung

Anlaß/Thema: **Wir feiern gemeinsam Geburtstag**

Rahmenziel: Ausgehend von Geburtstagserfahrungen dem Kind vermitteln, daß es von Gott und Menschen angenommen und geliebt ist

Mögl. Erfahrungen/Ziele	Aktivitäten/Inhalte/Angebote	methodische Hinweise
Das bin ich – das sind die anderen. Wir verändern uns ständig, bleiben aber doch wir selbst.	Gespräch über Wachsen, Verändern, Größerwerden (äußerlich, innerlich). Wir staunen darüber.	Die Kinder bringen als Anschauungsmaterial Fotos, Kleidungsstücke, Spielzeug aus ihrer frühen Kindheit mit. Auch die Erzieherin zeigt Fotos aus ihrer Kindheit.
Vieles haben wir gemeinsam und doch sind wir alle verschieden	Spiegelbild malen, Körperumrisse malen. Fuß- und Handabdruck herstellen. Körpergröße und Gewicht feststellen.	Im Spiegel Gesicht genau betrachten. Ausmalen und ausschneiden. Jedes Kind bekommt einen Platz, an dem es das Hergestellte aufhängt.
Wir entdecken unseren eigenen Körper	Gespräch: Hörst du dein Herz klopfen? Kannst du deinen Atem spüren? Manchmal bin ich krank. Jetzt bin ich gesund. Lied: „Daß ich springen darf und mich freuen – ich danke dir", in: Singt mit – spielt mit 1, v. Schweizer/Rosewich, Lahr: Kaufmann, München: Kösel	Wir laufen, springen und freuen uns
Ich habe einen Namen – jeder hat einen Namen	Gespräch: Familiennamen, Vornamen, Taufnamen, Spitznamen	
Wir haben an verschiedenen Tagen im Jahr Geburtstag. Manchmal haben mehrere Kinder an einem Tag Geburtstag	Anlegen eines Geburtstagskalenders: Jedes Kind kennzeichnet seinen Geburtstag durch ein Foto, ein Bild, ein Namensschild	Der Kalender wird für alle Kinder erreichbar aufgehängt.
Die Eltern rufen mich bei meinem Namen – auch Gott hat mich bei meinem Namen gerufen	Besuch in der Kirche: Besichtigung des Taufsteins Kinder erzählen von der Taufe der Geschwister. Teilnahme an einer Tauffeier. Biblische Geschichten: Die Kindersegnung (Mk 10, 13–16) Der gute Hirte (Joh 10 in Verb. mit Elementen aus Lk 15 und Ps 23)	Der Kirchendiener/Pfarrer zeigt den Kindern die Taufgeräte Querverweis: relig.-päd. Einheit „Jesus segnet die Kinder" „In Gottes Hand geborgen"
Wir bereiten die Geburtstagsfeier vor. Das Geburtstagskind ist Mittelpunkt der Gruppe	Gemeinsame Überlegungen der Kinder, wie der Geburtstag gefeiert werden kann: Begrüßung, Kopfbedeckung (Kranz, Krone usw.), Herstellen von Tischschmuck, eines kleinen Geschenkes	Vgl.: Schwerpunkt „Soziales Lernen"

Exemplarische religionspädagogische Einheiten

Mögl. Erfahrungen/Ziele	Aktivitäten/Angebote/Inhalte	methodische Hinweise
Am Geburtstag werden dem Geburtstagskind gute Wünsche gesagt	Gespräch: Was wünsche ich mir, was wünsche ich anderen?	
Das Geburtstagskind läßt andere an seinem Fest teilhaben	Vorbereitung mit dem Geburtstagskind: Tischschmuck herstellen, Pudding kochen, Kuchen backen, von zu Hause etwas mitbringen, das es während der Feier an die anderen austeilt.	Überraschung für die anderen Kinder
	Verzieren einer Geburtstagskerze	Am Geburtstag wird die selbstverzierte Kerze angezündet und mit heim genommen
Wir erfahren, wie andere Kinder den Geburtstag erleben.	Geschichten erzählen/vorlesen: „Neunhundert Minuten vor Geburtstag" und „Tim kann lachen" v. U. Wölfel, aus: Kurze Geschichten, v. Krenzer/Pokrandt/Rogge, Lahr: Kaufmann, München: Kösel Bildbetrachtung: „Geburtstag", aus: Vorlesebuch Religion, v. D. Steinwede, Düsseldorf: Bagel Bilderbücher: „Der kleine Bär", v. E. H. Minarik, Frankfurt/M.: Sauerländer „Das kleine Ich bin ich", v. Mira Lobe, München: Jungbrunnen „Momokos Geburtstag", v. C. Iwasaki, Hanau: Peters	Angebote können vorbereitend oder auch während der Feier gemacht werden
Wir feiern gemeinsam – gemeinsam feiern ist schön	Decken des Geburtstagstisches: Für jedes Lebensjahr wird eine, für das neue Jahr die verzierte Kerze hingestellt.	
	Kinder und Erzieher gratulieren dem Geburtstagskind	Jeder spricht möglichst einen selbst formulierten Wunsch aus
Geburtstag-Feiern heißt: Das Fest vielseitig gestalten	Singen und Musizieren: Lied: „Ich freue mich, daß ich geboren bin…" in: Situationsansatz und Religionspädagogik, hrsg. vom Comenius-Institut, 4400 Münster, Schreiberstr. 12, Heft 3 der Reihe: Förderprogramm für den Kindergarten Lied: „Wir grüßen dich Geburtstagskind", in: Was und Wie 2/76, Gütersloher Verlagshaus G. Mohn	

Schwerpunkt: Religiöse Erziehung

Mögl. Erfahrungen/Ziele	Aktivitäten/Angebote/Inhalte	methodische Hinweise
	Musizieren mit selbstgebastelten Instrumenten Gemeinsames (freies) Gebet Gemeinsames Essen am geschmückten Tisch	
	Gemeinsames Spiel: Alle Kinder verkleiden sich – Damit einen lustigen Umzug gestalten – Eine lustige Begebenheit, an die sich alle gern erinnern, wird nachgespielt – Das Geburtstagskind bringt das Lieblingsbuch/-geschichte mit, und alle spielen es/sie.	Spielüberraschungen für das Geburtstagskind oder: Das Geburtstagskind wünscht sich Spiele
	Gesellschaftsspiele Rätsel lösen Geschichten erzählen	

Herbstzeit: Dank für Gottes Gaben

In der Stadt wie auf dem Lande tritt das direkte Erleben der Natur immer mehr zurück. Natur wird so zu einer Sache, die viele Kinder nur noch vermittelt erfahren als ein künstlich hergestelltes Konsumprodukt, sei es als Nahrung oder als Raum zur Gestaltung von Freizeit. Vor allem aber erleben sie täglich, wie widersprüchlich Erwachsene mit der Natur umgehen: Auf der einen Seite wird rücksichtslos zerstört und überbaut, daneben steht eine romantisierende Verherrlichung der unberührten „reinen" Natur als Zufluchtsstätte für Urlaub und Freizeit.

Es entsteht somit die Aufgabe, zwischen diesen beiden Extremen der Verherrlichung und Vergewaltigung ein Naturverständnis zu entwickeln, das uns und künftigen Generationen Leben und Überleben ermöglicht. Das ist auch eine erzieherische Aufgabe, an der schon der Kindergarten beteiligt werden kann.

Bei dieser Aufgabe, Natur zu verstehen und zu deuten, sollte man die Sichtweise des christlichen Glaubens mitbedenken.

Die Bibel versteht Natur und Mensch als etwas, das von Gott geschaffen wurde. Gemeinsam mit der ihn umgebenden Natur ist der Mensch Gottes gutes Geschöpf, etwas, das schön ist und worüber es sich zu freuen lohnt. Zugleich steht der Mensch aber auch dieser Natur als der gegenüber, der von Gott beauftragt wurde, diese Erde zu gestalten. Er beherrscht im Auftrag Gottes die Natur, immer in der Gefahr, seine Verantwortlichkeit abzuleugnen und seinen Auftrag in selbstsüchtiger Weise zu mißbrauchen. Die Verknüpfung von Freude und Bedenken der eigenen Verantwortlichkeit charakterisiert das biblische Reden von der Schöpfung: Gottes Schöpfung gibt Grund zur Freude und zum Dank. Richtig genutzt wird sie aber nur da, wo der Mensch verantwortlich mit Gottes Gaben umgeht, mit seinen Mitmenschen und mit den Dingen, die ihn umgeben.

Kindern schon im Kindergarten erste Zugänge zu eigenem Naturerleben zu eröffnen, wird zu einer immer wichtigeren Aufgabe. Christliche Erziehung ist dabei bestrebt, diese Ersterlebnisse immer schon so zu gestalten, daß dabei die Natur als Schöpfung Gottes gedeutet und verstanden werden kann. Kinder sollen das Wachstum und die Verarbeitung z.B. von Pflanzen miterleben, gemeinsam mit den Erziehern können sie sich an ihrer Schönheit freuen. Zugleich erfahren sie aber auch, daß Grund besteht, mit diesen Gaben Gottes sorgsam umzugehen.

Solche Anregungen zum Verstehen und Deuten der Natur können selbstverständlich über das ganze Jahr verteilt werden. Wenn im Herbst die Früchte reif sind, bietet sich hierfür allerdings eine besonders günstige Gelegenheit.

Im Herbst begeht die christliche Gemeinde auch das Erntedankfest. Die gemeinsame Freude, der Dank und das Nachsinnen über verantwortlichen Umgang mit der Natur sind Wesensmerkmale dieses Festes. Weil diese Anliegen so wichtig sind, legen viele Gemeinden auch heute noch Wert darauf, den Kindergarten in die Feier dieses Festes einzubeziehen. So kann dies auch zum Abschluß und Höhepunkt einer Planungseinheit werden, bei der die Kinder sich mit ihren Eltern als Glieder der christlichen Gemeinde erfahren.

Querbezüge: Schwerpunkt „Erfahrungen mit der Umwelt" (Beobachten und Erleben von Wachsen und Reifen) Erfahrungen mit der Natur (siehe Themenbereich „Natur – Gottes Schöpfung")

Elternarbeit: Einbeziehung der Eltern in die Vorbereitung und Durchführung des Erntedankfestes.

Anlaß/Thema: **Herbstzeit – Dank für Gottes Gaben**
Rahmenziel: Staunen und Freude über den Reichtum der Schöpfung
Anregung zu Dank und verantwortlichem Umgang mit den Gaben Gottes

Mögl. Erfahrungen/Ziele	Aktivitäten/Angebote/Inhalte	methodische Hinweise
Wachstum, Reifen und Ernten erleben. Von Gottes Handeln in der Natur erfahren. Sich gemeinsam an seinen Gaben freuen.		Vgl.: Schwerpunkt „Erfahrungen mit der Umwelt"
– Pflanzen wachsen langsam und brauchen Pflege	Gespräch: Erinnerung an im Frühjahr gesteckte und gesäte Samen. Was ist daraus geworden? Weshalb konnten die Pflanzen wachsen?	Zwei Gruppen: bisherige Kinder, neue Kinder in der Gruppe
– Ohne Licht, Wärme und Feuchtigkeit können Pflanzen nicht leben	Versuch: Samen auf feuchtem Papier werden ins Dunkle und in den Kühlschrank gelegt. Bilderbuch: „Regen, Wind und Sonne", v. Charles Keeping, Baden-Baden: Signal	Kleingruppen (große Kinder) alle Kinder
– Auch wir brauchen Licht, es gibt uns Sicherheit	Gespräch: So ist das im Dunkeln, oder: So verhalten sich Menschen bei Sonnenschein und Regen Malen: helle Bilder – dunkle Bilder	Diese Abhängigkeit kann auch an Wärme und Wasser verdeutlicht werden
– Pflanzen werden groß und schön, wenn sie Licht, Wasser und Pflege haben	Säen von Kresse Beobachten des Wachstums von Radieschen und Bohnen	Aussaat in Blumentöpfen, wenn möglich aber auch in einem Beet im Garten

Schwerpunkt: Religiöse Erziehung

Mögl. Erfahrungen/Ziele	Aktivitäten/Angebote/Inhalte	methodische Hinweise
– Hinter allem Werden und Wachsen steht Gottes Wirken	In der Bibel hat das seinen Ausdruck gefunden im Lob Gottes in der Schöpfung: 1. Mose 1 u. 2 oder Psalm 104	Die Aussagen des Textes sollten auf Erfahrungen der Kinder (z.B. aus den Aktivitäten oben u.a.) bezogen werden
– Auch wir können Gott mit einem Lied loben	Lied: „Weil Gott uns Menschen liebhat" 1. Strophe aus Schallplatte: Gott erschafft die Welt. Gestaltung d. Liedes „Gott, du bist gut..." in: M. G. Schneider: Sieben Leben... Lahr: Kaufmann, Freiburg: Christophorus	Das Lied kann gut mit Hilfe der Schallplatte eingeübt werden: D. Stork./ S. Fietz: Gott erschafft die Welt, Ulmtal-Allendorf: Abakos V. B. Fietz
– Es ist schön, etwas zu ernten	Besuch beim Nachbarn im Garten, evtl. Selbstgesätes ernten Malen: Wir ernten	Alle Kinder sollten daran beteiligt werden
– Wir können, was wir geerntet haben, untereinander teilen und es gemeinsam genießen	Teilen des Geernteten durch die Kinder	Es sollte für alle Kinder genügend vorhanden sein
– Wir freuen uns, daß jeder etwas bekommen hat. Wir danken Gott dafür	Gespräch: alle haben mitgemacht, wir freuen uns, daß für jeden genug da ist. Wir danken Gebet: Alle guten Gaben...	
– Wir bringen Freude und Dank zum Ausdruck	Lied: „Ich freue mich und springe", in: Unsere Welt – Schöpfung Gottes. Heft 2 der Reihe: Förderprogramm für den Kindergarten, hrsg. v. Comenius-Institut, Schreiberstr. 12, 4400 Münster, als Tanz gestaltet	
Erleben, wie Brot entsteht, und lernen, verantwortlich damit umzugehen.		Vgl.: Schwerpunkte „Soziales Lernen", „Erfahrungen mit der Umwelt"
– Auch Getreidekörner brauchen Sonne und Wasser zum Wachsen	Gespräch Bilderbuch: „Vom Korn zum Brot", Ali Mitgutsch, Freising/München: Sellier	
– Das Getreide ist jetzt goldgelb. Am Halm sind Körner. Sie sind hart und reif.	Fühlen, kosten, kauen der Körner	Möglichst in kleinen Gruppen
– Gott läßt die Körner reifen. Es ist schön, daß wir genug davon haben.	Lied: „Weil Gott uns Menschen liebhat" (2. Strophe)	

Mögl. Erfahrungen/Ziele	Aktivitäten/Angebote/Inhalte	methodische Hinweise
– Beim Dreschen lösen sich die Körner	Dreschen Spiellied: „Wollt ihr wissen, wie der Bauer…" Rhythmik: den Dreschrhythmus mit körpereigenen Instrumenten ausführen	Kinder dreschen mit Hölzern die Körner aus den Ähren
– Wenn Körner zerrieben werden, entsteht Mehl	Mahlen	Mit Hilfe einer Kaffeemühle wird der Mahlvorgang verdeutlicht und durchgeführt
– Für Brot braucht man Mehl, Wasser, Hefe und Wärme	Backen, wenn möglich, verschiedenerlei Gebäck	Jedes Kind bäckt etwas
– Frisches Brot riecht gut. Wir freuen uns gemeinsam darüber	Gemeinsames Essen, dazu Lied: „Gott hat die Welt so schön gemacht" oder: „Alle guten Gaben…"	
– Brot kann aber auch verderben. Deshalb müssen wir sorgfältig mit dem umgehen, was übrig bleibt	Bild aus: Vorlesebuch Religion, S. 7, D. Steinwede, Düsseldorf: Bagel Gemeinsam einen Platz im Kindergarten festlegen, wo das selbstgebackene Brot kühl und trocken aufbewahrt wird	
– Wenn einer alles für sich allein haben will, bekommen die anderen nichts	Gespräch	
– Es gibt Menschen, die haben nicht genug zu essen	Umweltgeschichte: Z.B. aus „Kinder aus aller Welt" Bildmaterialien aus „Brot für die Welt" Gespräch	Die Bearbeitung dieses Aspektes sollte in altersgetrennten Gruppen erfolgen, eventuell auch den Kindergarten mit den Materialien ausgestalten
– Gott will, daß es allen Menschen gut geht	Gespräch: Gott schuf den Menschen, als alles da war, was der Mensch zum Leben braucht… Bilderbuch: „Gott erschafft die Welt", v. Kees de Kort, Stuttgart: Deutsche Bibelstiftung	Dias zum Bilderbuch beschaffen (rechtzeitig ausleihen) Es ist auch möglich, inhaltlich in den Mittelpunkt dieses Teilthemas die Erfahrungen des reichen Kornbauern nach Lk 12, 13–21 zu stellen (vgl. dazu die Ausarbeitung in: Solange die Erde steht… Fritz/Pokrandt Lahr: Kaufmann)

Schwerpunkt: Religiöse Erziehung

Mögl. Erfahrungen/Ziele	Aktivitäten/Angebote/Inhalte	methodische Hinweise
– Auch die Eltern sollen sich freuen. Jeder von uns kann dazu beitragen	Gemeinsame Überlegungen zur Planung eines Festes Bildung von Neigungsgruppen, z.B. Einladungen gestalten, den Raum mit den Bildern der Kinder (s.o.) schmücken; Tänze und Lieder vorbereiten (s.o.)	Das Fest könnte im Kindergarten stattfinden oder mit dem Erntedankgottesdienst der Gemeinde verknüpft werden
– Ich bin Teil der Festgemeinde	Beim Fest: Der Erzieher, der Pfarrer oder ein anderer Mitarbeiter erzählen anhand der Dias gemeinsam mit den Kindern die Schöpfungsgeschichte	Für das Fest zum selbstgebackenen Brot Butter und Saft, u.U. auch selbstgeerntete Früchte bereithalten
	Die Kinder tanzen, Eltern und Kinder singen gemeinsam die Lieder	Eventuell für die Eltern die Texte vervielfältigen

7. Literatur

Vorbemerkung:

Das folgende Verzeichnis erhebt keinen Anspruch auf Vollständigkeit. Viele Titel, die in den Einheiten genannt werden, bleiben hier unberücksichtigt. Aus der Vielzahl religionspädagogischer Veröffentlichungen werden hier einige Materialien ausgewählt, die sich bei der praktischen Arbeit und im Gespräch mit Kindern und Eltern als besonders hilfreich erwiesen haben. Zur weiteren Vertiefung in die Fragen religiöser Erziehung empfehlen wir die unten abgedruckten Kataloge.

Allgemeine und übergreifende Literatur

Die Bibel nach der Übersetzung Martin Luthers. Revidierter Text 1975. (Deutsche Bibelstiftung) Stuttgart 1978

Das Neue Testament, übersetzt und kommentiert von Ulrich Wilckens. (Furche) Hamburg (Benziger) Köln (Zwingli) Zürich 1970

Fraas, H.-J.: Religiöse Erziehung und Sozialisation im Kindesalter. (Vandenhoeck & Ruprecht) Göttingen 1973.

Ders.: Glauben und Lernen. (Vandenhoeck & Ruprecht) Göttingen 1978.

Tschirch, R.: Gott für Kinder – Religiöse Erziehung, Vorschläge und Beispiele. Gütersloher Taschenbücher 1977.

Schindler, R.: Erziehung zur Hoffnung. (Kaufmann) Lahr/(TVZ) Zürich 1977.

Förderprogramm für den Kindergarten (RPF). Hrsg. vom Comenius-Institut, Schreiberstraße 12, 4400 Münster.

Singer, I.: Gott im Alltag des Kindergartens. (J.F. Steinkopf) Stuttgart 1976.

Fritz, V./Pokrandt, A. (Hrsg.): Solange die Erde steht, Religionspädagogische Bausteine für den Kindergarten. (Kaufmann Verlag) Lahr 1979.

May, H.: Religion im Kinderzimmer – ein Elternbuch. Mit 3 Zusatzheften mit Bildergeschichten für Vorschulkinder. (Diesterweg) Frankfurt/(Sauerländer), Aarau 1974.

Bücher zum Erzählen und Vorlesen, Beten, Singen und Spielen, zur Elternarbeit

Erzählen im Kindergarten, Heft 8 oder Reihe RPF, Comenius-Institut, Schreiberstraße 12, 4400 Münster

Steinwede, D./Ruprecht, S.: Vorlesebuch Religion, Band I–III. (Kaufmann) Lahr/(Vandenhoeck & Ruprecht) Göttingen/(Benziger) Zürich und Köln/(TVZ) Zürich 1971–1976.

Steinwede, D.: Was ich gesehen habe – Thematische Bibelerzählungen. (Vandenhoeck & Ruprecht) Göttingen/(Pfeiffer) München 1976.

Behr, I.: Mit Staunen fängt es an. Ein Werkbuch für religiöse Erziehung. (Vandenhoeck & Ruprecht) Göttingen/(Benziger), Köln u. Zürich 1977.

Schneider, M. G.: Sieben Leben möcht ich haben. Liederbuch. Dazu Arbeitsbuch zu Sieben Leben... (Christophorus) Freiburg/(Kaufmann) Lahr 1975.

Krenzer, R.: 100 einfache Lieder Religion. (Kaufmann) Lahr/(Kösel) München 1978.

Klink, J.: Nicht im Sturm, nicht im Feuer – Das Kindergebet. (Patmos) Düsseldorf 1974.

Longardt, W.: Spielbuch Religion. (Benziger) Zürich u. Köln (Kaufmann) Lahr 1974.

Elternarbeit vom Kindergarten aus – Heft 9 der Reihe RPF. Comenius-Institut, Schreiberstraße 12, 4400 Münster

Jellouscheck, H./Wessinger, W.: Mit Kindern Glauben lernen – Ein Elternseminar über die religiöse Erziehung im Vorschulalter. (Katholisches Bibelwerk) Stuttgart 1974.

Materialien für Kinder

Longardt, W.: Mit offenen Augen – Fotomappen zur religiösen Erziehung in Kindergarten und Grundschule. (Christophorus) Freiburg/(Kaufmann) Lahr/(Gütersloher Verlagshaus) Gütersloh.

Wanner, M.: Entdeckungen in Gottes schöner Welt. Bilderbuchreihe (Brunnen-Verlag) Gießen und Basel.

Longardt, W.: Spiel- und Arbeitsmappe – Ostern entdecken. (Christophorus) Freiburg/(Kaufmann) Lahr.

Kataloge und Zeitschriften

Audiovisuelle Medien für die Kindergartenarbeit, Hrsg.: Evang. Landesverband für Kindertagesstätten, Stuttgart und Evang. Medienzentrale, Württemberg.

Katalog der Evang. Medienzentrale Württemberg, Theodor-Heuß-Str. 23, 7000 Stuttgart 1.

Katalog der Evang. Bildstelle Baden, Erbprinzenstr. 5, 7500 Karlsruhe.

Kataloge der zuständigen Kreisbildstellen.

Medien für den Kindergarten – Heft 4 der Reihe RPF, Comenius-Institut, Schreiberstr. 12, 4400 Münster.

Theorie und Praxis der Sozialpädagogik, Evang. Fachzeitschrift für Bildungsaufgaben am Kind. Hrsg.: Evang. Bundesarbeitsgemeinschaft für Sozialpädagogik im Kindesalter e. V. (EBASKA); erscheint zweimonatlich, Luther, Bielefeld.

Was und wie? – Arbeitshilfen zur religiösen Erziehung der 4- bis 7jährigen. Erscheint vierteljährlich, Gütersloher Verlagshaus, Gerd Mohn, Gütersloh.

Welt des Kindes – Zeitschrift für Kleinkindpädagogik und außerschulische Erziehung. Hrsg. vom Zentralverband Kath. Kindergärten und Kinderhorte Deutschlands e. V. Erscheint zweimonatlich, Kösel, München.

Kindergarten heute – Zeitschrift für Erziehung im Vorschulalter. Erscheint vierteljährlich, Herder, Freiburg.

Außerdem verweisen wir auf folgende Kataloge:

Gemeindepädagogik – Arbeitsmaterial und Fachbücher für die Arbeit mit Kindern, Jugendlichen und Erwachsenen, Verlagsring Religionsunterricht, Martinstr. 16–20, 5000 Köln 1.

Religionspädagogik – Lehr- und Arbeitsmittel für den Religionsunterricht, Verlagsring Religionsunterricht, Martinstr. 16–20, 5000 Köln 1.

Fach: Religion – Literatur und Arbeitshilfen aus 45 Verlagen. Kontrollstelle: Postfach 62 13, Patmos-Verlag, 4000 Düsseldorf 1.

Einzug in Jerusalem

B. Katholisch

Der Schwerpunkt wurde von einer Gruppe im Auftrag des Erzbischöflichen Ordinariats Freiburg und des Bischöflichen Ordinariats Rottenburg erarbeitet.

1. Begründung und Ziele

Begründung: Religiosität ist ein Wesenszug des Menschen. Sie zeigt sich vor allem in seiner Fähigkeit, nach dem Wozu, Woher und Wohin zu fragen. Darum geschieht alle Erziehung immer in einem gesellschaftlich bedingten weltanschaulichen Kontext, und religiöse Erziehung betrifft demnach als Qualität der gesamten Erziehung auch jeden einzelnen Erziehungsbereich (siehe Querverweise in anderen Schwerpunkten).
Zuweilen werden Bedenken geäußert, ob es statthaft sei, dem Kind Orientierungsvorgaben zu vermitteln, bevor es seine religiöse Entscheidungsfähigkeit einsetzen könne. Dem steht die Tatsache gegenüber, daß die Personwerdung des Menschen sich immer und notwendigerweise in einem sozialen Bezugsrahmen vollzieht; das Kind übernimmt in seiner Sozialisationsbedürftigkeit Wertgesichtspunkte vom Erzieher, auch wenn dies dem Erwachsenen unbewußt bleibt. Dem Kind gegenüber gibt es kein wirklich „neutrales" Verhalten. Deshalb hat das Kind Anspruch auf Hilfen zur Lebensorientierung von seiten der Menschen, die als Eltern oder Erzieher Verantwortung für das Kind übernommen haben.
Bei der religiösen Erziehung geht es also zuerst darum, im Kind die Ansatzpunkte aufzudecken, die eine Berührungsmöglichkeit bieten für das Religiöse. Damit ist zunächst eine allgemeine Sensibilisierung des Kindes für die Dimension der Sinnfragen angesprochen.
Die bewußt christliche Erziehung, von der hier die Rede ist, führt jedoch darüber hinaus. Als Offenbarungsglaube sieht der christliche Glaube in Jesus von Nazaret das Angebot Gottes an den Menschen. In der christlich-religiösen Erziehung muß diese Botschaft mit ihren ganz bestimmten Inhalten, aus denen konkrete Lebensformen erwachsen, zur Sprache kommen.

Christliche Erziehung sieht den Menschen als Fragenden, als einen, der nach Gott fragt, als einen, nach dem der persönliche Gott, der Gott der Liebe, schon zuvor gefragt und gerufen hat. Ihr wichtigstes Anliegen ist darum, den Menschen instandzusetzen, sich auf diesen „Dialog" einzulassen und ein persönliches Gottesverhältnis aufzubauen. Das gilt anfanghaft schon für das Kind, denn nach den Erkenntnissen der Entwicklungspsychologie sind die ersten Lebensjahre nicht nur weitgehend bestimmend für die Einstellung zur Welt und zu sich selbst, sondern auch für den Antworthorizont auf die Frage, die über Welt und Leben hinausgreift. In der Frühphase vollzieht sich religiöse Erziehung weitgehend als Teilhabe des Kindes am Glauben und am Leben des von ihm geliebten Erwachsenen. Im engen Sozialkontakt übt es sich ein in den Du-Bezug und damit in die dialogische Struktur des christlichen Glaubens. Am konkreten Modell erwirbt es die Ausgangsbasis für spätere eigenständige Auseinandersetzungen und Entscheidungen. Bis in das frühe Schulalter hinein sind dem Kind christliche Werte, wie Werte überhaupt, vor allem in der Anschaulichkeit erlebter oder nachvollzogener Grundsituationen zugänglich. Ihre ständige Wiederkehr im Erziehungshandeln zwischen Bezugsperson und Kind hilft mit zur allmählichen Strukturierung der kindlichen Wertwelt und schafft Bereitschaft zur Übernahme von Verantwortung (vgl. Gewissensbildung, S. 89). Die aus diesem Lebensvollzug gewonnenen christlichen Wertmaßstäbe sollen Ergänzung und immer neue Orientierung erfahren in der Begegnung des Kindes mit der Person und der Botschaft Jesu von Nazaret und mit exemplarischen Gestalten der Kirchengeschichte.
Aus diesen Zusammenhängen wird deutlich, daß die religiöse Erziehung Lebenssituationen und Bedürfnisse des Kindes aufgreifen muß, um sie auf christliche Werte und Vorstellungen hin transparent zu machen. Der sogenannte „situationsorientierte Ansatz", der sich in der Kindergartenpädagogik durchgesetzt hat, bietet sich deshalb für die religiöse Erziehung in besonderer Weise an. Der „Trierer Plan" für die religiöse Erziehung der 3–6jährigen umschreibt diesen Ansatz folgendermaßen: „Situationsorientiert besagt, daß im Mittelpunkt der vom Erzieher bereitgestellten Lernangebote Situationen von Kindern stehen, in denen sie in der Gegenwart oder in der voraussehbaren nä-

heren Zukunft zu handeln haben. Dabei sollte der Erzieher von solchen Situationen ausgehen, die zum einen von den Kindern erlebbar sind, und die zum anderen erzieherisch beeinflußt werden können" (Trierer Plan, S. 11).

Es geht also um eine religiöse Erziehung, „die christliche Überlieferung und heutige Lebenssituation des Kindes ausgewogen berücksichtigt und organisch miteinander zu verbinden sucht" (Trierer Plan, S. 18). Die christliche Erziehung stellt die Themen mit spezifisch kirchlichen und biblischen Inhalten in ein breites Umfeld solcher Situationen, in denen die kindliche Wahrnehmungsfähigkeit für die religiöse Dimension allgemein und grundlegend gefördert werden soll. Entscheidend ist hier der Grundsatz, daß „Vorfeld" und „eigentliche" religiöse Erziehung nicht in zeitlichem Nacheinander zu erfolgen haben, sondern daß durch das durchgängige *Prinzip der „Vernetzung"* die Ganzheitlichkeit der religiösen Erziehung gewährleistet ist.

Ziele: In der religiösen Erziehung sind Globalziele nur insoweit aufschlußreich, als sie angeben, in welchem Begriffsumfang „Religion" jeweils verstanden wird. Im übrigen sind sie notgedrungen inhaltsarm und besitzen wegen ihrer Mehrdeutigkeit einen geringen Verbindlichkeitsgrad.

Das Globalziel einer *allgemeinen religiösen Erziehung* kann nach der weitgefaßten Bedeutung des Religionsbegriffs etwa lauten: Das Kind soll sensibilisiert werden für die tieferen Dimensionen der Wirklichkeit, die sich hinter dem Sichtbaren und Machbaren verbergen; es soll nach dem Wozu, Woher und Wohin fragen lernen.

Das Globalziel für eine *religiöse Erziehung im christlichen Sinn* kann vom Antwortcharakter des christlichen Glaubens her bereits ein höheres Maß an Konkretheit bieten:

Religiöse Erziehung will dem Kind einen Zugang zu christlicher Tradition eröffnen und ihm so den Glauben an den sich in Jesus Christus persönlich den Menschen zugewandten Gott ermöglichen samt seinen Grundvollzügen des Vertrauens, des Hoffens und des Liebens.

Beide Zielperspektiven sind wichtig. Die Vorfeldarbeit soll in den Dienst der bewußt christlichen Erziehung treten, diese vorbereitend unterbauen und begleitend unterstützen. Nicht in isolierten Angeboten, sondern im Aufgreifen situativer Gegebenheiten soll dem Kind eine Begegnung mit christlicher Überlieferung ermöglicht werden. Es erhält dadurch für seine Lebenssituationen in der entscheidenden Zeit der Selbstfindung und Welteroberung eine wichtige Orientierungs- und Deutungshilfe. Die Blickrichtung kann einmal mehr vom unmittelbaren Lebensvollzug des Kindes, das andere Mal mehr von der christlichen Botschaft her kommen. Aber keine der beiden Seiten darf zugunsten der anderen wegfallen. Die Wirksamkeit einer ganzheitlichen religiösen Erziehung gründet gerade in dieser Wechselbeziehung.

Die religiöse Erziehung im Sinne dieses Schwerpunkts setzt sich folgende Ziele:

MIT GOTT LEBEN

Ich-Erfahrung

— Durch vielgestaltige Erfahrungen mit sich selbst, seinen Möglichkeiten, Grenzen und Bedürfnissen soll im Kind emotional und sprachlich die Basis vorbereitet werden für das Erfassen religiöser Inhalte; besonders sein Bedürfnis nach Liebe soll ihm den Zugang zum anderen erschließen als Voraussetzung für die Entfaltung seiner Person.

Du-Erfahrung

— Das Kind soll im Zusammenleben mit Eltern und Erziehern erfahren, daß es angenommen und um seiner selbst willen geachtet ist; so kann es ein tragfähiges Vertrauen aufbauen und sich für die Ahnung öffnen, so, wie es ist, bedingungslos von Gott als sein Geschöpf geliebt zu sein.

Natürliche Offenbarung

— In der Begegnung mit den vielfältigen Erscheinungsformen von Natur und Technik soll das Kind erste Einsichten gewinnen in die besondere Stellung und den Auftrag des Menschen in der Schöpfung und etwas ahnen von der Größe und Macht, der Liebe und Güte des Schöpfers; dabei können im Kind Vertrauen und Freude wachwerden und ein erstes Begreifen, daß seine Existenz verdankt ist.

Biblische Offenbarung

— Das Kind soll darüber hinaus Gott kennenlernen, wie er sich in seiner Geschichte mit dem Menschen geoffenbart hat, und so weitere Hilfen erhalten zum Aufbau eines Gottesbildes, das seine Entwicklung fördert und ihm eine persönliche Beziehung zu Gott ermöglicht.

MIT JESUS CHRISTUS LEBEN

Teilhabe an der Frohbotschaft

- Um seinen Glauben zu finden und zu festigen, soll das Kind an der christlichen Grundhaltung seiner Bezugspersonen das Evangelium als frohe und befreiende Botschaft von der Zuwendung Gottes zum Menschen erfahren können.

Jesus von Nazaret

- Das Kind soll von Jesus, seinem Leben und Wirken hören, um eine lebendige Beziehung zu seinem Wort und seiner Person zu gewinnen.

Jesus der Christus

- Damit das Kind im Aufbau seiner Jesusvorstellung Jesus Christus als dem Lebendigen und Gegenwärtigen nahekommen kann, soll es die wichtigsten Verkündigungsinhalte von Kreuz und Auferstehung kennenlernen.

Nachfolge Jesu

- Das Kind soll erleben, wie in der Aufforderung Jesu, Gott und den Nächsten zu lieben, die Chance für die Selbstverwirklichung des Menschen, aber auch seine wichtigste Aufgabe liegt.

MIT DER KIRCHE LEBEN

Erfahrung der Glaubensgemeinschaft

- Religiöse Erziehung soll dem Kind helfen, in die kirchliche Gemeinschaft hineinzuwachsen und an ihrem Leben teilzunehmen.

Feste und Liturgie

- Das Kind soll kirchliche Feste und Festzeiten als Ausdruck der Freude über das Handeln Gottes an uns Menschen verstehen lernen und befähigt werden, in kindgemäßen Formen aktiv mitzufeiern.

Symbole und Brauchtum

- Glaubenserziehung soll dem Kind den Sinngehalt kirchlicher Symbole erschließen und ihm den Mitvollzug von lebendigem religiösem Brauchtum ermöglichen als Weg zu einer christlichen Lebensauffassung.

Lebensmodelle

- Das Kind soll Menschen kennenlernen, die in besonderer Weise in der Nachfolge Jesu leben oder gelebt haben als mögliche Vorbilder für ein Leben aus dem Glauben.

IM DIALOG LEBEN

Gemütsbildung

- Der religiösen Erziehung soll es ein ständiges Anliegen sein, die Erlebnisfähigkeit und die meditativen Kräfte des Kindes zu entfalten, damit es mit ihrer Hilfe Zugang gewinnt zu den tieferen Dimensionen der Welt, des menschlichen Lebens und des Glaubens.

Gewissensbildung

- In der Vertrauensbindung an Eltern und Erzieher soll dem Kind die Gültigkeit von Werten und Normen erfahrbar gemacht werden, so daß es ein Wertgefühl aufbauen und erste Maßstäbe für eigenes verantwortbares Tun gewinnen kann. Eine entsprechende pädagogische Führung soll es dem Kind ermöglichen, seine Sensibilität für den anderen und seine Entscheidungskraft zu fördern, damit es fähig wird zu einem am Glauben orientierten Verhalten.

Christlich-soziale Erziehung

- Das Kind soll zur Achtung vor der Personwürde jedes einzelnen geführt werden, weil kein Mensch von der Gottebenbildlichkeit ausgeschlossen ist; es soll erfahren, wie die Menschen einander brauchen und füreinander Verantwortung tragen müssen; indem Wahrhaftigkeit, Aufmerksamkeit und Rücksichtnahme als soziale Tugenden angebahnt werden, soll es wahrnehmen, daß Vergebung und Neuanfang für das Zusammenleben unerläßlich sind.

Gebetserziehung

– Eine ganzheitliche Erziehung zum Glauben soll im Kind das Bedürfnis und die Bereitschaft zum persönlichen Antwortverhalten Gott gegenüber wecken; das Kind soll Zugang finden zum Gebet im Loben, Danken, Bitten und verschiedene Ausdrucksmöglichkeiten des Betens kennenlernen.

2. Hilfen für die praktische Arbeit im Kindergarten

Für die pädagogische Praxis kann es grundsätzlich nie Rezepte und übertragbare Handlungsanweisungen geben. Deshalb sieht der Schwerpunkt „Religiöse Erziehung" seine Aufgabe darin, dem Erzieher auf der einen Seite Gesichtspunkte und Zusammenhänge zu erschließen, die für die religiöse Erziehung besonders wichtig und folgenreich sind, auf der anderen Seite in der Praxis erprobte Planungshilfen und Anregungen zu vermitteln, um zur Umsetzung in den eigenen Erziehungsalltag zu ermutigen.

Eine überlegte und verantwortete Arbeit am Kind muß sich mit dem, was das einzelne Kind mitbringt, ebenso auseinandersetzen wie mit dem, was daraus als Anforderung an den Erzieher erwächst. Beides kann jedoch nicht herausgelöst werden aus seiner engen Verflochtenheit mit der ersten Bezugsgruppe des Kindes, mit der Familie. Darum sind Aspekte der Elternarbeit nicht nur in die Abschnitte Kind und Erzieher integriert, sondern auch an eigener Stelle behandelt.

Ausgangslage der Kinder in Familie und Kindergarten

Eine religiöse Erziehung im Kindergarten kann nicht an der bisherigen Lebensgeschichte des Kindes vorbeisehen. Bei seinem Eintritt in den Kindergarten hat das Kind bereits einen entscheidenden Abschnitt seines Sozialisationsprozesses durchlaufen und eine wesentliche Grundausrichtung erfahren.

In der Regel verbringt das Kind seine ersten Lebensjahre in der Familie in einer ganzheitlichen Abhängigkeit von den Eltern. Die Erfahrungen und Beziehungen aus dieser frühen Zeit prägen das kindliche Seelenleben in tiefgreifender Weise und stellen die Weichen für die gesamte weitere Entwicklung. Mit dem Aufbau der Bindungsfähigkeit erwirbt das Kind die Grundlage für alle späteren Lernprozesse, auch für die religiöse Sozialisation, die ganz besonders auf diese Fähigkeit zur Liebe, zum Dialog angewiesen ist. Eine Atmosphäre befreiender Bejahung schenkt dem Kind eine emotionale Sicherheit und macht es so fähig zum Vertrauen. Bindungs- und Vertrauensfähigkeit sind die entscheidenden Voraussetzungen zum Glaubenkönnen. Es ist aber nicht zu erwarten, daß bei allen Kindern der Entwicklungsprozeß den aufgezeigten positiven Verlauf genommen hat. Gerade im sozialen und emotionalen Bereich zeigen sich bei einer wachsenden Zahl von Kindern mehr oder weniger deutliche Defizite.

Wenn das Kind in die Kindergartengruppe kommt, ist es schon weitgehend auch in seiner Wertorientierung festgelegt. Es hat sich auf dem Weg der Nachahmung und der Identifikation die Wertwelt und die Einstellungen seiner Bezugspersonen, meist der Eltern, zu eigen gemacht. Auch wenn die Eltern das Religiöse aus Gleichgültigkeit, Unsicherheit oder Ablehnung aus der Erziehung ausklammern wollten, sind gerade diese ihre eigenen weltanschaulich-religiösen Vorentscheidungen mehr oder weniger unbewußt in ihr Erziehungshandeln eingeflossen. So ist das Kind im positiven oder negativen Sinn voreingestellt für die Welt des Glaubens, und es gibt dem Religiösen zunächst den Rangplatz, der ihm in der eigenen Familie zuerkannt wird.

Der Erzieher muß sich also auf sehr unterschiedliche Voraussetzungen bei den Kindern einstellen. Dabei ist es nicht ausschlaggebend, wie viel oder wie wenig an Vorwissen aus dem religiösen Bereich beim einzelnen Kind vorhanden ist. Entscheidend in der religiösen Erziehung ist jedoch, daß das Kind sich innerlich auftun kann für die Wirklichkeit des Glaubens. Ein Teil der Kinder wird eine gewisse Vertrautheit mit dem Religiösen von zu Hause mitbringen, weil es in der Familie an einem aufgeschlossenen christlichen Leben teilhaben konnte. Bei vielen Kindern wird das Religiöse nicht oder kaum in den Bereich des bewußten Erlebens gehören. Haben sie in der Familie aber die Grunderfahrungen der Geborgenheit und der Sicherheit in ausreichendem Maße gewinnen können, ist ihnen aufgrund dieser Vorerlebnisse der Zugang zum Glauben erleichtert. Der Erzieher wird diese Anknüpfungspunkte nützen, um den Kindern die christliche Botschaft als neuen, weiterführenden Erfahrungshorizont zu erschließen. Doch werden auch solche Kinder in der Gruppe anzutreffen sein, denen die notwendige Grunderfahrung des Angenommenseins in ihrem bisherigen Leben versagt geblieben ist. Sie haben die Begegnung mit der Zuwendung Gottes in der Offenbarung als Hilfe zur Lebensbejahung besonders nötig. Ohne Bereitung des Vorfeldes, d. h. ohne nachholendes Anbieten jener Voraussetzungen im menschlichen Bereich, welche den Glauben erst möglich machen, werden aber Offenheit und Vertrauen bei diesen Kindern nicht wachsen können.

Die unterschiedliche Ausgangslage der Kinder in der Gruppe ist nicht nur bedeutsam für die Arbeit des Erziehers. Sie wirkt sich auch auf die Kinder selbst aus. Die Konfrontation des einzelnen Kindes mit verschiedenen, teilweise ganz andersartigen religiösen Einstellungen kann im Kind Verunsicherung auslösen gegenüber dem eigenen Elternhaus und der von dort empfangenen Orientierung. Deshalb gehört die Erziehung zur Toleranzfähigkeit wesentlich zur religiösen Erziehung im Kindergarten. Sie ist besonders auch für jene Kinder notwendig, die von zu Hause her eine entscheidende Ablehnung alles Religiösen mitbringen.

So gesehen ist eine religiöse Erziehung nur unter Einbeziehung des Elternhauses möglich. Die Notwendigkeit, sich mit den Eltern zu verständigen, ergibt sich einmal aus den Zielsetzungen der religiösen Erziehung. Das Kind kommt unweigerlich in Konflikte, wenn es erlebt, daß seine Eltern und der Erzieher gegensätzliche Auffassungen vertreten. Zum anderen kann religiöse Erziehung nur dann lebenswirksam werden, wenn und insoweit sie vom Elternhaus mitgetragen ist, denn auch noch während der Kindergartenzeit geht der stärkste Einfluß auf das Kind von der Familie aus.

Anforderungen an den Erzieher

Die vielfältigen Erwartungen, die von Kindern, Eltern und Trägern an die religiöse Erziehung im Kindergarten gerichtet werden, stellen den Erzieher nicht selten vor große Schwierigkeiten. Zumeist wird er einfach aufgrund seiner Ausbildung als kompetent angesehen für die religionspädagogische Führung des Kleinkindes. Dabei sind die Ansprüche der Eltern nicht nur untereinander recht verschieden, sondern können bisweilen auch im Gegensatz stehen zu denen der Träger. Ein konfessioneller Träger erwartet eine am christlichen Glauben und Menschenbild ausgerichtete Erziehungsarbeit, dagegen streben manche Eltern, oft aus eigener Unsicherheit, eine möglichst bekenntnisfreie Erziehung an.

Dieses Spannungsfeld, in dem der Erzieher steht, wird noch verschärft durch seine persönliche Glaubensverfassung. Vor allem beim jungen Erzieher kann nicht vorausgesetzt werden, daß sein Glaube ausgereift und frei von Krisen ist. Er ist deshalb oft unsicher, wenn es um religionspädagogische Fragen geht. Neben einer Hilfe durch spezifische Fortbildungsveranstaltungen braucht der Erzieher darum vor allem Unterstützung durch das Gespräch mit den Verantwortlichen der Gemeinde. Im Interesse des Kindes muß aber in jedem Falle eine Verständigung mit den Eltern angestrebt werden.

Die Erkenntnis, daß die religiöse Erziehung nicht vom Kindergarten zuerst und allein geleistet werden kann, sollte bei allen Beteiligten die Bereitschaft wecken, sie mitzutragen. Dies ist zugleich ein guter Weg, den Kindergarten mehr und mehr in die Gemeinde einzubinden, wodurch sich sowohl für die Erwachsenen als auch für die Kinder der soziale Erfahrungsraum erweitert. Manchem Erzieher mag es schwerfallen, in dieser Weise den Kindergarten zur Gemeinde hin zu öffnen, weil er neue Anforderungen auf sich zukommen sieht. Die verstärkte Integration des Kindergartens in seinen sozialen Umkreis, zunächst in die Gemeinde, aktiviert jedoch die Mitverantwortung der Eltern und belebt den Austausch auch im Bereich der religiösen Erziehung. Ein reger Informationsfluß und der Einbezug der Eltern in die Gestaltung von Projekten und besonders auch in die Vorbereitung und das Feiern von Festen sind wichtige Bausteine, um den Kindergarten zum gemeinsamen Lernort von Erwachsenen und Kindern auszubauen.

Darum ist es notwendig, daß der Erzieher seinen Standort nicht nur Trägern und Eltern gegenüber sichtbar macht, sondern auch den Kindern gegenüber. In der so kompliziert gewordenen Welt braucht das Kind mehr denn je Hilfen zur Lebensdeutung und zur Lebensmeisterung. Durch sein Verhalten bietet der Erzieher Orientierungsmuster an, auch wenn er dies im Einzelfall nicht beabsichtigt. Sie schlagen sich im Erleben des Kindes als Erfahrungen nieder und reichen weiter als gezielte Belehrungen. Die entscheidende Vermittlung sowohl im Bereich des Verhaltens als auch der Wertorientierung geschieht also durch die Person des Erziehers. Dabei sind einzelne Äußerungen und Maßnahmen nicht so wichtig wie die grundsätzliche Übereinstimmung zwischen dem persönlichen Standort des Erziehers und seinem erzieherischen Verhalten. Es geht hier um die Glaubwürdigkeit religiöser Erziehung. Manchmal wird es eine Forderung der Ehrlichkeit sein, die Überlegenheit des Erwachsenen aufzugeben und mit den Kindern zu fragen und zu suchen, wenn Situationen eintreten, die die Oberflächlichkeit des Alltags durchstoßen. Das Kind braucht dann weniger die Antwort durch verbale Erklärungen als vielmehr die Beantwortung der Situation durch die im Tun sich zeigende Stellungnahme des Erziehers. Die religiöse Erziehung verlangt deswegen eine ausgeprägte Sensibilität des Erziehers für die Konsequenzen, die sein Verhalten hat im Blick auf die angestrebten Ziele.

Gilt das schon für die allgemeine religiöse Erziehung, so erst recht für eine bewußt christliche Erziehung. Weil der Erzieher in seiner Person angefordert ist, genügt es nicht, den Kindern einzelne religiöse Angebote zu machen. Das gesamte Erziehungsklima sollte zum Ausdruck bringen, was in biblischen Geschichten über Gott und den Menschen gesagt wird. Das bedeutet für den Erzieher, daß er immer neu versuchen muß, den ganzen Umgang mit dem Kind vom christlichen Glauben her zu gestalten. Schon das Bemühen um diese Umsetzung ist ein Glaubensvollzug und muß notwendigerweise zum Kundtun des Glaubens im Gebet, im Feiern und im Sprechen von Gott hinzutreten. So vollzieht der Erzieher seinen Glauben mit den Kindern, und er sollte dieses Wagnis eingehen, selbst wenn er sich manchen Fragen gegenüber unsicher fühlt. Dort, wo der Erwachsene das Kind an seinem eigenen Glauben, auch an seinem eigenen Suchen teilnehmen läßt, kann es am ehesten Glaubenserfahrungen machen. Zwar muß der Erzieher gleichermaßen allen Kindern gerecht werden, für die er eine pädagogische Verantwortung trägt, auch wenn sie religiös anders geprägt sind als er selbst. Doch bedeutet Toleranz nicht, daß er seine eigene Lebensdeutung nicht offenlegen oder den Kindern Identifikationsangebote vorenthalten sollte.

Planungshilfen für die Arbeit mit Kindern

Im Rahmen der situationsorientieren religiösen Erziehung kann die Planung einer thematischen Einheit unterschiedlich ansetzen:

– von einer *Situation* ausgehend
– von einem *Bibeltext* ausgehend
– von einem *Fest* ausgehend.

Diese drei Ansatzmöglichkeiten werden im folgenden kurz begründet, dargestellt und jeweils an einem Beispiel konkretisiert.

Der Ansatz, der eine *Situation* in das Zentrum der Planung stellt, geht von der Tatsache aus, daß eine momentane, *konkrete Situation* vielschichtiger sein kann, als sie sich im Augenblick zeigt. Oft kann eine Situation nicht allein über einzelne situationsbezogene Lernerfahrungen bewältigt werden, sondern erst über das Ansprechen des Tieferliegenden. Das ist dann gegeben, wenn die konkrete Situation eine *Lebenssituation* des Kindes trifft und dabei allgemeine religiöse *Grunderfahrungen* auslöst, die eine Verarbeitung erfordern (wie Vertrauen und Angst, Freude und Not, Ratlosigkeit und Hoffnung, Liebe und Verlust). Darum sollte der Erzieher kindliches Verhalten mehrdimensional wahrnehmen, d. h. Kindersituationen auf möglicherweise vorhandene religiöse Aspekte hin befragen; denn solche Grunderfahrungen sind nicht unmittelbar, sondern nur über die konkrete Situation zugänglich. Gegebenenfalls kann durch das Aufdecken der religiösen Dimension die Situation erweitert und dem Kind ein neuer Zugangsweg zu ihrer Bewältigung eröffnet werden. Dies gilt sowohl für religiös bedeutsame Situationen, die sich *spontan* in der Kindergruppe ergeben und vom Erzieher aufgegriffen werden, als auch für bewußt *geschaffene* Situationen, die den Kindern Erfahrungen ermöglichen sollen, die ihnen sonst verschlossen bleiben. Eine Situation wird religionspädagogisch dann voll ausgewertet, wenn sie auf mehreren Ebenen angegangen und in ihrem Lebensbezug, ihrem Sinnbezug und ihrem Glaubensbezug beachtet wird.

Lebensbezug

Die Situation „Streit" z. B. als ein alltägliches Vorkommnis kann sich wirklich oder scheinbar im rein Vordergründigen abspielen. Sie kann von einer Meinungsverschiedenheit herrühren, die beigelegt wird und dann erledigt ist. Ein Konflikt in der Gruppe wird jedoch von jedem beteiligten Kind anders erlebt, je nach Lebensgeschichte und sozialer Reife.

Sinnbezug

Dieselbe Situation kann im Kind Grunderfahrungen ausgelöst haben wie Ohnmacht oder Ausgeschlossensein oder das Erleben der Versöhnung. Weil diese Grunderfahrungen einer allgemeinen Befindlichkeit des Menschen, einer Grundsituation entstammen, kann die Erfahrung des Ausgeschlossenseins für ein Kind mehr bedeuten und grundlegender sein als ein momentanes Nicht-zum-Zuge-Kommen. Als Gemeinschaftswesen ist der Mensch darauf angewiesen, vom anderen bejaht und angenommen zu sein. Eine Ablehnung greift in die Bereiche des Existentiellen hinein. Soll das Kind diese allgemein menschliche Grundsituation bewältigen lernen, braucht es Deutungshilfen für seine Grunderfahrung. Manche Spiele (Rollenspiele), vor allem aber Märchen – und das zeigt ihre hohe Bedeutung –, können in gewissem Sinn eine Verarbeitung auf symbolischer Ebene einleiten.

Glaubensbezug

Während jedoch Märchen Grundstrukturen widerspiegeln und so nur allgemeine Deutungsmuster geben, bietet die biblische Erzählung Anteil an der Geschichte Gottes mit dem Menschen selbst. Ein Angebot aus der christlichen Überlieferung reicht darum weiter. Es kann dem Kind eine neue Auslegung seiner Situation und damit eine neue Erfahrungsmöglichkeit erschließen. Die ursprüngliche Grunderfahrung verliert im Prozeß dieser Verarbeitung den Charakter des Allgemeinen und Unentrinnbaren und reift aus zu einer bestimmten persönlichen Grunderfahrung, die deutend und lösend in neue ähnliche Situationen hineinwirkt. Für das Isoliertsein als Grunderfahrung z. B. kann die Begegnung mit dem Verhalten Jesu dem Zachäus gegenüber (Lk 19, 1–10) die entscheidende Bewältigungshilfe sein: Gott ruft mich aus dem Abseits, auch wenn es selbst verschuldet ist.

Beispiel: **„Wir hatten Streit"**

Lebensbezug	„Warum es immer wieder Streit gibt" (Streitanlässe)
Sinnbezug	„Was man statt Streiten tun kann" (Lösungsmöglichkeiten suchen: z. B. vergeben können, Kompromisse oder Regeln finden, helfen u. a.)
Glaubensbezug	„Gott, der Vater, verzeiht dem Schuldigen" (Geschichten des Verzeihens: Lk 11. 4: Vaterunser-Bitte Lk 15, 11–32: Gleichnis vom gütigen Vater, Gen 37 ff. in Auswahl: Josefsgeschichte)
oder:	„Jesus zeigt, wie wir dem anderen helfen können" (Lk 19, 1–10: Zachäus)
oder:	„Christen sollen für den anderen einstehen" (Lk 10, 30–37: Der barmherzige Samariter)

Da sich der christliche Glaube als geoffenbarte Botschaft aus der Heiligen Schrift herleitet, stellen die biblischen Aussagen die entscheidende Orientierung dar für eine religiös-christliche Erziehung. Auch wenn die Bibel sich zunächst an Erwachsene richtet, so ist das „Wort Gottes" nicht auf eine bestimmte Altersstufe begrenzt. Ein weiterer wichtiger Planungsansatz geht daher von einem *Bibeltext* aus. Die Botschaft Jesu kann nicht einfach aus der Situation erschlossen werden, auch bietet sie nicht nur Material für gelegentliche Rückgriffe. Der biblische Text ist eine Vorgabe, die dem Kind Motive und Impulse vermitteln möchte, die ihm zu neuen Lebensmöglichkeiten verhelfen. Dem Kind soll nicht nur *in* der Situation weitergeholfen werden, es soll auch *für* mögliche Situationen vorbereitet und ausgerüstet sein.

Das soll jedoch nicht heißen, daß beim traditionsbezogenen Ausgangspunkt der Planung das Fundament des situationsorientierten Ansatzes verlassen wird. Auch hier gilt die grundsätzliche Forderung, „christliche Überlieferung und heutige Lebenssituation des Kindes ... organisch miteinander zu verbinden" (s. S. 88). Darum ist bei der Auswahl von Themen aus der Tradition das Kriterium zu beachten: Nur was mit der Erfahrung des Kindes irgendwie zu tun hat, nur was im Bereich des für das Kind Erlebbaren liegt, kann es erreichen. In der religiösen Erziehung des Kleinkindes muß die biblische Überlieferung immer mit der Erfahrungswelt des Kindes verknüpft werden, gleichgültig, ob die Situationselemente unmittelbar gegeben oder vom Erzieher geschaffen sind.

Situativer Zusammenhang

Für die Planung des situativen Zusammenhangs, in den der Text eingebunden wird, sollte das Kernanliegen der Schriftstelle bestimmend sein. Meist sind es allgemeine, religiös bedeutsame Grunderfahrungen, auf die der Bibeltext antwortet. Werden sie zum roten Faden gewählt, ist der Bezug zur inneren Aussage des Textes gesichert. Im Beispiel „Gott liebt jeden Menschen persönlich" könnte man die Grunderfahrung, vom Kind her gesehen, vielleicht so umschreiben: „Ich freue mich immer, wenn Vater oder Mutter zu mir sagen: Du bist mein kleiner Schatz!" Die Erfahrungen des Kindes vom Elternhaus her bieten hier also das naheliegende Umfeld.

Glaubensbezug

Die Aussage des Schrifttextes Lk 15, 1–7 – Gott liebt jeden Menschen persönlich – legt es nahe, sie im Sinne einer Vorgabe einzubringen. Denn die Begegnung mit der auf den Menschen gerichteten suchenden Liebe Gottes kann im Kind die wohl elementarste religiöse Grundüberzeugung anbahnen: Gott liebt mich persönlich. Sein Selbstwerterleben wird dadurch gefestigt und um eine neue Dimension erweitert: Weil Gott mich liebt, bin ich ganz viel wert.

Sinnbezug

Diese persönliche religiöse Grunderfahrung soll nicht ohne Konsequenzen bleiben für die zwischenmenschlichen Beziehungen des Kindes. Auf Ungewohntes und Fremdes an anderen reagiert das Kind zunächst mit gefühlsmäßiger Abwehr. Es hat entweder Angst davor oder es ahmt in seinen Vorurteilen Erwachsene, vielleicht die Eltern, nach. Das Kind braucht Hilfe, das Anderssein des anderen verstandesmäßig aufarbeiten zu können. Neben dem Nachdenken über Ursachen und Sinn des Andersartigen ist es in der Erziehung zur Toleranz besonders wichtig, das Kind für Folgen von Vorurteilen zu sensibilisieren, denen die Betroffenen ausgesetzt sind: Durch Auslachen oder Ablehnen wird vor allem das Selbstwertbewußtsein des anderen beeinträchtigt.

Lebensbezug

Es ist sehr viel pädagogischer Takt notwendig, diese Zusammenhänge auf die konkrete Kindergartensituation zu übertragen, damit die Außenseiterrolle eines Kindes sich nicht verfestigt, sondern tatsächlich aufgebrochen wird. Wie Kinder Vorurteile nachahmen, so übernehmen sie eine wertschätzende Einstellung ebenfalls am leichtesten aus der vorgelebten Haltung des Erwachsenen.

Beispiel: **„Gott liebt jeden Menschen persönlich"**

Glaubensbezug	„Bei Gott ist jeder ganz viel wert"
oder:	Lk 15,1–7: Gleichnis vom verlorenen Schaf 1 Sam 3,1–10: Samuel wird von Gott mit Namen gerufen
oder:	Jes 49,15: „Ich vergesse dich nicht"
oder:	Jes 49,16: „Ich habe dich in meine Hand eingeritzt"
Sinnbezug	„Vorurteile" (Warum es Vorurteile gibt – Was meine Vorurteile dem anderen antun)
Lebensbezug	„Außenseiter" (evtl. auffälliges Kind oder Ausländerkind)

Selbstverständlich ist auch ein Vorgehen in umgekehrter Richtung – vom Lebensbezug zum Glaubensbezug – denkbar.

Der Ansatz von einem *Fest* her steht zu den beiden vorausgehenden Planungsansätzen in einer besonderen Beziehung. Was dort im Nacheinander entfaltet wird, verbindet das Fest zu einer Gleichzeitigkeit des Vollzugs. Beim Fest, vor allem, wenn es auch den Akzent der Feier trägt, ist der Mensch ganzheitlich mit allen seinen Erfahrungsdimensionen beteiligt und findet sich so in einem Bezugsrahmen, der seinen Alltag überschreitet:

– Er nimmt mit allen Sinnen die Freuden des Festes in sich auf (Lebensbezug);
– er erlebt das Zueinandergehören in der Mahlgemeinschaft (Sinnbezug);
– er erfährt die Gemeinschaft mit Gott, wie sie der jeweilige Festinhalt vergegenwärtigt und wie sie ihr Endbild findet im ewigen „Hochzeitsmahl" (Mt 8,11; 25,10; Lk 13,29) (Glaubensbezug).

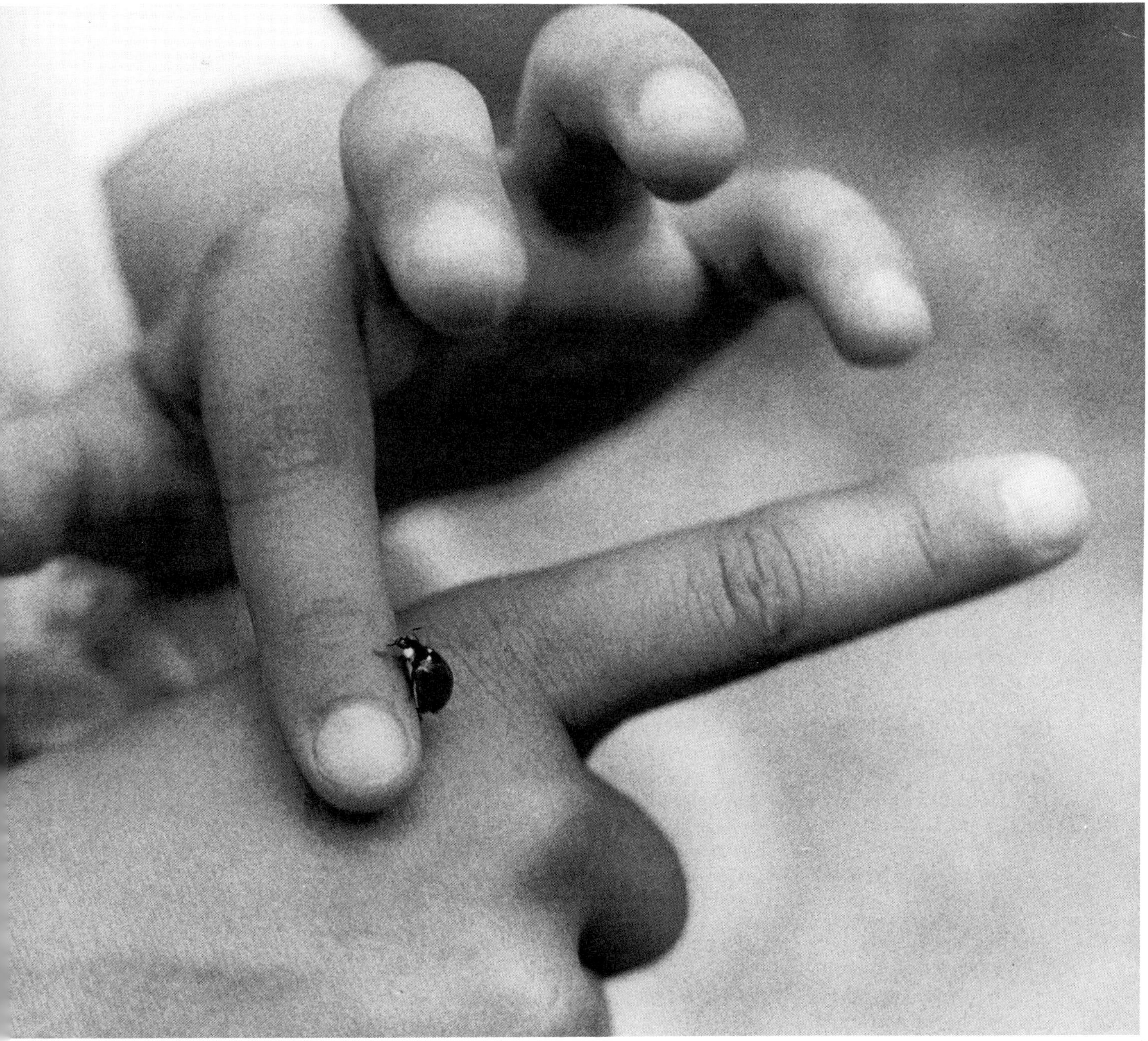

Dabei erweist sich das Brauchtum, das zum Fest gehört, als wertvolles Vermittlungsmedium, weil es durch seine Symbolträchtigkeit verschiedene Wirklichkeitsebenen miteinander zu verbinden vermag. Es wird heute vielfach festgestellt, daß die Fähigkeit des Menschen zum Feiern zurückgeht. Damit verliert der Mensch aber auch die im Brauchtum gegebene Möglichkeit, seinen Lebensbezug, Sinnbezug und Glaubensbezug ineinander zu verankern und so dem Lebenssinn zu begegnen.

Aus dieser Tatsache erwächst für die religiöse Erziehung im Kindergarten eine Aufgabe und zugleich eine Chance, einmal im Blick auf eine Hilfestellung den Eltern gegenüber – damit in der Familie das Fest in neu erfaßter Form wieder aufleben kann –, dann aber vor allem im Blick auf das Kind, das sich noch in einem unmittelbaren Verhältnis zum Fest befindet und seiner Integrationskraft gegenüber besonders geöffnet ist:

– Die durch Vorfreude geprägte Erwartungshaltung und das starke Bedürfnis des Kindes nach Ritualisierung seiner Erlebniswelt – um durch feste Formen der Wiederholung Orientierung zu gewinnen –, wecken eine spontane Aufgeschlossenheit und Motivation für den Werthorizont des Festes und die darin mitgegebenen Erfahrungsmöglichkeiten.

– Der Festvollzug und auch schon seine Vorbereitung enthalten für das Kind viele Gelegenheiten zum Handeln. Im Tätigsein kann das Kind seine affektive Beteiligung erhöhen und zum Bedeutungsgehalt des Festes erlebnismäßig Zugang finden, ohne daß es kognitiv überfordert ist.

– Schon für die allgemeine religiöse Erziehung ist das Fest von großer Bedeutung, weil dort, wo man feiert, die religiöse Ansprechbarkeit des Kindes grundlegend gefördert wird. Eine Feier nimmt auch die unmittelbaren Gegebenheiten der Situation (Lebensbezug) aus ihrer Neutralität heraus und bezieht sie auf einen umgreifenden Sinnzusammenhang. Sie nehmen so teil an der Dimension der Grunderfahrungen (Sinnbezug) und damit am Religiösen schlechthin.

Im gewählten Festbeispiel „Erntedank" ist die eigentliche Erntedankfeier der Höhepunkt und die Zusammenfassung des ganzheitlichen Erlebens von Freude und Dank, das sich über längere Zeit erstreckte.

Lebensbezug

Der Herbst mit seinen Stürmen und seinem Nebel, seiner warmen Sonne und seinen bunten Blättern und vor allem mit seiner unerschöpflichen Vielfalt von Früchten und Gaben, die uns zu-fallen, will von den Kindern mit allen Sinnen erfahren und ausgekostet werden.

Sinnbezug

Haben die Kinder so in vollen Zügen den Herbst erlebt, haben sie die Freude an der Schönheit, an der Fülle, am Guten – als Schmeckbares und Geschenkhaftes gemeint – in sich hochkommen lassen, dann kann in ihnen auch die Bereitschaft zur Dankbarkeit erwachen. Wenn wir unter dem Geschenk der Gabenfülle stehen, wird uns zugleich der Blick auf die Gemeinschaft hin geöffnet.

Glaubensbezug

Eine Erziehung zum Glauben wird es nicht dabei bewenden lassen, das Kind zu den Grunderfahrungen der Freude und der Dankbarkeit geführt zu haben. Der Dank muß sich als Antwortverhalten an Gott, den Schöpfer und Erhalter und damit auch den Geber alles Guten richten können. Ob die Erzieherin den biblischen Schöpfungsbericht einführt oder ob sie zusammenfaßt, was in der Arbeit mit der Kindergruppe den Sommer über an Beziehungen zum Schöpfergott hergestellt wurde, das hängt von ihrer Gesamtkonzeption ab. Als Glaubensaussage sollte das Kind erfahren: Gott hat alles gut gemacht; er hat es für die Menschen gemacht, weil er uns liebt.

Im Fest vereinigen sich diese drei Erfahrungsebenen.

Beispiel: **„Erntedankfest"**

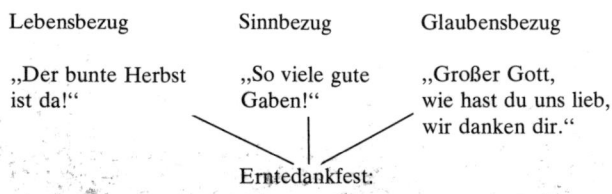

Lebensbezug	Sinnbezug	Glaubensbezug
„Der bunte Herbst ist da!"	„So viele gute Gaben!"	„Großer Gott, wie hast du uns lieb, wir danken dir."

Erntedankfest:

„Wir spielen – wir danken – wir halten Mahl"

Planungshilfen für die Arbeit mit Eltern

Im vorhergehenden wurde bereits an mehreren Stellen deutlich, daß Elternarbeit nicht als Nebenaufgabe des Kindergartens gelten darf, sondern für eine erfolgreiche Erziehungsarbeit die notwendige Voraussetzung ist. Je mehr die Erziehung im Kindergarten die Eltern aktiv einbezieht, umso mehr kann sie familienergänzend wirksam werden, gerade auch im Bereich der religiösen Erziehung. Denn hier ist eine Ergänzung der Familienerziehung ohne Mittun der Eltern am wenigsten möglich. Kindergarten, Elternhaus und Gemeinde sollten eine einheitliche Richtung in der Erziehungsarbeit anstreben.

Die Aufgabe des Kindergartens in der Elternarbeit im Sinne dieses Schwerpunkts geht deswegen in eine doppelte Richtung:
– der Verständigung mit den Eltern über das religionspädagogische Vorgehen im Kindergarten und
– der Motivierung und Befähigung der Eltern, die religiöse Erziehung mitzutragen zusammen mit der Gemeinde, deren Unterstützung unverzichtbar ist.

Zur Realisierung dieser Aufgabe ist eine Planung hilfreich, die, ähnlich wie bei der Arbeit mit den Kindern, entweder an der *Situation*, an der *Tradition* oder an einem *Fest* ansetzt. Übergreifend ist auch hier jeweils der situationsorientierte Bezugsrahmen; denn es kommt darauf an, die Elternarbeit eng mit dem Elternalltag zu verknüpfen. Dabei sind die Eltern nicht nur als Adressaten der Bemühungen des Kindergartens zu verstehen, sondern als echte Partner mit eigenen Erfahrungen.

Planungshinweise für den Ansatz von einer *Situation* aus:
– Von konkreten Erziehungssituationen ausgehen, da Eltern auf diese Weise am leichtesten für Erziehungsfragen interessiert werden –
  Um das Problem der zu großen Nähe auszuschalten, kann auch ein Medium (Film, Tonband) die Kindersituation repräsentieren.
  Gegebenenfalls überschreitet die Situation die Grenzen des Kindergartens und ist in seinem sozialen Umfeld angesiedelt (z.B. Begegnung zwischen Kindern und alten Menschen).
– Situationen so aufschließen, daß Eltern Grundsituationen erspüren lernen (s. S. 92) und damit wach werden für die religiöse Bedeutsamkeit ihres Verhaltens –
  Für die religiöse Erziehung ist ihr alltäglicher Umgang mit dem Kind entscheidend: Das Kind erfährt beispielsweise im Angenommensein durch die Eltern die Annahme durch Gott.
  Im bewußten Erleben und Durchschauen dieser religiösen Dimension ihres Verhaltens ist es den Eltern eher möglich, ihren eigenen Glauben dem Kind sichtbar zu machen.

Planungshinweise für den Ansatz von der *Tradition* aus:
– Auf den Lebenswert einer Begegnung des Kindes mit christlichem Glaubensgut anhand von Beispielen aus der Kindergartenpraxis aufmerksam machen (s. S. 93) –
  Eine Tonbandaufnahme, wie im Kindergarten beispielsweise ein Bibeltext eingeführt und erzählt wird, oder die Schaffung einer direkten Teilnahmemöglichkeit von Eltern im Rahmen des „offenen Kindergartens" haben nicht nur Informations-, sondern auch Erfahrungswert. Wertvolle Impulse für die religiöse Erziehung in der Familie kann die Mitwirkung von Eltern bei der Gestaltung eines thematischen Kinder- oder Familiengottesdienstes wecken; je nach Wahl des Themas gilt dieser Hinweis auch für den Situations- oder Festansatz.
– Den Eltern biblische Grunderfahrungen zugänglich machen, die ihnen helfen, Aussagen der Hl. Schrift in ihren persönlichen Lebensvollzug zu übersetzen –
  Es geht hier um spezifische religiöse Erwachsenenbildung, die nur in einer Zusammenarbeit von Kindergarten und Gemeinde zu leisten ist (z.B. in einer Seminar-Reihe).
  Auf dem bereits vorhandenen Kontaktfundament zum Kindergarten hin kann sich in der Begegnung mit den Verantwortlichen der Gemeinde (Pfarrer, Pastoralassistent usw.) oftmals ein erstes Gemeindebewußtsein bei den Eltern aufbauen.

Planungshinweise für den Ansatz von einem *Fest* aus:
– Die Eltern zum jeweiligen Sinngehalt von Fest und Brauchtum hinführen –
  Die starke Motivationskraft, die von einem Festvorhaben

ausgeht, ist eine gute Hilfe, zum Glaubensbezug eines Festes zu finden.
- Die vielfältigen Handlungsmöglichkeiten, die sich aus der Vorbereitung und Durchführung eines Festes ergeben, für einen Einbezug der Eltern nützen –
Solche Aktivitäten ermutigen die Eltern, auch für die Familie nach sinngemäßen Formen des Feierns zu suchen. Weil es hierbei nicht vorwiegend um sprachliche Kommunikation geht, bietet sich besonders auch ausländischen Eltern eine wertvolle Gelegenheit des Mittuns.
- Das Feiern als wichtiges gemeindebildendes und -stärkendes Element erfahren lassen –
Das Tun und Feiern der Kinder kann – nicht durch Vorführen, sondern durch gemeinsames Vollziehen – Teil der Feier der Gemeinde sein; umgekehrt kann die Gemeinde im größeren oder kleineren Rahmen aktiv teilnehmen am Fest der Kinder.

Für einen Gesamtüberblick über die Methoden der Elternarbeit, die in je spezifischer Weise auch in den Dienst der religiösen Erziehung gestellt werden können, wird auf das Grundlagenkapitel „Zusammenarbeit mit Eltern" (s. S. 5) verwiesen.

3. Literatur und Materialien

Zum Schwerpunkt „Religiöse Erziehung" entstehen konkrete und in der Praxis erprobte

„Materialien zur religiösen Erziehung im Kindergarten",

die über die beiden diözesanen Caritasverbände zu beziehen sind:
Caritasverband der Erzdiözese Freiburg e. V.
– Referat Kleinkindpädagogik –
7800 Freiburg i. Br., Hildastraße 65
Caritasverband für Württemberg
(Diözese Rottenburg-Stuttgart) e. V.
7000 Stuttgart 1, Weißenburgstraße 13

Grundlegende Fachbücher

Betz, F.: Erfahrung vorbereiten. (Pfeiffer-Verlag) München 1975.
Feifel, E. u. a.: Handbuch der Religionspädagogik, 3 Bde. (Benziger Verlag) Köln/(Gütersloher Verlagshaus) Gütersloh 1974.
Fraas, H. J.: Religiöse Erziehung und Sozialisation im Kindesalter. (Verlag Vandenhoeck & Ruprecht) Göttingen 1978[3].
Hofmeier, J.: Erziehung zu Offenheit und Verantwortung. Gewissensbildung im Kindergarten. (Verlag Auer) Donauwörth 1977.
König, H. (Hrsg.): Religiöse Erziehung im Kindergarten. Gesammelte Beiträge für die Praxis. (Kösel) München 1980.
Quadflieg, J./Knörzer, W./Miller, G.: Arbeitshilfen zur religiösen Erziehung und Glaubensunterweisung in Kindergärten und Vorschulklassen. (Deutscher Katecheten-Verein) München 1976.
Ranwez, P.: Religionspädagogik des Kleinkindes. (Benziger Verlag) Köln 1971[2].
Schnee, C. G.: Alles Erste bleibt ewig. (Verlag Auer) Donauwörth 1972.
Spiegel, M. und J. F.: Arbeitshilfen für die religiöse Erziehung im Vorschulalter. (Don Bosco Verlag) München 1973.

Werkbücher

Behr, I.: Mit Staunen fängt es an. (Verlag Benziger) Köln/(Vandenhoeck & Ruprecht) Göttingen 1977.
Betz, F./Becker, A./Kettler, W.: Religiöse Elemente in der Vorschulerziehung. (Pfeiffer Verlag) München 1973.
Bolliger, M./Schären, B.: Weißt du, warum wir lachen und weinen? Vier mal dreizehn Geschichten und Gedichte durch das ganze Jahr. (Kaufmann-Verlag) Lahr 1977.
Emeis, D.: Die große Freude. Kleines Glaubensbuch für Kinder und ihre Eltern. (Herder-Verlag) Freiburg 1977.
Friedrichshafener Kreis: Guntram, J. (Hrsg.): Gottesdienst für kleinere Kinder. Loseblattsammlungen. (Verlag Lorenz Senn) Tettnang 1974.
Großmann, H./Wessels, B.: Komm her, wir feiern heute. Gottesdienste mit Kindern zwischen 4 und 6 Jahren. (Verlag Butzon & Bercker) Kevelaer 1976.
Höfner, V.: Materialdienst zur Gestaltung von Familiengottesdiensten mit Kindern von 4 bis 7 Jahren. KMM-Kirche-Meinung-Medien, Mozartstraße 18, 8702 Würzburg-Lengfeld.
Jellouschek, H./Wessinger, W. (Hrsg.): Mit Kindern glauben lernen. (Verlag KBW) Stuttgart 1974.
Kett, F.: Kinder erleben Gottesdienst. Liturgische Feiern. Wortgottesdienste. Eucharistiefeier. (Don Bosco Verlag) München 1979[2].
Longardt, W.: Katechetische Spielmappen
  1. Wenn wir uns gestritten haben
  2. Wenn wir manchmal Angst haben
  3. Wenn einer keinen Freund hat
  4. Was ich auch schon kann
  5. Wenn ich groß bin
  6. Worüber wir staunen
Ostern entdecken. Spiel- und Arbeitsmappe.
Pfingsten entdecken. Spiel- und Arbeitsmappe. (Christophorus-Verlag) Freiburg/(Kaufmann) Lahr.
Seitz, R./Summerer, H. (Hrsg.): Kann man Gott malen? Schöpferische Glaubenserfahrung im Kindergarten. (Don Bosco Verlag) München 1978.

Steinwede, D.: Sachbilderbücher zur Bibel (auswahlweise). (Verlag Patmos) Düsseldorf/(Kaufmann) Lahr.
Steinwede, D./Ruprecht, S.: Vorlesebuch Religion 1. (Verlag Benziger) Köln/(Kaufmann) Lahr/(Vandenhoeck & Ruprecht) Göttingen 1979[11].
Stoevesandt, K./Schäfer, L.: Feste und Festzeiten im Kindergarten. (Verlag Kaufmann) Lahr 1978[4].
Wölfel, U.: Die grauen und die grünen Felder. (Anrich-Verlag) Mülheim 1970.

Religiöse Bilderbücher

Aichinger, H.: Der Hirte. (Schroedel-Verlag) Hannover 1977.
Bernadette: Varenka. Nach einer russischen Legende erzählt. (Nord-Süd-Verlag) Mönchaltorf/Schweiz 1971.
Bernadette/Hanhart, B.: Das Vaterunser. (Nord-Süd-Verlag) Mönchaltorf/Schweiz. Auch als Diareihe erhältlich über: Studio R, Westendstraße 8, 8011 Kirchheim bei München.
Bernadette: Maria, die Mutter Jesu. Als Diareihe in Vorbereitung. Text: FSP Gengenbach. Über Studio R, s. o.
Bolliger, M./Schären, B.: Eine Wintergeschichte. Legende um die Geburt Christi. (Artemis-Verlag) München.
Fährmann, W./Schmitt-Menzel: Nikolaus und Jonas mit der Taube. (Echter-Verlag) Würzburg.
Hock, K.: Telat sucht den Regenbogen. (Verlag Herder) Freiburg 1979[3].
Iguchi, B.: Der Hirtenbub von Bethlehem. (Verlag Kaufmann) Lahr.
Joudrou/Wiemer: Vom Anfang der Kirche. (Echter-Verlag) Würzburg 1978.
Kasuya, M.: Die Arche Noah. (Verlag Wittig) Hamburg 1977.
Ders.: Der große Turm. (Verlag Wittig) Hamburg 1977.
Miyoshi: Jona. (Verlag Wittig) Hamburg.
Piatti, C.: Die Heilige Nacht. (Verlag Kaufmann) Lahr.
Reihe: Was uns die Bibel erzählt. Zeichnungen von Kees de Kort. (Verlag KBW) Stuttgart.
Zavrel, S.: Sie folgen dem Stern. (Patmos-Verlag) Düssedorf.
Zavrel, S.: Erde unser schöner Stern. (Patmos-Verlag) Düsseldorf 1971.

Liederbücher

Krenzer, R. (Hrsg.): 100 einfache Lieder Religion. (Christophorus-Verlag) Freiburg/(Kaufmann) Lahr 1978.
Linke, Ch.: Lieder für uns. (Verlag Kaufmann) Lahr 1969.
Longardt, W.: Du bist unter uns. (Gütersloher Verlagshaus) Gütersloh 1976.
Rommel, K. (Hrsg.): Lieder zur Weihnachtszeit. (Christophorus-Verlag) Freiburg/(Kaufmann) Lahr.
Watkinson, G. (Hrsg.): 111 Kinderlieder zur Bibel. (Christophorus-Verlag) Freiburg/(Kaufmann) Lahr.
Watkinson, G. (Hrsg.): 9 x 11 neue Kinderlieder zur Bibel. (Christophorus-Verlag) Freiburg/(Kaufmann) Lahr, 3. Aufl. 1974.
Zarncke, L.: Kindergebete zum Singen. (Verlag Styria) Graz 1972.

Kinderbibeln

Elementarbibel. (Kösel-Verlag) München. Teil 1: Abraham, Isaak und Jakob; Teil 2: Mose und Josua; Teil 3: Könige in Israel.
Klink, J.: Vorlesebibel. (Verlag Herder) Freiburg 1978.
Reidel, M./Boros, L.: Das Buch von unserem Herrn Jesus. (Patmos-Verlag) Düsseldorf 1977.
van der Land, S./Bouman, B./bearb. von Beck, E.: Meine Bilderbibel. Das große Buch von Gott und den Menschen. (Verlag Butzon & Bercker) Kevelaer 1976.
Steinwede, D.: Zu erzählen deine Herrlichkeit. (Verlag Pfeiffer) München 1977[8].

Kindergebetbücher

Albrecht, K.: Kinder reden mit Jesus. (Verlag KBW) Stuttgart 1978[6].
Betz, F.: Schau her, lieber Gott. Bildergebetbuch für Kinder von 3 bis 5 Jahren. (Verlag Pfeiffer) München 1978[10].
Bloch, D.: Gut, daß du da bist. (Verlag Kaufmann) Lahr.
Hoffmann-Herreros, J.: Deine Hand Gott – Gebete mit Kindern. (Patmos-Verlag) Düsseldorf 1974.
Hutter, E./Scheffler, U.: Gott hört uns, wenn wir beten. (Verlag Herder) Freiburg 1979[8].
Osterwalder, J.: Das Bethaus. Gebete für Kinder in Familie, Schule und Gemeinde. (Matthias-Grünewald-Verlag) Mainz 1977.
Klink, J.: Nicht im Sturm, nicht im Feuer. (Patmos-Verlag) Düsseldorf.
Leist, M.: Gebetbuch für Kinder und ihre Eltern. (Verlag Herder) Freiburg.
Rost, D./Machalke, J.: Du bist bei mir. (Gütersloher Verlagshaus) Gütersloh 1974.

Zeitschriften

Welt des Kindes. Kösel-Verlag, München.
Kindergarten heute. Verlag Herder, Freiburg.
Religionspädagogische Praxis, RPA-Verlag rel. päd. Arbeitshilfen, Trappentreustraße 1, 8015 Markt Schwaben.
was + wie? Gütersloher Verlagshaus, Gütersloh.

Ausleihstellen für Dias und Filme

1. Kreisbildstellen (teilweise).
2. Medienzentrale der Erzdiözese Freiburg, Okenstr. 15, Freiburg.
3. film-bild-ton, Fachstelle für Medienarbeit in der Diözese Rottenburg-Stuttgart, Sonnenbergstr. 15, Stuttgart 1.
4. Evang. Medienzentrale, Theodor-Heuss-Str. 23, Stuttgart 1.

Sprechen und Sprache

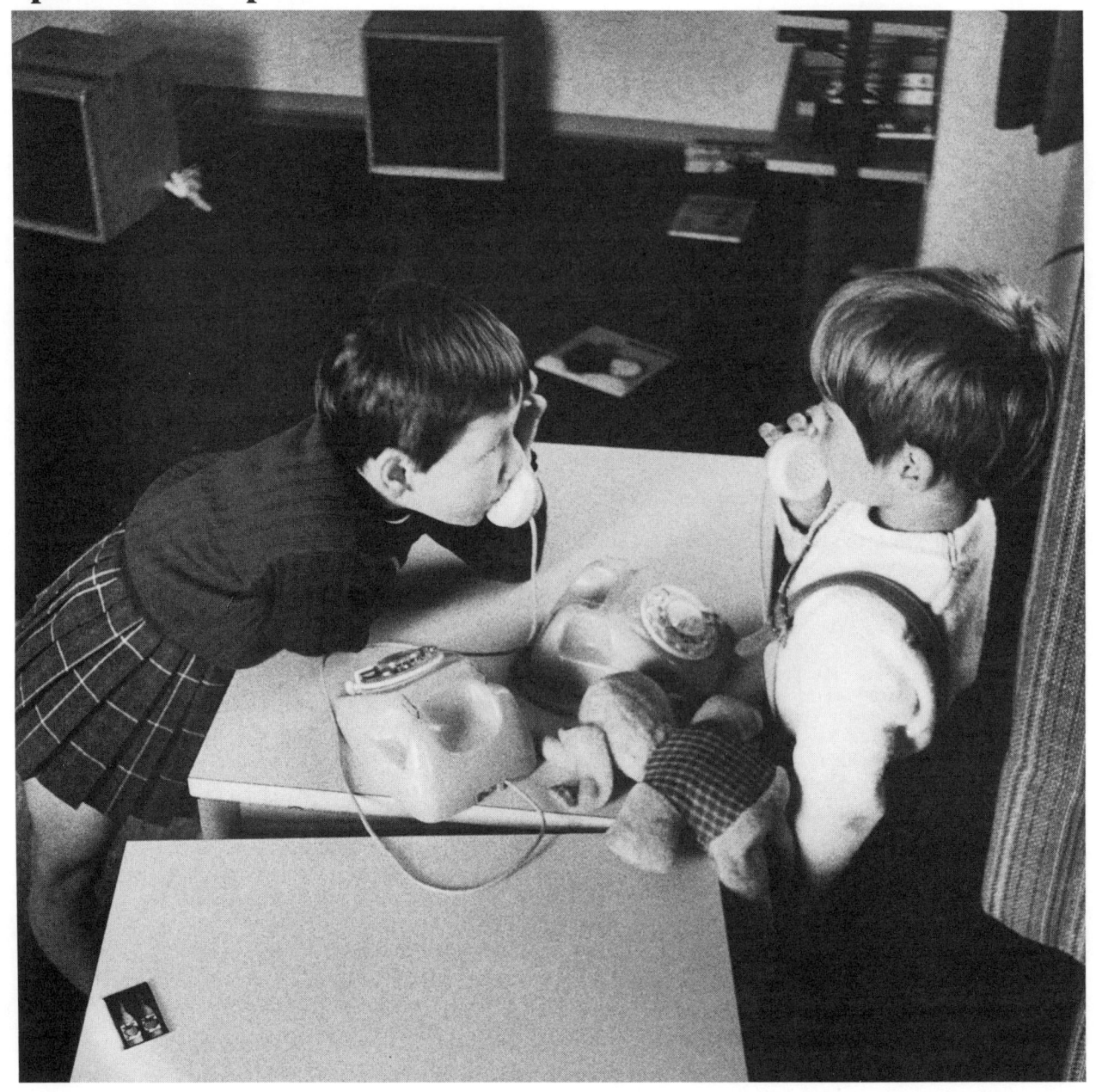

1. Begründung und Zielstellung

In der Sprache seiner Umwelt begegnen dem Kind verschiedene Sehweisen, Urteile, Normen und Denkweisen. Diese übernimmt es oder setzt sich im Laufe der Entwicklung mit ihnen auseinander und bildet so auch an Hand der Sprache sein Weltbild aus.

Die persönliche Entfaltung, die Fähigkeit, soziale Beziehungen aufzubauen, Lernerfolg und die Mitgestaltung des gesellschaftlichen Lebens hängen in hohem Maße von dem Grad der Sprachbeherrschung ab. Sprechen und Sprache eines Kindes zu fördern ist daher zentrales Anliegen der pädagogischen Arbeit im Kindergarten: Als übergreifendes Prinzip ist es Bedingung für und Aufgabe des Lernens in anderen Bereichen. Sprache wird in vielen Situationen des Kindergartenalltags wichtig für Kinder und Erzieher.

Kommt ein Kind mit drei Jahren in den Kindergarten, besitzt es bereits sprachliche Fähigkeiten und Fertigkeiten. Diese Voraussetzungen berücksichtigt der Erzieher bei der Sprachförderung der Kinder. Der Kindergarten bietet dazu besonders gute Bedingungen, weil hier Kinder in altersgemischten Gruppen beieinander sind, die sich in Sprech- und Denkstrukturen nahestehen. Die Herkunft aus unterschiedlichem sozio-kulturellen Sprachmilieu regt die Kinder gegenseitig an und hilft zu altersangemessenen Korrekturen. Jedem Kind werden Spiel- und Lebenssituationen eröffnet, die im Zusammenhang mit sozialem Lernen (vgl. Schwerpunkt „Soziales Lernen") vielfältige Sprechanlässe bieten.

Am Ende der Kindergartenzeit soll das Kind eine gewisse Sicherheit und Selbständigkeit im Gebrauch der Sprache erworben haben. Dies ist eine wesentliche Hilfe zu selbständigem und sozialem Verhalten, stärkt das Vertrauen des Kindes in seine eigenen Fähigkeiten, hilft ihm bei der Auseinandersetzung mit seiner Umwelt und schließlich bei der Darstellung seiner Wünsche, Bedürfnisse und Gefühle. Diese Sicherheit ist außerdem eine wichtige Voraussetzung dafür, die Anforderungen der Schule zu bewältigen. Durch die Begegnung mit Literatur (Reime, Bilder- und Sachbücher, Märchen und Gedichte, Theater) sollen Phantasie und schöpferisches Denken gefördert, die Erlebnisfähigkeit und Ausdruckskraft angeregt und das Verständnis der Welt erweitert werden.

2. Grundlagen

Schon das kleine Kind ist auf Kommunikation angewiesen und zur Kommunikation fähig. Grundlegende Fertigkeiten erwirbt es in den ersten Lebensjahren. Dabei geht der Aufbau der Sprache einher mit dem Erwerb sozialen Verhaltens und ist bedingt von dem Anregungsmilieu und dessen Sprechmotivationen. Dieser fundamental wichtige Prozeß ist mit dem 4. Lebensjahr weitgehend abgeschlossen. Die darauf aufbauende Sprachentwicklung vollzieht sich als Differenzierung der erworbenen Grundstrukturen: Die elementaren Formen werden entfaltet, verfeinert und erweitert.

Kommt ein Kind in den Kindergarten, verfügt es in der Regel über sprachliche Grundstrukturen. Es hört und versteht Sprache und kann sich selbst mitteilen. Es verwendet die ihm vertrauten Sprachmittel: seine individuelle Intonation, Gebärde und Mimik, seine individuelle Sprache. In seiner Sprache klingt seine augenblickliche Einsicht von Welt ebenso an wie die Erkenntnislage, die von der sozialen Umwelt und dem geistig-seelischen Entwicklungsstand beeinflußt ist. Stets ereignet sich das Sprechen des Kindes, während es mit Personen und Dingen umgeht.

Sprechen und Sprache hat für die gegenwärtige und zukünftige Entwicklung des Kindes grundlegende Bedeutung:
1. Durch Sprechen und Sprache stellt es Beziehung zu anderen Menschen her.
2. Durch Sprechen und Sprache äußert, erkennt und verarbeitet es seine Gefühle, Wünsche und Bedürfnisse.
3. Mit den Mitteln der Sprache verarbeitet es Erscheinungen und Vorgänge der Umwelt; diese werden durch Sprache verfügbar.
4. Durch den Umgang mit Literatur erfährt es über die sachliche Information hinaus eine durch Phantasie erweiterte Empfindungs- und Erlebniswelt.

Obwohl die verschiedenen Aspekte der Sprache für die kindliche Entwicklung hier in gesonderten Abschnitten vorgestellt werden, greifen sie in der Wirklichkeit – im kindlichen Sprechen – dicht ineinander: eine reale Sprechsituation schließt stets verschiedene Aspekte ein.

Das Kind entfaltet in außerordentlicher Offenheit sein Ausdrucksvermögen. Es braucht behutsame Partner, die ihm ein notwendiges Maß an Sicherheit vermitteln, daß es sich zu verwirklichen wagt.

Für den Erzieher stellt sich die schwierige Aufgabe, sich in das Kind einzufühlen, zu verstehen oder zu ahnen, was im Kind vor sich geht, zu sehen und zu begreifen, was für das einzelne Kind wichtig ist. Dies verlang Sensibilität für Situationen, in denen Sprache für Kinder wesentlich ist.

Zu 1: Beziehungen zu anderen Menschen herstellen

Das Interesse des kleinen Kindes richtet sich zunächst eher auf den Menschen, der sich äußert, als auf den Sinn des Gesprochenen. Schon der Säugling versucht durch Schreien, Lallen und Weinen Verbindung zur Umwelt aufzunehmen. Dazu kommt sehr bald die Freude an den Tönen, an bestimmten Lauten. Schließlich wird die Sprache selbst zum wichtigsten Verständigungsmittel. Wo das Kind den Sinn der gesprochenen Worte noch nicht voll versteht, entnimmt es aus dem Klang des Gesprochenen, aus der Stimmlage, der Mimik, der Gestik des Sprechenden den Sinnzusammenhang. Mimik, Gestik, Intonation und der Lautcharakter der gesprochenen Worte sind besonders für Kinder im Kindergartenalter noch unerläßliche Hilfsmittel des Miteinander-Sprechens und Sich-Verstehen-Könnens. Der Grund dafür liegt unter anderem darin, daß der sprachliche Austausch von Kindern miteinander oder mit Erwachsenen hauptsächlich emotionale, bedürfnisbestimmte Informationen enthält.

Erst das ältere Kindergartenkind richtet seine Aufmerksamkeit immer mehr auf den informativen Sinn des Gesprochenen, auf die genaue Bedeutung einzelner Wörter und Begriffe, auf die logisch-strukturierenden Elemente der Sprache (zeitliche, konditionale Verknüpfungen u. a.). Wenn es selbst spricht, verwendet es nach wie vor die ihm vertrauten Mittel der Verständigung: seine individuelle Sprache, seine eigene Mimik, Gestik und Intonation.

Sprachförderung in diesem Alter ist an konkrete Sprechanlässe des Kindergartenalltags gebunden. Im Umgang mit Personen und Dingen gebraucht, übt und erweitert das Kind seine verfügbaren sprachlichen Mittel und lernt Sprache als Verständigungsmittel einzusetzen. Dabei ist die Erweiterung der vertrauten individuellen Sprachgewohnheit (Dialekt, vgl. S. 104) zur gebräuchlichen Umgangssprache äußerst behutsam zu fördern.

Zu 2: Gefühle, Wünsche, Bedürfnisse äußern, erkennen und verarbeiten

Gefühl und Denken, Denken und Sprechen sind beim Kind eine Einheit, auch wenn es sprachlich nicht alles ausdrückt bzw. nicht alles ausdrücken kann, was es empfindet oder denkt. „Kleine Kinder wissen und verstehen viel mehr als sie in Worte kleiden können."[28]

Das Kind sollte lernen, seine Gefühle, Wünsche und Empfindungen sprachlich auszudrücken und sich ihrer dadurch bewußt zu werden. Voraussetzung hierzu ist, daß das Kind weiß, daß es seine Gefühle und Wünsche frei äußern darf. Erst wenn der Erzieher die Emotionen des Kindes kennt, kann er ihm bei deren Verarbeitung weiterhelfen.

Wenn ein Kind gelernt hat, seine Wünsche, Bedürfnisse, auch seine Aggressionen durch Sprache auszudrücken, hat es einen großen Schritt vorwärts getan. Durch die sprachliche Äußerung seiner Probleme wird es freier und sicherer und ordnet sich in ein soziales Feld ein (vgl. Schwerpunkt „Soziales Lernen").

Der Erzieher macht dem Kind Mut, seine Gefühle zu zeigen und sie spontan zu äußern: Eine ausgesprochene Angst ist bereits gemildert, Unbehagen oder Zorn kann durch eine Erklärung verarbeitet werden, z. B.: „Du hast dich sehr geärgert, weil du das Spiel abbrechen mußtest." Er freut sich mit den Kindern: Er nickt aufmunternd zu, lacht, äußert seine Anteilnahme durch Gebärden und Blicke ... Sprache ist ein Ausdrucksmittel der individuellen Persönlichkeit. Sprachmethoden, Sprachdynamik, Sprachinhalte (Wortwahl) zeigen eine momentane Verfassung des Sprechers an und lassen Züge seiner Persönlichkeit erkennen. Diese individuellen sprachlichen Eigenheiten sind zu beachten. Jede „Gleichmacherei" durch „Sprachdrill" hat im Kindergarten keinen Platz.

Zu 3: Erscheinungen und Vorgänge in der Umwelt durch Sprache erkennen und verarbeiten

Das Kind lernt Erscheinungen und Vorgänge unterscheiden und benennen. Die zunehmende Differenzierung im Erleben und Wahrnehmen geht Hand in Hand mit einer Erwei-

---

[28] Holt, J.: Wie Kinder lernen. Weinheim 1971.

terung der Begriffswelt. Das Benennen von Personen, Dingen und Vorgängen hilft dem Kind zugleich Erlebnisse ins Gedächtnis aufzunehmen und Wahrnehmungen zu speichern. Es ordnet der sinnlichen Erfahrung der Dinge deren Namen zu. Das heißt: Personen, Dinge und deren Beziehungen (räumlich, zeitlich, sozial, materiell) werden auch in Abwesenheit für das Kind verfügbar. Sprache hat somit eine wichtige Funktion bei der Differenzierung des Bewußtseins und des Erlebens. Für den Aufbau einer reichen Erlebniswelt des Kindes ist es sehr wichtig, daß nicht nur das Wort, sondern möglichst viel von der Sache selbst mit aufgenommen wird. In seiner natürlichen Neugier fragt das Kind nach Erklärungen für Erscheinungen und Vorgänge in seiner Umwelt. Es sucht durch eigenes Nachdenken – auch durch lautes Denken – und mit Hilfe des erklärenden Partners (Erwachsene oder Kinder der Gruppe) nach Lösungen.

Zu 4: Umgang mit Literatur

Die gestaltete Sprache in Literatur (Kindergedichte, Reime, Märchen, Erzählungen und Bilderbücher) zeigt den Kindern eine Empfindungs- und Erlebniswelt, die über die rein sachliche Information von Wirklichkeit hinausgeht. Neben der ihnen bekannten Wirklichkeit in gewohnter Gestalt erleben sie nun eine neue, durch Phantasie überhöhte Wirklichkeit in ungewohnter Gestalt. Diese vermittelt Gefühle, Gedanken und Erlebnisse anderer Menschen. Die Kinder setzen sich mit diesen Inhalten intensiv auseinander, sie identifizieren sich mit den Gestalten oder lernen, sie in Frage zu stellen. Sie erleben die Spannungen, die Überwindung von Gefahren und die Lösung von Problemen mit. Dies kann auch für das einzelne Kind eine wichtige Entwicklungshilfe bedeuten. Eine gute Literatur-Auswahl aus dem breiten Angebot ist unerläßlich (vgl. dazu: S. 112ff.).

Jeder *Erzieher* nimmt auf die sprachliche Entwicklung der ihm anvertrauten Kinder Einfluß, unabhängig davon, ob er direkt eingreift oder ob er – sich selbst zurückhaltend – beobachtet. Aus der großen Beeinflußbarkeit der jüngeren Kinder leitet sich seine Verantwortung für ein positives Zusammenspiel aller Personen im Kindergarten her.
Das Medium, mit dem der Erzieher im Kindergarten arbeitet, ist die Sprache. Er muß immer wieder und konsequent darüber nachdenken und entscheiden, wie er sein Verhalten, insbesondere sein sprachliches Vorbild am besten für die sprachliche Entwicklung der Kinder dienstbar machen kann. Die Besonderheit der Einrichtung und die Individualität der Kinder läßt es nicht zu, allgemeingültige Regeln zu formulieren. An einzelnen Aspekten sollen dem Erzieher im folgenden Impulse für die Reflexion seines Sprechens und seiner Sprache gegeben werden.
In einer sprachanregenden Umwelt entwickeln Kinder eine differenzierte Sprache. Der Erzieher sollte sich deshalb um eine bildhafte, natürliche und verständliche Sprache bemühen. Kinder haben ein erheblich langsameres Sprechtempo als Erwachsene und benötigen mehr Zeit für das Verstehen. Ein ruhiges, nicht hastendes Tempo ist für die Sprache des Erziehers wichtig. Will er Wichtiges mitteilen, überhöht er seine Stimme nicht, sondern sorgt für Aufmerksamkeit. Sprachmelodie und Sprachrhythmus sowie Lautstärke paßt er der jeweiligen Situation an: Zum Erzählen braucht er den „Erzählton", will er zu einem Spiel ermuntern, drückt er dies in einem neugierig machenden Ton aus. Beim Loben und Anerkennen gebraucht er Sprechnuancen und vermeidet stereotype Redewendungen.
Wenn Kinder erzählen oder tätig sind, hält sich der Erzieher zunächst zurück. Er ist sich bewußt, daß die sogenannte „Kindersprache" entwicklungsbedingt, d. h. einer bestimmten Entwicklungsstufe angemessen ist. Er beachtet weiter, daß die Ausdrucksmöglichkeiten des Kindes nicht wie beim Erwachsenen primär sprachlich, sondern auch gestisch und mimisch geprägt sind. Ein vorzeitiges Eingreifen in das natürliche alltägliche Sprechen des Kindes verunsichert, verletzt und entmutigt es. Bei ständiger Kritik an der Form seiner Sprache verlernt das Kind überhaupt, sich mitzuteilen. Der Erzieher sollte die Sprechlust, das Mitteilungsbedürfnis, die Freude an der Sprache beim Kind fördern. Er unterstützt das Neugierverhalten des Kindes und geht auf dessen Fragen ein. Er kann auch zuhören und läßt Kindern viel Raum für sprachliches Handeln. Anordnungen oder Vorschläge sollten nur in einer positiven Form gegeben werden. Er selbst ist mit Fragen zurückhaltend. Die Kinder werden nicht durch Abhören oder Ausfragen zum Sprechen motiviert, sondern durch Anteilnahme des Erziehers. Kursmäßiges Lernen, formale Sprachübungen, zeitliches Überziehen von

"Sprachübungen" stellen für das Kindergartenkind eine Überforderung dar. Der Erzieher sollte ein Angebot nur so lange ausdehnen, als es das Interesse der Kinder zuläßt.
Bei aktuellen Situationen läßt er die Kinder miterleben, daß auch der Erwachsene Gefühle hat, sie zuläßt und äußert. Zorn, Ärger, Freude, Sorge, Traurigkeit oder Angst kann er äußern, um die Kinder im fortlaufenden Prozeß teilnehmen zu lassen, wie er Gefühle verarbeitet. Die Kinder erleben dabei: Auch wir können unsere Gefühle äußern; der Erwachsene weiß Rat und Trost (vgl. Schwerpunkt „Soziales Lernen").
Die eigene Sprache, nämlich Wortwahl, Aussprache und Intonation, kann der Erzieher mit Hilfe von Tonbandaufnahmen, durch gegenseitige Hospitation und Gespräche mit Kollegen kontrollieren und verbessern.

Bei *dialektsprechenden Kindern* ist folgendes zu bedenken:
Der Dialekt ist regional bedingt und wird meist bis ins Erwachsenenalter beibehalten. Kinder sind zunächst in dieser Sprache zu Hause. Sie vermittelt ihnen die Vertrautheit, das Sich-Sicher-Fühlen in der Sprachwelt. Verlangte der Erzieher von den Kindern mit dem Tage des Eintritts in den Kindergarten die Hochsprache zu sprechen, wäre zu befürchten, daß ihre Sicherheit und ihr Selbstvertrauen erschüttert würde, da ihre eigene und die Sprache der Umgebung abgewertet wird. Ihre Redefreudigkeit würde stark eingeschränkt, und Sprachhemmungen würden aufgebaut. Ihre oft bildhafte, reiche und differenzierte Dialektsprache würde ersetzt durch eine formale Sprache, so daß die Sprachentfaltung eher beeinträchtigt als gefördert würde.
Sprachförderung im Kindergarten bedient sich dort des Dialekts, wo dieser die natürliche Sprechweise des Kindes ist. Kinder sollen fähig werden, sich sprachlich angemessen zu verhalten.
Auf der anderen Seite hören auch diese Kinder die Hochsprache durch das Medium Fernsehen und lernen sie zu verstehen. Durch Erzählen oder Vorlesen von Geschichten oder Märchen, durch das Auswendiglernen von Reimen, Gedichten und Liedern schafft der Erzieher Anlässe, die Hochsprache zu erleben.
Spricht ein Erzieher die Hochsprache, sollte er einzelne Dialektwendungen (Formen der Beschwichtigung, Redewendungen des Lobens und Tröstens) beherrschen, auf jeden Fall aber das dialektsprechende Kind verstehen und ihm inhaltlich richtig antworten können. Treten diese Kinder in den Kindergarten ein, sollte der Erzieher bedenken, daß seine Sprache ein Faktor für die Fremdheit der Einrichtung sein kann.

3. Beispiele, Anregungen und Anlässe

Sprache wird im Kindergarten nicht gelehrt, sondern Kinder erproben Sprechen und Sprache durch ihre und während ihrer alltäglichen Handlungen.
Sprachförderung im Kindergarten heißt deshalb vor allem, sprachanregende Situationen zu schaffen, in denen Kinder hören und sprechen, Sprache erleben und Sprache erproben und sich selbst durch Sprache mitteilen.
Sprachförderung ist eingebettet in den Kindergartenalltag. Sie ereignet sich im Umgang der Kinder untereinander ebenso wie im Deuten von Lebensvorgängen bei Tieren und Pflanzen, im Rollenspiel, bei einer Bilderbuchbetrachtung oder während eine Geschichte vorgelesen wird.
Die Freude am Sprechen und die Spontaneität im Ausdruck ist im Kindergarten zu erhalten oder zu wecken und zu fördern. Die emotionale Sicherheit des Kindes ist dabei eine wichtige Voraussetzung.
Im täglichen Geschehen in der Kindergruppe sucht oder nutzt der Erzieher Gelegenheiten, die Kinder zum sprachlichen Handeln aufzufordern. Auf der anderen Seite plant oder schafft er in der Gruppe bestimmte Situationen, die sie zum Sprechen herausfordern. Dabei beachtet er die sprachliche Entwicklung einzelner Kinder in der Gruppe.
Der erste Aspekt setzt voraus, daß der Erzieher intensiv beobachtet, wann und wie die Kinder aus seiner Gruppe sprechen, unter welchen Bedingungen das Mitteilungsbedürfnis der Kinder spontan ausgelöst wird, bei welchen Vorfällen, durch welches Verhalten von Kindern oder des Erziehers dieses eingeschränkt, gehemmt, abrupt beendet oder herausgefordert und verstärkt wird. Die Sprachgewandtheit einiger Kinder hält beispielsweise andere, schüchterne oder spracharme Kinder oft davon ab, selber zu sprechen. Wie

der Erzieher helfend und erfinderisch eingreifen kann, zeigen zwei Beispiele:
Einem Erzieher fällt auf, daß die Spielzeugtelefone immer wieder von den sprachgewandteren Kindern der Gruppe zu spontanen und dann ausgiebigen Rollenspielen benutzt werden, während andere Kinder passiv zuschauen oder zuhören, selbst aber nie oder höchst selten die Spielzeugtelefone zum Anlaß eigener Spiele nehmen. Der Erzieher versucht nun den schüchternen, weniger sprachgewandten Kindern die Scheu vor dem Selbsttun zu nehmen. Er kann selbst mit ihnen „telefonieren" und ihnen zeigen, daß es ihm Freude macht, durch das Telefon zu sprechen. Er kann sie dann animieren, wenn die sprachgewandteren Kinder bei anderen Tätigkeiten sind und nicht zuhören. Dabei muß er auch wortkarge Äußerungen anerkennen.

Kinder entdecken eines Morgens Tulpenzwiebeln auf der Fensterbank, die der Erzieher dort abgelegt hat und einpflanzen will. Die Kinder fangen an zu fragen, Vermutungen zu äußern, etwas vorzuschlagen, Wissen auszutauschen. Der Erzieher sollte die Kinder gewähren lassen, weiter beobachten; er könnte versuchen, zurückhaltend zu steuern. In jedem Fall sollte er häufiger ähnliche sprachanregende Situationen bewußt vorbereiten.

Der andere Aspekt verlangt vom Erzieher, daß er sprachanregende Situationen vorplant und die notwendigen praktischen Voraussetzungen dafür schafft: Er gestaltet den Gruppenraum, stellt Materialien und Medien bereit, plant den Tagesplan und bedenkt sein erzieherisches Verhalten in der Weise, daß sprachanregende Situationen und Gelegenheiten entstehen, die Kinder zum sprachlichen Handeln auffordern. Wohlgemerkt: Nicht der Erzieher ist hier der Auffordernde, sondern die Situation selbst enthält den Anreiz zum sprachlichen Handeln.

Dazu zwei Beispiele:
Ein Erzieher, der die Tulpenzwiebeln aus unserem obigen Beispiel neben einen Blumenkasten auf die Fensterbank legt, weil er sich davon einen Anreiz für Neugierde und Nach-Fragen erhofft, hat bereits eine sprachanregende Situation geschaffen. Ein solches Angebot können die Kinder annehmen; es kann aber auch ohne Beachtung bleiben. In diesem Fall sollte der Erzieher nicht darauf pochen, daß seine Absicht verwirklicht wird.

Ein Erzieher möchte, daß die Kinder seiner Gruppe aus spontaner Lust heraus Rollenspiele zu spielen beginnen und auch für längere Zeit sprachlich ausspielen. Er kann folgende Vorbereitungen treffen: Eine Kleiderkiste ist immer benutzbar; entsprechende Utensilien (Mützen, Pfeife, Brille, Regenschirm etc.) stehen bereit; Fotos (von Berufen, Tätigkeiten etc.) hängen an der Wand; informative Bilderbücher liegen aus. Das alles wird am besten in einer abgegrenzten Ecke vorbereitet, die solchen Spielen vorbehalten bleibt. Die Lust hier zu spielen, wird auch dann nicht gebremst, wenn ein anderes Angebot des Erziehers in der Großgruppe mit wahrgenommen werden soll.

Um dem Erzieher das Auffinden und das Erfinden sprachanregender Situationen zu erleichtern, werden im folgenden einige Anregungen gegeben. Der Erzieher soll in dieser Spur weiterdenken und selbst erfinderisch werden. Jeder Erzieher muß jedoch für seine Gruppe oder für einzelne Kinder seiner Gruppe Schwerpunkte setzen und prüfen, in welchen Bereichen er mehr, in welchen er weniger sprachanregende Situationen anbietet.

Durch Sprache zu anderen Menschen Beziehungen herstellen

Sich Mitteilen

Dem großen Mitteilungsbedürfnis der Kinder stehen oft sprachliche Unbeholfenheit, psychische Hemmungen und mangelnde Aufmerksamkeit der umgebenden Personen (Kinder wie Erzieher, überhaupt Erwachsene) im Wege. Die Sensibilität für das Mitteilungsbedürfnis des Partners kann der Erzieher fördern, indem er viele Anlässe zu Gesprächen mit einzelnen Kindern, mit Kleingruppen und den Kindern untereinander nutzt und fördert. Am Morgen ist er bereit für Einzelgespräche. Während oder am Ende des Vormittages oder des Nachmittages spart er Zeit für Einzelgespräche aus. Er unterbricht auch wichtige Tätigkeiten, um einem Kind zuzuhören. Solche Unterbrechungen kann er anderen Kindern gegenüber begründen. Diese Kinder spüren dann, wie wichtig der Erzieher Mitteilungen jedes einzelnen Kindes nimmt; sie fühlen sich bestärkt, auch ihrerseits das Gespräch mit dem Erzieher zu suchen. Er bewundert, lobt und erzählt von sich in der Hoffnung, das Kind erwidert mit eigenen Erlebnissen. Kindern gewährt er Raum und Zeit für Gespräche: sie finden Nischen vor, in die sie sich zurückziehen können, er erweitert die Gesprächsanlässe auch auf andere Räume des Kindergartens (beim Waschen, Ankleiden, Essen) und läßt Kinder selbst entscheiden, mit wem sie wie lange zusammensein und was sie dabei tun wollen. Er versucht, kontaktarme Kinder allmählich in das Geflecht gegenseitiger Mitteilungen einzufügen. Er arrangiert die Vesperstunde in der Weise, daß hier einzelne Kinder einer Gruppe etwas mitteilen können. Eine Fernseher-Attrappe kann Kinder zum Vorsprechen anleiten.

Gesellen sich Kinder zusammen, um etwas auszumachen, läßt er sie gewähren. Hier funktioniert das Wechselspiel von Sprechen und Zuhören ohne vermittelndes Eingreifen des Erziehers. Bei vielen Aktivitäten (Malen, Bauen, Werken) sprechen Kinder so intensiv miteinander, daß sie darüber das Malen, Bauen und Werken vergessen. Auch hier sollte der Erzieher die Kinder gewähren lassen und nicht unbedingt dazu anhalten, zu den ursprünglichen Tätigkeiten zurückzukehren.

Fragen

Alles kindliche Fragen braucht eine Antwort, wenn das Frageinteresse des Kindes erhalten bleiben und einen angemessenen Ausdruck in der kindlichen Sprache finden soll. Dabei sollte der Erzieher bedenken, daß Kinder durch ihr Fragen nicht immer nur etwas in Erfahrung bringen, sondern daß sie über eine Frage auch die Zuwendung des Erziehers erreichen wollen.

Deshalb muß sich der Erzieher bemühen, auf alle Fragen der Kinder eine zufriedenstellende, verständliche Antwort zu geben. Hierzu dienen auch die Gespräche, zu denen oben angeregt wird. Auch Kinder finden auf Kinderfragen Antwort. Der Erzieher gibt Impulse: Auch der ... weiß darüber gut Bescheid, den könntest du fragen. (Sollte der Erzieher allerdings merken, daß es dem Kind mit seiner Frage um die Zuwendung des Erziehers zu tun ist, darf er das Kind nicht weiterschicken.) Er verweist gelegentlich auf informierte Erwachsene, lädt sie in die Gruppe ein (Hausmeister, Lehrer, Arzt, die Kollegin von der anderen Gruppe) oder besucht sie mit den Kindern.

Er legt Dinge aus, die zum Fragen provozieren (Materialtisch): einen nicht mehr funktionierenden Wecker, Blumenzwiebeln, unbekannte Geräte, Steine, Pflanzen, Wurzeln, Knospen. Schließlich sollte der Erzieher mit seinen Kindern dorthin gehen, wo es noch etwas zu fragen gibt: auf die Baustelle, zum Hafen, auf den Bahnhof, zu einer Mühle ... (vgl. die Schwerpunkte „Soziales Lernen", „Erfahrungen mit der Umwelt").

Bitten und Ablehnen

Hier achtet der Erzieher vor allem auf die Wechselwirkung des eigenen und des kindlichen Verhaltens. Ein Kind soll etwas ablehnen dürfen. Um so eher wird es Ablehnungen anderer, auch des Erziehers, verstehen. Wenn ein Kind um etwas bittet, sollte die Antwort nicht nur ja oder nein heißen. Der Erzieher sollte sein Nein begründen und dem Kind zugleich die Wiederholung seiner Bitte, vielleicht in abgewandelter Form, ermöglichen. Er sollte alle Kinder anhalten, auch untereinander Bitten und Ablehnungen zu begründen. Gelegentlich gibt er Kindern Aufträge, deren Erfüllung eine Bitte erforderlich macht.

Sich verteidigen und jemanden in Schutz nehmen

Kinder geraten miteinander immer wieder in Streit. Sehr oft können sie allein keine Lösung finden. Sie suchen dann entweder Hilfe beim Erzieher oder gehen Streit aus dem Weg oder entwickeln aggressives Verhalten oder ziehen sich mit ihren Problemen zurück (vgl. Schwerpunkt „Soziales Lernen").

Ein Erzieher, der Auseinandersetzungen zwischen Kindern nur mit der Autorität des Erwachsenen zu schlichten versucht, hindert Kinder daran, selbst nach brauchbaren Übereinkünften zu suchen, diese durch Miteinandersprechen bewußt werden zu lassen und gegenseitiges Verstehen aufzubauen. Er sollte dagegen Kinder erzählen lassen, wie es zu einem Streit gekommen ist. Dabei kommt auch das angefeindete Kind oder die angefeindeten Kinder zu Wort. Er regt an darüber nachzudenken, aus welchen Gründen ein Streit sich nicht vermeiden ließ und führt Kinder schrittweise zu selbständigen Einigungsversuchen.

Kinder sind durchaus in der Lage, für andere Kinder einzustehen. Der Erzieher sollte sie dazu ermuntern. Im Rollen-

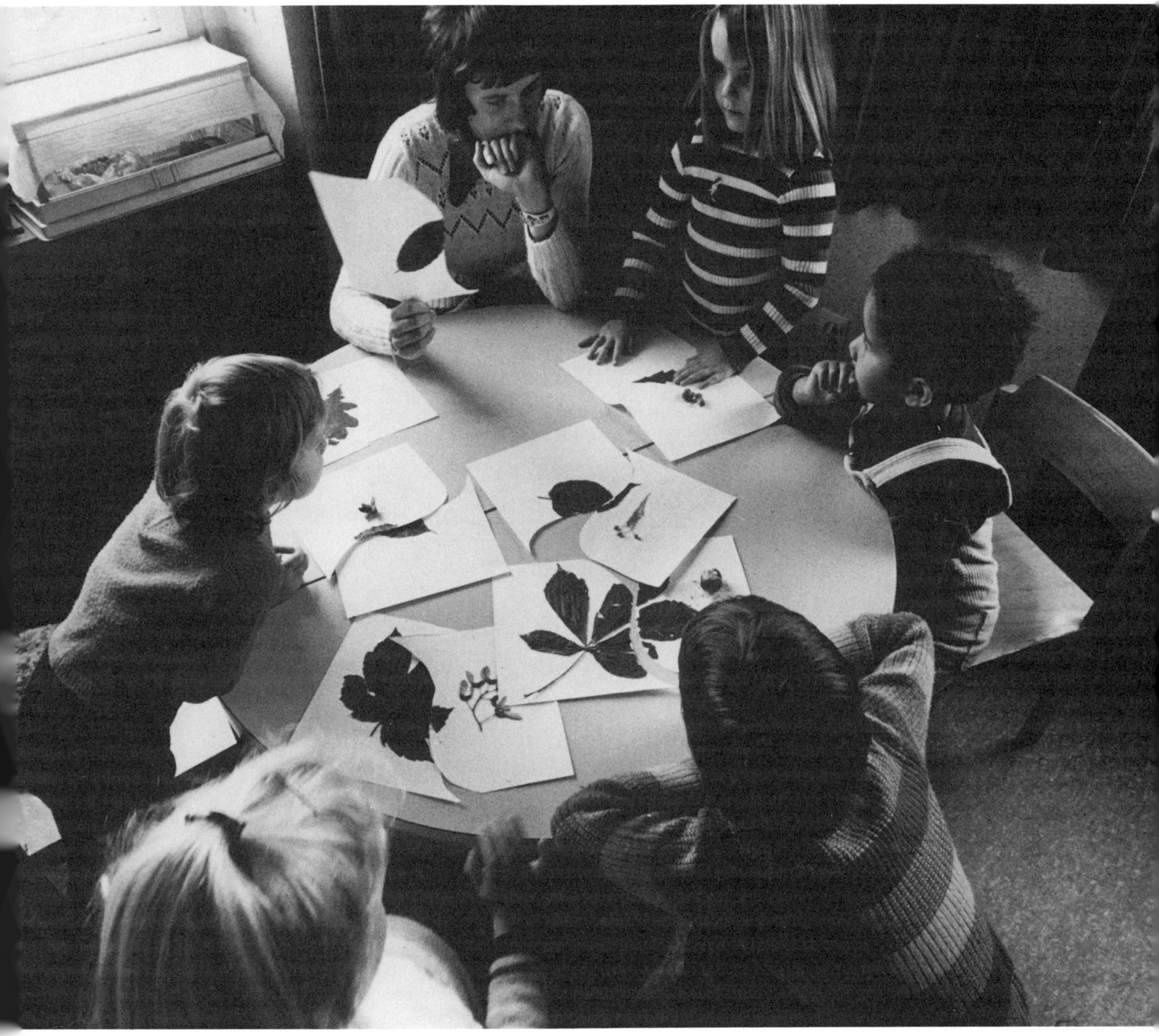

spiel können die Kinder auch ohne konkrete Anlässe spielen und sprechen, wie einer sich verteidigt oder jemanden in Schutz nimmt (Situation durch eine Geschichte, durch Bilder oder ein Puppenspiel vorgeben).

Gemeinsam überlegen, planen und ausführen

Die Bereitschaft der Kinder, spontane Beschäftigungs- und Spielideen auszuführen, wird jeder Erzieher kontinuierlich unterstützen und Zeit, Material und Raum zur Verwirklichung bereitstellen. Solche Spielideen können angesichts bereitgelegter Materialien (Hölzer, Nägel, Hammer, Farben, Pinsel, Obst, Messer, Fahrzeuge usw.) ebenso entstehen wie spontan aus Erzählungen oder vorausgegangenen Spielen, aus dem Fernsehen, aus Bilderbüchern, momentanen Einfällen. In beiden Fällen sollte der Erzieher die Kinder dazu ermuntern, sprachlich vorwegzunehmen, was sie tun und ausführen wollen. (Wie willst du das denn machen?) Wo sich die Gelegenheit bietet, sollten Kinder auch andere Kinder für ihre Spiel- oder Beschäftigungsideen gewinnen können: sie tragen vor, was sie vorhaben und überlegen dann in der Gruppe mit anderen Kindern, wie sie das in die Tat umsetzen können. Dazu ein Beispiel:
Ein Kind möchte etwas kochen. Der Erzieher kann es ermuntern, andere Kinder für sein Vorhaben zu gewinnen und mit ihnen zu überlegen, was gekocht werden soll, was dazu benötigt wird, wer welche Aufgaben übernimmt. Die Kinder lernen hier, Planungsgespräche in einfacher Form zu führen, aufeinander zu hören, sich zu ergänzen, sich zu korrigieren. Was ausgedacht ist, kann man vortragen. Man kann andere Kinder zum Mitmachen gewinnen. Der Herstellungsvorgang und die Veränderung der Nahrungsstoffe wird beobachtet und sprachlich begleitet. Ist das Gericht mit Appetit verzehrt, kann den anderen mit Genugtuung darüber berichtet werden.
Wenn Kinder angeregt werden, Spiele oder Unternehmungen außerhalb des Kindergartens zu planen, dann müssen diese auch ausgeführt werden dürfen. Einfallsreichtum, Phantasie und kreatives Denken werden herausgefordert. Es wächst auch die Bereitschaft, alltägliche Verrichtungen mit Sprache zu begleiten und die Erfahrungen anderen Kindern mitzuteilen.

Etwas in Erfahrung bringen wollen

Anregungen geben heißt hier beispielsweise, ein Spielangebot zu schaffen, bei dem das Kind die Bewegungsmöglichkeiten seines Körpers erspüren kann; bei dem es Töne, Klänge und Geräusche unterscheiden und mit ihnen probieren darf (vgl. die Schwerpunkte „Bewegungserziehung", „Rhythmisch-musikalische Erziehung"); bei dem es erfahren darf, wie Blumen, Speisen, Farben, Leder, Holz usw. riechen; wie Säfte, Salz, Zucker, frisches Brot, trockenes Brot schmecken; bei dem es Steine, Eis, Wasser, Erde, Ton, Hölzer, Baumrinden, Stoffgewebe, Nahrungsmittel, Felle, die Haut berühren, betasten, befühlen darf; bei dem es mit den Augen immer wieder etwas Neues sehen und entdecken kann (vgl. Schwerpunkt „Erfahrungen mit der Umwelt"). Unter dem Gesichtspunkt der Sprachförderung heißt Anregungen geben hier zugleich jedoch auch, die gewonnenen Eindrücke sprachlich zu verarbeiten, in Sprache festzuhalten. Je intensiver die sinnenhafte Erfahrung der Dinge ist, desto nachhaltiger baut sich beim Kind die Vorstellung über seine Umwelt auf. Eine differenzierte Wahrnehmung ist die beste Grundlage und Voraussetzung für den Erwerb einer differenzierten Begriffswelt.
Anregungen geben bedeutet weiter, die Kinder zum Fragen zu provozieren und mehrere Möglichkeiten zur Lösung anzudeuten. Besonders geeignet sind Vorgänge oder Erscheinungen, die Neues, Ungewohntes, Überraschendes zeigen, dadurch die kindliche Neugierde wecken und zum Probieren und Nachspüren herausfordern, bis eine Lösung gelingt.
Ein Beispiel: Kinder arbeiten mit Ton. Es macht ihnen Freude, den glitschigen, feuchten Stoff mit ihren Fingern und Händen zu drücken, zu quetschen, zu schlagen, zu formen. Ihr Interesse ist zunächst ganz auf die glitschige Masse gerichtet, darauf, wie sie sich anfühlt, wie sie sich formen, teilen, verändern läßt.
Der Erzieher beobachtet, wie einzelne Kinder ihr Tun sprachlich begleiten, muntert andere auf, auch zu sagen, wie sich ihr Ton anfühlt, wie sie ihn in eine andere Form bringen, wie die Hände ihn verändern können. Dann richtet sich das Interesse auf die Figur, die die Kinder formen wollen. Schließlich werden die Figuren zum Trocknen aufgestellt und nach einigen Tagen bemalt oder gebrannt. Dazwischen

ist Gelegenheit zu provozierenden Hinweisen: Vorher war der Ton glitschig, glatt und feucht, jetzt fühlt er sich fest, rauh und trocken an. Die Kinder vermuten verschiedene Gründe. Manche ihrer Antworten sind einleuchtend. Das Feuchte, das Nasse, das Wasser ist raus; oder noch kürzer: Das ist ausgetrocknet.

Viele Kinder geben sich mit einer solchen Erklärung zufrieden. Der Erzieher jedoch könnte erneut nachhaken: Wohin ist das Feuchte, das Wasser, die Nässe gegangen? Die Antworten der Kinder sind Vermutungen und Wissen vom Hörensagen oder basieren auf ähnlichen Erfahrungen. Wissen sollte der Erzieher die Kinder zur Kenntnis nehmen lassen, zu Vermutungen aber sollte er in jedem Fall anregen. Vermutungen reizen Kinder zum (sprachlichen und damit gedanklichen) Widerspruch, zum Assoziieren, zum Kombinieren, zum Ausprobieren. Das Ausprobieren kann an unterschiedlichen Materialien und bei unterschiedlichen Bedingungen geschehen: feuchter Ton wird auf der Heizung, in der prallen Sonne oder im Schatten oder draußen im feuchten Gras zum Trocknen ausgelegt; Papier, das sich voll Wasser saugt, wird an Leinen aufgehängt, in die Sonne gelegt oder im Backofen erwärmt; Wasser in einem Teller auf die Fensterbank gestellt... (vgl. die Schwerpunkte „Ästhetische Erziehung", „Erfahrungen mit der Umwelt").

Ein zweites Beispiel: Ein Kind hat zum Frühstück Kirschen mitgebracht. Es sammelt die Kirschkerne und versucht, sie mit den Zähnen, später mit den Füßen, schließlich mit dem Hammer aufzubrechen. Es zeigt anderen Kindern den Samen. Auch hier kann der Erzieher zum Beobachten, Nachdenken und Tun anregen: Um den Samen ist eine harte Schale! Vermutungen werden geäußert. Es werden andere Früchte mitgebracht, untersucht, ihre Kerne oder Samen werden verglichen; ein Kind schlägt vor, Samen und Kerne einzupflanzen. Der Erzieher legt Bohnen auf feuchte Tücher: Die Kinder beobachten, wie diese keimen und Wurzeln schieben. Anschließend besuchen alle eine Gärtnerei oder Baumschule (vgl. auch Schwerpunkt „Erfahrungen mit der Umwelt").

Sprachförderung wird überall dort sinnvoll praktiziert, wo der Erzieher die Fragen der Kinder nach Zusammenhängen, nach Erklärungen für Erscheinungen und Vorgänge der Umwelt aufgreift oder bei konkretem Anlaß herausfordert und in ein Handlungsgeschehen einmünden läßt, das praktisches Tun und sprachliches Tun eng miteinander verbindet. Solche Handlungszusammenhänge stellen alle Vorhaben dar, die in den Kindergarten hereingenommen werden, zum Beispiel Obst einkaufen und einen Obstsalat zubereiten; eine Ausstellung mit den Werken der Kinder zusammenstellen und den Eltern und Großeltern zeigen; ein Gemüsebeet anlegen und pflegen; Instrumente für eine Liedbegleitung aussuchen oder selbst herstellen.

Auch Vorhaben außerhalb des Kindergartens besitzen sprachfördernde Qualitäten, etwa der Besuch einer Baustelle, die Befragung des Vorarbeiters; ein Besuch im Altenheim; ein Besuch in der Grundschule (vgl. dazu das Kapitel „Zusammenarbeit zwischen Kindergarten und Grundschule", S. 9 ff.).

Gefühle zeigen

Für jedes Kind ist es wichtig, die eigenen Gefühle zu erkennen und mit Hilfe der Sprache auch zu identifizieren, zu verdeutlichen oder abzureagieren. Der Erzieher kommt diesem Bedürfnis beispielsweise entgegen,

– indem er Gefühlsäußerungen der Kinder akzeptiert, sie also nicht blockiert oder unterdrückt und auf diese im Gespräch eingeht;

– indem er nach Spielformen sucht, in denen Kinder lernen können, Gefühle, Empfindungen, Wünsche sprachlich auszudrücken;

– indem er stellvertretend für das Kind dessen Gefühlszustand zu erfassen versucht und für das Kind in Worte faßt;

– indem er sich selbst zu seinen Gefühlen bekennt und darüber auch mit den Kindern spricht.

Im Kindergartenalltag läßt er den Kindern die Möglichkeit, ihren Wünschen nachzugehen und ihre Gefühle zu zeigen: Sie können Spielzeug und Spiel selbst wählen; sie können sich zurückziehen und allein sein; sie können ihre Spielpartner wählen; sie dürfen Zärtlichkeiten untereinander austauschen, laut sein, ärgerlich sein, Enttäuschungen zeigen, weinen, Wut und Feindseligkeit im Schimpfen und Beschimpfen entladen. (Das letztere als Durchlaufstadium und nicht als Dauerzustand). Auch aggressives Verhalten von Kindern gehört zu den Gefühlsäußerungen, die der Erzieher akzeptieren muß. Gerade hier ist die Sprache ein gutes Ventil. Kinder können ihren Ärger, ihre Wut verbal äußern und abreagieren. Der Erzieher muß verständnisvoll auf die aggressiven Reaktionen der Kinder eingehen, indem er zugesteht, daß er manchmal auch so empfindet.

Der Erzieher sollte gemeinsam mit dem aggressiven Kind, aber auch mit den anderen Kindern nach Gründen für Wut oder Zorn suchen und überlegen, wie man ihm jetzt helfen kann. Das fördert das Verständnis der Kinder für ihre eigenen Gefühle und Empfindungen und hilft vielleicht auf Dauer, entstandene Konflikte durch Äußerungen des Verstehens und Zurückweisens zu mildern oder aufzulösen. Für das jüngere Kindergartenkind ist es oft keine Hilfe, wenn der Erzieher ihm die Ursachen für sein aggressives Verhalten erklärt. Hier hilft der Erzieher oft besser, indem er durch einfühlsames Handeln eine rasche Lösung herbeiführt. Bilderbücher, Geschichten und Märchen leisten den Kindern dabei Hilfen. In ihnen begegnen sie Gefühlsäußerungen und Handlungen anderer Menschen. Sie bieten Lösungen von Spannungen und Orientierungspunkte für das eigene Ich (vgl. Schwerpunkt „Soziales Lernen", S. 46ff.)

Exkurs: Unterstützende Angebote in Einzelfällen

Sprachförderung im Kindergarten ist durchgängiges Prinzip für alle Situationen und Prozesse des Kindergartenalltags. Im aktiven Umgang mit Personen, Gegenständen und Vorgängen ihrer Umwelt erleben und erproben Kinder ihre Sprache.

Vom Erzieher geplante Angebote zur Sprachförderung müssen folglich in natürliche Spiel- und Sprechsituationen eingebettet sein und sind, wie weiter oben verdeutlicht wurde, im Rahmen einer allseitigen Förderung zu verfolgen, beispielsweise Hören und Sprechen oder Singen; Sprechen und Sich-Bewegen; Fragen/Vermuten und Beobachten/Erkunden/Beschreiben einer Pflanze oder eines Tieres. Auf diese Weise üben, erweitern und differenzieren die Kinder praktisch „nebenbei" ihre akustische und optische Wahrnehmungsfähigkeit, ihr Artikulationsvermögen, die Fähigkeit, anderen aufmerksam zuzuhören. Durch Betrachten, Nachfragen, Nachdenken, Hantieren und Probieren, Verändern von Gegenständen der belebten und unbelebten Natur lernen Kinder nicht nur deren Eigenschaften kennen, sondern erwerben neben einer erweiterten Begrifflichkeit gleichzeitig ein differenziertes Wahrnehmen und Erleben dieser Gegenstände, deren Veränderungen und Entwicklungen.

Sprachhemmungen werden vor allem dann beseitigt, wenn sich das Kind angenommen und sicher weiß. Diese Sicherheit wird gefestigt durch eine freundliche Atmosphäre, eine kindgerechte Raumaufteilung und anregungsreiche Materialausstattung und ein positives Erzieherverhalten. Unterstützende Angebote können sein Gespräche in kleinen Gruppen, Koordination von Rhythmik und Sprechen, Sprechen und Singen, Sprechen und Klatschen u. a. Besondere Hilfen, den Ernstcharakter mancher Sprechsituationen zu entschärfen, bietet das Rollenspiel: Indem das Kind seine Person im Spiel „vergißt", verliert es allmählich seine Scheu, vor anderen zu sprechen.

Rhythmik macht musikalisch-sprachliche Sachverhalte leiblich erfahrbar. Musik und Sprache haben Rhythmus (lang-kurz), Melodie (hoch-tief), Klang (hell-dunkel), Dynamik (laut-leise) und Akzentsetzung (schwer-leicht) gemeinsam. Diese Grundelemente sind leiblich erfahrbar, rufen andere Bewegungsreaktionen hervor; zur Sprachbildung mit gleichmäßigem Versmaß können Bewegungen erfunden und verschiedene Tempi erfahren werden. Ein differenzierter Einsatz der Artikulationswerkzeuge (Lippen, Zunge, Gaumen) kann durch Zungenbrecher, Schnellsprechverse u. a. erreicht werden. Rhythmik schafft bewußt Spielsituationen, in denen über die Bewegung Erfahrungen gemacht werden können, die dann zur Begriffsbildung („be-greifen") führen: Die Verwendung vielfältiger Gegenstände und Materialien differenziert die Ausdrucksfähigkeit der Kinder. Bei der Behandlung von Sprechschwierigkeiten, z.B. Stottern, kann der gesungene Text eine wichtige Rolle spielen (vgl. Schwerpunkt „Rhythmisch-musikalische Erziehung").

Deutliches Sprechen (artikuliertes Sprechen) wird durch Blas-Spiele (Tüte, Luftballon aufblasen, Seifenblasen, Papier über einen Kamm legen und anblasen), durch Lippenübungen, durch Verse, welche abwechselnd bestimmte Konsonanten oder Vokale hervorheben, gefördert.

Sach- und Bilderbücher, Spiele und Spielzeuge, Gegenstände aller Art regen Kinder zum Fragen an. Der Erzieher sollte sich bemühen, stets sachentsprechend zu antworten, zum Nachdenken und Verändern auffordern. Dadurch weitet er die Begrifflichkeit der kindlichen Sprache aus. Die pantomimische Darstellung, wie Leute auf dem Marktplatz, auf dem Weg zum Bahnhof, in den Parkanlagen gehen, wie Tiere sich bewegen – alternativ auch in Rätselform –, hilft anschaulich, Begriff und Bedeutung einander zuzuordnen. Spiele, die bestimmte Sprachmuster erfordern (vgl. Schwerpunkt „Spielen"), Märchen und Geschichten, die Kinder packen und zum Nacherzählen oder Nachspielen auffordern, Schilderungen von Handlungsabläufen, Beschreibungen von Sachen (etwa beim Kuchenbacken) und von Prozessen (Verarbeiten von Ton: dieser ist zuerst glitschig, dann ... trocken und hart), fördern die Ausdrucksfähigkeit der Kinder. Unterstützend können Bildergeschichten, Bildkärtchen, die eine bestimmte Situation aufgreifen, im Kindergarten seit langem verwendete Spiele wie „Alle Vögel fliegen hoch" eingesetzt werden.

Ist abzusehen, daß in Einzelfällen die pädagogischen Maßnahmen innerhalb der natürlichen Sprechhandlungssituationen nicht ausreichen, um Entwicklungsverzögerungen oder -auffälligkeiten des Spracherwerbs auszugleichen, können weitere gezielte Angebote in Einzelbetreuung oder Kleingruppenform unterbreitet werden. Eine unterstützende sprachliche Förderung brauchen oft die ausländischen Kinder der Gruppe (vgl. Schwerpunkt „Pädagogische Hilfen für die Arbeit mit ausländischen Kindern im Kindergarten"). Der Erzieher bedenkt dabei, daß es sich hier nur um punktuelle, kurzfristige und in einem Sinnzusammenhang mit dem Kindergartenalltag stehende motivierende Übungen handelt, welche die Kinder nicht überfordern oder langweilen dürfen. Grundsätzlich dürfen diese Übungen das freie Spielen der Kinder in keiner Weise einschränken.

4. Elternarbeit

Für die Zusammenarbeit mit Eltern im Hinblick auf „Sprechen und Sprache" im Kindergarten ergeben sich insbesondere folgende Schwerpunkte:

– Der Erzieher nimmt Kontakte mit dem Elternhaus auf, um die Sprachwelt des Kindes kennenzulernen.
– Der Erzieher informiert Eltern über die „Bedeutung von Sprache und Sprechen" sowie über seine Arbeit in diesem Bereich.
– Der Erzieher gibt Eltern Anregungen, wie sie die Sprache ihres Kindes fördern können.

Das Kind hat in den ersten Lebensjahren Sprach- und Verhaltensmuster des Elternhauses übernommen. Um die Spracheigenheiten eines Kindes beurteilen und ggf. ausgleichen zu können, muß der Erzieher die Sprachumwelt kennen.

Bei solchen Beobachtungen ist es wichtig zu erfahren, ob das Kind wenig Sprachanregungen erhalten hat (weil z.B. ein Elternteil Ausländer ist und mit ihm nicht Deutsch spricht). Der Erzieher versucht ggf. durch individuelle Anregungen auszugleichen. Er gibt dem Kind Hilfestellung und Impulse beim Spielen, Anregungen beim Betrachten eines Bilderbuches, ermuntert es zum Erzählen usw.

Der Erzieher informiert über seine Arbeit. Er muß damit rechnen, daß manche Eltern von ihm ein gezieltes Sprachtraining erwarten. Ihnen hat er bewußtzumachen, daß solche Leistungserwartungen aus Erfahrung überholt sind, daß jedoch die Sprachförderung im Zusammenhang mit Spielen und Handeln in Lebensvollzügen Erfolge verspricht und auch der kindlichen Entwicklung entspricht. Der Erzieher kann in Einzelgesprächen informieren, er wird jedoch auch einmal einen Elternabend zu diesen Fragen anbieten. Dazu kann er einen Fachreferenten einladen (Psychologen, Sprachheillehrer, Logopäden).

Der Erzieher kann den Eltern Hinweise zur Entwicklung der Sprache im Kindesalter geben. Wichtig ist der Hinweis, daß viele Sprachauffälligkeiten u.U. entwicklungsbedingt sind und meist ohne Hilfe von selbst verschwinden.

Auch die Motive, die zu Sprachstörungen führen können (z.B. mangelnde sprachliche Zuwendung der Eltern), sollten zur Sprache kommen.

Der Erzieher hat die Aufgabe, im Rahmen des Kindergartenalltags das normale Kind zu fördern. Er wird den Eltern gegenüber seine Kompetenzen darstellen und zeigen, daß er wohl Sprachstörungen bei Kindern beobachten kann und die Eltern darauf aufmerksam macht. Er wird ihnen auch beratende Dienste vermitteln (vgl. Schwerpunkt „Vom Umgang mit Kindern, die schwieriges Verhalten zeigen"). Auf keinen Fall jedoch kann der Erzieher im Kindergarten sprachtherapeutisch tätig werden.

Der Erzieher wird die Eltern mit den Medien (Bilderbücher, Geschichten, Verse) vertraut machen, die er im Zusammenhang mit Sprachförderung einsetzt. Er kann ihnen gelegentlich Bücher übers Wochenende ausleihen und Rätsel, Abzählreime, Lieder und Geschichten vervielfältigen und den Kindern mit nach Hause geben. Er wird Eltern beraten, bestimmte Bücher für ihr Kind zu kaufen und ihnen an einzelnen exemplarisch die Möglichkeiten erschließen, die sie für die Sprachaneignung bieten.

5. Exkurs: Über den Umgang mit Literatur im Kindergarten

Literatur hat faszinierende und belebende Wirkungen auf Kinder. Sie zeigt nicht nur eine über rein sachliche Informationen hinausgehende Empfindungs- und Erlebniswelt, sondern vermittelt Gedanken, Gefühle und Erlebnisse anderer Menschen. Das Kind setzt sich intensiv mit ihr auseinander und identifiziert sich sehr oft mit den Gestalten oder lernt sie in Frage zu stellen.

Literarische Gattungen haben für alle Schwerpunkte Bedeutung. Aus der Fülle des Angebots an Kinderliteratur sollen hier nur die wichtigsten Gattungen herausgegriffen und an einigen Beispielen exemplarisch deren Funktion in der Entwicklung des Kindes aufgezeigt werden.

Zu den bedeutsamsten Literaturgattungen, mit denen das Kind im Vorschulalter in Berührung kommt, zählen das Bilderbuch, Reime, Lieder, Gedichte, Rätsel und Sprachspielereien, Geschichten, das Puppenspiel oder Kaspertheater.

Das Bilderbuch

nimmt in der gesamten Kindergartenpädagogik einen wichtigen Platz ein. Welche Bedeutung es für Kinder hat, wird sehr gut verdeutlicht in dem Bilderbuch „Frederick"[29] von Leo Lionni:

Eine Mäusefamilie bereitet sich auf den Winter vor, indem sie Körner, Nüsse, Weizen und Stroh sammelt. Nur Frederick beteiligt sich nicht an diesem Treiben. Er sammelt indessen einen „Vorrat" an Sonnenstrahlen, Farben und Wörtern. Als im Winter die Nahrung aufgezehrt ist, greift Frederick zu seinen „Vorräten" und läßt die Mäusefamilie durch seine Geschichten Kälte und Hunger vergessen.

„Farben" – das sind Bilder, Eindrücke, Vorstellungen –; „Wörter" sind Verse, Geschichten, geistiges Gut; „Sonnenstrahlen" sind Wärme, Licht, Freude, Kräfte, die das Gemüt ansprechen.

Kinder brauchen solche Bilder und Geschichten. Sie erfreuen im Winter, sprich Alltag, und sind lebensnotwendig, um inmitten einer Konsumgesellschaft, in der vor allem materielle Güter gesammelt werden, bestehen zu können. Sie stärken die Vorstellungskraft und führen heraus aus der Enge und öden Langeweile des Alltags.

Das Bilderbuch bietet vielfältige Möglichkeiten, Wünsche und Bedürfnisse (z. B. nach farbenfrohen Bildern, nach Abenteuer, nach Geborgenheit, nach Freunden, nach Information) der Kinder zu befriedigen, Interessen und Neigungen sowie bestimmte kognitive, emotionale und soziale Fähigkeiten zu fördern. Dabei bilden Neugier, Erkundungslust und Erlebnishunger der Kinder die besten Lernmotivationen. Dazu kommt, daß Kinder eine besondere Affinität zu Bildern besitzen und durch den provozierenden Charakter des Bildes sogar Sprechschwierigkeiten überwinden. Dies wurde vor allem bei zahlreichen Untersuchungen von M. Beitl[30] bestätigt. Sie stellte außerdem fest, daß Kinder
- durch die Abstraktion der Wirklichkeit von der 3-dimensionalen zur 2-dimensionalen Form eine geistige Leistung vollbringen, wobei die dabei erlebte Erfolgsfreude im Sinne der Lernmotivation eine Verstärkerwirkung ausübt;

---

[29] Lionni, L.: Frederick. Köln 1977.
[30] Beitl, M. D.: Das Bilderleben im frühen Kindesalter. In: Jugendliteratur, München 1962/8. – Dies.: Die Bedeutung des Bilderbuches in der vorschulischen Erziehung. In: Jugendliteratur in einer veränderten Welt, Bad Heilbrunn 1975.

- mit Bildern kreativ umgehen, sie umgestalten, so daß aus einer Blumenschale eine Kochschüssel, aus einer Wäschetruhe eine Kühltruhe wird;
- eigene Probleme und Fragen, die sie augenblicklich beschäftigen, in die Bilder hineinprojizieren und sich ganz mit der Situation bzw. einzelnen Personen identifizieren;
- sich vor allem an lustigen Bildern ergötzen und einen ausgesprochenen Sinn für Komik besitzen.

Beim Betrachten der Bilderbücher „Was sagst du dann?"[31] oder: „Warum sagen die Schildkröte zu mir?"[32] wurde von Erzieherinnen die Erfahrung gemacht, daß Kinder immer wieder die für sie witzigsten Bilder sehen wollten, sich jedesmal aufs Neue amüsierten und schließlich anfingen, selber solche komischen Situationen auszudenken.

Die Praxis der Bilderbuchbetrachtung erhellt außerdem, daß Kinder im Rahmen einer Bildergeschichte logisch folgern, kombinieren, kritisieren, hören, fragen, aufzählen, beschreiben, erzählen und denken. Es wird dabei vor allem sprachförderndes Verhalten angeregt, gepflegt und gefördert, der Wortschatz erweitert, aber auch Beobachtung, Wahrnehmung und optische Differenzierungsfähigkeit geschult. Dies sind wichtige Voraussetzungen für das spätere Lesenlernen.

Daneben hat der frühkindliche Umgang mit dem Bilderbuch auch eine kunstpropädeutische Bedeutung, da er den Zeichencharakter des Bildes erfahren läßt und bereits Normen und Maßstäbe ästhetischer Wertung gesetzt werden. Indem den Kindern ein Ausschnitt der Realität, der nächsten oder weiteren Umgebung nahegebracht wird, werden sie auch eingeführt in den Bereich der bildenden Kunst. Sie lernen verschiedene Stile und Techniken kennen und entwickeln Sinn für das Schöne, Künstlerische, Ästhetische.

Das Bilderbuch leistet aber auch einen wichtigen Beitrag zur Sozialerziehung.

Durch Bild und Text erfahren die Kinder von Menschen aus anderen Ländern, ihren Gefühlen oder Gefühlsäußerungen (Freude, Übermut, Zuneigung, Abneigung, Wut, aggressive Bedürfnisse, Eifersucht, Angst), von bisher unbekannten Berufen, Sorgen und Problemen oder von ähnlichen Schwierigkeiten. Indem sie sich in die anderen Menschen (Kinder) einfühlen, sich mit ihnen identifizieren und (verbal) auseinandersetzen, entwickeln sie Sensibilität und Kommunikationsbereitschaft, machen sie neue Erfahrungen und lernen Werte wie Freundschaft, Gemeinschaft, gegenseitige Hilfeleistung u. a. kennen. Solche Werte können Kinder in dem Bilderbuch „Mrs. Beestons Tierklinik"[33] wiederfinden und erfahren, daß Verständnis für die Nöte des anderen wichtiger ist als Medizin, daß jemand trotz körperlicher Gebrechen um seiner selbst willen akzeptiert und geliebt werden kann.

Zur Sozialerziehung eignen sich auch folgende Bilderbücher, die durch gesellschaftskritische Inhalte (Problem des Außenseiters, Konformismus, Vorurteile) zum Nachdenken anregen möchten:

„Das rote Haus in einer kleinen Stadt"[34].
„Herr Minkepatt und seine Freunde"[35]
„In der Dachkammer brennt noch Licht"[36]
und Fotobilderbücher über Kinder aus anderen Ländern.

Gelegenheit zum Verbalisieren und Aufarbeiten von Ängsten haben Kinder in den Bilderbüchern „Wo die wilden Kerle wohnen"[37] und „Der schwarze Mann und der große Hund"[38]. Hier werden Hilfen zur Bewältigung ihrer Angst angeboten und darüber hinaus den Erwachsenen die Entstehung kindlicher Ängste durch Erziehungsfehler bewußt gemacht.

Durch viele Sachbilderbücher und Lexika erhalten Kinder über Fotos oder in graphisch-künstlerisch-erzählender Form erste Informationen über Tiere, Pflanzen, Autos, Schiffe, Verkehr, über das Leben in Hochhäusern und auf Bauernhöfen, über das Leben in der Stadt und auf dem Dorf, über Berufe, über Spielplätze, über Kleider und vieles mehr. Solche Bücher ersetzen in keiner Weise die unmittelbaren

---

[31] Sendak, M.: Was sagst du dann? Zürich 1973.
[32] Deitch, G./Hlavaty, V.: Warum sagen die Schildkröte zu mir? Hannover 1974.
[33] Nebehay, R./Schmögner, W.: Mistress Beestons Tierklinik. München 1973³.
[34] Stiller, G./Borchers, E.: Das rote Haus in einer kleinen Stadt. dtv-Junior Nr. 7187. München 1975
[35] Valentin, U.: Herr Minkepatt und seine Freunde. Köln 1969.
[36] Stoye, R.: In der Dachkammer brennt noch Licht. Ravensburg 1973.
[37] Sendak, M.: Wo die wilden Kerle wohnen. Zürich 1972⁵.
[38] Maurer, W./Nöstlinger, Ch.: Der schwarze Mann und der große Hund. Weinheim 1975.

Erfahrungen der Umwelt. Sie regen jedoch die Kinder an, Bekanntes aus ihrer Umwelt wiederzuentdecken, noch einmal anders zu sehen und erneut darüber zu sprechen. Und sie wecken ihr Frageinteresse überall dort, wo das Gesehene abweicht von den ihnen vertrauten Dingen, von der ihnen vertrauten Umwelt. Bücher dieser Art sind ständiger Anlaß für Kinder, untereinander und mit dem Erzieher zu sprechen, Dinge zu nennen, Erlebtes zu erzählen, Fragen aufzuwerfen und Antworten zu finden. Zu ihnen gehören z. B. 2 Bücher von Gabriele Lorenzer, die sich schon für Zweijährige eignen können: „3 Äpfel" und „Eingepackt – ausgepackt"[39], oder für die älteren Kinder „Rundherum in meiner Stadt", „Bei uns im Dorf", „Komm mit ans Wasser"[40] von Ali Mitgutsch.

Dadurch, daß Kinder Bilderbücher meistens im Gespräch mit den Erwachsenen anschauen, machen sie die für ihre Persönlichkeitsentwicklung wichtige Erfahrung, daß sie als Partner ernst genommen und verstanden werden[41].

Reime, Lieder, Gedichte, Rätsel und Sprachspielereien

die zum größten Teil auch in den Bilderbüchern zu finden sind, werden von Kindern, die neben den Bildern auch Freude an Wortschöpfungen sowie an Rhythmus und Musikalität der Sprache haben, sehr geliebt.

Karl Ernst Maier[42] führt die Vorliebe der Kinder für Verse und kleine Reime zunächst auf den „Spieltrieb" zurück, der sich als eigentliches Lebenselement des Kindes auf alle ihm zugänglichen Bereiche und Fähigkeiten erstreckt. Er verweist auf die Lallmonologe, die als Vorstufe zu den rhythmisch durchgegliederten Klangbildern zu sehen sind. Anna Krüger[43] nennt ähnliche Gründe: „Kinder gehen mit der Sprache prälogisch um. Die Elemente sind für sie noch frei, sie spielen mit ihnen, d. h. mit Lauten, Lautzusammensetzungen und Wörtern. Gern bilden sie auch neue Wörter. Den Regeln der Sprache gegenüber sind sie so frei wie der Nonsens. Aus der Freude an sinnlosen Lautverbindungen entstanden und entstehen zahllose Abzählverse".

In seinem Buch „Rate mal, wer suchen muß"[44] hat Janosch viele neue Abzählverse gedichtet z. B.:

Itzli-pitzli rabenfuß   Itzli-pitzli-puh,
rate mal, wer suchen muß!   nämlich du!

Bekanntlich lieben Kinder vor allem die für Erwachsene „unanständigen" Reime, eigentlich aber alles, was sie witzig und spaßig finden, vorausgesetzt, es stellt ihre Welt real oder auf den Kopf gestellt dar.

Besonders hübsche Gedichte mit Wortspielen, Verkehrungen der Realität und Nonsens, versehen mit sehr reizvollen Illustrationen, sind in dem Buch „Kunterbunter Schabernack" von W. Blecher enthalten[45].

Mit ihrer Vorliebe für Sprachspielereien stehen der Kinderreim und auch das Bilderbuch der Dichtung sehr nahe. Da die Kinder bereits über „Bedürfnis und Fähigkeit für ästhetische Empfindungen"[46] verfügen, sind sie für solche „literar-ästhetischen Urerlebnisse" empfänglich.

So erleben sie z. B. in den Monatsgedichten von Elisabeth Borchers[47], „daß es eine Weise, Wirkliches darzustellen gibt, die in ihrer Bedeutung über dieses besonders Dargestellte weit hinausgeht, auf Ähnliches Verwandtes, ja auf Allgemeines verweist, es erlebt nichts anderes, als den Symbolcharakter der Dichtung"[48].

Es gibt auch Gedichte mit solch starken Bildern, die Erleben und Phantasie der Kinder sehr beeindrucken und anregen und sie in eine wunderbare Atmosphäre hüllen.

---

[39] Lorenzer, G: 3 Äpfel. Ravensburg 1974. – Dies.: Eingepackt – ausgepackt. Ravensburg 1974.
[40] Mitgutsch, Ali: Rundherum in meiner Stadt. Ravensburg o.J. – Ders.: Bei uns im Dorf. Ravensburg o.J. – Ders.: Komm mit ans Wasser. Ravensburg o.J.
[41] Wichtige Aussagen zu praktischen Anregungen, zur Auswahl, Vermittlung und Bedeutung des Bilderbuches enthält: Müller, H./Oberhuemer, P.: Kind und Bilderbuch. Hannover 1979.
[42] Maier, K. E.: Jugendschrifttum, Bad Heilbrunn 1973, S. 64.
[43] Krüger, A.: Zur Sprache des Bilderbuches. In: Jugendliteratur und gesellschaftl. Wirklichkeit, Bad Heilbrunn 1974.
[44] Janosch: Rate mal, wer suchen muß. München 1966.
[45] Blecher, W.: Kunterbunter Schabernack. Ein Durcheinander-Bilderbuch zum Raten und Verulken. München o.J. (dtv junior Nr. 7105).
[46] Maier, K. E.: A.a.O., S. 64.
[47] Blech, D.: Und oben schwimmt die Sonne davon... Verse von E. Borchers. München 1975[5].
[48] Baumgärtner, A. C.: Perspektiven der Jugendlektüre. Weinheim/Basel 1973.

Februar[49]

Es kommt eine Zeit
da sagt die Krähe
Ich mache jetzt eine lange Reise

Sie setzt sich auf eine Eisscholle
und treibt den Fluß hinunter

Die Welt ist weiß
vor lauter Schnee
nur ich bin schwarz

Im Sommer möchte ich weiß sein
schneeweiß
Im Sommer möchte ich
eine Möwe sein
die ihre weißen Federn
über blaue Meere trägt

Krah-krah sagt die Krähe
das heißt
Schwarz-schwarz

Viele Reime und Gedichte mit epischem oder dramatischem Charakter, die vor allem der sog. Volkspoesie entstammen und den Kindern Erfahrungen, Handlungsabläufe und Entscheidungen vermitteln, eignen sich zum Spielen und Tanzen. Sie werden im Kindergarten häufig im Kreisspiel oder Freispiel gesungen und gespielt, viele auch nur im Leierton wie „Wir kommen aus dem Morgenland" oder „Kaiser, wieviel Schritte gibst du mir?". Besonders beliebt sind Singspiele, an deren Schluß gerannt, gekämpft oder Rede und Antwort gegeben werden muß, z.B. „Mäuslein, Mäuslein komm heraus...". Weitere Anregungen sind auch zu finden in „Kinder spielen Tiere"[50]. Außerdem bieten diese Singspiele gute Möglichkeiten, Ängste auszuleben.

Geschichten (Erzählungen)

Kinder lieben Geschichten, die ihrer Phantasie Raum lassen, die Märchenhaftes, Phantastisches, verbunden mit einem Stück Realität, Spannung, Komik und Abwechslung enthalten. Besonders lieben sie *Märchen* (vgl. auch Schwerpunkt „Soziales Lernen", S. 46ff.).

Mit der Einleitung „Es war einmal..." öffnet sich für Kinder eine andere Welt: Sie werden hineingeführt in längst vergangene Zeiten, in denen das Wünschen noch geholfen hat. Dort gibt es Feen und Hexen, den bösen Wolf und den schlauen Fuchs, verwunschene Schlösser und Tiere, Prinzessinnen und Königssöhne, Zwerge und die böse Stiefmutter, wunderbare Schätze wie Perlen, Gold und Edelsteine; dort wird aus einem Frosch ein Prinz, aus Stroh wird Gold, aus einem Spiegel ein Glasberg, dort wird eine Zehe abgehackt, ein Mädchen vergiftet, erhält jemand goldene Haare...

Auch heute noch lassen Kinder sich gern aus ihrer Alltagswelt in ein verzaubertes, unbekanntes, magisches Reich versetzen, wo sie wunderbare Lösungen, Befreiungen, Abenteuer, aber auch Ängste und Spannungen miterleben können.

Warum hören Kinder heute so gern wie vor hundert oder zweihundert Jahren diese Märchen, allen Befürchtungen der Erwachsenen zum Trotz, es könnten dadurch Ängste erzeugt, falsche Wertvorstellungen und veraltete Gesellschaftsstrukturen vermittelt werden?

Tatsächlich können Kinder hier bestimmte Ängste (Entwicklungsängste) thematisiert wiederfinden (Wolf, Hexe), Wünsche und Hoffnungen projizieren und sich mit den Gestalten und Konflikten identifizieren.

Kinder verstehen die Bildersprache des Märchens, seinen Stil, der knapp, ohne Einzelheiten zu schildern, den Verlauf der Handlung umreißt, sie erfassen die sog. „psychische Realität" der Märchen.

Aus der Tiefenpsychologie ist bekannt, daß durch die Märchen archaische Bilder aktiviert werden und Aspekte des Unbewußten in vielen Symbolen Gestalt erfahren. Außerdem kommt das Märchen den Kindern in ihren Bedürfnissen nach Abenteuer, aber auch nach Sicherheit und Geborgenheit entgegen. Nach einer Expedition in die Welt (Wald) ist für den sicheren Heimweg gesorgt, wird der gute Ausgang des Abenteuers garantiert, wobei stets das Gute über das Böse siegt. Die Schwarz-Weiß-Malerei – z.B. in der Darstellung der Gestalten – entspricht den kindlichen Moralvorstellungen. Die Vermischung von Phantasie und Realität wird noch nicht bewußt als solche erlebt, die tollkühnsten irrealen Lösungen können begeistern, bezaubern und dabei voll akzeptiert werden.

---

[49] Blech, D.: A.a.O.
[50] C. Schenk zu Schweinsberg: Kinder spielen Tiere. München 1966.

Trotzdem eignen sich nicht alle Märchen für Kinder im Vorschulalter. Es sollte von Inhalt, Länge und Aufbau der Märchen her eine sorgfältige Auswahl getroffen werden.

Bei der Vermittlung der Märchen sollte nach Möglichkeit die Form des Erzählens gewählt werden, weil dies die ursprünglichste und lebendigste Form der Vermittlung ist. Obwohl heute mehr Realität in den Kinderbüchern gefordert wird, war noch nie soviel von Phantasie und Kreativität die Rede. Gerade in der *phantastischen Geschichte* werden den Kindern neue Möglichkeiten menschlicher Existenz, Kontaktformen, Lösungen von Problemen vermittelt, die die Phantasie, den „Möglichkeitssinn" der Kinder anregen und ihre Kreativität fördern können. Da bei Kindern dieses Alters Realität und Unwirklichkeit noch nebeneinanderstehen und die Trennung nicht immer klar vollzogen werden kann, haben sie zu dieser Literatur eine besondere Beziehung. Die phantastische Geschichte kann den Kindern helfen, die Realität von der Phantasie klar abzugrenzen, indem ihnen bewußt wird, „das ist nur in der Geschichte so, in Wirklichkeit...". Sie bietet außerdem Alternativen zur oft nicht akzeptablen, enttäuschenden, harten, bedrückenden Realität, schafft wunderbare Möglichkeiten zur Kompensation eigener Wünsche und Bedürfnisse.

So wünscht sich Bertil[51], ein Einzelkind berufstätiger Eltern, sehnlichst einen Freund. Dieser Wunsch wird erfüllt: mit Nisse, der in einem Mauseloch wohnt, verbringt er herrliche Stunden, bis die Eltern kommen, und überwindet somit das Alleinsein.

Auch ist es immer wieder beeindruckend, wie die lebhaftesten Kinder plötzlich stillsitzen und sich zum xten Mal die tollen Streiche des übermütigen „Superkindes" Pippilotta Victualia Rollgardina Pfefferminz Efraimstocher Langstrumpf[52] anhören und über ihren Unsinn lachen. Dabei gehen kindliche Wunschträume in Erfüllung, denn Pippi ist frei und unabhängig, reich, stark, hilfsbereit und vor allem nie, nie langweilig.

Sie lassen sich verzaubern von der Nachricht der Wassermannfrau[53]: „Heute mußt du ganz leise sein, wir haben nämlich einen kleinen Jungen bekommen... Aber bitte, zieh' die Stiefel aus und sei leise, wenn du hineingehst, ich glaube er schläft noch..."

Hier wird v.a. das Bedürfnis nach Abenteuer, nach Geheimnisvollem und Lustigem angesprochen. Gerade durch die Überschneidung von realer und unrealer Welt entstehen komische Situationen, wie sie z.B. in „Pippi Langstrumpf" immer wieder zu finden sind.

In den *realen Kindergeschichten* oder sog. Umweltgeschichten finden Kinder, ähnlich wie in bestimmten Bilderbüchern ein Stück ihrer nächsten Umgebung: Familie, Dorfgemeinschaft, Schule, Freunde, Tiere. Sie begegnen aber auch hier Kindern in anderen Ländern, anderen Familien, mit ähnlichen oder neuen Schwierigkeiten und Wünschen. Es werden z.T. Konfliktsituationen, Handlungsabläufe und Lösungsmöglichkeiten von Problemen dargestellt, die dem Alltagsleben entnommen sind und innerhalb oder auch außerhalb des eigenen Erlebnisbereiches liegen. Wie über das Bilderbuch können Kinder auch hier für Probleme und Nöte des anderen sensibilisiert werden, Verständnis für die Andersartigkeit des Menschen entwickeln und Anregungen und Informationen zur Bewältigung der Umwelt erhalten. Durch das literarische Vorbild ist ein Lernen am Modell möglich. Wichtig ist jedoch, daß die Wirklichkeit nicht verfälscht, sondern überzeugend und realitätswiderspiegelnd dargestellt ist.

Beispiel dafür sind die Geschichten von Ursula Wölfel in „Die grauen und die grünen Felder"[54]. Hier werden Kinder mit spezifischen Problemen unserer Gesellschaft konfrontiert: mit dem behinderten Kind, mit dem Kind unverheirateter Eltern, den Ausländerkindern u.a. Sie erfahren von Problemen anderer Kinder und wie man Schwierigkeiten, die sich aus dem Zusammenleben mehrerer Menschen ergeben, meistern kann. Die Erzieherin wird jedoch nur mit sehr viel Taktgefühl und Einfühlungsvermögen solche Probleme mit Kindern besprechen können, da die Gefahr besteht, „betroffene" Kinder in der Gruppe zu haben. Vielleicht ist es sogar ratsam, diese Probleme nur im „Bedarfsfall" anzusprechen.

---

51 Lindgren, A.: Nils Karlsson-Däumling. Aus: Im Wald sind keine Räuber. Hamburg 1972.
52 Lindgren, A.: Pippi Langstrumpf, Hamburg o.J.
53 Preußler, O.: Der kleine Wassermann. Frankfurt o.J.
54 Wölfel, U.: Die grauen und die grünen Felder. Wahre Geschichten. Mülheim/Ruhr 1970.

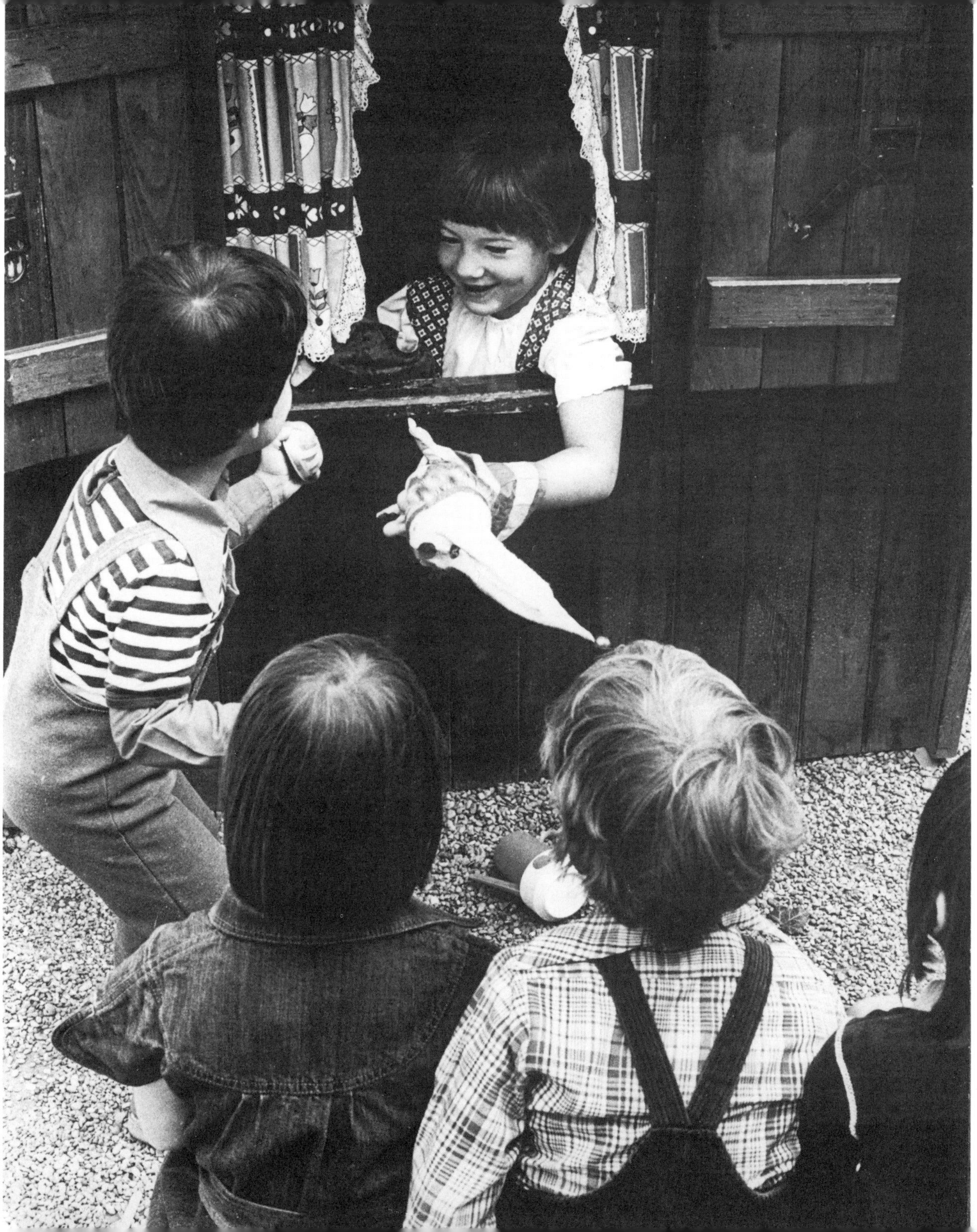

Da die Geschichten von Ursula Wölfel realistisch und nicht mit Emotionen besetzt dargestellt sind, können sie durchaus Orientierungshilfen anbieten, Werte und Normen vermitteln und kritische Stellungnahmen provozieren.

In den *Tiergeschichten* werden oftmals Erlebnisse von Kindern mit Tieren geschildert. Dabei wird der Wunsch vieler Kinder nach einem eigenen Tier, das zugleich Gefährte und Freund sein kann, angesprochen. Dadurch wird die emotionale Bindung zum Tier verstärkt und ein sachliches Kennenlernen von Wesensarten bestimmter Tiere ermöglicht, z. B. in „Pony"[55] u. a.

Von den vielen *Geschichten-Sammlungen* für Kinder seien nur einige genannt:
„28 Lachgeschichten"[56]
„Die Birnendiebe vom Bodensee"[57]
„Die Maus auf dem Mars"[58]
„Die lustige Geschichtenkiste"[59]
„Schlafmützenbuch für Kinder"[60]

Puppenspiel oder Kaspertheater

Hier lernen die Kinder in einer Urform der dramatischen Dichtung positive, neutrale und negative Helden kennen und können einfache Handlungen, Dialoge und Zwischenfälle, lustige Einfälle, Konfliktbewältigungen u. a. miterleben. Dabei lernen sie „in der Identifikation mit dem ‚Helden' Kasper durch Fröhlichkeit und Entschlossenheit Aufgaben lösen bzw. durch Überlegenheit, Überlegung und Vertrauen in die eigene Kraft und Hilfe anderer Gefahren überwinden. In diesem Zusammenhang ist auch die Ambivalenz des Moralischem im Kaspielspiel, seine ethische Integrität zu sehen, die darin besteht, daß sowohl der Aspekt der ‚heilen' Welt (Beständigkeit von Welt und Gesellschaft, Tradition, Bewahren, Förderung) wie auch der Gesichtspunkte der ‚unheilvollen' Welt (Veränderung von Welt und Gesellschaft, Forderung) zum Tragen kommen, d. h. zum Ereignis und Vollzug werden kann."[61]
Kinder lieben vor allem die Komik, die in Wortverdrehungen, Sinnumstellungen zum Ausdruck kommt. Sie identifizieren sich mit Kaspers Schlauheit, Schlagfertigkeit, seinem Einfallsreichtum und seiner sprachlichen Überlegenheit und erleben somit ein sprachliches Verhaltensmuster, das für ihre Sprachförderung von Bedeutung ist.

Sie können die vorgespielte Geschichte nachspielen oder zusammen mit anderen Kindern etwas Neues erfinden, sich neue Späße einfallen lassen und gemeinsam darstellen.

Besondere Bedeutung jedoch hat der therapeutische Wert des Kasperlespielens.

Die einzelnen Kasperfiguren personifizieren bestimmte Ängste, Wünsche, Aggressionen, d. h., die Kinder projizieren dies alles auf die Figuren und haben somit Gelegenheit, Unbewältigtes, Unbewußtes zu äußern und aufzuarbeiten. Dadurch, daß immer das Gute siegt und der gute Ausgang des Stückes garantiert ist, erleben die Kinder ein Stück Sicherheit, kann bei ihnen Hoffnung und Vertrauen in die Welt gestärkt werden.

Kinder spielen meist spontan mit Kasperfiguren.

Auf Literatur mit spielbaren Stücken wie z. B. „Kasperle hat viele Freunde"[62] oder: „Kinder, laßt uns Kasperle spielen"[63] sei hingewiesen. (Weitere Beispiele siehe Literaturverzeichnis.)

Zusammenfassung

Durch den Umgang mit verschiedenen Literaturgattungen erfährt das Kind eine vielfältige Existenzbereicherung. Durch Bild und Text werden psychische Funktionen aktiviert (Wahrnehmung, Mitfühlen, Einfühlen, u. a.), kognitive, emotionale, soziale und kreative Fähigkeiten gefördert und Hilfen zur Lebensbewältigung angeboten. So werden u. a. Fähigkeiten geübt, die Phantasie und Gemütskräfte an-

---

[55] Ruck-Pauquèt, G.: Pony, Zürich.
[56] Wölfel, U.: 28 Lachgeschichten. Düsseldorf 1969.
[57] Hannover, H.: Die Birnendiebe vom Bodensee. rororo rotfuchs Reinbek 1973.
[58] Ders.: Die Maus auf dem Mars. Ueberreuter. Wien/Heidelberg o. J.
[59] Kästner, E.: Die lustige Geschichtenkiste. München 1974.
[60] Baumann, H.: Schlafmützenbuch für Kinder. München, dtv junior.
[61] König, G.: Begegnung mit der Kinderliteratur der Eingangsstufe. In: Deutscher Bildungsrat: Die Eingangsstufe des Primarbereichs, Band 2/2: Soziales Lernen und Sprache, Stuttgart 1975, S. 156.
[62] Baumann, H.: Kasperle hat viele Freunde. Ravensburger Taschenbuch Bd. 190, 1971.
[63] Denneborg, H. M./Gut, S.: Kinder laßt uns Kasperle spielen. Ravensburg 1963.

regen, Verknüpfungen, Zusammenhänge von Handlungsabfolgen verstehbar machen, werden Erfahrung und Wissen bereichert und vertieft und Gespräche angeregt sowie „Brücken" zum anderen gebaut, indem Verständnis füreinander, Solidarität und soziales Bewußtsein, Kommunikationsfähigkeit, Partnerschaftlichkeit und Hilfsbereitschaft gefördert werden.

Bilderbücher, Lieder und Reime sowie Geschichten und Handpuppenspiel bieten einen ständigen Reiz zum gemeinsamen Spielen, Sprechen und auch Äußern von Wünschen, Ängsten und Gefühlen. Durch die vielen lustigen Bilder und Geschichten entwickelt sich das Gefühl von Humor, das in der gesamten Entwicklung des Kindes eine wichtige Rolle spielt, da es an der Entwicklung von Optimismus und Lebensfreude einen großen Anteil hat. Gerade in der heutigen Zeit, wo durch eine Überflutung von Bildern (Fernsehen, Plakate, Werbung) die Gefahr der Abstumpfung und Oberflächlichkeit in der Aufnahme und Verarbeitung von optischen Eindrücken besteht, ist es wichtig, den Kindern Gelegenheit zu geben, optische Eindrücke (Informationen) in Ruhe aufzunehmen, zu verbalisieren und im Gespräch zu verarbeiten, bei bestimmten Eindrücken zu verweilen und sie auf sich wirken zu lassen. Dabei werden Kräfte geweckt und gefördert, die auch für die religiöse Erziehung der Kinder von Bedeutung sind.

Da die Literatur für die Gesamterziehung der Kinder von tragender Bedeutung ist, sollte der Erzieher eine sorgfältige Auswahl aus dem großen Angebot treffen.

Als Kriterien für die Auswahl können grundsätzlich gelten:
- pädagogischer Aspekt:
  Entspricht der Inhalt des Buches meiner pädagogischen Zielsetzung, meinen Wert- und Normvorstellungen (z. B. einer christlichen Haltung) bzw. inwiefern trägt es dazu bei, die gesetzten Ziele zu verwirklichen, indem z. B. einzelne Fähigkeiten gefördert werden (Zukunftsbezug) und
- entwicklungspsychologischer Aspekt:
  Entspricht es den Bedürfnissen, Interessen (Wünschen, Ängsten) und Fähigkeiten des Kindes (Gegenwartsbezug).

6. Literatur

Aspekte der gemalten Welt. 12 Kapitel über das Bilderbuch von heute. Hrsg. von A. C. Baumgärtner. Weinheim, Beltz 1968.
Arndt, F.: Das Handpuppenspiel. Erzieherische Werte und praktische Anwendung. Kassel 1950[3].
Bamberger, R.: Jugendschriftenkunde, Leseunterricht, Jugendlektüre, Literaturerziehung. Wien 1965[2].
Baumgärtner, A. C.: Perspektiven der Jugendlektüre. Weinheim und Basel 1969.
Baumgärtner, A. C.: Bilderbücher ja, aber welche? In: Welt des Kindes, 4/1974.
Bühler, Ch./Bilz, J.: Das Märchen und die Phantasie des Kindes. München 1971[3].
Denneborg, H. M.: Kasperlschule. Ravensburg 1968.
Dieckmann, H.: Märchen und Träume als Helfer der Menschen. Reihe: Psychologisch gesehen. Fellbach-Öffingen 1970[3].
Ders.: Der Wert des Märchens für die seelische Entwicklung des Kindes. In: Praxis der Kinderpsychologie und Kinderpsychiatrie, 15. Jg./1966.
Erl, E. und W.: Lektüre für Kinder und Jugendliche. Tübingen 1973.
Giehrl, H. E.: Der junge Leser. Donauwörth 1968.
Grömminger, A./Ritz-Fröhlich, G.: Umgang mit Texten in Freizeit, Kindergarten und Schule. Freiburg 1974.
Haas, G. (Hrsg.): Kinder- und Jugendliteratur. Stuttgart 1974.
Hartmann-Winkler, W.: Lebensbewältigung im Kinderbuch. Wien/München 1970.
Hazard, P.: Kinder, Bücher und große Leute. Hamburg 1952.
Jakob, M.: Wollt ihr Kasper spielen. Weinheim/Bergstraße, Deutscher Laienspiel-Verlag 1957.
Jahrbuch des Arbeitskreises für Jugendliteratur. Jugendliteratur in einer veränderten Welt. Bad Heilbrunn 1975.
Jahrbuch des Arbeitskreises für Jugendliteratur: Jugendliteratur und gesellschaftliche Wirklichkeit. Bad Heilbrunn 1974.
Künnemann, H.: Profile zeitgenössischer Bilderbuchmacher. Weinheim und Basel 1972.
Lorbe, R.: Die Welt des Kinderliedes. Dargestellt an Liedern und Reimen aus Nürnberg. Weinheim 1971[2].
Lüthi, M.: Das europäische Volksmärchen. Form und Wesen. Bern/München 1968[3].
Maier, K. E.: Jugendschrifttum. Formen, Inhalte, pädagogische Bedeutung. Bad Heilbrunn 1973[7].
Schönfeld, S. Gräfin: Mutti, was soll ich lesen? Ravensburg 1971.
Wittgenstein, O. Graf: Märchen – Träume – Schicksale. Düsseldorf/Köln 1965.
Hilfen zur frühkindlichen Bildungsförderung. Herausgeber: Deutsches Jugendschriftenwerk. 6000 Frankfurt/M., Kurt-Schumacher-Str. 1

Das Bilderbuch.
Eine Auswahl von alten und neuen Bilderbüchern aus aller Welt. 5. neubearbeitete Auflage 1978. Herausgeber: Arbeitskreis für Jugendliteratur e.V. 8000 München 40, Elisabethstr. 15.

Zehn Jahre Deutscher Jugendbuchpreis:
1956–1965; 1966–1970.
Herausgeber: Arbeitskreis Jugendschrifttum e.V. 8000 München 22, Kaulbachstr. 40

Christliche Kinder- und Jugendbücher, 1968. Herausgeber: Arbeitskreis Jugendschrifttum e.V.

außerdem

Das Buch der Jugend.
Bilderbücher, Kinderbücher, Jugendbücher, Sachbücher, $^1/_3$ ausgesuchte und empfohlene Neuerscheinungen, $^2/_3$ bewährte Bücher früherer Jahre

Deutscher Jugendbuchpreis

Bücher für die junge Generation.
Eine Auswahl neuer Bücher für junge Leser mit etwa 500 Titeln

Bestellungen sind zu richten an:
Katalog-Vertriebsstelle der AvJ, Schönbornstr. 3, 6500 Mainz.

Ästhetische Erziehung

Schwerpunkt: Ästhetische Erziehung

1. Begründung und Zielstellung

Ästhetische Erziehung umfaßt selbständiges gestalterisches Handeln und aktiv beobachtendes Auffassen und Verarbeiten von Eindrücken mit der Bereitschaft, sich neuen Erfahrungen zu öffnen. Sie pflegt die Befähigung zum Gestalten, fördert die Wahrnehmungstätigkeit, regt die Einbildungskraft an und bereichert das Vorstellungsvermögen. Sie steht in enger Verbindung zur Sprech- und Denkerziehung.

Ästhetische Erziehung vermittelt in einer zur Erlebnisverarmung und Reizüberflutung tendierenden Umwelt elementare Erfahrungen. Sie eröffnet Möglichkeiten der Selbstverwirklichung im schöpferischen und experimentierenden Umgang mit Materialien und Medien.

Ästhetische Erziehung verwirklicht sich nicht in straff organisierten, zielfixierten Lernprozessen, sondern in offenen Situationen, in denen sowohl angemessene Formen der Anregung als auch uneingeschränkte gestalterische Spontaneität bestimmend sein können. Die Selbstmitteilung der kindlichen Persönlichkeit in den Prozessen des Gestaltens und Wahrnehmens begründet die besondere pädagogische Bedeutung der ästhetischen Erziehung.

2. Gestalterische Tätigkeiten

Ausgangslage

Kinder haben ein elementares Bedürfnis, sich spontan gestaltend zu betätigen. Bei allen Kindern sind Fähigkeiten zu gestalterischer Aktivität zu beobachten.

Mit dem Lebensalter der Kinder verändert sich die Art ihres gestalterischen Schaffens und die ihnen zugrunde liegenden Verhaltensweisen. Die Entwicklungspsychologie unterscheidet im Kleinkindalter eine Kritzelstufe (1 bis 4 Jahre) und eine Schemastufe (4 bis 6 Jahre und darüber hinaus bis zum Ende der Grundschule) mit jeweils mehreren Entwicklungsphasen.

Kritzelstufe

In einer ersten Phase der Kritzelstufe (1 bis 2 Jahre) produziert das Kind mit allen möglichen Stiften unregelmäßige Spurengebilde. Sie entstehen aus einer schwungvollen und

Abb. 1: Beidhändiges Kritzeln (J 1; 3).

freudig erlebten Bewegung des gesamten Armes. Aus dem frühkindlichen Bewegungsbedürfnis erklärt sich die Neigung zu häufig wiederholten Kritzelversuchen und zur allmählichen Ausbildung eines rhythmischen Grunderlebnisses. Zunächst überwiegt eine in der Bewegung zentrierte Funktionslust mit anfänglich geringem, dann zunehmendem Interesse an den entstehenden Spuren. Danach beginnt das Kind den Zusammenhang zwischen Bewegung und Spur zu bemerken. Es entdeckt die Möglichkeit der Steuerung der Bewegung im Zusammenhang mit der Ausbildung der Kritzelspuren. Damit wird die Koordination der Bewegung des

Abb. 2: Schwungvolles, gesteuertes Kritzeln (J 2; 0).

Gestalterische Tätigkeiten

Abb. 3: Schreibkritzeln (M 2; 9).

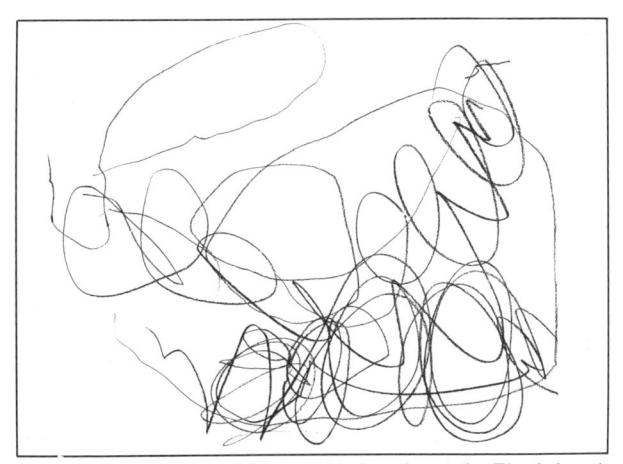

Abb. 4: Die Kritzelspur wird im nachhinein gedeutet als „Eisenbahn mit Papa-Lokomotive, Mama-Lokomotive..." (J 2; 6).

Armes mit der beobachteten Wahrnehmung der entstehenden Spuren geübt und gelernt (sensumotorische Aktivität). In einer anregenden familiären Umwelt, in der die Förderungswürdigkeit des Kritzelns erkannt wird und reichliche Gelegenheit bei wechselnden Formaten und Stiften geboten wird, erlebt das Kind seine Tätigkeit als ein Können und als befriedigendes Hinterlassen von Ichspuren.

Die zweite Phase der Kritzelstufe (2 bis 3 Jahre) ist durch zunehmende Kontrolle über den Bewegungsablauf, dessen Heftigkeit zugleich abnimmt, zu charakterisieren. Aus fortlaufendem Auf und Ab entstehen mehr oder weniger regelmäßige Zickzacklinien, die das Kind als Möglichkeit erlebt, das Schreiben nachzuahmen (Schreibkritzeln). An die Stelle der dichten, meist blattfüllenden früheren Kritzelgebilde treten nun kleinere, oft nur aus wenigen Linien bestehende Formen. Neben kreisenden und teilweise auch schon ringförmigen entstehen winklige und kreuzförmige Ausbildungen. Solche Figuren werden gelegentlich im Nachhinein gedeutet und wegen eines bestimmten, dem Erwachsenen nicht immer einsichtigen Merkmals als „Tisch", „Stuhl", „Haus" usw. bezeichnet.

Abb. 5: Kontrolliertes Kritzeln mit Vierecksfiguren (M 3; 10).

Abb. 6: Basiszeichen – Ringe, Vierecke, Gitter (M 3; 0).

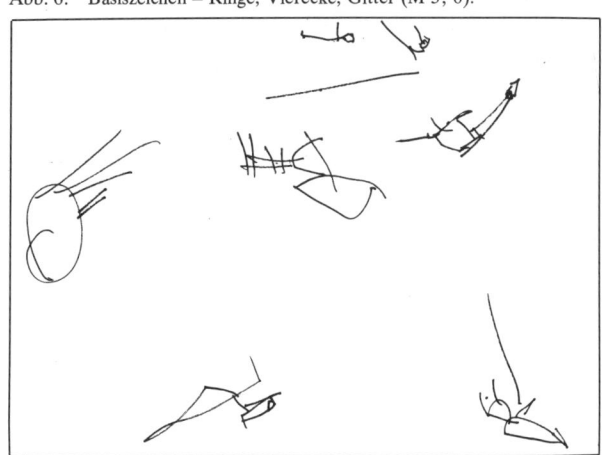

Abb. 7: Hantieren mit der Schere. Zunächst werden nur Papierschnitzel „produziert". Später wird gezieltes Schneiden möglich.

Abb. 8: Aus Sand und Wasser entsteht ein Mörtel. Im Umgang damit können wichtige Materialerfahrungen gemacht werden.

Dem Kritzeln mit dem Stift entspricht das „Schnitzeln" mit der Schere, das „Manschen" mit weichem Material.

In der dritten Phase der Kritzelstufe (3 bis 4 Jahre) gelingen bei weiter verfeinerter Bewegungskontrolle regelmäßige Figuren wie Gitter, Kreise, Quadrate (Basiszeichen). Die große und im allgemeinen verkannte Bedeutung der Kritzelstufe liegt unter anderem in der Befähigung zur Ausformung dieser Basiszeichen, aus denen alle späteren gegenständlichen Zeichen durch Kombination aufgebaut werden. Während das Kind kritzelt, bezeichnet es das Zustandegebrachte (z.B. als Elefant) und begleitet das weitere Kritzeln mit einer spontan erfundenen Erzählung (z.B. was mit dem Elefanten alles geschieht). Der ganzheitliche Charakter des Ausdrucksgeschehens zeigt sich darin, daß das Kind beim Zeichnen spricht, gelegentlich auch singt, hüpft und gestikuliert. Obwohl die deutende Zuordnung nicht fest ist und im Nachhinein durch andere Bedeutungen ersetzt werden kann, kann doch der hervorgebrachte Kritzelkomplex auch nach einiger Zeit noch als Stütze zur Rekonstruktion des Erzählten gebraucht werden.

In dieser Phase kommt es schließlich zu absichtsvollen Darstellungen. Das Kind nennt nun im Vorhinein einen bestimmten Gegenstand bzw. ein Ereignis, dem es bildnerisch zu entsprechen versucht. Es hat entdeckt, daß sich seine linearen Gebilde dazu eignen, die erlebte Wirklichkeit zu repräsentieren. Aus Kritzeln wird Zeichnen.

Schemastufe

Auf die Kritzelstufe folgt die Schemastufe (4 bis 6 Jahre). Das Kind verwendet über das Kleinkindalter hinaus seine in dieser Stufe entwickelten Schemata bis zum Ende der Grundschulzeit.

In einer ersten Phase der Schemastufe (4 bis 5 Jahre) entstehen einfachste Gesichtsschemata und sogenannte Kopffüßler.

Die zweite Phase (5 bis 6 Jahre) ist durch ein differenziertes gegliedertes Frontalschema (Kopf mit Haaren, Rumpf mit Armen, Händen, Beinen und Füßen) zu charakterisieren. Entsprechende schematische Strukturen werden auch für Häuser, Bäume, Autos usw. entwickelt.

Die Ausbildung von Schemata stellt eine entwicklungsnot-

Gestalterische Tätigkeiten

Abb. 9: Sog. Kopffüßler (J 3; 10). – Abb. 10: „Papa" – Kopffüßlerschema (M 4; 0). – Abb. 11: „Musikanten" – Frontalschema (J 5; 0). – Abb. 12: „Großes Haus" (J 6; 3). – Abb. 13: „Kirschbaum" (M 5; 6). – Abb. 14: „Straßenbahn" (J 4; 6).

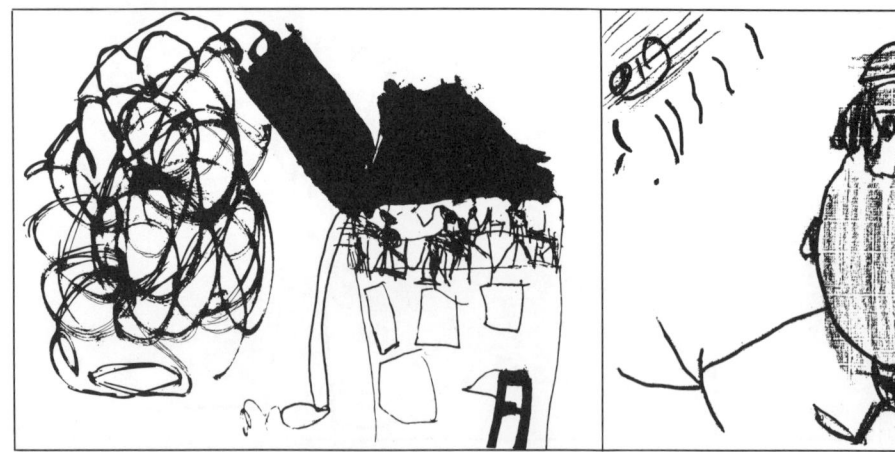

Abb. 15: Nach einem Kälteeinbruch raucht der Kamin. Durch größenmäßige Überbetonung wird die wichtige Entdeckung festgehalten. (J 5; 8).

Abb. 16: „Ein Männchen, das zu viel gegessen hat" (M 4; 3).

wendige, bedeutsame sensumotorische und geistige Leistung dar. Sie werden über einen gewissen Zeitraum relativ unverändert angewandt.

Das Kind beherrscht bestimmte Bewegungsabläufe und wiederholt sie lustvoll; dabei erlebt es das Glück, etwas zu können.

Die Schemata werden als einfache, einprägsame Konfigurationen im visuellen Gedächtnis gespeichert und sind wieder abrufbar.

Daß die kindlichen Schemabildungen für den Blick des Erwachsenen so wenig mit der sichtbaren Wirklichkeit übereinstimmen, darf nicht als Mangel bewertet werden. Das Kind zeichnet nur, was es von einem Gegenstand weiß und was dieser ihm aus eigener Erfahrung bedeutet, nicht aber, wie ein Gegenstand objektiv beschaffen ist.

Wenn dem Erwachsenen wichtige Merkmale eines Gegenstandes im kindlichen Schema zu fehlen scheinen, dann handelt es sich nicht um Nachlässigkeit oder gar um Verunstaltung, sondern um eine Auswahl bestimmter, für das zeichnende Kind momentan wichtiger anderer Merkmale, deren Bedeutung an der größenmäßigen Überbetonung einzelner Schemateile abgelesen werden kann. Beim Kind in der Schemastufe ist zu beobachten, wie es zunehmend immer mehr Objektmerkmale in das lapidare Schema aufnimmt.

Das Schema stellt somit einen durchaus für Veränderungen offenen Rahmen dar, der vom Kind flexibel mit den Merkmalen ausgestattet werden kann, die seinen momentanen Mitteilungsabsichten entsprechen. Im Gegensatz zum selbsterfundenen und veränderlichen Schema werden die von außen (Bilderbuch, Zeichnungen älterer Kinder usw.) übernommenen starren Klischees (Schablonen) stets gleichbleibend reproduziert.

Im Beieinander mehrerer schematischer Zeichen (zunächst in streuender, dann zunehmend auf den unteren Blattrand bezogener Anordnung) können komplexe Situationen festgehalten werden. Einzelne Ereignisse und ganze Geschichten können vom Kind hinzugedacht werden, die es dem anteilnehmenden Betrachter sprachlich erläutert. Die kindliche Bildnerei erweist sich in ihrem Charakter als individuelles Zeichensystem. Die Sprache ist ein konventionelles Zeichensystem; das Kind wächst in sie hinein und übernimmt sie durch Einübung. Im Gegensatz dazu schafft sich das Kind mit seinen Bildzeichen eine individuelle, von seinen inneren Vorstellungen gesteuerte und damit auf seinen Charakter und seine persönliche Lebensgeschichte bezogene Ausdrucksmöglichkeit. Erwartungen oder gar Forderungen nach eindeutiger Ablesbarkeit der Kinderbilder sind daher unangemessen. Kinderbilder erscheinen gelegentlich wie verschlüsselt; das entspricht ihrem Charakter als individuelles Zeichensystem. Erst durch einen sprachlichen Kommentar, um den das Kind gebeten werden kann, werden sie verständlich.

Gestalterische Tätigkeiten

Abb. 17: „Indianer mit Pferd" (J 5; 5). – Abb. 18: „Sheriff mit Pferd" (J 5; 5). – Abb. 19: „Kasper mit Pferd" (J 5; 5). – Die Zeichnungen Abb. 17–19 entstanden im Zeitraum von 20 Minuten. Dies zeigt die Veränderbarkeit der kindlichen Schemata. – Abb. 20: Übernommene Klischees (Schablonen). – Abb. 21: „Schuß aufs Tor" (M 3; 5). – Abb. 22: „Ein wilder Kerl schreit" (M 6; 0). – Abb. 23: „Ein Negerjunge flieht vor dem Krokodil in den Wald" (J 4; 6).

127

Schwerpunkt: Ästhetische Erziehung

Abb. 24: Deckfarbe, Bleistift, Filzstift (J 3; 0).

Abb. 25: „Bild mit Strichen und Punkten" – Kleisterfarbe (M 2; 6).

Nichtmimetische Bildnerei
Neben dieser deutlich verfolgbaren Entwicklung vom ungegenständlichen Kritzeln zum absichtsvollen Darstellen von Gegenständen, Personen und Ereignissen wird eine zweite Entwicklungslinie oft zu wenig beobachtet. Sie führt nicht zu nachahmender (mimetischer) Bildnerei, sondern bleibt, darin dem Kritzeln verwandt, ohne nachahmenden Bezug zur sichtbaren Wirklichkeit (nichtmimetisch). Die ursprüngliche Freude des kritzelnden Kindes an den Spuren und Linienknäueln, die es als „Sowas" bezeichnet, setzt sich hier in einem auf die Form selbst bezogenen Interesse fort. Kinder malen bisweilen von sich aus „Farbbilder", rotes Muster", „Bilder aus Strichen und solchen Flecken", „ein Bild aus Dreiecken". Bei solchen Bildern sind neben ganz unregelmäßigen Anordnungen auch regelmäßige ornamentale Ordnungen anzutreffen. Auch dieser Bereich des (nichtmi-

Abb. 26: „Sternenmuster" – regelmäßig ornamentale Ordnung (J 5; 6).

Abb. 27: „Muster mit Wölkchen" – Temperafarben (M 5; 7).

metischen) bildnerischen Verhaltens ist förderungswürdig. Er muß vor dem Druck der Erwartungen nach gegenständlich darstellenden Bildern („Was soll denn das sein?") geschützt werden. Jedes Kind durchläuft eine individuelle Entwicklung und findet eigene Formen bildnerischen Ausdrucks. Die Gliederung des Entwicklungsgeschehens in Stufen und Phasen beruht auf Durchschnittswerten. Beim einzelnen Kind können erhebliche Abweichungen im Sinne eines längeren Verharrens auf einem Entwicklungsniveau bzw. im Sinne eines ungewöhnlich zügigen Durchlaufens von Entwicklungsphasen beobachtet werden. Es ist wichtig, den besonderen Entwicklungsgang des einzelnen Kindes zu akzeptieren, ihn nicht ständig mit den Stufen, Phasen und Zeitangaben der Entwicklungspsychologie zu vergleichen und keinesfalls darauf hinzuwirken, seine Entwicklung zu beschleunigen oder zu verlangsamen. Daher gilt es in erster Linie, die individuelle Besonderheit zu erkennen und zu schützen. Ausbildung und Weiterentwicklung des bildnerischen Ausdrucks gehen von der Entwicklung der inneren Vorstellungsbilder, der Bewegungsdifferenzierung und den Motiven und Interessen des einzelnen Kindes aus. Sie können nicht von außen beeinflußt werden.

Bedenklich ist es, wenn der Erwachsene ohne wissenschaftliche Befähigung allein aus „auffälligen" Merkmalen von Kinderbildern meint, diagnostische Schlüsse ziehen zu können. Es ist im Einzelfall nur schwer erkennbar, wie stark neben bloßen Darstellungsabsichten individuelle Ängste, Bedürfnisse, Konflikte in das Kinderbild eingehen.

Umwelteinflüsse

Die Entwicklung der bildnerischen Fähigkeiten wird natürlich auch von der Umwelt beeinflußt. Dabei ist die Förderung bzw. Hemmung der Entwicklung weniger schichtspezifisch zu erfassen. Sie hängt vielmehr vom Ausmaß der Zuwendung, Anregung und Wertschätzung ab, das dem Kind in seiner familiären Umwelt entgegengebracht wird. Auch die ungeheure Bilderflut in unserem „optischen Zeitalter" kann sich insofern negativ auswirken, als insbesondere im Fernsehen Wirklichkeit nur aus zweiter Hand, durchs Medium vermittelt, erfahren wird, während die Chancen zu primärer, unmittelbarer und (aktiv) handelnder Weltbegegnung vor allem in der Großstadt immer weiter zurückgedrängt werden. Dadurch wird die Tendenz zu passivem Bildkonsum verstärkt. Die Fähigkeit, die selbständig erkundete Welt bildnerisch auszudrücken, schwindet. Die Neigung zu gedankenloser Reproduktion der in Fernsehen, Comics, Bilderbücher, Spielfiguren anzutreffenden Klischees steigt.

Die traditionelle Meinung, als sei die bildnerische Fähigkeit angeboren, also schicksalhaft festgelegt, geht von falschen Begabungstheorien aus. Gerade für den bildnerischen Bereich ist längst erkannt, welche Entwicklungsmöglichkeiten der Kindergarten mit seinen vielfältigen Anregungen zum bildnerischen Schaffen allen Kindern eröffnen kann.

Ängstliches Verhalten – Ursachen

Nicht alle Kinder zeichnen freudig und spontan, es sind immer wieder auch solche zu beobachten, die sich ihrer Möglichkeiten in diesem Bereich nicht so sicher sind, indem sie beim Malen und Zeichnen in unterschiedlichem Grade Anzeichen von Ängstlichkeit erkennen lassen. Gerade im Lernfeld der bildnerischen Fähigkeiten wird man gelegentlich von einem „Ich-kann-nicht-Komplex" sprechen können. Die Hemmungen, sich frei bildnerisch zu äußern, können viele Ursachen haben; manchmal gehen sie auf Erlebnisse in der frühesten Kritzelstufe zurück.

Im einzelnen können folgende verursachende Faktoren beteiligt sein:

– Mangelnde Anregung und Aufgeschlossenheit für das kritzelnde Kind.
– Diskriminierung der Kritzeleien als „Gesudel", „Geschmier".
– Hemmung des Tätigkeitsdrangs und des Ausdrucksbedürfnisses durch überzogene Sauberkeitserziehung.
– Negative Bewertung von Kinderbildern durch Erwachsene und ältere Kinder mit der Gefahr, daß zusammen mit dem Bild sich auch das Kind als Person abgewertet fühlt.
– Verkennen des Charakters der Kinderbilder als individuelle Zeichensysteme, die sich auf innere Vorstellungsbilder beziehen und daher nicht ohne weiteres für Außenstehende verständlich sind.
– „Vormachen" durch Erwachsene als falschverstandene Hilfe mit der Folge der Einübung in äußerliches Nachahmen der Erwachsenenvorbilder.

Schwerpunkt: Ästhetische Erziehung

- Verunsicherung des Kindes aufgrund der Erwachsenenmeinung, das Bildermachen hänge in besonderem Maße vom „Begabtsein" ab.
- Malbücher und Zeichenschablonen mit der Gefahr des Abhängigwerdens von solchen „Hilfsmitteln".
- Zurückdrängen der befriedigenden Erfahrungen eigentätiger bildnerischer Auseinandersetzung mit der Wirklichkeit durch zu vieles Fernsehen; als Folge davon können sich zunehmend passive und lethargische Einstellungen entwickeln.
- Einengung der Phantasie durch zu perfektes und vorstrukturiertes Spielzeug.
- Mangel an ausreichenden Mengen natürlicher und weniger vorstrukturierter Materialien mit hoher Aufforderungsqualität, z.B. Naturmaterialien: Sand, Erde, Ton, Lehm, Hölzer, Steine u.ä.; Verkleidungsmaterialien: Tücher, Gewänder, Stoffe, Hüte, usw.; Verpackungsmaterialien: Kartons, Eierbehälter, Packpapier etc.

Abb. 28: Rhythmisches Zeichnen nach Musik.

- Störung des spontanen Ausdrucksverhaltens durch unsinnige Fremderwartungen im Hinblick auf technische Perfektion.

Handlungsfelder

Im Kindergarten bieten sich folgende Handlungsfelder an, in denen Kinder gestalterisch tätig werden.

Zeichnen

VERFAHREN: Kritzeln, rhythmisches Hin- und Herschwingen von Linien, Zeichnen, Strukturieren und Ornamentieren.

MATERIAL:
- Öl- und Wachskreiden in verschiedenen Größen und Stärken, weil durch unterschiedlich starken Druck die Intensität der Spur variiert werden kann.
- Filzschreiber in verschiedenen Breiten: sie geben die Farbe sehr gleichmäßig ab und eröffnen andere Erfahrungen.
- Farbblöcke
- Bleistifte (weich)
- Papiere: Werkdruckpapiere, Makulatur, Zeichenpapiere verschiedener Art, Tapeten.

Papiere in verschiedenen Formaten wie Rechtecke, Quadrate, Kreise, Dreiecke, schmale und breite Streifen in unterschiedlichen Größen fordern auf, sich auf verschiedene Ausgangsbedingungen einzustellen.

ERFAHRUNGEN: Das Kind entdeckt beim Zeichnen Punkt, Linie, Fläche und Zeichen.
Zeichnen wird als Möglichkeit erfahren, Konturen festzuhalten. Das Kind wendet die Linie in folgender Weise an: richtungsweisend, formumschließend, flächenfüllend sowie im regulären und nichtregulären Ornament.
Beim Zeichnen mit beiden Händen entwickeln sich Geschicklichkeit und Raumgefühl.
Beim Hören von Musik wird das Kind angeregt, Rhythmus und Stimmung auf die Linie zu übertragen. Dazu eignen sich besonders Filzstifte. Bei ihrem Gebrauch ist kein fester Aufdruck notwendig, der Stift kann auf dem Papier tanzen. Dabei entstehen Formen einer Rotation. Das Papier muß festgeklebt sein, damit es nicht wegrutscht.

Gestalterische Tätigkeiten

Abb. 29: „Giraffe mit Jungem und andere Tiere" – Linien als Richtungen und ausgrenzende Konturen (M 5; 9). – Abb. 30: „Mein Weg zum Kindergarten" (J 5; 4). – Abb. 31: „Hund" – Flächengliederung durch unregelmäßige Struktur (J 5; 7). – Abb. 32: „Königin" – Flächengliederung durch regelmäßige Ornamente (M 6; 2). – Abb. 33: „Geburtstagstisch" – Lösung räumlicher Darstellungsprobleme durch „Umklappen" (M 6; 3).

Schwerpunkt: Ästhetische Erziehung

Abb. 34: „Fleckenbild" – Dispersionsfarbe (M 2; 11).

Malen

VERFAHREN: Nebeneinander- und Übereinandersetzen von Farbe. Verstreichen, Auftragen, Tropfen, Fließen, Klecksen, Wischen mit Pinsel, Lappen, Schwämmchen oder Fingern. Tauchen des Papiers.

MATERIAL:

– Deckfarben in Blöcken, Kästen und als Einzelfarben
– Schultemperafarben
– Dispersionsfarben
– Fingerfarben
– Kleisterfarben, selbst hergestellt aus ungiftigem Farbpulver bzw. Abtönfarbe und Tapetenkleister. Diese Farbe eignet sich gut als Fingerfarbe und zum Bemalen größerer Flächen.
– Weiche und harte Öl- und Wachskreiden.
– Wachsblöcke eignen sich für flächiges Malen und Farbmischen.
– Malpalette: kunststoffbeschichtete Platten, Blechpaletten.
– Borstenpinsel in verschiedenen Stärken.
– Schwämme verschiedener Größe und Beschaffenheit.
– Malgründe: Zeichenpapier, alte Tapeten, Bunt-, Ton-, Pack- und Seidenpapier, Pappe und Holz.

ERFAHRUNGEN: Für erste Malversuche sind ein kräftiges Papier (z. B. Tapetenrückseite) sowie Finger- oder Kleisterfarben anzubieten, weil diese leicht vermalbar sind.
Als Arbeitsfläche dienen kunststoffbeschichtete Tische oder Tische mit einer Abdeckung aus Papier oder weißem bzw. grauem Wachstuch. Auch auf größeren Flächen (z. B. Wände, Fenster) kann gemalt werden. Die Materialien und Hilfsmittel müssen in Reichweite der Kinder stehen, ebenso sollten Lappen zum Abputzen und ein Eimer zum Händewaschen bereit stehen. An Kleiderschutz sollte gedacht werden. Die Bereitstellung verschieden starker Pinsel bereichert den Spurenvorrat.
Kinder erleben beim Malen, wie aus dem Fleck heraus Formen und Figuren entstehen, entdecken Einzelfarben und Farbbeziehungen, Hell-Dunkel-Wirkungen.
Kinder setzen willkürlich flüssige Farben neben- und übereinander, vermischen die Farben miteinander; auf dem Blatt entstehen Mischtöne.
Der Erzieher regt zunächst zum Experimentieren mit dem Material an: Wenig Farbe und viel Wasser nehmen, die Farbe auf dem Blatt fließen lassen, Farbe aufspritzen, Farbkleckse durch starkes und leichtes Blasen verändern, durch Heben und Drehen des Blattes Farben mischen und Formen verändern u. v. a.
Die Kinder beurteilen die oft erstaunlichen Ergebnisse. Sie

Gestalterische Tätigkeiten

Abb. 35

Abb. 36

benennen farbige Wirkungen, z. B. rot, gelb usw. bzw. leuchtend, hell, dunkel und setzen sie in Beziehung zur Wirklichkeit, z. B. gelb wie die Sonne, rot wie ein Feuerwehrauto... Die Kinder werden angeregt, selbst zu beobachten und eigene Erfahrungen zu machen.
Auf der Grundlage solcher Materialerfahrungen können Kindern Anregungen zum Malen gegeben werden.

Abb. 35: Malen an Doppelstaffeleien. Vergleiche dazu auch das Titelbild zum Beitrag „Ästhetische Erziehung": „Farbenbild" – Nichtmimetisches Malen mit Dispersionsfarben (J 6; 3).

Abb. 36: „Osterei" – Fingerfarbe (J 5; 11).

Abb. 37: „Buntgekleidete Leute" – Deckfarbe (M 5; 2).

Abb. 38: „Radfahrer" – Deckfarbe (J 6; 0).

Abb. 37

Abb. 38

133

Schwerpunkt: Ästhetische Erziehung

Abb. 39: Der Kartoffelstempel wird eingefärbt.

Drucken

VERFAHREN: Abdrücken mit Fingern, Händen und Füßen; Abdrücken und Abreiben verschieden eingefärbter Gegenstände und Materialien. Eingefärbte Flächen aufeinanderlegen und wieder abziehen.
Einfache Stempel herstellen, einfärben und abdrucken.
Reihen, Ordnen und Gruppieren von gedruckten Formen.

MATERIAL:

Deckfarben, Temperafarben, Kleisterfarben, wasserlösliche Druckfarben.
- Färbeplatten: Kunststoff- und Glasplatten.
- Farbträger: Finger, Hände, Füße sowie Gegenstände und Materialien, die beim Abdrucken Strukturen und Formen hinterlassen: Styropor und Pappe sind für Druckstempel besonders geeignet, ferner Kartoffeln, Korken, Knöpfe, Kordeln...
- Farbauftrag: Entsprechend große Pinsel und Gummiwalzen von unterschiedlicher Größe zum Aufwalzen der Farben sowie zum Durchdruck von Materialstrukturen.
- Weiche Unterlage: Stoff, Zeitungen usw. Farbträger: Verschiedenfarbiges Papier, Werkdruckpapier, Tapeten (Rückseite) und Stoffe mit einer glatten Oberfläche.

ERFAHRUNGEN: Kinder entdecken z. B. Fußspuren im Schnee, Fingerspuren an schmutzigen Fensterscheiben. Sie stempeln mit Farbträgern. Dabei erkennen sie die Vielfalt flächiger Figuren, „Positiv" und „Negativ", Original und Abdruck und die Möglichkeit, von einem Original viele gleiche Abdrucke zu erhalten.
Bei gedruckten und gewalzten Flächen erleben Kinder Farbmischungen und Strukturen; bei unterlegten Materialien entstehen verschiedene Materialstrukturen.
Durch Reihen, Ordnen und Gruppieren von Abdrücken entstehen reguläre Muster und Ornamente und unregelmäßige Ordnungen.
Der Erzieher sollte den Kindern genügend Zeit zum Ausprobieren und Finden lassen, damit sie die Vielfalt der Möglichkeiten entdecken und sich daran freuen können.

Gestalterische Tätigkeiten

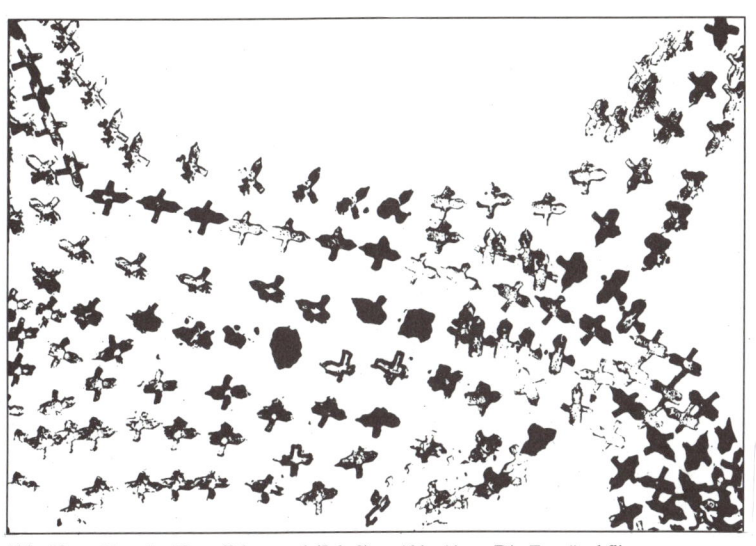

Abb. 40: „Haus" – Kartoffelstempel (J 6; 0). – Abb. 41: „Die Zugvögel fliegen zusammen weg" – Kartonstempel (M 6; 1). – Abb. 42: Der Kindergarten als „Druckwerkstatt". Die Schutzkleidung ermöglicht spontanes Arbeiten ohne unnötige Hemmungen.

Abb. 43: „Paradiesvogel" – Gerissene Buntpapiere (M 5; 6).

Reißen und Schneiden

Mit Vergnügen zerreißt das Kind Bilderbücher und schneidet Fransen von der Tischdecke ab. Diese lustvollen Tätigkeiten werden im Kindergarten in das sinnvolle Tun des Bilderschaffens gelenkt.

Für lange Zeit behält das Reißen den Vorrang. Dabei ist die Hand mit den Fingern das Werkzeug: Daumen und Zeigefinger übernehmen die Hauptbewegungen. Mit beiden Händen wird abwechselnd das Reißen ausgeführt. Diese Tätigkeit trägt zur Sensibilisierung des Tastsinns und zur Ausbildung der Feinmotorik bei. Dabei macht das Kind alles richtig. (Verkrampfungen der Hände, wie sie beim Schneiden mit der Schere entstehen können, gibt es nicht).

Das Kind reißt Einzelformen aus und setzt sie additiv zu Bildern zusammen, wie es das auch beim Zeichnen und Tonen tut. Später lernt es Formen als Ganzes auszureißen (synthetische Arbeitsweise).

Das Reißen wird vom Kind auch später immer wieder aufgegriffen, wenn es längst den Umgang mit der Schere beherrscht.

Fast alles läßt sich reißen, was man auch schneiden kann. Ehe das Kind mit der Schere gestalten kann, muß es das Werkzeug meistern lernen. Der Erzieher hilft dem Kind im spielenden Umgang die verschiedenen Möglichkeiten für den Gebrauch der Schere einzuüben.

Er isoliert Schwierigkeiten und führt in kleinen Schritten zum sinnvollen Gebrauch der Schere:

– von schmalen Streifen mit *einem* Schnitt abschneiden (Schnipsel);
– in breite Streifen mit *mehreren* Schnitten schneiden (Fransen);
– mit der Schere im Papier *spazierengehen* (in Geraden – Bogen – Ecken);
– aus zweimal gefalteten Quadraten kleine Formen *herausschneiden* (Auseinanderfalten);
– aus Spielzeugkatalogen Gegenstände ausschneiden, das heißt, an vorgegebener Linie *entlangschneiden;*
– eigene gemalte Bilder ausschneiden, kleben, aufstellen...

Bei den oben genannten Tätigkeiten geht der Erzieher von Spielvorstellungen der Kinder aus, z.B.: Der Hut soll Fransen haben, wir schneiden sie.
Das Kind lernt, indem es in seinem eigenen Tempo schafft und nach eigener Lust wiederholen kann.
Wenn das Kind Sicherheit mit der Schere erworben hat, wird es damit Bilder schaffen. Der Erzieher unterstützt es dabei, indem er ein reiches Papierangebot bereithält. Auch wird er das Material immer neu interessant machen und durch Impulse die Schaffenslust anregen.

PAPIERAUSWAHL:

– Einkaufpapiere, Geschenkpapiere
  (gestreift, geblümt, gepunktet...)
– Papierabfälle vom Buchbinder und Buchdrucker
  (schmale, breite Streifen, verschieden starke Papiere...)
– Zeitungs- und Illustriertenpapier und Plakate
  (verschieden bedruckte Teile werden genutzt. Farblich abgestufte Bilder der Illustrierten schneidet der Erzieher vorher aus)
– Buntpapiere (Ton-, Japanpapier...)
– Seiden-, Pergament-, Transparentpapier
  (Futter von Briefumschlägen verwenden)
– Packpapier, Tonpapier und Pergamentpapier als Klebgründe.

ERFAHRUNGEN: Das Kind erweitert und differenziert seine lapidar geschnittenen Formen, wenn der Erzieher zum Experimentieren mit verschiedenen Papieren anregt.
Einzelformen einfarbiger und gemusterter Papiere lassen sich über- und nebeneinander kleben. Das kann im freien Spiel mit zufällig entstandenen Formen geschehen und eignet sich besonders zum Gestalten von figürlichen Bildern. Papier bekommt durch Einschneiden und Dehnung Spannung. So entstehen räumliche Formen, die nur an bestimmten Punkten auf die Fläche geklebt werden.
Transparente Papiere eignen sich zum Spiel mit Farbe und Hell-Dunkel. Mit ausgeschnittenen Figuren lassen sich Schattenspiele machen als besondere Form von vergnüglichen Seherlebnissen.

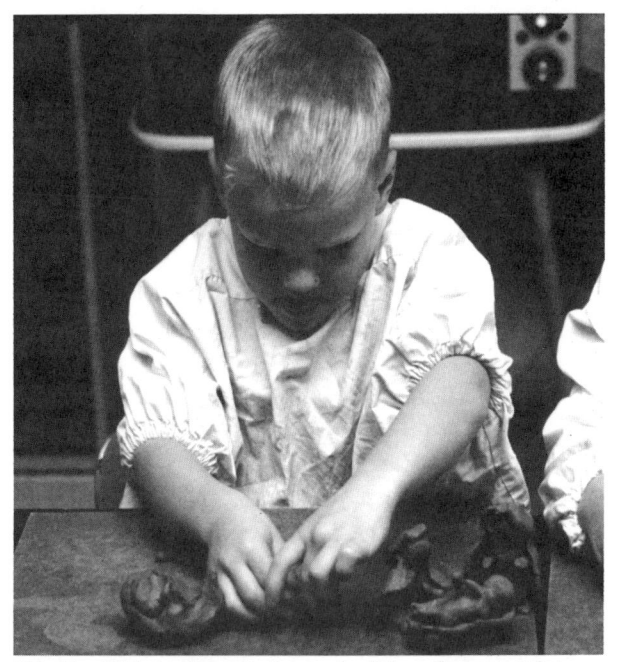

Abb. 44: Mit hoher Konzentration werden Krippenfiguren gestaltet.

Plastisches Gestalten

Vorformen plastischen Gestaltens erlebt das Kind im elementaren Umgang mit formbaren Stoffen und mit vorgefundenen Materialien.

Beim Spiel im Sand tritt das Kind unabsichtlich in das lockere Material oder setzt sich hinein.
Es beginnt damit zu spielen. Folgende Tätigkeiten sind zu beobachten:
– Sand durch die Hand rieseln lassen, aufhäufen, glattpatschen und wieder flach schlagen.
– Füße in den Sand stecken, festschlagen, herausziehen. Den Abdruck in der Hohlform erkennen.
– Sandburgen bauen, mit den Händen durchbohren, Löcher graben.
– Mit beiden Händen Sand am Boden anhäufen, die niedrige Dämme für Wasserlachen und Grundrisse für „Wohnungen" bilden.
– Sand mit Schaufel in Eimer und Formen füllen, stürzen, mit Steinen oder Blumen schmücken.

Beim Spiel im Schnee beginnt das Kind folgende Tätigkeiten auszuführen:
- Pappschnee zu Kugeln und Walzen rollen (Schneemann).
- Mit dem ganzen Körper Abdrücke im Schnee machen (Adler).
- Schneeburgen bauen, hineinkriechen, Raum empfinden.

Beim *Backen* bietet sich der Teig als Material zum Formen an:
- Kuchenteig zu Kugeln, Scheiben und Wülsten formen (Dampedei, Hasen, Brezeln etc.).
- Schmücken mit Zucker und Rosinen.

Die Tätigkeiten beim Spiel mit Sand, Schnee, Teig etc. (aufwerfen, eindämmen, umstürzen, rollen, zusammensetzen, schmücken) wiederholt das Kind auf allen Altersstufen. Sie werden selbst vom Erwachsenen beim Spiel am Strand mit Freude erlebt.

Abb. 45: „Baum" – Additiv zusammengefügtes Tongebilde (J 6; 0).

Abb. 46: „Tiere" – Zusammengeleimte Holzklötze (J 6; 0).

Elementare Beobachtungen und Erfahrungen beim plastischen Gestalten

Materialien, die im Kindergarten hauptsächlich angeboten werden, sind:
- Knetbare Stoffe (Ton, Plastilin, Bienenwachs)
- Vorgeformte Materialien (Holzabfälle, Verpackungsmaterial, Naturdinge)
- Vorgefertigte Materialien (Bausteine, Konstruktionsspielzeug)

Das Kind geht mit dem Material häufig wie mit Linien auf der Fläche um. Diese reliefartige Verwendung der knetbaren Stoffe wird später auch in das werkgerichtete Schaffen einbezogen (Kerzen schmücken).
Einfache plastische Gestalten können geschmückt werden:
- mit Finger oder Hölzchen eindrücken,
- Wülste oder andere Teile aufsetzen.

Komplexere Gebilde aus knetbaren sowie vorgeformten und vorgefertigten Materialien entstehen, indem sie das Kind additiv aneinandersetzt.

Anregungen zum plastischen Gestalten

Material, plastisches Gestalten und Spielmotivation können miteinander abgestimmt werden. Das Gestalten ergibt sich aus den Gesetzmäßigkeiten, die die einzelnen Materialien haben. Vom Einfacheren zum Schwierigeren fortschreitend ergeben sich viele Möglichkeiten zum Gestalten und Spielen.

MATERIAL: Ton

- Formen, die aus der Bewegung der Hände entstehen, wie Kugel, Walze, dicke und dünne Wülste...
  Veränderungen der Formen, drücken und schmücken
  (z. B. Bäckerspiel);
- Grundformen durch Drücken verändern,
  Formen zusammensetzen,
  Wülste und andere Teile aufsetzen
  (z. B. Krippenfiguren);
- Grundformen durch Drücken zu Hohlformen verarbeiten,
  Einzelteile ansetzen
  (z. B. Puppengeschirr);
- mit Wülsten aufbauen (z. B. Körbchen füllen).

MATERIAL: Pappmaché

Kugeln formen, einzelne Teile herausziehen und aufsetzen (Nase, Mund, Ohren),
kleine Teile eindrücken wie Kerne, Perlen, Samenkörner...
(z. B. Köpfe für Handpuppen).

MATERIAL: Bienenwachs

Kleine Formen (Kugeln, Walzen, Wülste) mit Fingerspitzen herstellen (z. B. Kerzen schmücken).

MATERIAL: Holzabfälle

Deutungen anregen (Wie sieht das Stück aus?),
einzelne Teile zusammensetzen – aufbauen,
verändern durch Absägen
(z. B. Schiff).

MATERIAL: Verpackungsmaterialien

Deutungen anregen,
mit einzelnen Teilen bauen,
Zusammensetzen einzelner Teile,
Aufbauen einzelner Teile
(z. B. aus großen Kartons Häuser bauen).

MATERIAL: Naturdinge

Naturdinge sammeln und Vorrat anlegen,
einzelne Dinge zusammenbauen,
zusammensetzen, auf verschiedene Weise verbinden
(z. B. Moosgärtchen).
Die elementaren Spiele mit Sand, Schnee und Teig sollte der Erzieher immer wieder ermöglichen, anregen und unterstützen. Er trifft Vorkehrungen mit entsprechender Kleidung (matschen, im Schnee spielen) und läßt die Kinder gewähren.
Er regt durch Impulse an: Heute läßt sich aus dem Schnee ein Schneemann bauen!
Er unterstützt einzelne Kinder, wenn sie ihre elementaren Entdeckungen machen, ohne jedoch die Eigentätigkeit des Kindes einzuschränken.

Schwerpunkt: Ästhetische Erziehung

Bauen

Kinder reihen Steine aneinander – Dimension der Länge.
Kinder türmen Steine übereinander und nebeneinander auf – Dimension der Höhe.
Kinder bauen Steine um einen Gegenstand oder um die eigene Person herum – Dimension der Tiefe.
Diese Grunderfahrungen des Raumes werden später erweitert und differenzieren sich.

– Zwei Steine werden mit einem dritten überbrückt: Kompaktes gliedert sich auf.
– Genaues Aufeinandersetzen von Steinen bedingt größere Haltbarkeit. Erfahrungen mit der Statik.
– Steine werden versetzt: Grundstruktur von Mauerwerk wird angewendet.
– Ecken an Mauern entstehen durch Verzahnen von Steinen.
– Größere Hohlräume werden mit Latten überdeckt: Das Prinzip der Dachkonstruktion wird erkannt.
– Beim Einbauen von Fenstern und Türen wird erkannt: Mauern haben Öffnungen.
– Brücken und Treppen erweitern die Bauwerke.
– Beim verschiedenartigen Aufeinandersetzen von Steinen werden vielerlei Turmkonstruktionen entwickelt.

Einfache Bausteinformen (Würfel, Quader) fordern die kindliche Gestaltungskraft unmittelbar heraus, weil das Material keine besondere Handhabung erfordert und vom Kind keine technischen Fertigkeiten vorausgesetzt werden.
Neben den oben beschriebenen Erfahrungen des Raumes hat das Kind elementare Erlebnisse:
Beim Bauen ist es unabhängig von der Anleitung des Erwachsenen. Es kann in Freiheit seinen eigenen Impulsen folgen.

In jeder Phase des Bauens erlebt das Kind Erfolg:
Ob es einen oder viele Steine hinsetzt – immer ist etwas gelungen.
Das Kind erlebt ambivalente Gefühle von Spannung und Wagnis (noch ein Stein und noch einer, hält der Turm...?), Lust, einzureißen, umzustürzen, hat aber auch neue Möglichkeiten zu entdecken, es besser und anders zu machen.
Der *Raum*, in dem die Kinder bauen, sollte bestimmte Voraussetzungen haben, z.B. abgegrenzter Bezirk, warmer

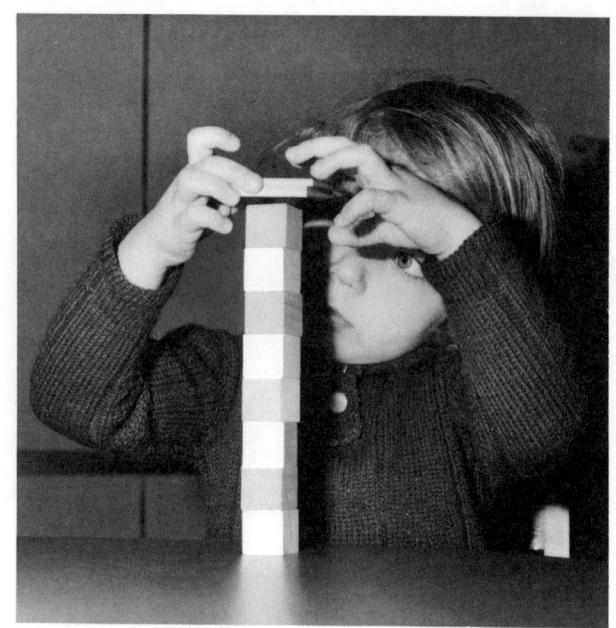

Abb. 47: Turmbau (M 5; 6).

Fußboden (Teppich). Bei größeren Bauvorhaben sind Räume zur Verfügung zu stellen, z.B. Flur, Gymnastikraum. Die Kinder sollen viel *Zeit* zum freien Spiel haben, in der sie ausgiebig bauen können. Wenn Bauwerke stehen bleiben, werden sich weitere Spielstrategien daraus entwickeln. Das Kind muß an seinem Bauwerk verweilen können auch unter Verzicht seiner Beteiligung an anderen Aktivitäten.

MATERIAL: Die Auswahl der *Bausteine* geschieht nach Form – Anzahl – Größe und Materialbearbeitung. Jüngere Kinder bauen vorwiegend mit Würfeln. Wichtig ist die überschaubare Menge und die Größe, die der noch wenig ausgebildeten Feinmotorik des kleineren Kindes entgegenkommt (Würfelgröße = 5 x 5 cm Kantenlänge). Für ältere Kindergartenkinder eignet sich der Quader, der mit seinen verschiedenen Grundflächen ein differenziertes Bauen ermöglicht.
Viele Steine gleicher Form sind für das Bauen ergiebiger als vielerlei Formen. Das Material soll Hartholz sein. Eine gute Bearbeitung der Klötze ermutigt zum genauen Bauen, ver-

mittelt Erfahrungen mit der Statik. Die Bausteine werden in entsprechenden Kästen geordnet aufbewahrt, nicht lose in Kisten und Säcken. Nicht Chaos, sondern überschaubare Ordnung soll das Kind unbewußt erfahren.

Bauzutaten leiten das Bauspiel in das Rollenspiel über. Solange jedoch das Kind die Steine für alles einsetzen kann, sind Bauzutaten störend für die kindliche Phantasie.

Konstruktionsspielzeug hat vorgefertigte Verbindungsmöglichkeiten:
Nute und Falz – Loch und Stäbchen – Schraube und Mutter usw. Es ist erst dann für das Kindergartenkind geeignet, wenn dieses umfassende Erfahrungen mit dem einfachen Baustein gemacht hat. Auch kann Konstruktionsspielzeug nur unter folgenden Bedingungen in das Spielzeugrepertoire des Kindergartens aufgenommen werden:
– Das Material muß dem freien Experimentieren des Kindes überlassen werden, keinesfalls sollte das Kind nach Vorlage arbeiten.
– Für das Kind müssen die einfachen vorgefertigten Verbindungen durchschaubar bleiben.
– Es sollte nur große und wenig verschiedene Formen erhalten.
– Dem Kind müssen Anregungen durch Mitspielen vermittelt werden.

Abb. 48: Der Turm wird immer höher.

Schwerpunkt: Ästhetische Erziehung

Abb. 49: Wertlose Kartons sind beliebte Spiel- und Bauobjekte.

Freier Umgang mit Materialien/Elementare textile Verfahren

Das Erleben und Erkunden von Materialien ist für alle Bereiche der ästhetischen Erziehung selbstverständliche Grundlage. In freiem Umgang mit Materialien verzichtet der Erzieher bewußt darauf, Anregungen zu geben. Das Materialangebot selbst regt die Kinder an, sich selbständig Ziele zu setzen und sie in Gruppen zu verwirklichen.
Die Tätigkeit des Erziehers begrenzt sich auf die Bereitstellung reichhaltigen und verschiedenartigen Materials und geeigneter Geräte.
In einer Materialkiste können Kinder finden:

Naturmaterialien: Steine, Schneckenhäuser, Samen, Zapfen, Federn, Zweige, Rinde...

Reste und „wertloses" Material: Stoff-, Pelz-, Lederstückchen, Fäden von Wolle und Garn, Kordel und Bast, Knöpfe und Perlen, Gefäße, Korken, Schachteln usw.

Materialien zum Bauen im Freien: Waschmaschinenkartons, Matten und Decken, Holzabfälle.

Hilfsmittel zum Verarbeiten: Näh-, Stick- und Webnadeln, Schere, Säge, Hammer, Schraubzwinge...

Hilfsmittel zum Verbinden: Draht, Nägel, Schnur, Kleister und Klebstoff, Klebband, Gipsbinden...

Erfahrungen im freien Umgang mit Materialien bilden auch die Voraussetzung für elementare textile Verfahren:
Kinder erleben beim *Knoten*, wie aus zwei Fäden ein größerer Faden wird; oder beim Binden, wie eine Schleife entsteht.

Beim Flechten erfahren sie, daß aus einzelnen Teilen ein Zopf entstehen kann oder daß ein Nest aus mehreren ineinander verflochtenen Gräsern besteht.

Beim Auffädeln von Perlen erleben sie, wie beim Wechsel von großen und kleinen Perlen sowie Perlen unterschiedlicher Form und Farbe eine Kette mit rhythmischen Verläufen entsteht. Aus einzelnen Punkten wird eine Linie.

Abb. 50: Umgang mit farbigem Sandmörtel.

Beim Weben sehen sie, wie aus einem Zusammenfügen von Längsfäden (Kettfäden) durch einen Querfaden (Schußfaden), der im Wechsel über und unter den Längsfaden durchgeführt wird, sich eine Fläche ergibt.
Durch einen Wechsel mit verschiedenfarbiger oder unterschiedlich starker Wolle entsteht ein Streifenmuster. Aus Linien werden Flächen.

Gestalterische Tätigkeiten

Mimisch-gestisches Spielen

Spiel im ästhetischen Bereich gründet sich auf
– Mimik, Gestik, Körpersprache (Statur, Haltung, Bewegung),
– visuell wirksame Ausstattungselemente: Kleidung, Mode, Maske, Gegenstände.

Es verdeutlicht Situationen und Vorgänge, wobei auf Sprache verzichtet wird. Die Bedeutung dieser Spielform läßt sich aus der Tatsache ableiten, daß menschliche Kommunikation zu einem hohen Anteil auf Mimik und Gestik beruht. Spielverhalten ist in diesem Bereich nicht auf Ergebnisse fixiert, etwa auf vorzeigbare Spiele oder Szenen, einstudierte Gesten. Dieses Spiel ist offen, ist weitgehend improvisiert. Dabei darf Spielverhalten aufbauen auf Erfahrungen und Wissen, das nicht „gelernt" im engeren Sinn ist, sondern zum allgemeinen kindlichen Erfahrungshorizont gehört.
Kleinkinder z.B. spielen *Trauer* fast immer mit gekrümmter Körperhaltung, hängenden Schultern und mit der Hand oder den Händen auf dem Bauch – ein Zeichen dafür, daß sie Trauer im *vegetativen Bereich* erleben.
Spielverhalten ist auf ein Gegenüber angewiesen: Mitspieler, Zuschauer oder vorgestellte Partner.

Mimisch-gestisches Spiel fördert
– Selbstwahrnehmung (Sich-selbst-Wahrnehmen und Erleben),
– interpersonale Wahrnehmung: Eingehen und Einfühlen in den anderen (Empathie),
– kreative Weiterführung einer Ausgangslage mit Möglichkeiten alternativen Handelns.

Hier sind insbesondere Verwandlungen und Veränderungen möglich.
Das spielende Kind kann sich in alles verwandeln: in Menschen, Tiere, Pflanzen, Sachen.
Im Kindergartenalter ist bei der Verwandlung und Veränderung nicht an erster Stelle an das Kostümieren, Maskieren, Schminken und Bemalen gedacht; die einfachen Mittel der Veränderung sind sicher wichtiger: Strecken und Sichzusammenkauern – Riese und Zwerg, Bauch mit Kissen oder Polster, Verwendung von Stecken in vielerlei Bedeutung – als verlängerter Arm, als Waffe und Stütze.

Schwerpunkt: Ästhetische Erziehung

Eine ganze Gruppe kann dieselbe Rolle spielen, z.B. „wie ein König schreiten."
Die Kinder können auch paarweise (z.B. als „Diener", der sich vor dem „König" verneigt) oder in der Gruppe (z.B. beim Darstellen einer Szene aus dem „Froschkönig") agieren.

VERFAHREN: Mimisch-gestische Formen bei sich selbst und anderen wahrnehmen und realisieren. (Mienenspiel, Gesten, Haltungen, Verkleidung und Symbole, z.B. Feder im Haar = Indianer).
MATERIAL: Tücher, Pappe, Gebrauchsgegenstände, alte Kleider, Attribute von Berufen.

Motive:

Vorstellungen ausdrücken	– ich bin groß
	– ich bin klein
	– ich bin dünn oder dick
Gestimmtheit ausdrücken	– ich bin glücklich
	– ich bin fröhlich
	– ich bin zufrieden
	– ich bin zornig
	– ich bin wütend
	– ich habe Schmerzen

Gestimmtheiten können auch im Anschluß an ein Erlebnis im Kindergartenalltag aufgegriffen und gespielt werden: „Ich bin müde!" „Ich freue mich!"
Mimisch-gestisches Spiel als offene Kommunikationsform läßt mehrere Deutungen zu und ist trotzdem verständlich. Besonders gut verständlich sind geläufige Signale wie Winken, Blinzeln, Zeigen.
Eingehen und Einfühlen in den anderen:
Stimmungen des anderen wahrnehmen und darauf reagieren, z.B. fröhlich sein und sich mitfreuen, traurig sein und trösten, wütend sein und beschwichtigen.
Nachahmen und reagieren:
Vater und Mutter nachahmen,
Bilder nachspielen,
Berufe, Märchenfiguren, Tiere und Pflanzen, Gegenstände darstellen.

Abb. 51: „Du kannst mich nicht sehen, aber ich sehe dich."
Abb. 52: „Der Fakir zieht seinen Bauch ein" (J 5; 8).

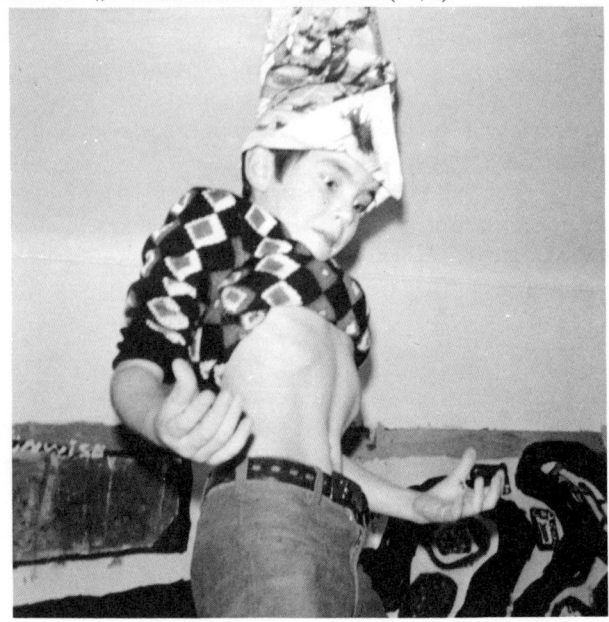

Gestalterische Tätigkeiten

Didaktisch-methodische Hinweise

Die Tätigkeiten im Rahmen der ästhetischen Erziehung (Malen, Zeichnen, Drucken, Plastizieren, Bauen, Spielen) werden von den meisten Kindern aus eigenem Antrieb und mit offenkundiger Freude vollzogen. Sie lernen dabei, eigene Erfahrungen in selbsterfundenen Gebilden festzuhalten, Erlebtes sichtbar zu machen.

Um die kindliche Fähigkeit und Bereitschaft zu selbständigen ästhetischen Aktivitäten anzuregen und zu festigen, muß auf alle Formen des Vormachens und Vorzeichnens seitens des Erziehers verzichtet werden.

Für das Kindergartenalter gilt der Vorrang des experimentierenden Umgangs mit verschiedenen Materialangeboten und mit Geräten vor der systematischen Einübung in bestimmte Techniken. Keinesfalls darf die technische Ausführung einzelner Werke überbewertet werden. Der Erzieher hat die vordringliche Aufgabe, grundsätzlich jedes Ergebnis kindlichen Schaffens zu akzeptieren und alles Tun mit Aufmerksamkeit, Anteilnahme und Zustimmung zu begleiten.

Anregungsphase

Es empfiehlt sich bereits vor der Anregungsphase, die erforderlichen Materialien, Werkzeuge und „Arbeitskleidung" bereitzustellen, so daß unverzüglich mit der Realisierung begonnen werden kann. Durch sprachliche Verständigung über einen bestimmten Ausschnitt der kindlichen Erfahrungswelt wird die Vorstellungstätigkeit (gelegentlich auch bei geschlossenen Augen) in Gang gesetzt. Im Gespräch zwischen Erzieher und Kindern wird ein bildträchtiger Sachverhalt in seinem Gesamtzusammenhang wie in seinen Teilen durchgliedert (Was gehört alles dazu? – Wie sieht das aus? – Wie kannst du dir das vorstellen?). Die Kinder sollen sich aus ihren eigenen Erfahrungen heraus zum betreffenden Vorstellungszusammenhang äußern können. Auf diese Weise beteiligt sich das Kind *selbst* am Anregungsgeschehen. So kann es zu Bilderfindungen gelangen, die seitens des Erziehers nicht immer vorhergesehen werden können.

Die Auslösung kreativen Verhaltens wird durch eine geeignete werkstattmäßige Atmosphäre begünstigt. Gelegentlich kann durch Einbeziehung des gestischen und mimischen Spiels, durch Gedichte und geeignete Musik ein schöpferisches Klima geschaffen werden.

Realisierungsphase

Während das Kind seine Gebilde verwirklicht, sollten vor allem seine Selbständigkeit, seine Orientierung an den eigenen Vorstellungen bekräftigt werden. Während des Malens, Zeichnens usw. kann in Form eines Dialogs mit dem einzelnen Kind Kontakt aufgenommen werden. Dabei bekundet der Erzieher sein Interesse am bereits Zustandegebrachten und an den weiteren Absichten.

Wenn ein Kind zögert, wenn sein Gestaltungsprozeß für längere Zeit ins Stocken gerät, kann individuelle Hilfe geboten werden. Der Erzieher regt das Kind an, das schon Sichtbare zu beschreiben und herauszufinden, mit welchen Bildtafeln es noch nicht zufrieden ist. Der Erzieher verzichtet auf Lösungsvorschläge, regt jedoch das Kind an, über eigene weiterführende Zielvorstellungen zu sprechen. Durch solche Klärung kann das Kind seine Gebilde in der Regel selbständig weiterverwirklichen.

Der Erzieher sollte auf diesem Wege einer „nachlaufenden Korrektur" immer wieder das Kind in seinem selbständigen Vorwärtstasten, also in seiner Autorrolle, ermuntern. Dabei ist besonderes pädagogisches Einfühlungsvermögen erforderlich.

Ängstlichen Kindern kann verdeutlicht werden, daß Malen, Zeichnen usw. weniger als Können, vielmehr als Vorgang des Suchens, Probierens und Veränderns zu verstehen ist. Sie können ermuntert werden, auch einen „falschen Strich" einfach stehen zu lassen, oder, wo es das Verfahren erlaubt, einen befriedigenderen Zustand durch kräftiges Übermalen zu erreichen. Sie erfahren, daß bei bildnerischen Prozessen krisenhafte Situationen eintreten und überwunden werden können.

Grundsätzlich sollte jede ernstgemeinte bildnerische Äußerung von dem Erzieher als brauchbar akzeptiert werden. Am Vorbild des Erziehers lernen ältere Kinder altersgemischter Gruppen auch die Bilder der jüngeren zu akzeptieren. Die Selbständigkeit auch einer bescheideneren Bildlösung ist wertvoller als das technisch und bildnerisch perfektere Bild, das infolge weitreichender „Erzieherhilfe" zustandekommt.

Betrachtungsphase

Im Regelfall sollten alle entstandenen Bilder, nicht nur einige „gelungene", an einer großflächigen Korkwand bzw. einer dämmplattenbeschichteten Wand aufgehängt werden. Eine Betrachtungsphase ist bei Kindergartenkindern nicht nur auf eine bestimmte Zeit unmittelbar nach der Fertigstellung der Werke begrenzt.

Es kommt im gemeinsamen Gespräch über die Bilder entscheidend darauf an, kurzschlüssige Vorurteile zugunsten einer mehr sachlichen Zuwendung zurückzustellen. Vor allem können negative Bewertungen seitens der Kinder (oft auch Auslachen) oder des Erziehers zum Aufbau eines „Ich-kann-nichts"-Gefühls beitragen.

Die Bildlösungen können in ihrer Unterschiedlichkeit erfaßt werden. Dabei kann geübt werden, sich auch fremdartig („komisch") anmutenden, zunächst auch mißfallenden Bildern zuzuwenden und sie als persönliche Äußerungen eines anderen kindlichen Autors zu tolerieren. Es kann erfahren werden, daß die Bilder als individuelle Symbole nicht ohne weiteres von allen verstanden („gelesen") werden können, daß neben den Absichten des Autors auch andere Auffassungsmöglichkeiten gegeben sind.

Das Feld des gestalterischen Handelns soll die spontane Aktivität und das Selbstgefühl der Kinder stärken. Dabei kann erfahren werden, was man alles und wie vieles man selbst machen kann. Gestalterisches Handeln bietet Alternativen zum bloß konsumierenden Umgang mit allzu perfektem Spielzeug und mit den verschiedenen Medienangeboten.

3. Wahrnehmungslernen

Ausgangslage

Die visuelle Wahrnehmung als für den Menschen wichtigste Brücke zur Umwelt entwickelt sich, verglichen mit anderen Funktionen, sehr früh auf ein hohes Niveau. Bereits mit 1;3 Jahre erkennen alle Kinder bekannte Personen auf Fotos wieder. Das Sehen kann jedoch nicht isoliert gefördert werden, denn bereits in der frühkindlichen Erkundung der umgebenden Gegenstände ist das Sehen verbunden mit Tasten, Hören, Schmecken, Riechen.

Für die ästhetische Erziehung soll die Entwicklung des Bilderlebens am Bilderbuch und am reproduzierten Kunstwerk einsetzen. Sie darf, da insbesondere Kleinkinder mit allen Sinnen wahrnehmen, nicht auf Bilder begrenzt bleiben. Sie muß auch die Auseinandersetzung mit der Umwelt (vgl. Schwerpunkt „Erfahrungen mit der Umwelt") mit dem Ziel einer allgemeinen Wahrnehmungsverfeinerung einbeziehen.

Umgang mit Bildern

Während das Kind im ersten Lebensjahr mit Bilderbüchern wie mit anderen Dingen umgeht und sie gelegentlich auch zerreißt, beginnt es im frühen 2. Jahr die Bilder zunehmend aufmerksam zu betrachten. Jetzt kann es dargestellte Personen, Tiere und Gegenstände erkennen und in zeitlichem Abstand freudig wiedererkennen. Gegen Ende des 2. Jahres können über einzelne Bildfiguren hinaus ganze Situationen und Ereignisse erfaßt werden. Die statisch festgehaltenen Dinge erlebt das Kind aufgrund seiner Erfahrungen als bewegt. Seine ganzheitliche Auseinandersetzung zeigt sich in den intensiven Reaktionen auf das Bild: Alles wird motorisch nachgelebt, Tiere beispielsweise werden berührt, gestreichelt oder geschlagen, benannt, mit Gebärden und Ausrufen versehen. Die starke gefühlsbetonte und affektive Beteiligung am Bildgeschehen kann zum Umsetzen in spielende Darstellung führen, die sich vom Bild ablöst und verselbständigt.

Wie beim Zeichnen wird auch das Bildangebot auf die vorangegangene individuelle Erlebnisgeschichte und die darin aufgebaute Merkwelt des Kindes bezogen.

Es entdeckt, sieht und deutet vor allem dasjenige im Bildangebot, was seinem Wissen, Können, Interesse, seinen Erwartungen und Gefühlen entspricht. So kann sich das Interesse an einzelnen Bildteilen im Laufe der Zeit je nach der momentanen Gestimmtheit des Kindes verlagern. Was lange bevorzugt betrachtet wurde, wird plötzlich ausgeblendet.

Identifikation

Die große Intensität des kindlichen Bilderlebens hängt auch mit der Fähigkeit zusammen, sich mit dargestellten Figuren

Abb. 53: Gemeinsames Betrachten eines Bilderbuches.

zu identifizieren. Dabei werden oft tiefere seelische Schichten berührt. Zu einzelnen Figuren werden komplexe Gefühlsbeziehungen (Liebe, Ablehnung, Angst usw.) unterhalten. Latente eigene Konflikte können aktiviert und auf das Bildgeschehen projiziert werden. Hier kann die Bildbetrachtung durch gemeinsame Verarbeitung zur Klärung, Beruhigung und Sicherheit des Kindes, verbunden mit pädagogischen und therapeutischen Wirkungen, beitragen.

Die am kindlichen Verhalten registrierbare innere und äußere Bewegtheit läßt die Intensität der Verarbeitung des Bildinhalts erkennen. Kinder sind in weit größerem Maße fähig, sich in das dargestellte Geschehen hineinzuversetzen, was nicht bedeutet, daß sie nicht die Wirklichkeit des Bildes (als „ein Stück bedrucktes Papier") von der realen Wirklichkeit unterscheiden können.

Angesichts eines Bildes kommen Kinder oft zu mehreren Deutungen. Dabei braucht die vom Künstler (für den Erwachsenen offensichtlich) beabsichtigte Bedeutung nicht erfaßt zu werden. Aus einzelnen, am Bild abgelesenen Situationen werden, oft in verschiedenen Versionen, fabulierend ganze Geschichten gesponnen. Oft lösen sich diese Geschichten vom Bild ab und gehen in freies Phantasieren über.

Vieldeutigkeit

Die Kinder erfassen dabei die Vieldeutigkeit als wesentliche Eigenschaft aller Bilder. In der Erstellung mehrerer möglicher Deutungen, mehrerer möglicher Geschichten werden Figuren und Vorgänge nach verschiedenen logischen Bedingungen verknüpft. Darin erweist sich das Deuten und Umdeuten als ein wesentliches Feld der Übung des Denkens. Außerdem fördert die Auseinandersetzung mit Bildern das Vergleichen, Urteilen, Schlußfolgern und damit die Grundlagen der Kritikfähigkeit.

Sprachförderung

Bildbetrachtung regt aber insbesondere zum Sprechen an (vgl. Schwerpunkt „Sprechen und Sprache"). Zum einen können in der Gruppensituation neue Wörter gelernt und durch das Bild als assoziative Stütze bei wiederholtem Betrachten gedächtnismäßig verankert werden. Zum anderen provozieren Bilder neue Wortschöpfungen und Aussageformen, weil die Kinder angesichts des Bildgeschehens ihre verfügbaren Sprechmöglichkeiten als unzureichend empfinden und im Ringen um Sprache schöpferisch sind.

Schwerpunkt: Ästhetische Erziehung

Auffassungsverhalten

Ältere entwicklungspsychologische Darstellungen gingen von der These aus, Kinder bis zum 2. bzw. 3. Grundschuljahr könnten ausschließlich ganzheitlich wahrnehmen. Neuere Untersuchungen zeigen jedoch, daß bereits Zweijährige winzige Einzelheiten beachten und daß Vierjährige bei experimentell durchgeführten Bildvergleichen 75 % der kleinen Unterschiede erkennen können. Neben dem in den frühen Jahren vorherrschenden ganzheitlichen Auffassungsverhalten ist demnach bereits während des Kindergartenalters auch ein einzelheitlich-erforschendes, zergliederndes Auffassungsverhalten verfügbar, das in seiner Bedeutung stetig zunimmt und durch Üben und Lernen weiterentwickelt werden kann.

Wahrnehmungslernen

Dieses Erlernen des Sehens (Wahrnehmungslernen) hängt von den Anregungen der kindlichen Umwelt ab. Bei fehlender Zuwendung und bei überzogenem Fernsehkonsum, bei dem Passivität und Überreizung anstelle aktiven Bilderlebens eingeübt wird, können Wahrnehmungsstörungen auftreten, die sich in den ersten Grundschuljahren als Lernschwierigkeiten auswirken können.

Wahrnehmungsförderung

Vorbemerkung

Im Kindergarten begegnen Kinder ästhetischen Objekten, z.B. Bildern und natürlichen Gegenständen wie Steinen, Blumen, Schmetterlingen u. a. Dabei geht es nicht darum, sie kognitiv über natur- oder kunstgeschichtliche Zusammenhänge zu informieren. Vielmehr soll ihre Wahrnehmungstätigkeit angeregt und sie sollen für Schönes empfindsam gemacht werden.

Im folgenden soll gezeigt werden, wie beim gemeinsamen Betrachten von Bildern die kindliche Wahrnehmung gefördert wird.

Die Auffassungen, die sich die Kinder vom Bild machen können, stehen dabei im Zentrum.

Erfahrungsschatz und Bildauffassung

Die kindlichen Auffassungen vom Bild entstehen als Ergebnisse selbständiger kindlicher Bildverarbeitung. Dabei sind einerseits die Gegebenheiten des Bildes, andererseits der jeweils individuelle Erfahrungsschatz des auffassenden Kindes bestimmend. Kinder fassen Bilder subjektiv auf und äußern sich entsprechend in der Kindergruppe. So lernen sie einander zuzuhören, die Auffassungen der anderen am Bild mitzuvollziehen und zu tolerieren. Der Erzieher regt an, daß jedes Kind seine mitgeteilten Auffassungen erläutert, und zwar einerseits aus den gegebenen Bildverhältnissen, andererseits aus eigenen Erfahrungen heraus. So erleben die Kinder die Wahrnehmungstätigkeit als wechselseitigen Vorgang: als sorgfältiges Untersuchen, Entdecken und Verarbeiten des Bildangebots und als assoziatives Zuordnen zu ähnlichen eigenen Erfahrungen. Beides verbindet sich im Deuten des Bildes und seiner Teile.

Deuten

Wahrnehmungslernen fördert insbesondere die Fähigkeit des selbständigen Deutens. Indem das Kind seine Auffassungen, seine Deutungen mitteilt und durch Argumente aus seiner Erfahrung belegt, bezieht es seine ganze gegenwärtige Verfassung (sein Wissen, Denken und Können, seine Einstellungen, Urteile und Gefühle) auf das betrachtete Bild. Es äußert sich dabei oft mehr über sich selbst als über die Sache Bild. Aus dieser produktiven Verschränkung der kindlichen Persönlichkeit mit dem Bild ergibt sich die pädagogische Bedeutung des Wahrnehmungslernens. Der Erzieher wird darauf hinwirken, daß diese Verschränkung zwischen Bildangebot und kindlichem Erfahrungsschatz erhalten bleibt. Durch geeignete Impulse kann er die Kinder, die sich ganz vom Bild ablösen und in ein bezugloses Fabulieren geraten, wieder auf Sachverhalte des Bildes aufmerksam machen. Er muß andererseits aber auch vermeiden, auf eine „ganz sachbezogene" Auseinandersetzung mit dem Bild zu drängen, aus der die kindlichen Erfahrungen ganz ausgeschlossen bleiben.

Vieldeutigkeit

Im Austausch untereinander üben die Kinder ihre eigenen Auffassungsmöglichkeiten und ihre Fähigkeiten zu selbständigem und erfahrungsgestütztem Deuten. Dabei kann die Vieldeutigkeit aller ästhetischen Objekte erfahren werden. Jedes Bild setzt eine Vielzahl von Wirkungsmöglichkeiten frei. Es geht also nicht um ein gemeinsames Suchen nach der „einzig richtigen" Bedeutung des Bildes. Der Erzieher darf nicht erwarten, daß eine ihm (etwa einem Fachbuch entnommen) bekannte und für ihn im Bild offensichtliche Bedeutung, auf die auch der Titel verweisen kann, von den Kindern selbständig entdeckt oder erraten werden soll. Vielmehr sollte eine breite Vielfalt möglicher, d. h. irgendwie zu begründender Bedeutungen und Wirkungen erstellt, geäußert, begründet, mitvollzogen und toleriert werden.

Es ist entscheidend wichtig, daß Kinder sich selbständig mit dem Bild auseinandersetzen. Das gelingt nur in offenen Situationen, in denen der Erzieher auf eigene, in den Augen der Kinder stets normstiftende Deutungen verzichtet und von einer Belehrung über „die" Bedeutung des Bildes absieht. (Bilder, bei denen es auf eine von den Kindern nicht selbständig auffindbare Bedeutung entscheidend ankommt, können in anderer methodischer Form, nämlich als „Erzählung zu einem Bild" von dem Erzieher dargeboten werden.)

Konzentration

Die Kinder lernen auch, ihre Aufmerksamkeit über längere Zeit auf ein Bild zu konzentrieren und ihm mehr zu entnehmen als nur das, was auf den ersten Blick gesehen wird. So kann im Gegensatz zum schnellen Bild- und Einstellungswechsel bei Film und Fernsehen das Angebot des Bildes in Ruhe und Beschaulichkeit (Vorform der Meditation) ausgeschöpft werden.
Nicht zuletzt beinhaltet Wahrnehmungsförderung auch die Anregung des Sprechens und Diskutierens. Die Herausforderung durch das, was „vor Augen steht", begünstigt schöpferisches Sprechverhalten. Ungewöhnliche Wort- und Satzbildungen sollten akzeptiert, das Aufsuchen unterschiedlicher Ausdrucksweisen in der Auseinandersetzung mit einem Auffassungsproblem sollte gefördert werden.

Tasterlebnisse vermitteln

Neben der visuellen Wahrnehmung sollte auch die Tastwahrnehmung angeregt werden. Im Tasten, das gerade für die kindliche Welterfahrung von besonderer Bedeutung ist, erschließen sich wesentliche Dimensionen der Wirklichkeit. Zugleich wird im „Begreifen" der Dinge ein unmittelbarer und gefühlsintensiver Kontakt zu ihnen hergestellt.
Die Voraussetzung zur Förderung der Tastwahrnehmung bildet eine umfangreiche Sammlung von Dingen und Oberflächen, die das ganze Spektrum der möglichen Tastqualitäten (rauh/glatt, hart/weich) umfaßt. Sie sollte bei allen Tätigkeiten ermöglicht werden (vgl. Schwerpunkt „Sprechen und Sprache"), nicht als isoliertes Trainingsangebot erscheinen und stets in Spielvorhaben eingebunden sein:
– Ratespiele unter Ausschaltung des Sehens
– Verschiedene Tastqualitäten vergleichen und ordnen (Stoffe blind verkaufen)
– Montessori-Material

Praxisbeispiel

Am Beispiel des Holzschnitts von M. C. Escher: „Luft und Wasser" (1938) soll der Verlauf eines Wahrnehmungslernprozesses anhand eines Tonbandprotokolls dargestellt werden.

Als Vorbereitung sollte der Erzieher durch intensives Betrachten die Eigentümlichkeit des Bildes erfassen: seine Reihenstruktur, die stufenweise Veränderung der Zeichen für Fische und Vögel, der Übergang von den klaren Figur-Grundverhältnissen (oben: Vögel in der Luft / unten: Fische im Wasser) zu verwirrenden Mittelzone mit ihrer Kippmusterstruktur (Fisch- und Vogelformen in gleich deutlicher Ausprägung und lückenloser Fügung). Derartige Bilder, die den Wahrnehmungsvorgang als ebenso kompliziertes wie faszinierendes Geschehen erfahren lassen, eignen sich in besonderer Weise für vorschulische Situationen. Aus seinen eigenen Entdeckungen am Bild kann der Erzieher einfache Impulse ableiten, die ohne feste Reihenfolge als Anregungen in das Gespräch mit den Kindern einfließen können.
Die folgende Bildbetrachtung wurde in einer Kindergartengruppe mit zehn Kindern im Alter von 5 bis 6 Jahren durchgeführt. (Um die einzelnen Aussagen der Kinder im Tonbandprotokoll klar heraushören zu können, wurde das Dia mit einer kleinen Gruppe betrachtet).

Schwerpunkt: Ästhetische Erziehung

Abb. 54: M. C. Escher: „Luft und Wasser", Holzschnitt, 1938.

E = Erzieher
K = Kinder

M. C. Escher „Luft und Wasser" (1938)

Durcheinanderrufen der Kinder: Des sind Vögel, des sind Fische.
K: Unten sind die Fisch und obe sind die Vögel.
K: Unten sind weiße Fische und oben sind schwarze Vögel.
K: Wasser ist schwarz und die Fische sind weiß.
K: Luft ist weiß und die Vögel schwarz.
E: Ich würde aber doch noch genau die Fische anschauen, von unten, wie sie raufgehen.
K: Die gehen so hoch, so quer.
E: Richtig, Thomas, quer.
K: Die schwimmen so rüber, dann ganget sie aber immer höher.
E: Wie denn, wie ist denn das, das sieht man so oft.
K: So.
E: Schau einmal, ihr sagt, oben sind Vögel und unten sind Fische.
K: Zum Beispiel können die Fische die Luft net vertragen.
K: Und die Vögel 's Wasser net.
K: Die Schwalben, die gucket übers Wasser.
E: Es gibt doch auch Vögel, die im Wasser sind.
K: Enten, Gänse, Storch, Schwäne, Pelikan.
E: Jetzt habe ich den Thomas net verstanden.
Thomas: Des isch genauso wie bei dem Maikäfer. Ich hab mal einen Maikäfer gehabt, der war im Wasser, dann haben wir den rausgeholt und auf die Heizung raufgestellt, bis er trocken war. Dann haben wir ihn fliegen gelaßt. Genauso, wenn Vögel ins Wasser kommet, dann können sie au nimmer fliegen.
E: Du, Thomas, vorhin haben sie gesagt, manche können doch fliegen.
K: Die Enten und Schwäne.
E: Das sind doch auch Vögel.
K: Aber die normalen Vögel können nicht.
K: Die können nicht unter Wasser sein.
E: Aber schaut euch einmal das Bild genau an. Sind die Fische eigentlich nur unten?
Annette: Nö, au oben, bei den Vögeln der Zwischenraum, und da isch so ähnlich, der Zwischenraum von den Fischen, des sind au Vögel.
E: Gut, Annette.
Thomas: Ich hab mal einen Film gesehen vom Flipper, der war nämlich auch an Land, der hat des vertragen. Dann hat ihn der Junge da, dem er gehört, der hat ihn dann ins Wasser tan, oder? Nee, der hat ihn ins Boot gelegt und dann is er da hingeschwomme und dann hat er ihn rausgelasse.
E: Die Annette hat vorhin etwas ganz Wichtiges gesagt. In dem Zwischenraum bei den Vögeln...
Annette: Sind die Fische.
E: Und dann hast du noch mehr gesagt, Annette.
Annette: In dem Zwischenraum sind die Fische und die Vögel.

E: Das ist sehr gut. Seht ihr das alle?
Thomas: I hab noch net alles gesagt. Zum Beispiel die Haie, die können auch auftauchen.
E: Ja, richtig, das können sie durchaus.
K: Alle können auftauchen.
E: Jetzt schauen wir uns aber doch noch einmal das Bild an. Wie sind denn die Vögel unten? Wie weit gehen denn die Vögel unten?
K: Bis zu den Fischen.
E: Bis zu welchen Fischen?
K: Bis zu den obersten.
K: Bis zu den untersten Fischen.
E: Ja, du hast rest, Johannes. Die gehen bis rauf, bis runter. Und die Fische?
K: Au, die gehet au...
K: Aber oben sieht ma sie nimmer.
E: Richtig, Michi.
K: Da sieht man sie nimmer so richtig.
K: Nur noch den Zwischenraum.
E: Gut, sehr gut.
K: Weil die Fische ja net fliegen können.
E: Ja, ja. Jetzt schaut euch einmal die untersten Fische an und die obersten Fische und die unteren Vögel und die oberen Vögel. Was ist denn da für ein Unterschied?
K: Die unteren Vögel, die flieget auf die andere Seit – nee, auf die gleiche.
E: Auf die gleiche Seite fliegen sie. Aber ich habe eigentlich gemeint, welche Farbe die wohl haben.
K: Schwarz und weiß.
E: Und jetzt müssen wir uns einmal die Fische anschauen, die unteren und die oberen.
Annette: Bei den oberen sieht man die Striche net.
E: Sehr fein, Annette. Da sieht man die Striche nicht, und was wollen die Striche eigentlich zeigen?
K: Daß des die Federn sind.
E: Bei den Fischen? Ja, bei den Vögeln.
Johannes: Die Flossa.
E: Die Flossen und...
Johannes: und das Muster.
E: Das Muster, was für ein Muster, Johannes?
K: Des da, was so vorkommt und dann wieder rein, das sind die Schuppen.
E: Sehr fein. Jetzt habt ihr fast alles gesagt, was man in dem Bild sehen kann. Wie ist denn das, wenn man das Bild so im Ganzen anschaut? Wie ist denn das so angeordnet?
Thomas: Das ist halt so. Da oben, sehn Se amol, bei den Fischen, da könnt es einem so vorkommen, als wären unter dem Wasser so Vögel. Der Zwischenraum kommt net ganz so vor.
E: Ja, das ist ja das Richtige, Thomas. Das hat die Annette schon vorhin gesagt. Der Zwischenraum kommt einem vor wie Vögel. Ich glaube, jetzt haben wir alles gesehen.

4. Eltern

Im Bereich der ästhetischen Erziehung kommt der Zusammenarbeit mit Eltern eine besondere Bedeutung zu. Eltern sollten erkennen, daß die Entwicklung der Persönlichkeit des Kindes auch im Zusammenhang steht mit allen Tätigkeiten im ästhetischen Bereich wie Malen, Bauen, Spielen, Bilder ansehen...

Damit die ästhetische Erziehung auch seitens der Eltern mitgetragen und von Familienaktivitäten unterstützt wird, kann der Erzieher Anregungen geben zu folgenden Schwerpunkten:
— Eltern informieren über Bedeutung, Zielvorstellung und Verfahren ästhetischer Erziehung im Kindergarten,
— mit Eltern Erfahrungen sammeln durch eigenes Tun,
— Eltern sensibilisieren für ästhetische Erziehung im Umgang mit den eigenen Kindern.

Vorüberlegungen

Eltern kommen oft müde nach einem arbeitsreichen Tag zum Elternabend. Es ist deshalb wichtig, daß so ein Abend vielseitig gestaltet wird und daß alle Anwesenden aktiv beteiligt sind. Da nicht jeder ein guter Redner ist, sollten auch Möglichkeiten nonverbaler Kommunikation einbezogen werden. Visuelle und handelnde Kommunikation sind Mittel, die zu guten Ergebnissen führen. Entscheidend ist, daß immer wieder neue Wege zum Sammeln von Erfahrungen gefunden und daß diese erprobt, überprüft und weiterentwickelt werden.

Eltern bringen auf jeden Fall irgendwelche Vorstellungen und Meinungen zum Elternabend mit. Sie „lernen" also nicht etwas völlig Neues wie Kinder, sondern sie müssen häufig „umlernen". Die Angebote im Elternabend können dazu beitragen, daß Eltern ihre Vorstellungen und ihr Verhalten ändern.

Eltern sind „persönlich Betroffene", weil es ja um *ihre* Kinder geht, und deshalb ist dieser Lernprozeß verstärkt emotional besetzt. Gefühle der persönlichen Zuneigung seitens des Erziehers als auch der Eltern untereinander erleichtern den Lernprozeß. Ohne jedoch auch bei sich selbst zu erleben, wie nötig für das eigene Leben handelnder Umgang im Bereich des Ästhetischen ist, kann die Bedeutung für die Entwicklung des Kindes nicht erkannt werden. Deshalb müssen gerade den Eltern Möglichkeiten zum Sammeln eigener Erfahrung geboten werden.

Der Elternabend

Das Gespräch mit den Eltern vermittelt neue Erkenntnisse. Mögliche Themen können sein:

Mein Kind kritzelt nur.
„Schönes Spielzeug".
Dreckeln ist halt doch schön!
Das sind doch keine Bilder!
Meine Kinder spielen so gerne „Theäterles"!
Das schöne Kinderzimmer.
Womit unsere Kinder spielen.

Praktisches Beispiel zum Thema: *„Womit unsere Kinder spielen"*
Anstoß: Eltern fragen die Erzieherin, welches Spielzeug sie ihrem Kind schenken könnten.

Im Gespräch beim Abholen und Bringen der Kinder entwickeln sich die Fragen: Womit spielen unsere Kinder, was ist gutes Spielzeug? Eltern, die zu dieser Fragestellung zunächst nicht motiviert sind, werden bei Gesprächen „unter der Tür" von anderen Eltern oder der Erzieherin aufmerksam auf diese Fragen. Das Interesse ist geweckt.

Der Elternabend wird geplant (Wochentag und Uhrzeit wählen Eltern gemeinsam aus).

Die Kinder gestalten die Einladung, z.B. durch ein individuelles Bild mit Wachs- oder Wasserfarben, ein Schneidebild... So laden sie mit ein. Ein Grund für Eltern, dabei zu sein. Die Erzieherinnen planen im Team die inhaltliche Gestaltung des Abends. Dabei ist zu überlegen, ob nicht Eltern, die über Sachkompetenz verfügen, die Gesprächsleitung des Abends übernehmen.

Am Tag des Elternabends bereitet der Erzieher mit den Kindern den Raum vor (Material herrichten, Tische und Stühle gruppieren...). Auch damit werben die Kinder für die Teilnahme der Eltern.

Durchführung des Elternabends
Bei der kurzen Begrüßung sollte der Erzieher seine Freude über die Teilnahme der Eltern zum Ausdruck bringen. Er erwähnt dabei kurz, weshalb diese Thematik gewählt wurde. Der Hinweis soll deutlich machen, daß die Eltern selbst die Initiatoren dieses Abends sind.
In kleinen Gruppen, jeweils zu 3 oder 4 Teilnehmern, erproben die Eltern verschiedene Baumaterialangebote:
– einfache Holzbretter auf dem Teppich,
– genormte Bauklötze auf dem Tisch,
– Papp- und Kartonstreifen,
– Wellpappe,
– Aststücke und Rinde,
– Abfallhölzer,
– vorgefertigte Bauteile aus Kunststoff.

Nach etwa 20 bis 30 Minuten „Spielzeit" berichtet jeweils ein Gruppenmitglied über die Arbeitsweisen und Erfahrungen, die gemacht wurden. Dabei steht die ganze Gruppe um das jeweilige „Bauwerk" herum. Die Gruppenmitglieder ergänzen die Ausführungen und beantworten Fragen.
In einer Abschlußrunde, evtl. mit Saft, Bier, Wein, ziehen Eltern Schlüsse aus den eigenen Erfahrungen.
Der Gesprächsleiter faßt die Ergebnisse des Erfahrungsaustausches zusammen und schreibt sie ggf. auf eine Tafel oder ein Plakat, z.B.:
„Je einfacher das Material ist, desto vielfältiger sind die Spielmöglichkeiten". Oder: „Mit vielen Bausteinen einer Form kann man mehr anfangen als mit vielerlei Formen."
Obwohl das Tun im Bereich der ästhetischen Erziehung sehr wichtig ist, sollten keine „Bastelabende" abgehalten werden.
Eltern sollten durch eigenes Tun Erfahrungen sammeln können, die ihnen helfen, die Tätigkeiten ihrer Kinder besser zu verstehen.
Eine sinnvolle Auswahl von Aufgaben vermittelt Kontakte zwischen den Eltern und baut Hemmungen ab. Zeichnerische Fähigkeiten sollten nicht vorausgesetzt werden. In der Gruppenarbeit fühlt sich der einzelne sicherer.
Mögliche Aufgaben:
Batiken, Tonen, Kasperfiguren gestalten, Spielen, Spieldinge herstellen.

Mit Eltern und Kindern werken

Kinder und Eltern arbeiten gemeinsam; die Interaktion der Eltern mit ihren Kindern kann beobachtet und durch die Vorbildwirkung der Gruppe behutsam korrigiert werden. Die Erzieherin hilft, wichtige Anliegen der ästhetischen Erziehung transparent zu machen. Die Werkaufgaben sollten nach Möglichkeit für Erwachsene und Kinder gleichermaßen interessant und auch machbar sein.

Feste und Feiern

sind ein reiches Feld, um zu erfahren, was ästhetische Erziehung im umfassenden Sinn meint. Hier muß den Eltern ein breiter Raum gewährt werden zu eigenverantwortlichem und eigenschöpferischem Gestalten.
– Genau Anlaß, Idee oder Motto des Festes festlegen und formulieren.
– Eltern suchen sich die Aufgaben, die ihrer Kompetenz entsprechen.
– Vorbereitende Aufgaben bedenken und bearbeiten. Wer schreibt, malt und verteilt die Einladungen?
– Wer bestellt die Getränke, hilft, Möbel zu räumen...
– Was soll gegessen werden? Was muß dafür bereitgestellt werden? Geschirr? Besteck? Tischdecken?
– Wie kann der Raum geschmückt werden? Girlanden? Bilder? Trennwände? Blumenschmuck?
– Welche Lieder/Spiele können Kinder beitragen? Welche Aktionen können vorbereitet werden?

Die engagierte Vorbereitung vieler Helfer garantiert am ehesten einen schönen Verlauf des Festes.
Alle Gäste sollten beim Ablauf des Festes überrascht und erfreut werden: durch Bewirtung, Darbietungen, Beteiligung an Spielen (möglichst auch Spiele für Kinder und Erwachsene), Siegerehrungen, Ordensverleihungen. Polonaise, Kasperlespiele, Wettspiele sollten alle Kinder berücksichtigen und allen Bedürfnissen gerecht werden.

Die Eltern sollten auch die Möglichkeit haben, den *Kindergartenalltag* mitzuerleben. Sie beobachten, wie die Kinder mit den verschiedenen Materialien umgehen, greifen aber in den Prozeß nicht ein. Sie sehen, wie der Erzieher den Kindern beim Gestalten begegnet. Er geht auf die Fragen der Eltern ein und begründet sein Verhalten.

5. Literatur

A. Bücher

Bareis, A.: Vom Kritzeln zum Zeichnen und Malen. Donauwörth 1972.

Ebert, W.: Zum bildnerischen Verhalten des Kindes im Vor- und Grundschulalter. Ein Beitrag zur Grundschuldidaktik des Kunstunterrichts. Ratingen 1967.

Egen, H.: Kinderzeichnung und Umwelt. 2. verbesserte Auflage, Bonn 1977.

Grözinger, W.: Kinder kritzeln, zeichnen, malen. Die Frühformen kindlichen Gestaltens. München 1970.

Kaiser, G.: Kunstunterricht in der Eingangsstufe. Aufgabenpassagen aus den Bereichen Zeichnen, Malen, Formen und Bauen. Ravensburg 1975.

Kläger, M.: Das Bild und die Welt des Kindes. Ein monographischer Bericht über die Bilder zweier Kinder vom 2. bis zum 14. Lebensjahr. München 1974.

Kowalski, K.: ... fertig ist das Mondgesicht. Zeichnen, Malen, Formen, Bauen mit Kindern. Stuttgart 1972.

Maili-Dworetzki, G.: Das Bild des Menschen in der Vorstellung und Darstellung des Kleinkindes. Bern und Stuttgart 1957.

Löwenfeld, V.: Die Kunst des Kindes. Frankfurt/Main 1957.

Mühle, G.: Entwicklungspsychologie des zeichnerischen Gestaltens. Grundlagen, Formen und Wege in der Kinderzeichnung. Berlin, Heidelberg, New York 1975[4].

Seitz, R.: Zeichnen und Malen mit Kindern. Vom Kritzelalter bis zum 7. Lebensjahr. Ravensburger Elternbücher. Ravensburg 1972.

Ders.: Ästhetische Elementarbildung. Ein Beitrag zur Kreativitätserziehung. Arbeitsheft 3. Donauwörth 1974.

Ders.: Kunst in der Kniebeuge. Ästhetische Elementarerziehung. Beispiele – Anregungen – Überlegungen. München 1978.

Staudte, A.: Ästhetisches Verhalten von Vorschulkindern. Eine empirische Untersuchung zur Ausgangslage für Ästhetische Erziehung. Weinheim u. Basel 1977.

Stoevesandt, Kl.: Spielerisches Gestalten für verschiedene Altersstufen. Handbücherei für die Kinderpflege, Band 9, hrsg. von Erich Pscolla. Bielefeld 1979.

Strauß, M.: Von der Zeichensprache des kleinen Kindes. Stuttgart 1976.

B. Aufsätze in Büchern

Barth, W.: Kunst In: H. Retter (Hrsg.): Ästhetische Erziehung. Schlüsselbegriffe in der Vorschulerziehung. Ein fächerübergreifendes didaktisches Konzept für die Eingangsstufe. Band 1: S. 93–111, Band 2: S. 45–53. Freiburg, Basel, Wien 1973.

Knoll, H.: Ästhetische Erziehung. In: Arndt, F. et al: Musik – Kunst – Puppenspiel, Vorschule und Primarstufe, Band 4, S. 36–70. Stuttgart 1975.

Staguhn, K.: Kunsterziehung im Vorschulalter. In: Correll, W.: Lernen und Lehren im Vorschulalter. Donauwörth 1970, S. 82–175.

C. Zeitschriften

Beiträge zur ästhetischen Erziehung im Kindergarten findet man insbesondere in den Fachzeitschriften *Kindergarten heute*, Verlag Herder, Freiburg und *Welt des Kindes*, Kösel Verlag, München.

D. Bilderbücher

vgl. Exkurs zu „Sprechen und Sprache"

E. Reihe: Kunstunterricht Grundschule

(Als Information über die Fortsetzung der ästhetischen Erziehung in der Grundschule gedacht.)

Grießhaber, E.: Unterrichtsbeispiele zum Arbeitsbereich Zeichnen/Grafik. Ravensburg 1976.

Kaiser, G.: Unterrichtsbeispiele zum Arbeitsbereich Farbe. Ravensburg 1976.

Bodenmeyer, Kl., Kutzer, M.: Unterrichtsbeispiele zum Arbeitsbereich Körper/Raum. Ravensburg 1976.

Barth, W., Burkhardt, H., Hämmerle, W.: Unterrichtsbeispiele zum Arbeitsbereich Spiel/Materialaktion. Ravensburg 1976.

Kutzer, M.: Unterrichtsbeispiele zum Richtziel Fähigkeit zur ästhetischen Sensibilität. Ravensburg 1978.

Brügel, E.: Unterrichtsbeispiele zum Arbeitsbereich Drucken. Ravensburg 1978.

Zimmermann, J.: Unterrichtsbeispiele zum Arbeitsbereich Fotografie. Ravensburg 1978.

Rhythmisch-musikalische Erziehung

Schwerpunkt: Rhythmisch-musikalische Erziehung

1. Begründung und Zielstellung

Begründung: Musik und Bewegung bilden im Erleben des Kindes eine Einheit. In der praktischen Arbeit im Kindergarten sollten deshalb die beiden Bereiche verflochten sein. Kinder haben ein ausgeprägtes, in Entwicklungsgesetzen begründetes und individuell strukturiertes Bewegungsbedürfnis. Von dessen Befriedigung wird ihre seelisch-geistige wie auch ihre körperliche Entwicklung entscheidend beeinflußt.

Singen-Musizieren-Musikhören ist wesentlicher Bestandteil der kindlichen Erfahrungswelt und steht in vielfältigen Beziehungen zur Bewegung. Spontan wendet sich das Kind dem Klanglichen zu und hat Freude am Hören und Produzieren vielfältiger Schallereignisse.

In der Wirklichkeit steht dem Bewegungsbedürfnis sehr oft ein mangelnder Bewegungsanreiz und eine deutliche Einengung des Bewegungsspielraumes entgegen. Es entsteht ein Bewegungsdefizit, das zu Stauungen und Erlahmung der Bewegungskräfte führt und die Entwicklung des Kindes beeinträchtigt.

Im Bereich des Musikhörens steht das Kind einem Überangebot an Eindrücken gegenüber, dessen Umfang und Vielgestaltigkeit zunächst positiv erscheinen mag. Diese Flut von Höreindrücken kann jedoch von vielen Kindern nicht bewältigt werden: mangelnde Konzentrationsfähigkeit, Kontaktarmut, Unausgeglichenheit, Aggressivität können dadurch begründet sein.

Im Bereich des Singens fehlt dem Kinde heute oft der notwendige Raum und der Anstoß zur Entfaltung und Erprobung vielfältiger Möglichkeiten mit der Stimme und zum Erfinden von Melodien und Rhythmen. Stimmschwund und Artikulationsschwäche sind häufig Folgeerscheinungen.

Die Bereitschaft zum sprachlich-stimmlichen Kontakt mit der Umgebung ist aus Gründen wie Kontaktarmut oder Verunsicherung bei einzelnen Kindern eingeschränkt und deshalb nicht grundsätzlich vorhanden.

Es ist deshalb Aufgabe der rhythmisch-musikalischen Erziehung im Kindergarten, die kindlichen Erfahrungen in den Dimensionen Raum-Kraft-Klang-Ordnung zu erweitern. Dadurch wird die Eindrucks- und Erfahrungsfähigkeit in den verschiedenen Sinnesbereichen gesteigert und das Ausdrucksvermögen im weitesten Sinne differenziert. Der Prozeß der Entfaltung und die Ausdrucksbereitschaft dieser rhythmisch-musikalischen Fähigkeiten lassen Rückschlüsse auf den seelischen und körperlichen Entwicklungsverlauf eines Kindes zu und weisen ggf. auf die Notwendigkeit therapeutischer Hilfsmaßnahmen hin.

Zielstellung: Rhythmisch-musikalische Erziehung im Kindergarten will die Wahrnehmungsfähigkeit in allen Sinnesbereichen, insbesondere im visuellen, auditiven und haptischen Bereich erweitern und dadurch die Fähigkeit zu sinnvoller kreativer, vom Denken mitbestimmter Auseinandersetzung mit der Umwelt weiter entwickeln.

In der Rhythmik wird das Kind angeregt, spontan und adäquat auf Vorstellungen und Eindrücke verschiedenster Art zu reagieren und Bewegungsaufgaben selbständig zu lösen. Dabei entwickelt sich im Bereich der Grob- und Feinmotorik ein Körperbewußtsein.

Bewegungsabläufe werden harmonisiert und ein gewisser Grad der Körperbeherrschung erreicht. Dieses Erlebnis löst im Kind Freude aus.

In der Rhythmik wird das Kind in die Gruppe einbezogen. Soziales Handeln wird dadurch angebahnt oder gefördert. Es erfährt die Wirkung von Spannung und Entspannung. Soziale Rollen werden ihm zugespielt und machen die Beziehung des einzelnen zum Partner und zur Gruppe erfahrbar und unterstützen den Prozeß der Ichfindung.

Musikerzieherische Zielsetzungen im engeren Sinne sind:
— im Bereich Singen:
 Entfaltung der Singfähigkeit und der Ausdrucksbereitschaft
 Ausbildung des Gedächtnisses für Tonfolgen, Rhythmen und Texte
 Lernen von Liedern
— im Bereich Hören:
 Klänge unterscheiden und Klangordnungen erkennen
 Klänge und Klangverläufe in Bewegung darstellen und in Farbe und Form aufzeichnen
 Klänge und Klangverläufe grafischen Zeichen zuordnen
— im Bereich Musizieren:
 mit Geräuschen, Klängen und Tönen sowie mit der Sprache und ihren Elementen spielen.

2. Hilfen für die praktische Arbeit

Grundlagen

Die beiden Aspekte der rhythmisch-musikalischen Erziehung

In der rhythmisch-musikalischen Erziehung sind grundsätzlich zwei Aspekte möglich:
- ein musikpädagogischer Aspekt, bei dem das Klangliche mit Mittelpunkt steht, das Motorische jedoch ebenfalls einbezogen ist und
- ein rhythmisch-musikalischer Aspekt im engeren Sinne[64], bei dem das Motorische im Vordergrund steht, ohne daß der klangliche Bereich vernachlässigt wird und bei dem auch bewußt soziale bzw. sozialpädagogische Zielsetzungen verfolgt werden.

Beide Aspekte laufen nicht beziehungslos nebeneinander her, sondern durchdringen sich gegenseitig und sind aufeinander bezogen. Je nach Gewichtung durch den Erzieher kann eine Intention kurzfristig im Vordergrund stehen (vgl. Schema):

musikerzieherischer Aspekt	*rhythmisch-musikalischer Aspekt* (im engeren Sinn)
Zeit (lang-kurz)	Sensorik-Motorik (in polarem Ausgleichsgeschehen)
Raum (hoch-tief)	Kommunikation (über alle Sinnesbereiche)
Dynamik (laut-leise)	Kreativität (als schöpferische Auseinandersetzung in immer neuen Situationen)
Form (Spannung-Entspannung)	Kognition (in Zusammenhang mit Erfahrungsvorgängen)
	Leiblichkeit (im Sinne von Ergreifen des Leibes mit den eigenen Ichkräften).

Daraus sind Themen bzw. Aufgabenstellungen und Arbeitsformen zu entwickeln (vgl. S. 158 ff.).

Erzieherverhalten

Erzieherisches Handeln bedarf der ständigen Reflexion und setzt permanente Selbsterziehung voraus. Für den Bereich der rhythmisch-musikalischen Erziehung heißt das u. a., daß ein dauerndes Bemühen um Erwerb oder Erhalt einer „musischen Grundhaltung" vorhanden sein muß. Besonders in unserer Zeit können „rhythmische Ausgeglichenheit" als Persönlichkeitsmerkmal und die Fähigkeit zu verantwortbarer Lebens- und Erziehungsgestaltung nach rhythmischen Grundprinzipien nicht mehr als selbstverständlich vorausgesetzt werden. Es bedarf einer ständigen Anstrengung, die genannte Grundhaltung bzw. Fähigkeit zu erlangen. Die gedankliche Auseinandersetzung und vor allem die bewußte Gestaltung der eigenen Lebensgewohnheiten im Sinne einer „Rhythmisierung" ist dazu notwendig. Der Erzieher sollte vom Rhythmus „durchklungen" sein und „rhythmische Ausgeglichenheit" ausstrahlen – nicht im Sinne von gleichbleibend langweilig, sondern von ausgleichendem Hin- und Herschwingen-Können zwischen menschlichen Grundstimmungen und Empfindungen wie Freude – Trauer, emotionale – kognitive Betrachtungsweise. Seine persönliche Grundhaltung zeigt sich im Gebrauch der Sprache, der Handlungs- und Bewegungsgewohnheiten in Raum und Zeit und wirkt sich auf Verhalten und leiblich-geistig-seelische Entwicklung der Kinder aus.

In der Beobachtung von Vorgängen und Veränderungen in der Natur ist beispielsweise eine Möglichkeit gegeben, Rhythmus in Form von „permanentem Geschehen" oder im Ausdruck des „Gestaltgewordenen" zu erleben und dessen Wesenszüge in das eigene Selbst einfließen zu lassen[65]. Bei dieser Tätigkeit wird die Beobachtungsfähigkeit des Erziehers differenzierter und wirkt sich befruchtend auf seine Aufgabe aus, Kinder Erfahrungen in den Bereichen Musik

---

[64] Der Begründer dieser Musik- und Bewegungserziehung (Rhythmik) war der Schweizer Musikpädagoge Dalcroze. In Deutschland wurde seine Idee von Elfriede Feudel weiterentwickelt.
[65] Vgl. Portmann, A.: Biologisches zur ästhetischen Erziehung. In: Biologie und Geist, Frankfurt 1963, S. 292 ff.

und Bewegung sammeln zu lassen, wobei die Angebote und die Arbeitsweisen dem Entwicklungsstand der Kinder anzugleichen sind.

Dazu ist eine fundierte Kenntnis der Bedürfnisse und Möglichkeiten von Kindern in verschiedenen Entwicklungsaltern im Hinblick auf Bewegungs- und Musikangebote Voraussetzung. So ist beispielsweise zu beachten der Stimmumfang des Kindes (d' bis etwa e'') und die schnellere Pulsation des kindlichen Organismus, welche die Bewegung bestimmt. Die Auswahl von Liedern, Texten, Spielen, Bewegungs- und Musikangeboten hat sich auch danach zu richten. Didaktische Kriterien der Auswahl und Anordnung sind die altersspezifischen, sozialen und auch therapeutischen Bedürfnisse der Gruppe.

Diese müssen in den Angeboten enthalten sein. Nur wenn diese Bedingungen erfüllt sind, ist mit einer motivierten Beteiligung der Gruppenmitglieder zu rechnen.

Der Erzieher selbst muß seine didaktischen Fähigkeiten, d. h. seine stimmlichen, bewegungsmäßigen und instrumentalen Möglichkeiten ständig prüfen und verbessern. Dies schließt ein den Stimmklang beim Singen und Sprechen, die melodisch-rhythmische Gestaltung des Sprechens, Modifikationsmöglichkeiten im Sprechtempo, in der Bewegungsführung, etwa in Gesten, die die Sprache begleiten oder in ganzheitlichen Bewegungsvorbildern. Dabei sollte das Bewegungsangebot des Erziehers stimmig sein: nicht hektisch, nicht zu langsam, sondern den kindlichen Möglichkeiten angepaßt. Auch die musikalische Handhabung aller Arten von Instrumenten muß immer weiter entwickelt werden. Der Erzieher ist aufgefordert, an sein Angebot die höchstmöglichen qualitativen Anforderungen zu stellen: jeder Eindruck wird vom Kind nicht bloß registriert, sondern wirkt bildend auf dessen Persönlichkeit.

Aufgaben der rhythmisch-musikalischen Erziehung

Im traditionellen Verständnis vereinigt rhythmisch-musikalische Erziehung Inhalte aus zwei gleichrangigen Bereichen:

Bereich Musikerziehung mit	*Bereich Bewegungserziehung* mit
Singen	musikerzieherischer
Musizieren	leibeserzieherischer
Experimentieren mit	tänzerischer
Geräusch	therapeutischer
Klang	sozialerzieherischer
Ton	Ausrichtung
Sprache	
Hörerziehung	

Die Gegenüberstellung der beiden Bereiche bedeutet nicht, daß sie in der Praxis als Teilgebiete unverbunden nebeneinanderstehen. Musik und Bewegung sind – wie bereits erwähnt – im Erleben des Kindes eine Einheit. Die Praxis der rhythmisch-musikalischen Erziehung im Kindergarten geht deshalb davon aus, daß Ziele, Inhalte und Elemente beider Bereiche eng verflochten sind und sich gegenseitig bedingen. Es wird darum gehen, im Angebot stets Spielsituationen zu schaffen, die beides beinhalten, wobei der Erzieher ein konkretes und differenziertes Wissen um Formen, Inhalte und Wirkungen des Spielangebotes haben muß. Im Spiel werden rhythmische, dynamische, klangliche und melodische Vorgänge in Musik und Sprache durch die Bewegung zu konkreten Erfahrungen. Die Fülle der Erfahrungen bereitet Grundlagen für spätere Abstraktionen. So muß z.B. die freie Rhythmik des Sprechens, des Sprechgesangs, des Singens, der Bewegung dem Umgang mit genormten Zeitordnungen (Metrum, Notenwerte, Takt) vorausgehen.

Um die Zielsetzungen und Inhalte der rhythmisch-musikalischen Erziehung überschaubar zu machen, sind die beiden Bereiche aufeinander folgend dargestellt.

Der rhythmische Aspekt: Wahrnehmen – Bewegen – Sich Ausdrücken

Der Rhythmus spielt im Leben eine zentrale Rolle. Er bestimmt die Entwicklung des einzelnen Menschen in bedeutender Weise, besonders die Entwicklung des Kindes.

Das Prinzip der Rhythmisierung (vgl. S. 157) sollte nicht nur in den Rhythmikstunden verwirklicht werden, sondern die Elementarerziehung durchdringen und die kurz- und langfristige Planung der pädagogischen Arbeit bestimmen.
Die Rhythmik enthält viele Möglichkeiten zur Entwicklung und Förderung wesentlicher personaler Fähigkeiten. Sie kann

– die Wahrnehmungsfähigkeit sensibilisieren
– musikalisch-sprachliche Sachverhalte leiblich erfahrbar machen
– Körperfunktionen im Muskel- und Organbereich ausbilden
– Bewegungsgeschicklichkeit und Körperbeherrschung ausbilden
– das körperliche Ausdrucksvermögen steigern (Gestik, Mimik)
– die Ausdrucksfähigkeit der Sprache differenzieren (Begriffsfindung, Wortschatzerweiterung)
– soziale Verhaltensweisen grundlegen und fördern
– kindliche Kreativität anregen
– die Psyche positiv beeinflussen bzw. regulieren.

Rhythmik sensibilisiert die Wahrnehmungsfähigkeit. Während im Alltag einzelne Sinnesbereiche über Gebühr beansprucht oder vernachlässigt werden (z.B. der Tast-, Geruchs- und Geschmackssinn), zielt Rhythmik darauf ab, alle Sinne in ausgewogener Weise anzusprechen bzw. vernachlässigte Sinne zu fördern. Eine gleichwertige Inanspruchnahme aller Sinne ist für den kindlichen Organismus, der sich gerade in der Entwicklung befindet notwendig, denn: zwischen Sinnesleistung, Wahrnehmungs- und Erlebnisfähigkeit bestehen enge Wechselbeziehungen. Eine Steigerung der Sinnesleistungen fördert das Unterscheidungsvermögen und auch die Denk- und Urteilsfähigkeit. Besser-wahrnehmen-Können bedeutet auch Tiefer-erleben-Können. Das Empfindungsleben erfährt eine Bereicherung und die Verbindung zu Lebensvorgängen in allen Bereichen wird intensiver.
In der Praxis ist nicht daran gedacht, Sinnesübungen isoliert und herausgelöst aus Spielzusammenhängen durchzuführen, sondern sie einzubetten in rhythmische Spieleinheiten, z.B. beim Thema Frühling:

Bienen fliegen von Blume zu Blume:
verschiedener Duft, verschiedene Farben, Formen, verschiedener Klang...

Rhythmik macht musikalisch-sprachliche Sachverhalte leiblich erfahrbar. Neben der Bedeutungskomponente besitzt Sprache auch eine musikalische Komponente.
Sprache kann Gestaltungs- und Spielelement sein, z.B. in moderner Dichtung oder in den beliebten Sprachspielereien von Kindern, in freien Erfindungen von Silben- und Lautverbindungen, Abzählreimen, Nonsensgedichten und fremdsprachlichen Klangnachahmungen (vgl. Schwerpunkt „Sprechen und Sprache").
Musik und Sprache haben Rhythmus (lang – kurz), Melodie (hoch – tief) und Klang (hell – dunkel) sowie Dynamik (laut – leise) und Akzentsetzung (schwer – leicht) gemeinsam. In beiden Bereichen kann in verschiedenen Tempi (schnell – langsam) gestaltet werden. Diese Grundelemente sind leiblich erfahrbar, d.h. man kann in Sprache und Musik über den leiblichen Umgang mit den Elementen einführen: kurze Klänge und Töne von Holz, von kurz angeblasener Flöte oder von kurzen Silben rufen andere Bewegungsreaktionen hervor als lange Klänge und Töne von Metallinstrumenten, hartklingende Saiten oder lang klingende Silben.

Beispiel: Das tiefe Brummen eines „Bären" oder Baßtones wird durch Gestik in einer anderen Ebene dargestellt als der hohe Piepston eines Vogels oder einer kleinen Flöte.
Elefantengang, laute Trommelschläge, lautes Rufen oder Schreien werden mit viel mehr Intensität und Krafteinsatz in Bewegung dargestellt als etwa eine schleichende Katze, Triangelklang, Flüsterverse...

Viel Freude bereitet die Bewegung zu Sprachbildungen mit gleichmäßig durchlaufendem Versmaß (es war einmal ein Mann...) oder gleichbleibenden Schwerpunktreihungen in der Musik (a, b, c, die Katze lief in Schnee...).
Die Erfahrung verschiedener Tempi ist wohl am ehesten über den Leib zu machen. Deutliche Tempogegensätze sollten in der Bewegungsbegleitung zur Musik oder sprachlichen Bildungen zum Ausdruck gebracht werden können, bevor mit gleitenden Übergängen (schneller, langsamer werden) gespielt wird.

Schwerpunkt: Rhythmisch-musikalische Erziehung

Bei aufmerksamer Hinwendung zum Sprachlichen kann sicher auch ein differenzierter Einsatz der Artikulationswerkzeuge (Lippen, Zunge, Gaumen) erreicht werden (Zungenbrecher, Schnellsprechverse).
Mit solchen elementaren Ansätzen ist die Gestaltung vielfältiger Spielformen möglich. Hiermit kann eine wichtige Grundlage geschaffen werden für den späteren Umgang mit der Sprache beim Lesen und Schreiben sowie für die Bewußtmachung musikalischer Sachverhalte.

Rhythmik bildet die Körperfunktion im Muskel- und Organbereich aus. Rhythmik aktiviert wie jede Bewegungserziehung (vgl. Schwerpunkt „Bewegungserziehung") die allgemeine Muskulatur. Insbesondere erfolgt Bewegung in diesem Bereich als Reaktion auf Sinneseindrücke oder Wahrnehmungs- und Vorstellungsinhalte. Vor allem Spielsituationen liefern Impulse, die verschiedenartigste individuelle Bewegungsreaktionen auslösen können. Die Bewegungsabläufe sind damit nicht beschränkt auf rein leibliche Muskel- und Organtätigkeiten, sondern auf Denkvorgänge und Gefühle bezogen.
Durch gezielte Impulse ist es aber auch möglich, einzelnen unter Umständen vernachlässigten Muskelpartien Entwicklungsreize zukommen zu lassen, z. B. der Rückenmuskulatur bei Fortbewegungsversuchen in Rückenlage ohne Mithilfe der Beine.
Selbstverständlich fördert rhythmische Bewegung immer auch den Atmungs- und Kreislaufbereich und wirkt folglich auf andere Organe. Mangel an Bewegung oder verkrampfte arhythmische Bewegungen haben negative Folgen.

Rhythmik bildet Bewegungschicklichkeit aus und führt zu einer besseren Körperbeherrschung. Die Förderung des Reaktionsvermögens, der Koordinationsfähigkeit im Bereich der Muskelfunktionen und die Beherrschung des Bewegungsapparates läßt die Freude an und die Lust zur Bewegung wachsen, steigert das Vertrauen in die eigenen Fähigkeiten und hebt das Selbstbewußtsein; Kinder lernen ihren Körper und seine Möglichkeiten kennen, erleben andererseits auch die Grenzen und das mögliche Maß der Belastbarkeit.
Bewegungsgeschicklichkeit ist nicht nur abhängig von körperlicher Bewegungsfähigkeit, sondern auch von geistig-seelischen Qualitäten. Eine Steigerung in einem der drei Bereiche hat auch auf die beiden anderen positive Auswirkungen.

Rhythmik steigert das körperliche Ausdrucksvermögen. Das körperliche Ausdrucksvermögen (Gestik, Mimik) unterstützt und ergänzt die begrifflich-sprachliche Kommunikation und kann diese in manchen Bereichen ersetzen. Durch Mimik und Gestik erfahren zwischenmenschliche Beziehungen eine Bereicherung. Neben der Entfaltung des eigenen Ausdrucksvermögens ist es wichtig, die Fähigkeit zur Deutung von Ausdrucksverhalten zu entwickeln, um z. B. Zusammenhänge erkennen oder auf menschliche Gestimmtheiten passend reagieren zu können.
Indem die Fähigkeit der überzeugenden Mitteilung an die Umwelt zunimmt, erfährt man sich als auf diese wirkend; es wächst die Fähigkeit zur Selbsterfahrung.
Besondere Bedeutung kommt in diesem Zusammenhang auch dem freien szenischen Spiel – z. B. Darstellen von Situationen aus dem Alltag – und dem nachahmenden Spiel – z. B. Nachahmung von Tierbewegungen – zu. Diese Spielformen sind auch als Puppen-, Handpuppen- oder Schattenspiele denkbar.
Durch die spielerische Übernahme von anderen Rollen wird Verständnis für fremde Verhaltensformen geweckt und zugleich der in verschiedenen Lebenssituationen notwendige Rollenwechsel vorbereitet und eingeübt (vgl. Schwerpunkt „Soziales Lernen").
Die Darstellung von vorgegebenen sprachlichen und musikalischen Formen im Spiel (Reim, Gedicht, Fingerspiel, Spiellied, Tanz) bietet eine weitere Möglichkeit zur Übung des körperlichen Ausdrucksvermögens.

Rhythmik differenziert die Ausdrucksfähigkeit der Sprache. Be-„griff" bedeutet, über das „Greifen", die Handlung und die damit verbundene Sinneserfahrung etwas als gegenständlich erfaßt und wahrgenommen zu haben. Wer etwas „be-griffen" hat, hat davon einen „Begriff". Dies bedeutet, daß die Erweiterung des Wortschatzes in diesem Entwicklungsalter sehr eng an das Tun gebunden ist (vgl. Schwerpunkt „Sprechen und Sprache").
Die aktiv handelnde Auseinandersetzung mit Gegenständen ist für Kinder heute relativ eingeengt. Rhythmik schafft deshalb bewußt Spielsituationen, in denen über die Bewegung

Erfahrungen gemacht werden können, die dann zur Begriffsbildung führen.

Vielfältige Gegenstände und Materialien müssen deshalb verwendet werden. Die verschiedenartigen Einsatzmöglichkeiten eines Materials im Hinblick auf Eigenschaft, Veränderbarkeit, Materialbeschaffenheit, Spielanreize sei am Beispiel Papier aufgezeigt: man verwendet Papierblätter, Papierschnitzel, Papierknäuel, Papierschlangen, Papierkugeln, Papierbälle; Seidenpapier, Kreppapier, Tonpapier, Transparentpapier, Sandpapier, Zeitungspapier, Pappe, Zellophanpapier...

Damit kann man
rascheln, knistern, falten, knüllen, flattern, reißen, werfen, fangen, rollen, wegblasen, tragen, balancieren, fächeln, bemalen, bekleben, Formen legen, schneiden...

Die verschiedensten Papiersorten haben verschiedene Eigenschaften: sie sind
rauh, glatt, steif, lappig, hart, weich, dick, dünn, farbig, farblos, schwer, leicht, lang, kurz, breit...

Man kann
sich auf das Papier stellen, etwas darunter legen, darum herumgehen, darüber springen, von Blatt zu Blatt hüpfen, davon weggehen, zu ihm hingehen, es zwischen die Hände nehmen (allein oder mit Partner), davor stehen, dahinter stehen, es über sich halten...

In dieser Weise kann auch mit beliebigen anderen Spielmaterialien (Steine, Tannenzapfen, Strohhalme, Holzklötze...) oder Geräten (Ball, Reifen, Bohnensack, Rasselbüchse...) im Sinne der Begriffsfindung und Wortschatzerweiterung verfahren werden.

Genauso kann ein Spielthema Anlaß sein zu verschiedenartiger Erfahrungssammlung und Begriffsfindung (Schlange, Vogel, Bauer, Verkehr, Gewitter, Frühling...).

Diese spielerische Erweiterung der sprachlichen Ausdrucksfähigkeit ist für Ausländerkinder mit geringem Wortschatz, die sich noch in die deutsche Sprache hineinleben müssen, besonders geeignet (vgl. Schwerpunkt „Pädagogische Hilfen für die Arbeit mit ausländischen Kindern im Kindergarten").

In der Rhythmik werden soziale Verhaltensweisen grundgelegt und gefördert. Hier wird nicht nur das Spannungsgefälle zwischen Kind, Erzieher, Spielthema und Spielmaterial intensiviert und reguliert, sondern auch dasjenige zum Mitspieler, zur Spielgruppe (vgl. Schwerpunkt „Soziales Lernen").

Durch Bewegung können Stauungen, Spannungen, Aggressionen im einzelnen Gruppenmitglied abgebaut, andererseits durch bewußte Bewegungsschulung Ichkräfte aufgebaut werden. Das Gruppenklima wird dadurch harmonischer. In die gleiche Richtung wirkt eine planvolle Erziehung zur Gruppenfähigkeit (Kontaktfähigkeit, Anpassung, Vertrauen zum Partner). Das Prinzip der Rhythmik erlaubt keinen autoritären Führungsstil. Es gibt der Entfaltung von Eigentätigkeit, Phantasie und Kreativität Raum. In einer sich daraus ergebenden Gruppengestalt wird die Initiative des einzelnen lebendig bleiben, d.h. eine solche Gruppe wird immer lebendig, flexibel, aktiv und auseinandersetzungsfreudig im Sinne von fruchtbarer Auseinandersetzung sein. Bewegungsfreudigkeit und Gruppenfähigkeit der Kinder wirken sich in der Gestaltung des Kindergartenalltags positiv aus.

Die Aufbereitung des Spielangebotes wird in der Weise erfolgen müssen, daß die „Spielregeln" eine freiwillige Einordnung der Spiellust in den gegebenen Spielrahmen bzw. in den Gruppenzusammenhang ermöglichen. Regeln werden u.a. gegeben durch methodische Planung und Begleitung des Spielverlaufs, durch räumliche Möglichkeiten, Zusammensetzung der Gruppe...

Es ist bei gemeinsamer Handlung immer unumgänglich, den anderen wahrnehmen zu lernen, ihn zu beachten, ihn einzubeziehen ins eigene Tun. Der andere braucht auch seinen Spiel-,,Raum", will hören und sehen können, will gehört und gesehen werden. Der Einsatz an eigener Kraft wird sich danach richten müssen, daß das Tun des anderen nicht zerstört oder in Mitleidenschaft gezogen wird, z.B. durch die Wahl des Tempos, die Größe des Sprunges, die Handhabung des Gerätes, die Lautstärke des Stimmeneinsatzes, die Instrumentenhandhabung.

Es ist wichtig, daß der Spielende Vertrauen bekommen kann zum personalen und dinghaften Gegenüber, daß er Kontakte zur personalen und dinghaften Umwelt lieben lernen kann. Man wird u. U. Geräte oder Spielgegenstände wählen, die für das Kind angenehm zu handhaben sind: beispielsweise zum Zuwerfen einen Ball aus Wolle oder ein Kissen statt eines Gymnastikballes; statt Instrumente mit hartem, aggressivem Klang solche mit weichem Klang.

Es sind bewußt Situationen zu schaffen, die das Zusammenspiel mit einem Partner fördern, z. B.: gemeinsam etwas tragen; der Spielgegenstand kommt zu dir; wir schaukeln ihn gemeinsam hin und her; wir hüpfen zusammen zur Musik. Geeignet sind dazu auch alle Arten von Nachahmungs- und Rollenspielen, die das Übernehmenkönnen und Wiedergebenkönnen von Rollen, das Führenkönnen oder sich Unterordnenkönnen aus der Gegebenheit der Spielsituation heraus thematisieren, z. B.: ich bin ein Frosch, solange wir das Froschgedicht sprechen; Vogelkinder lernen von der Vogelmutter, indem sie deren Verhalten nachahmen; alle tanzen wie der Bär (ein Kind!) es vormacht oder wie „Bärenmusik" klingt; der Zauberer beherrscht durch seine Zauberkraft die anderen Kinder.

Soziales Handeln wird also dadurch angebahnt und gefördert, daß in Gruppen gespielt wird,
Partnerspiele geübt und
Rollen nachgespielt werden.
Der Erzieher hat die Aufgabe, das Handeln zu beobachten und ggf. einzuwirken.

Rhythmik regt die kindliche Kreativität in besonderer Weise an. Die Förderung der Kreativität ist bedeutend für die Entfaltung der Intelligenz, der Handlungsmotivation, der Persönlichkeitsbildung.

Das Kind, besonders das ältere Kindergartenkind, verlangt mehr und mehr danach, dem Spiel eigene Richtungen zu geben, eigene Lösungen zu suchen, Wechsel in Spielorganisation und Spielarrangement finden zu dürfen, Unterschiede zu entdecken, zu erproben, zu vergleichen, zu verändern (vgl. auch Schwerpunkt „Spielen"). Diesem Bedürfnis wird man auch in der Rhythmik entgegenkommen müssen, ja auch u. U. versuchen, dieses Bedürfnis zu wecken und damit dem Kind Entwicklungsanreize zu geben. Die Rhythmik läßt Spielraum zur Eigenentfaltung, zu vielfältigen Gestaltungsmöglichkeiten durch Ansprache und Anregung der Gedanken- und Gefühlskräfte. Es gibt nicht nur *eine* Lösung, einen Weg, eine Art des Zusammenspiels, eine Art der Handhabung, sondern die Vielfalt, d. h. individuelle Möglichkeiten können ausgespielt werden. Jeder kann aus dem Bereich seines Vermögens heraus brauchbare Lösungen finden und sich damit bestätigen oder wenn es darum geht, Lösungen anderer zu übernehmen, diese mit allen zur Verfügung stehenden eigenen Mitteln zu versuchen. Es gibt keine Einschränkungen durch festgelegte Bewertungsmaßstäbe, was nicht bedeutet, daß es keine Maßstäbe gibt. Diese liegen jedoch ausschließlich im Entwicklungsbedürfnis des Kindes begründet.

Rhythmik beeinflußt bzw. reguliert die menschliche Psyche. Im Bewegungsbild eines Menschen spiegelt sich sein seelisches Befinden, d. h. der psychische Zustand einer Person findet Ausdruck in ihrer Handlung (Gehweise, Gestik, Mimik etc.).

Infolgedessen ist es auch möglich, über den Handlungs- bzw. Bewegungsbereich – über den Leib – in die seelische Konstitution hineinzuwirken (psycho-somatischer Zusammenhang!).

Selbsterfahrung ist erst möglich durch die Auseinandersetzung mit der Umwelt, durch Handeln mit den Dingen, im Rahmen der Gesetzlichkeit von Raum und Zeit und der Kraftverhältnisse. Mit der Bewältigung von Bewegungs- und Handlungsvorgängen in den Gegebenheiten von Raum, Zeit und Kraft wächst das Selbstvertrauen, das die Grundlage einer gesunden Entwicklung im psychischen Bereich darstellt (vgl. auch Schwerpunkt „Soziales Lernen").

Der musikerzieherische Aspekt:
Singen – Musizieren – Hören
Singen

Singen gehört zu den traditionellen Inhalten der Elementarerziehung. Es begleitet und gliedert den Tagesablauf im Kindergarten, ermöglicht Abwechslung und Ausgleich und spricht sehr viele Kinder an.

Im Singen erlebt das Kind musikalische Ordnungen (Bewegung, Ruhe…) und deren Wirkungen in unmittelbarer Weise. Es gewinnt somit Erfahrungen für später einsetzende Reflexionen. Große Bedeutung kommt dem Singen im Hinblick auf die Entfaltung der Singfähigkeit und der Ausdrucksbereitschaft, aber auch hinsichtlich der Differenzierung der Wahrnehmungsfähigkeit und der Ausbildung des Gedächtnisses für Tonfolgen, Rhythmen und Texte zu. Zu beachten ist in diesem Zusammenhang auch die Wechselwirkung zwischen Singen und Atmung. Auch beim Spracherwerb und bei der Behandlung von Sprechschwierigkeiten, z.B. von Stottern, kann der gesungene Textvortrag eine wichtige Rolle spielen.

Beim gemeinsamen Singen und Musizieren erlebt sich das Kind in der Gruppe, erfährt seine Möglichkeiten, auf die Gruppe Einfluß zu nehmen, aber auch die Notwendigkeit, sich in die Gruppe einzufügen.

Das Singen schafft Sammlungs- und Erholungsphasen und vermittelt Spiel- und Bewegungsanlässe.

Im Kindergarten beschränkte sich Singen – und damit vielerorts der Gegenstand Musik überhaupt – lange Zeit auf die Wiedergabe von Kinderliedern und kindertümlichen Rufen, bevorzugt mit pentatonischer Tonordnung. Die neuere Musikpädagogik versucht jedoch eine solche Einseitigkeit der Auswahl zu vermeiden und Liedgut vielfältiger Tonalität (z.B. Dur, Moll, kirchentonal) und Gestalt einzubeziehen und so das Angebot zu erweitern. Einseitige Ausrichtung auf die bloße Wiedergabe bekannten Liedguts sollte durch Erproben vielfältiger Möglichkeiten mit der Stimme und das Erfinden von Melodien und Rhythmen ergänzt werden.

Die Formen der Liedeinführung und Liedübung bedürfen der aufmerksamen und sorgfältigen Differenzierung. Jedes Lied bietet aus seiner individuellen musikalischen und sprachlichen Gestalt heraus spezielle Formen der Erschließung und Anwendung. Nur wenn hier wieder neue Wege gesucht und vielfältige Abwechslungen angestrebt werden, wendet sich das Kind freudig und spontan neu zu lernenden Liedern zu und eignet sich diese bereitwillig an (vgl. Darstellung exemplarischer Themenbereiche: Lied, S. 169ff.).

Musizieren

Erproben von Geräten und Instrumenten, Vergleichen und Verändern, Beschreiben und Umsetzen der Klangergebnisse in Bewegung und graphische Zeichen sind weitere Begegnungsformen der Kinder mit dem Hörbaren. Das schöpferische Moment findet im Produzieren neuer Klangvarianten und Ordnungen die notwendige Berücksichtigung.

Das Einbeziehen von Instrumenten im weitesten Sinne ermöglicht improvisierte und geplante Begleitungen zu Liedern und bedeutet eine notwendige Ausweitung der mit dem Singen gegebenen klanglichen und musikalischen Möglichkeiten.

Die enge Verbindung von Klang und Bewegung sollte nicht nur im Bereich des Spiel- und Tanzliedes gesehen werden. Auch die bewegungsmäßige Darstellung von Schalleigenschaften (hoch – tief, laut – leise, langsam – schnell, lang, – kurz, nah – fern, hart – weich...) und Formverläufen (Wiederholung, Gegensatz, Entwicklung, Rückentwicklung) als Ergänzung und Vorbereitung auf eine später einsetzende Reflexion, Beschreibung und Notation ist wichtig. So lassen sich z.B. die Schalleigenschaften laut und leise durch verhaltene bzw. ausladende Bewegungen darstellen.

Hören

Das Kind erfährt zu Hause durch die technischen Medien bunt gemischte und die Grenzen des Faßbaren oft überschreitende Höreindrücke. Deshalb sollte die rhythmisch-musikalische Erziehung zu sinnvollen Reaktionen auf Höreindrücke anregen und dadurch Wege zu differenzierter Hörbegegnung eröffnen.

Eine behutsame und kindgemäße Hinführung zur Vielfalt der Musik kann ein einseitiges häusliches Hörangebot kompensieren und vielfältige Hörvertrautheiten wecken. Das Kind lernt zuhören. Malen zur Musik, Umsetzen von Musik in Bewegung, Aufschreiben von Gehörtem in selbstgefundenen graphischen Zeichen und „Mitlesen" von Darstellungen solcher Art, Erfassen der Gliederung, Wiedererkennen bekannter Teile, Entdecken von auffälligen Einzelheiten sind mögliche Bestandteile einer solchen Hörerziehung im Kindergartenalter.

(Die Konkretisierung dieser Gedanken erfolgt im Kapitel „Darstellung exemplarischer Themenbereiche, S. 165ff.)

Hinweise zur Planung

Rhythmisch-musikalische Erziehung darf im Kindergarten nicht ausschließlich als „Stunde" im Wochenplan erscheinen, sondern sollte als grundlegendes Prinzip für alles Tun

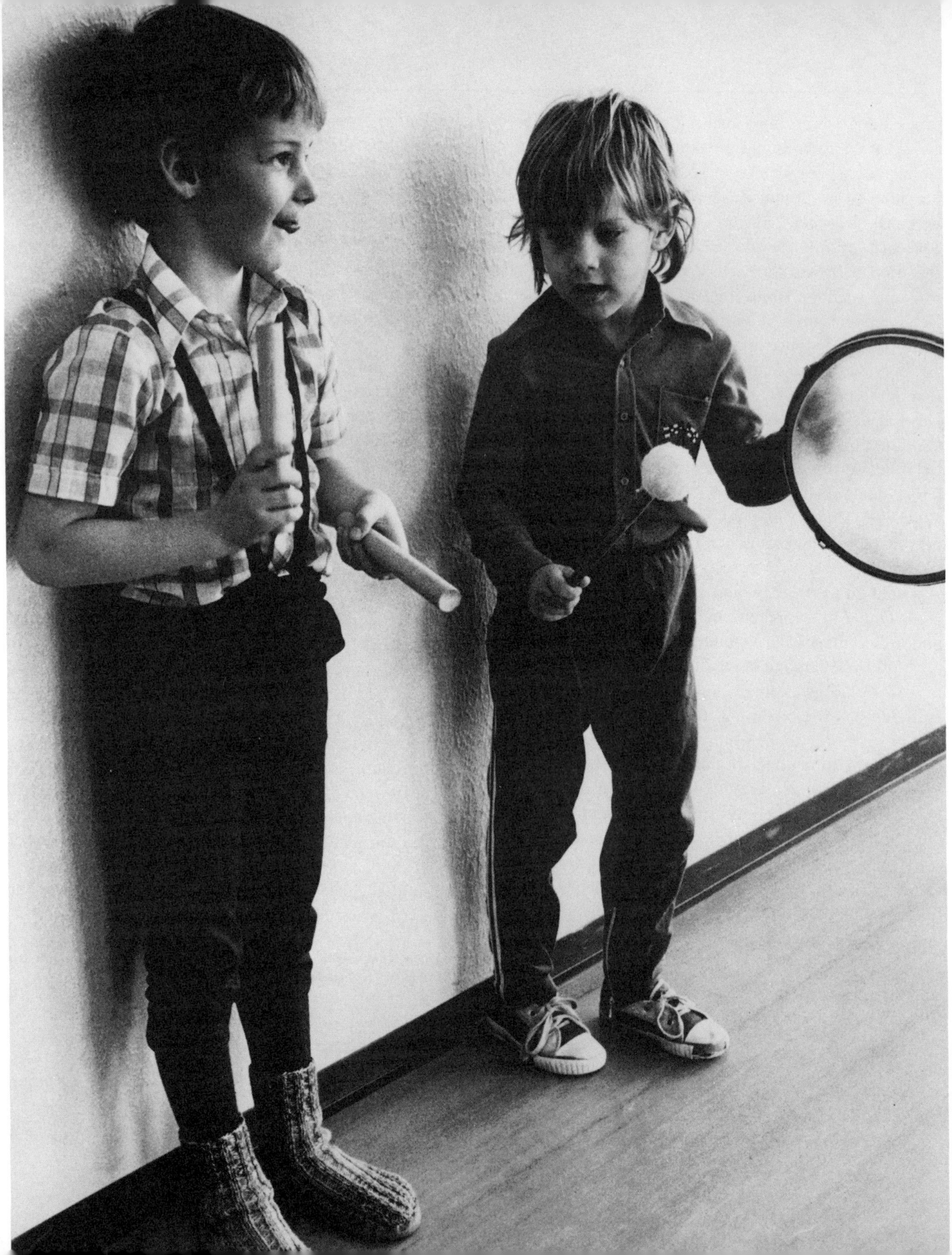

im Kindergarten Gültigkeit haben. Damit ist folgendes gemeint: Jede Gelegenheit zum „Lernen durch Bewegung" im Sinne der Sensumotorik und zum Singen und Musizieren sollte spontan aufgegriffen werden; in den Tagesablauf können jederzeit Lieder, Verse, sinnschulende Bewegungsspiele u. a. eingebaut werden.

Daneben ist es empfehlenswert, eine oder mehrere zeitlich festliegende Wochenstunden für die rhythmisch-musikalische Erziehung anzusetzen. Für diese „Stunden" ist eine zweckmäßige Kleidung vorzuschlagen.

Es ist vorteilhaft, rhythmische Aktionen unter einem übergeordneten Thema (Monatsthema oder umfassende Spielthematik) durchzuführen. Dabei werden die musikpädagogischen und sozialpädagogischen Teilaspekte durch variierte und nuancierte Aufgabenstellungen eingeübt und verleiblicht. Auf diese Weise entstehen Erfolgserlebnisse. Die Kinder können sich weiter mit einem Thema identifizieren und sich hineinspielen. Wiederholung ist ein wichtiger Aspekt des kindlichen Spiels.

Vorschläge für derartige Themenstellungen: aktuelle Anlässe, Themen aus dem Jahreskreis, ein Lied, ein Vers, ein Gedicht, ein Gegenstand als Spielangebot. Gestalten aus Märchen, Handlungsfolgen aus Märchen oder der Fabel-, Phantasiewelt.

Eingebettet in diese Themenfolgen können auch Entwicklungsrückstände einzelner Kinder aufgearbeitet werden, z.B. Rückstände kommunikativer Art oder im musikalischen Bereich wie Stimmonotonie oder Klangeinseitigkeit. Aus der Beobachtung der Kinder können sich manche Hinweise auf Hilfen dieser Art ergeben.

Wie in allen anderen Tätigkeiten im Kindergarten ist das Vorbild des Erziehers auch in der rhythmisch-musikalischen Erziehung von Bedeutung (vgl. S. 157f.).

Bei einer gezielt angesetzten „Rhythmikstunde" sollte die Gruppengröße 8–10 Kinder nicht überschreiten. Die Zusammensetzung der Gruppe richtet sich nach den individuellen Bedürfnissen und Fähigkeiten der Kinder wie auch nach den pädagogischen Absichten des Erziehers.

Bei der Planung der Arbeitsweisen ist vor allem der im Verhältnis zum Erwachsenen viel kürzere Rhythmus des Kindes zu bedenken. Methodenwechsel und Ansprache verschiedener Sinnesbereiche mit unterschiedlichen Tätigkeiten verhindern Langeweile und Ermüdung. Haben sich beispielsweise Kinder beim Singen verausgabt, muß eine Phase eingeschoben werden, in der sie zuhören; haben sie sich intensiv motorisch betätigt, könnte als Ausgleich mehr der Wahrnehmungsbereich angesprochen werden; nach länger andauernden kleinmotorischen Bewegungsformen (Handgesten u. a.) ist es angebracht, den Kindern mehr Ausdrucksmöglichkeiten im Bereich der Grobmotorik zu gewähren.

Die Planung der Angebote durch den Erzieher stellt einen mehr oder weniger flexiblen Rahmen dar, der dem Kind durch die gegebene Ordnung Sicherheit bietet zur Entfaltung und Erprobung hingebungsvollen Spielens. Innerhalb dieses Rahmens bleibt genügend Spielraum für die individuelle Ausgestaltung der Spiele durch das einzelne Kind. Richtschnur für den Grad der berechtigten Vorgabe ist die Bedürfnislage der Kinder.

Darstellung exemplarischer Themenbereiche

Vorbemerkungen: Die folgenden Beispiele zeigen an Themenbereichen aus verschiedenen Erfahrungsfeldern (Umwelterkundung, Gerät, Lied, mitmenschliche Beziehungen) exemplarisch Möglichkeiten auf für eine vielfältige rhythmisch-musikalische Erziehung. Zugleich werden Querverbindungen zu den Schwerpunkten „Soziales Lernen", „Erfahrungen mit der Umwelt", „Bewegungserziehung" und „Sprechen und Sprache" verdeutlicht. Die Reihenfolge der Untergliederung in den einzelnen Themenbereichen ist weder als verpflichtend noch als wertende Gewichtung anzusehen. Die verschiedenen Aspekte eines Themenbereichs erscheinen im folgenden als Schwerpunktsetzungen. In der Praxis durchdringen sich diese stetig.

Die Gliederung in Bewegungserfahrung, Hörerfahrung, optische, haptische Erfahrung, Erfahrung im sprachlichen Bereich, Erfahrungen im Experimentieren, Gestalten und Darstellen, auch unter Einbeziehen des Liedes, kann als Anregung und Hilfe für die Planung weiterer Themen dienen.

Weitere Themen könnten sein: Wasser, Gewitter, Jahres- und Tageszeiten, Tier, Fahrzeug…; Reif, Seil, Stab, Papier, Musikinstrument; Lieder zum Tages- und Jahreslauf, Fest und Feier, Spiel-, Tanz-, Märchen- und Tierlieder…; Streit und Freundschaft; der Fremde, der Hilfsbedürftige, Vorbild – Nachahmung…

Schwerpunkt: Rhythmisch-musikalische Erziehung

Themenbereich: Wind

Angebote im Kindergarten	Methodische Hinweise	Mögliche Erfahrungen der Kinder
Wind als Bewegungserfahrung	– Kinder versuchen, Wind durch freies Erfinden von Bewegungsgesten und Bewegung im Raum darzustellen (verschiedene Stärke, Eigenart...)	– Identifikationserfahrung im dynamischen Bereich („Ich bin Wind").
Wind als Hörerfahrung	– Kinder versuchen, Wirkungen von Wind durch Bewegung darzustellen (Blätter werden aufgewirbelt, vom Baum gerissen; Halme, Gräser, Bäume bewegen sich im Wind; Windrad, Tücher im Wind...)	– Wind als Anlaß zu Richtungs- bzw. Positionsänderung: Ich werde hin und her bewegt, ich werde (wie ein Blatt) an einen anderen Ort getrieben, ich erlebe die Kraft des Windes.
	– Vorstellung „Wind" in Verbindung mit Hörangebot.	– Ich erkenne die Stärke und Eigenart des Windes durch Höreindrücke und passe meine Bewegungen an.
	– Bewegung als Reagieren auf Höreindrücke: Windgeräusche auf Handtrommel reale Windgeräusche (unmittelbar oder in Aufnahmen)	
	– Hörbeispiele aus der Musikliteratur, z.B. Schubert, Erlkönig Schubert, Der Lindenbaum Beethoven, Pastorale 4. Satz Wagner, Sturmszene aus dem „Fliegenden Holländer" Vivaldi, Winter (1. Satz ab Takt 12 aus „Die vier Jahreszeiten")	– Ich erfahre, daß Windgeräusche mit geeigneten Instrumenten dargestellt werden können.
	– Bewegung wird Anlaß zur Schallimprovisation	– Ich produziere passende Windklänge bzw. Windgeräusche zur Bewegung.
Wind als Erfahrung im sprachlichen Bereich	– Verse, Reime, Gedichte – Sprachspielereien	– Ich erfahre, wie ich mit Worten oder Lauten und Worten nachahmen kann.
	– Klangmalerei – Wortschatzerweiterung (Der Wind bläst, heult, pfeift, säuselt, stürmt...)	– Ich erfahre, wie ich mit der Sprache differenziert erfassen kann. – Ich erfahre, wie Sprache und Atem zusammenhängen.
	– Bildgeschichten zum Thema Wind, z.B. Brian Wildsmith, Der Nordwind und die Sonne, Atlantis-Verlag, Freiburg/Zürich 1964.	

Angebote im Kindergarten	Methodische Hinweise	Mögliche Erfahrungen der Kinder
Wind im vorhandenen Liedgut	– Liedbeispiele: „Sausewind, Brausewind", in: Poser, Der fröhliche Kinderkalender, Fidula-Verlag, Boppard, S. 16. „Der wilde Wind", in: Klein, R. R., Willkommen, lieber Tag, Diesterweg, Frankfurt 1969, S. 106. „Des Windes Regenlied", in: Klein, R. R., Willkommen, lieber Tag, Diesterweg, Frankfurt, S. 106. „Wind, Wind, blase", in: Fuchs/Gundlach, Unser Liederbuch, Klett-Verlag, Stuttgart, S. 51. „Fegt der Wind die Bäume leer", in: Keller, Ludi musici, Bd. 1, Spiellieder, Fidula-Verlag, Boppard, Nr. 72. „Wind, Wind, brause", in: Keller, Ludi musici, Bd. 1, Spiellieder, Fidula-Verlag, Boppard, Nr. 99. – Singen in Verbindung mit Bewegung und Spiel – Singen und szenische Darstellung – Singen mit instrumentaler und/oder stimmlicher Untermalung	
Wind als optische Erfahrung	– Dynamik des Windes als Anlaß zu graphischen Darstellungen – Verschiedene Stärken des Windes mit graphischen Symbolen (z. B. durch Linien in verschiedener Dichte und Stärke) darstellen – Wind als Inhalt von gegenständlichen Darstellungen (z. B. geblähte Segel, Bäume und Wind, etc.) – Darstellungen sind Anlaß zur gegenständlichen und graph. Klangerfahrung – Zuordnung von Sprache und Bild, Bewegung und Bild	– Ich kann Dynamisches in Handlung und Klang bildhaft darstellen. – Ich kann Aufgezeichnetes in Klingendes umsetzen.
Wind (Blasen) als Möglichkeit der Schallerzeugung	– Über Papier blasen, über Saiten, Flaschen, Röhren... blasen[66]	

---

[66] Anregungen hierzu in: Fuchs, Karlsruher Versuche für den Musikunterricht, Stuttgart 1974, S. 26 ff.

Schwerpunkt: Rhythmisch-musikalische Erziehung

Themenbereich: Mein Spielgerät Ball

Angebote im Kindergarten	Methodische Hinweise	Mögliche Erfahrungen der Kinder
Ball als Anlaß zu Bewegungserfahrungen und zur Gestaltung von Bewegungsgesten	Rollen, werfen, fangen, prellen, drehen allein oder mit Partnern	– Ich erfahre die Beweglichkeit meines Körpers durch Anpassung an unterschiedliches Spielverhalten des Balles und erlange dadurch Geschicklichkeit. – Ich erfahre vielerlei Eigenschaften des Balles und ahme das Ballverhalten nach. – Der Ball regt mich an zu vielerlei Spielgestaltung: ich bin wie ein Ball – so rund, elastisch, langsam, schnell – ich kann rollen wie ein Ball ich kann hüpfen wie ein Ball, etc.
Ball als Anlaß zu Klang- bzw. Hörerfahrungen	Verschiedene Klangeffekte (hervorgerufen durch Gestalt, Form und Beschaffenheit bzw. Elastizität des Balles und auch der Spielfläche) – hören – unterscheiden – zuordnen und verändern – beschreiben – graph. darstellen – nachahmen	– Ich erfahre, daß ich auch mit dem Gehör den Spielablauf kontrollieren und regulieren kann. – Ich beziehe Klangphänomene aus Umweltgegebenheiten in meinen Wahrnehmungsbereich ein (z.B. auf Holzboden geprellt klingt anders als auf Steinboden etc.).
Ball als Anlaß zu Erfahrungen im Zusammenhang mit dem sprachlichen Bereich	Elastizität oder Plumpheit von Lauten, Silben und Silbenfolgen: plom-plom-plom-plom-plom... bebb-bebb-bebb-bebb-bebb... hören – nachgestalten, nachahmen – unterscheiden (verbal) – Erweiterung des Wortschatzes in Verbindung mit der Handlung bzw. des Sinneseindrucks – Verse, Reime, Gedichte in Verbindung mit Ballspiel (auch Selbsterfundenes) – Möglichkeit zur Sprachtherapie im therapeutischen Sinne (siehe Schwerpunkt „Sprechen und Sprache")	– Die Sprache hat auch Klang (und ist nicht nur Bedeutungsträger). – Ich kann mit meiner Sprache schöpferisch-musikalisch gestalten (nicht nur Inhalte wiedergeben). – Mein Ausdrucksvermögen wird bereichert – ich lerne meine Worte kennen – Ich kann mit Sprache Ballspiele begleiten, Ballspiele können Sprache (Reim, Vers, Gedicht) begleiten und ersetzen. – Ballspiele können durch Reim – Vers – Gedicht strukturiert werden.
Ball in Verbindung mit Lied und Musikstücken	Koordination von Ballspiel und Gesang zur Beeinflussung der Bewegungsgestaltung, des Bewegungsablaufs und der Bewegungsqualität Leibliche Erfahrung musikalischer Sachverhalte (Tempo, Takt, Lautstärke) durch Mitbewegen zu Musikstücken in	– Die Formung des Spielablaufs durch musikalische und/oder sprachliche Elemente steigert die Freude am Tun.

Hilfen für die praktische Arbeit

Angebote im Kindergarten	Methodische Hinweise	Mögliche Erfahrungen der Kinder
	verschiedenen Taktarten (gerade/ungerade), in raschen oder langsamen Tempi, mit Tonstärkengegensätzen oder allmählicher Tonstärkenveränderung	
Ball als optische Erfahrung	– Dynamik der Ballbewegung – Dynamik der Spielbewegung als Anlaß und Vorbild für graphische Darstellungen	– Ich erfahre, daß der Ball in hohem Bogen, flach, weit fliegen kann. – Er ist schnell, langsam. – Seine Bewegung nimmt ab, zu, bleibt gleich.
Bewegung mit dem Ball als Vorbereitung auf das Spiel mit Schlaginstrumenten	*Vorfeld der Notation* man achte auf: – Elastizität der Bewegung – natürlichen Bewegungsrhythmus – ganzheitliche Bewegungsabläufe (nicht nur aus dem Handgelenk)	– Ich erfahre, daß und wie Klangqualität abhängig ist von Bewegungsqualität.
Ball als haptisches Angebot	Runde, weiche, große, kleine, schwere, leichte, rauhe, glatte, warme, kalte… Bälle	– Ich erfahre die haptischen Qualitäten eines Balles und stelle mich darauf ein.

Themenbereich: Lied

Angebote im Kindergarten	Methodische Hinweise	Mögliche Erfahrungen der Kinder
Bewegungserfahrung am Lied	– Spontanes Reagieren auf ein bekanntes oder unbekanntes Lied bzw. auf eine Liedmelodie durch Bewegung (Hilfe beim Liederwerb: Bewegung als Motivation zum Hören) Die musikalischen Elemente einer Liedmelodie wie Gliederung, Takt, Rhythmus, Tempo usw. können über die Bewegung erlebt und erfaßt werden – Ausgestalten eines bekannten Liedes durch Bewegungselemente (Spiellied, Tanzlied)	– Ich erfahre, daß Liedtexte Anlässe zur szenischen Gestaltung sein können. – Ich erfahre, daß Bewegung den Zugang zum Lied öffnen kann und den Umgang mit dem Lied noch lustvoller gestaltet.
Lied als Hörerfahrung	– Die Kinder hören das Lied *unmittelbar* (Vortrag der Erzieherin, eines Kindes oder sonstiger Person – vorgesungen oder vorgespielt) oder *mittelbar* (durch Schallplatte, Tonband oder Cassette dargeboten)	– Ich erfahre, daß es Lieder gibt, die mir gefallen und die ich deshalb lernen möchte (Vorbild des Vortragenden, Attraktivität des Dargebotenen). – Ich erfahre, daß von Liedern Wirkungen ausgehen, z.B. beruhigend, aktivierend, einstimmend etc.

Schwerpunkt: Rhythmisch-musikalische Erziehung

Angebote im Kindergarten	Methodische Hinweise	Mögliche Erfahrungen der Kinder
	– Die spontanen Reaktionen der Kinder (bewegungsmäßig oder sprachlich, spontanes Mitsingen...) bieten Gelegenheiten zu mehrmaliger Darbietung und Motivation zu weiterem Zuhören – Mehrmaliges (vielfältig motiviertes) evtl. über einen längeren Zeitraum sich erstreckendes Hören vermag die Phase des eigentlichen Einübens abzukürzen und erste Bekanntheitserlebnisse zu wecken. Außerdem bietet es Anreize zu differenziertem Hören des Dargebotenen (Textausschnitte, instrumentale und/oder vokale Besetzung, Deutung des Gehörten)	– Ich beobachte, wie ich ein Lied immer besser kennenlerne, wie es mir immer besser gefällt.
Das Lied als Anlaß zu Erfahrungen im sprachlichen Bereich	Liedtext als sprachliche Anregung und Bereicherung Liedinhalt als Gesprächsanlaß	– Ich erfahre den Liedtext als eine Aussage von/über Erlebnisse, Geschichten, Märchen, lustige Zusammenhänge, (Nonsens-Verse). – Ich erfahre, daß ich einen Liedtext mit anderen spielen kann (Rollenspiel). – Ich erlebe den Gehalt eines Liedtextes z.B. frei, lustig, übermütig, reizvoll, magisch, sachlich, ruhig, geheimnisvoll.
Lied als Anlaß zu optischen Erfahrungen	– Liedinhalt als Bildgeschichte darstellen (zur Texterarbeitung als Reproduktionshilfe) und Gestaltungselement, z.B. Moritat, Märchen – Musik malen – Symbole als Reproduktionshilfe (Zeichen für Instrumente, Ausführungshinweise usw.)	– Ich erfahre, wie Text und Bild (Handlung) zusammengehören. – Ich erfahre, daß ich Musik mit Linien, Formen, Farben und Flächen malen kann. – Ich erfahre, daß Zeichen Hinweise sind.
Experimente mit der Stimme	– Verschiedene Möglichkeiten erproben und neue Möglichkeiten der Stimme erfinden – Gestaltungsversuche mit der Stimme, z.B. Nachahmen und Charakterisieren von Tieren, Gewitter, Gruselgeschichten... – Experimentieren mit der Stimme als stimmtherapeutisches Mittel: Vokalausgleich, Lagenausgleich, Atemgymnastik (Literatur: Nietsche: Pflege der Kinder- und Jugendstimme. Schott/Mainz.)	– Ich erfahre meine Stimme als vielseitige Schallquelle. – Ich erfahre, daß ich mit der Stimme ohne Worte beschreiben und erzählen kann.

Hilfen für die praktische Arbeit

Themenbereich: Ein Freund aus einem anderen Land

Angebote im Kindergarten	Methodische Hinweise	Mögliche Erfahrungen der Kinder
Kinder spielen nach einer Geschichte Erlebnisse mit einem Jungen aus einem fremden Land. Querverbindung: Schwerpunkte „Soziales Lernen", „Pädag. Hilfen für die Arbeit mit ausländischen Kindern im Kindergarten" Alle Kinder haben ein „Haus" und haben die „Fenster" geschlossen. Der Junge geht allein durch die „Stadt". Sein Weg wird von den Kindern auditiv verfolgt. Sie hören, wie er geht, und versuchen, sich in seine Stimmung einzufühlen. Nach ersten auditiven Eindrücken machen die Kinder weitere Erfahrungen über die visuellen Wahrnehmungen. Der Junge erfindet verschiedene Bewegungsarten (hüpfen, stampfen, hinken…) Es sollen Möglichkeiten zur direkten Kontaktaufnahme gefunden werden.	– Einführungsgespräch – Möglicher Einstieg: Nach Ablauf einer Melodie finden Kinder ihr „Haus". – Haus = Reifen Fenster = Augen – Kinder zeigen mit der Hand, wo der Junge geht. – Immer, wenn der Junge stehenbleibt, charakterisieren die anderen Kinder seine Gangweise (z.B. laut-leise, müde, hüpfend, traurig…). – Kinder öffnen die „Fenster" = Augen – Kinder beobachten die Bewegungen und begleiten mit entsprechenden Geräuschen und der Stimme (in die Hände klatschen, auf den Boden klatschen). Variation: Erzieherin gibt dem Rhythmus entsprechend eine Bewegungsart vor. – Einzelne Kinder verlassen ihr „Haus", begegnen dem Jungen, begrüßen ihn, gehen ein Stück mit ihm, führen ihn ins eigene „Haus". Variationen: bei der Begrüßung: Singen Begleitung: durch Singen tap-tap Kinder im Haus sind still Kinder in Bewegung singend usw.	 – Ich fühle mich sicher, wenn ich einen eigenen Platz habe. – Ich kann jemanden wahrnehmen, ohne ihn zu sehen. – Ich kann erspüren, wie der andere sich fühlt. – Ich erfahre etwas vom anderen, wenn ich höre, wie er geht. – Ich kann mich durch Bewegung ausdrücken. – Die anderen Kinder verstehen mich nicht. – Ich bin der „Angeber", die anderen müssen auf mich hören. – Ich kann eine Beziehung zum anderen aufnehmen, indem ich seine Bewegungen begleite. – Ich kann dem anderen zu verstehen geben, daß er nicht alleine ist. – Ich habe verschiedene Möglichkeiten, ihn zu begleiten. – Ich kann dem anderen auf verschiedene Art und Weise zeigen, daß ich mich über seine Anwesenheit freue, mich freue, ihn kennenzulernen. – Ich habe verschiedene Möglichkeiten, mit dem anderen Nähe und Distanz zu erfahren. – Wir wollen alle Kontakt zu ihm, aber ich muß abschätzen, wann die Reihe an mir ist.

Schwerpunkt: Rhythmisch-musikalische Erziehung

Angebote im Kindergarten	Methodische Hinweise	Mögliche Erfahrungen der Kinder
In Spielsituationen werden die Beziehungen vertieft.	– Spielgeräte und Instrumente stehen zur Verfügung, sie können von den Kindern frei ausgewählt und zum Spiel verwendet werden. – Instrumente werden unter bestimmten Aspekten ausgerufen: alle lang klingenden Instrumente, alle kurz klingenden Instrumente, Kinder erfinden dazu Bewegungen. – Vielleicht können Spielvorschläge aufgegriffen werden, in die alle Kinder einbezogen werden können („Schlangenspiele", Seilspiele, kommunikative Klangspiele, Spiellieder usw.).	– Gemeinsames Spiel macht Spaß. – Es lassen sich immer wieder neue Spiele erfinden. – Andere Kinder bzw. der fremde Junge haben auch gute Ideen. – Ich entscheide mich für ein Instrument und akzeptiere die Entscheidung der anderen. – Ich bin es, der *dieses* bestimmte Geräusch erfunden hat. – Wenn alle zusammen spielen, ist keiner allein. – Bestimmte Spiele kann man nur mit mehreren Kindern machen.

Vorschläge für die Raumgestaltung und Materialausstattung

Im Idealfall wäre an einen *Raum* zu denken, der von der Größe her einer Gruppe von 8 bis 10 Kindern genügend Bewegungsmöglichkeit bietet (6 qm pro Kind, d. h. insgesamt 40 bis 50 qm). Zu wenig Bewegungsraum wirkt beengend und aggressionsfördernd. Sind die Raumdimensionen zu groß angelegt und haben z. B. Turnhallenformat, verliert sich das Kind darin. Es kann sich schwer orientieren und hat nicht das Gefühl der räumlichen Geborgenheit. Zu bevorzugen ist ein möglichst klarer Raumgrundriß mit wenig Nischen etc., der nicht gestört werden sollte durch vielerlei herumstehende Einrichtungsgegenstände (Tische, Stühle, Schränke an den verschiedenen Wänden!). Als Bodenbelag wäre Teppichboden angebracht, der aber grundsätzlich nie mit Straßenschuhen betreten und mit dem Staubsauger regelmäßig gereinigt werden sollte.

An *Geräten* sollte ein vielseitiges Angebot verfügbar sein. Natürlich kann an den „Rhythmikwagen" gedacht werden. Die darin enthaltenen Dinge können aber auch einzeln beschafft werden, wenn eine anderweitige Aufbewahrungsmöglichkeit besteht. Vielerlei anderes brauchbares Gerät kann man im Laufe der Zeit selbst sammeln oder herstellen (weiche bunte Bälle aus Stoff mit Wollfüllung, Schüttelbüchsen mit verschiedenen Inhalten, Joghurtbecher bunt bemalt, Schellenbänder, Schellenstäbe...). Auch die Natur bietet vor allem im Herbst manches, was man zu schönen und interessanten Klang- und Bewegungsspielen verwenden kann.

Bei der *Ausstattung* mit Instrumenten (Klangerzeugern) ist darauf zu achten, daß den Kindern neben denen zum Schlagen und Schütteln auch solche zur Erzeugung von anderen Klängen (durch Blasen, Zupfen, Reiben) zur Verfügung gestellt werden. Die Instrumente sollten den Kindern sichtbar und zugänglich sein, z. B. in den Zeiten, die dem Freispiel eingeräumt sind. Vor allem mit den Dingen, die in vorhergehenden rhythmisch-musikalischen Unternehmungen verwendet wurden, möchten sich manche Kinder wiederholend und vertiefend beschäftigen und sich üben. Gerade die Bedeutung der Wiederholung sollte man auch in diesem Zusammenhang hoch einschätzen.

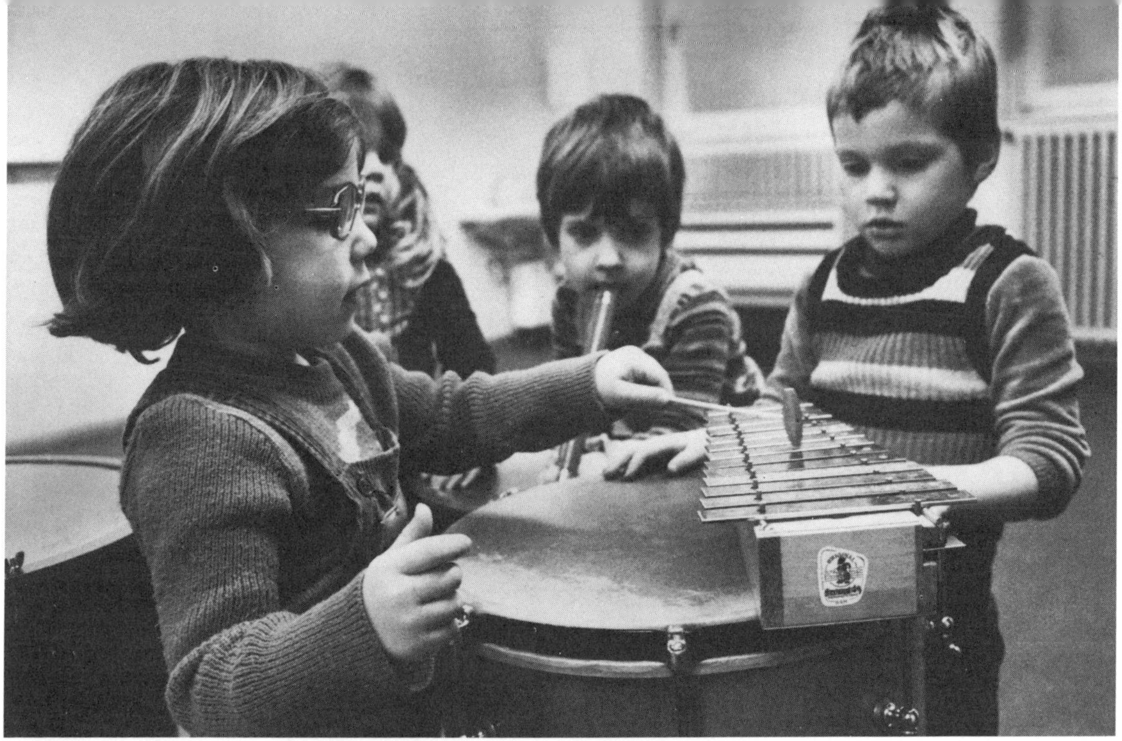

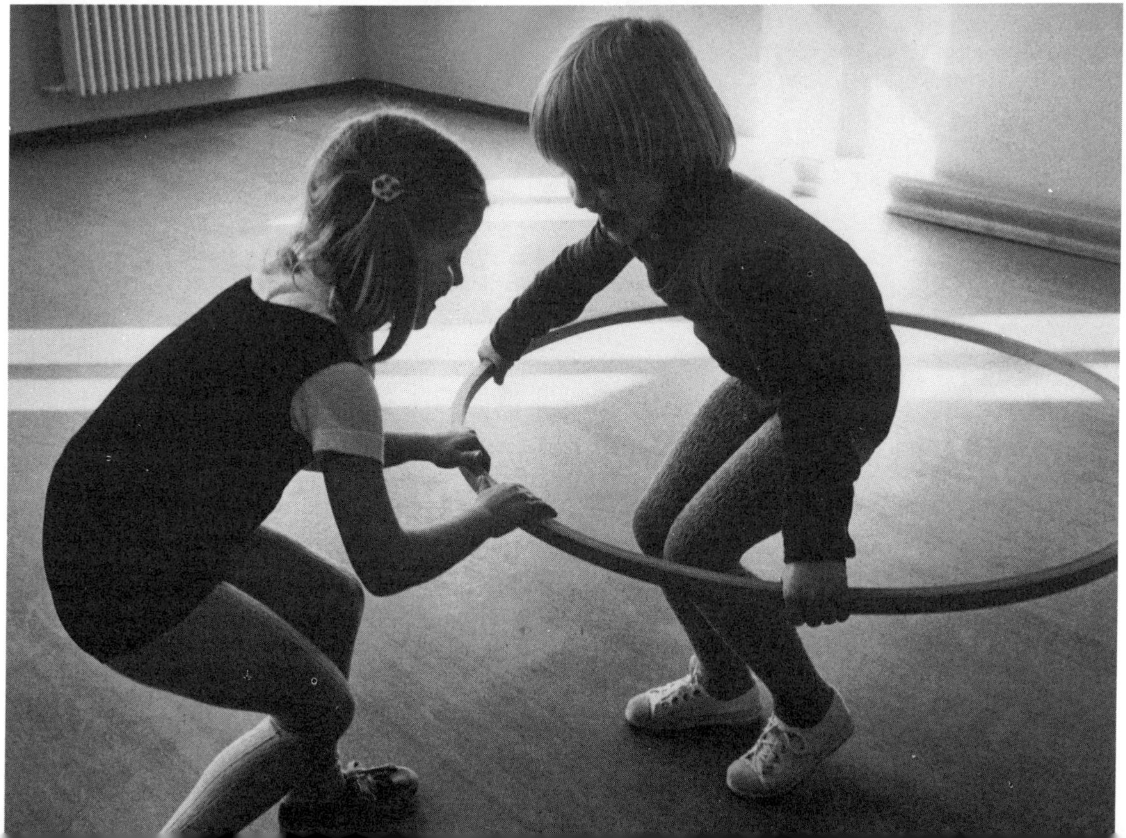

Instrumente

SCHLAGINSTRUMENTE

Klingende Stäbe (Alt bzw. Sopran)
Vor allem für jüngere Kinder geeignet (3- bis 4jährige), da sie in Bewegungsspiele einbezogen werden können. Einzelne Baßstäbe könnten für Liederbegleitung eine Bereicherung sein.

Xylophone/Metallophone
Zu bevorzugen sind Alt-Instrumente, da ihre Tonhöhe mit der der Kinderstimme übereinstimmt.
Beide nebeneinander bieten Unterscheidungsmöglichkeiten von Kurz- und Langklingern. In der Tonhöhe darüber oder darunter liegende Instrumente (Glockenspiel, Sopranxylophon, Baßxylophon) können das Tonhöhenspektrum erweitern.

Cymbeln
Sehr geeignet sind Fingercymbeln (zarter Klang), z.B. bei Umsetzen von Klang in Bewegung. Im übrigen sind Cymbeln verschiedener Größe zu empfehlen.

Triangeln
Nach Möglichkeit verschiedene Größen.

Schellenbänder
Größere Anzahl, zur Einbeziehung in Bewegungsspiele.

Handtrommeln
Ohne Schrauben, ⌀ 15–20 cm, nach Möglichkeit größere Anzahl.

Röhrentrommel(n)

Schlagstäbe
Mehrere Paare.

Schellentrommel
Ohne Schrauben, ⌀ 15–20 cm.

Verschiedene Schlegel
Viele der genannten Schlaginstrumente können mit verschiedenen Schlegeln (Filz, Holz, Gummi, Wolle) zum Klingen gebracht werden. Darüber hinaus können mit verschiedensten Materialien durch Schlagen, Blasen, Reiben, Zupfen, Streichen Klänge bzw. Geräusche erzeugt werden.

BLASINSTRUMENTE

Pfeifen
Trillerpfeife
Kuckuckspfeife
Wachtelpfeife
Intervallpfeife

Pentatonische Flöten

ZUPFINSTRUMENTE

Choroi-Harfe

Pentatonische Kinderharfe.

STREICHINSTRUMENTE

Einsaitige Instrumente (evtl. selbstgebaut)

evtl. *Bordun*-Instrumente

Manche der genannten Instrumente, aber auch noch verschiedene andere, sind durchaus *selbst herstellbar*:
Schellenbänder
Schüttelbüchsen (aus verschiedenem Material; mit verschiedenem Inhalt)
Trommeln (aus Waschmittelbehältern)
Kastagnetten
Klappern aus Kokosnußschalen.

Technische Mittler

Plattenspieler
Tonbandgerät oder Kassettenrekorder
Schallplatten oder Tonkassetten, s. auch „Literatur- u. Schallplattenvorschläge".

Geräte

Bälle (Luftballons)
Verschiedene Größen, verschiedenes Material (evtl. verschiedene Farben).

Reifen
Verschiedene Größen (man kann die Reifen selbst bunt anmalen).

Seile
Sprungseile und evtl. Kordeln.

Stäbe
Verschiedene Längen, verschiedene Stärken.

Tücher und Bänder
Verschiedene Farben, verschiedene Größen.

Viele Rhythmikgeräte können *selbst hergestellt* werden:
Bälle (Wolle, Stoff)
Tücher und Bänder
Wurf- oder Sandsäckchen
Papierstreifen u. a.

3. Elternarbeit

Mögliche Inhalte

Die rhythmisch-musikalische Erziehung scheint auf den ersten Blick keinen Bezug zur „Realität des Alltags" zu haben. Die Eltern sollten deshalb auf die Bedeutung dieses Bereichs für die kindliche Entwicklung hingewiesen und über Zielsetzungen, Inhalte und Methoden informiert werden. Bei den Eltern müssen dabei oft erst einmal Vorstellungen aufgebaut oder falsche Vorstellungen (es handle sich etwa um Turnen oder Gymnastik) abgebaut werden. Außerdem sollte ihnen verständlich gemacht werden, daß rhythmisch-musikalische Erziehung einerseits auf den Leib orientiert ist, andererseits einen Weg kindgemäßer Erziehung und Musikerziehung aufzeigt. Ohne das eine oder andere zu vernachlässigen, ist ihre Position in der Mitte zu sehen: über die Entwicklung, Differenzierung, Musikalisierung der Spielwelt und die Förderung der leiblichen Möglichkeiten will sie das Kind zur Musik führen.

Die Eltern sollen verstehen lernen, daß ihre Mitarbeit bei der Verwirklichung der angestrebten Ziele der rhythmisch-musikalischen Erziehung notwendig ist. Die Eltern haben viele Möglichkeiten, die Bemühungen des Kindergartens zu unterstützen, indem sie zum Beispiel

— zu Hause mit den Kindern singen, vielleicht auch musizieren und Musik hören,
— darauf achten, daß sich der Tagesablauf für die Kinder an einem ihnen gemäßen Rhythmus orientiert, d.h. nicht willkürliche Unregelmäßigkeiten bestimmend werden,
— eine Reizüberflutung in den Sinnesbereichen (durch Radio, Fernsehen usw.) vermeiden,
— ihr Augenmerk darauf richten, daß sich Tätigkeitsperioden mit Ruheperioden abwechseln können bzw. solche zur rechten Zeit den Kindern ermöglicht werden.

Elternabend

Ein Elternabend kann die Möglichkeit bieten, Eltern in rhythmisch-musikalische Erziehung einzuführen. Außer dem Gespräch über Bedeutung, Zielsetzung, Inhalte und Methoden dieses Bereichs sowie über die Notwendigkeit der Unterstützung durch die Eltern sollten Aktivitäten wie Singen, Musizieren, Musikhören und Rhythmik eingeplant werden. Sie tragen zu einem entspannten Verhältnis zwischen Erzieher und Eltern bei und verdeutlichen den Eltern das Besprochene praktisch. Auch können Eltern und Erzieher gemeinsam Rhythmikgeräte und Musikinstrumente für die Kinder basteln.

Eltern im Kindergarten

Durch das Angebot der Hospitation im Kindergarten kann den Eltern darüber hinaus ein Einblick in das Wesen der rhythmisch-musikalischen Erziehung vermittelt werden. Die Eltern können dabei an Einzelstunden teilnehmen. Sie sollten jedoch auch die Möglichkeit haben, das Eingebettetsein der Einzelstunde in den Zusammenhang zu erleben. Bei dieser Gelegenheit können die Eltern in die Aktivitäten der rhythmisch-musikalischen Erziehung einbezogen werden. So ist es zum Beispiel denkbar, daß gelegentlich Kinder, Eltern und Erzieher gemeinsam singen, musizieren und Musik hören. Ferner wäre es wünschenswert, wenn die Erzieher Rhythmik für Eltern und Kinder anbieten würden, da dies erfahrungsgemäß ein gestörtes Verhältnis zwischen den Eltern und Kindern abbauen und eine neue Verbindung schaffen kann.

4. Literatur

Rhythmik – Theoretische Einführungen, wissenschaftl. Grundlagen

Eggert, D./Kiphard, E. J. (Hrsg.): Die Bedeutung der Motorik für die Entwicklung normaler und behinderter Kinder – Internationales Motoriksymposium Frankfurt 1971. Schorndorf 1972.
Feudel, E.: Rhythmisch-musikalische Erziehung. Wolfenbüttel (veränd. Aufl.) 1956.
Glathe, B./Krause-Wichert, H. (Hrsg.): Rhythmik – Grundlagen und Praxis (Loseblattsammlung). Wolfenbüttel 1978, 1. Lieferung.
Hoellering, A.: Zur Theorie und Praxis der rhythmischen Erziehung. Berlin 1972.
Institut für Frühpädagogik München (Hrsg.): Musik und Bewegung im Elementarbereich. München 1974.
Krimm-von Fischer, C.: Einführung in die musikalisch-rhythmische Erziehung. In: Musikalisch-rhythmische Erziehung. Herderbücherei Freiburg 1974, S. 9–19.
Noll, G./Suder, A. (Hrsg.): Musik im Vorschulalter – Dokumentation der Studientagung „Musikalische Früherziehung" Würzburg 1973. Regensburg 1974.
Zihlmann, H.: Rhythmische Erziehung. Reihe: Grundrisse der Didaktik. Hrsg. von L. Kaiser, Hitzkirch/Schweiz 1975.

Rhythmik im Elementar- und Primarbereich

Abel-Struth, S.: Musikalischer Beginn in Kindergarten und Vorschule. Band 2: Praktikum 1972, Band 3: Materialien 1977. Bärenreiter Verlag Kassel.
Friedemann, L.: Kinder spielen mit Klängen und Tönen. Ein musikalischer Entwicklungsgang aus Lernspielen für Vorschulkinder, Schulanfänger, Sonderschüler. Wolfenbüttel/Zürich 1971.
Haselbach, B.: Tanzerziehung. Grundlagen und Modelle für Kindergarten, Vor- und Grundschule. Stuttgart 1971.
Holzapfel, B.: Rhythmische Bewegungsspiele entwickelt aus Kinderreimen. Wolfenbüttel 1978.

Krimm-von Fischer, C.: Rhythmik für Fünfjährige. In: Musikalisch-rhythmische Erziehung. Herderbücherei Freiburg 1974, S. 20–48.
Keller, W.: Sprachspiele – Ludi musici Bd. 3, 1973; Schallspiele – Ludi musici Bd. 2, Fidula Verlag Boppard.
Pötschke, M.: Zeige... was du hörst – Spiellieder aus der Praxis der rhythmisch-musikalischen Erziehung Teil I: 1960, Teil II: 1970, Teil III: 1975. Edition W. Hansen Frankfurt/M.
Sieler, R.: Mit Geräuschinstrumenten Musik machen. Edition W. Hansen Frankfurt/M. 1971.
Steiner, L./Engel, J.: Rhythmische Kurzspiele. Bosse Verlag Regensburg 1980.

Musik

Auerbach, L.: Hörenlernen – Musik erleben (mit Musikbeispielplatte). Wolfenbüttel 1971.
Belser u. a.: Ästhetische Erziehung. Musik und Bewegung. Curriculum-Materialien II für Vorschule und Eingangsstufe. Beltz praxis Weinheim/Basel 1973.
Berzheim, N.: Kinder gestalten Feste mit Musik und Bewegung. Donauwörth o. J.
Berzheim, N./Meier, U.: Aus der Praxis der elementaren Musik- und Bewegungserziehung. Staatsinstitut für Frühpädagogik, Arbeitsheft 2, Donauwörth 1975.
Friedemann, L.: Kinder spielen mit Klängen und Tönen. Wolfenbüttel und Zürich 1971.
Kreusch, J.: Das Musikbuch für Kinder. Ravensburg.
Küntzel-Hansen, M.: Klänge hören, lesen, zeichnen (mit Schallplatte). Dies.: Musik mit Stimmen. Klänge, Farben, Formen: Vorschulkinder in Aktion. Velber Verlag.
Dies.: Musik mit Kindern. Versuche mit Geräusch und Klang. Klett Extra für Eltern, Stuttgart 1973.
Rosenstengel, A.: Musizieren mit Kleinkindern. Weinheim 1977[4].
Sieler, R.: Lernen mit Musik und Bewegung. Selbstverlag Stuttgart, Reinsburgstr. 171.
Zitzelsperger, H.: Musik in Linien und Farben. Weinheim 1976.
Zöller, G.: Musik und Bewegung im Elementarbereich – ein Beitrag zur Kommunikations- und Kreativitätserziehung. Hrsg. W. E. Fthenakis, Institut für Frühpädagogik München, Arbeitsheft 1. Auer Verlag Donauwörth.
Cedial, M./Neupert, M.: Gedanken zur Musikerziehung im Vorschulalter, in: Die Schulwarte, Villingen 1971, Heft 8, S. 57.
Forschung in der Musikerziehung, Heft 3/4
– Abel-Struth, S.: Zur musikalischen Früherziehung, S. 15 ff.
– Ewert, U.: Musikalische Fähigkeiten in der frühen Kindheit, S. 17 ff.
– Küntzel, G.: Musikalische Früherziehung, ein Kontrastmodell der Landesmusikschule Lüneburg.
– Küppers, W.: Entwicklungspsychologische Aspekte der musikalischen Früherziehung.

Schallplatten/Liederbücher

Kindertänze. Fidula Fon 1170/Mo 133.
Der fröhliche Tierkalender. Fidula Fon 1160/Mo 140.
Songs für Kinder. Fidula Fon 1190/Mo 98.
Märchenlieder 1. Folge. Fidula Fon 1168.
Märchenlieder 2. Folge. Fidula Fon 1169.
Tanzkarussell. Fidula Fon 1194 u. 1196.
Tanzlieder für Kinder. Fidula Fon 1191/Mo 114.
Adventskantate für Kinder/Nikolauslieder. Fidula Fon 1126/Mo 63/Mo 40.
Sankt Martins- und Laternenlieder. Fidual Fon 1124.
Zum Muttertag/Kinder gratulieren. Fidula Fon 1150/Mo 123.
Der kleine Globus. Fidula Fon 1159/Lemmermann, Der kleine Globus.
Tanzlieder. Fidula Fon 1193/Mo 127.
Fröhlicher Rundgesang mit lauter Laternenliedern. Deutsche Grammophon Gesellschaft.
Prokofieff, Peter und der Wolf. Deutsche Grammophon Gesellschaft 2530587.
Tierzirkus. Fidula Fon 1212.
Strawinsky, Feuervogel. Deutsche Grammophon Gesellschaft 2530537.
Bartok, Abend auf dem Lande. Philipps/Mercury SR 90 132.
St. Saëns, Der Karneval der Tiere. Deutsche Grammophon Gesellschaft 2530587.

Weitere Hinweise auf Schallplatten in: Abel-Struth, S.: Musikalischer Beginn in Kindergarten u. Vorschule, Band 2.

Gaß-Tutt, A.: Tanzkarussell – Liederkarussell. Boppard 1972.
Goertz, H.: Kinderlieder – Kinderreime (Ein modernes Hausbuch für die Kleinen). Heidelberg o. J.
Hahn, G.: Lied und Spiel für das erste Schuljahr. Hannover 1951.
Holzmeister, J.: Mosaik (einzelne Hefte, mit Schallplatte). Fidula Verlag Boppard.
Klein, R. R.: Willkommen, lieber Tag, Band I 1967[4], Band II 1972[3]. Diesterweg Verlag Frankfurt
Keller, W.: Ludi musici. Spiellieder, Bd. 1, 1970, Schallspiele, Bd. 2, 1973. Fidula Verlag Boppard.
Kuhnke, K. (Hrsg.): Baggerführer Willibald (Kinderlieder) Rororo Rotfuchs Nr. 20, Reinbek 1973.
Lorenz: Der Zippel-Zappel-Mann, Singspiele für Kinder. Fidula Boppard.
Metzger, J./Taubert, K. H.: Das Liederkarussell – 150 Kinderlieder. München 1970[4].
Ose, M./Schimon, G. (Hrsg.): Das Kleine Liederbuch für Kindergarten und Haus. Bamberg 1967.
Rockel, L.: Das Liedernest für die Vor- und Grundschule. Fidula Verlag Boppard.
Schneider, M. G.: Sieben Leben möchte ich haben. Neue Lieder für Schule, Gemeinde und Familie mit Schallplatte. Freiburg/Lahr 1978.
Watkinson, G.: 111 Kinderlieder zur Bibel. Freiburg/Lahr 1977[10].
Kinderreime und Sprechverse s. auch Schwerpunkt „Sprechen und Sprache", S. 112 ff.

Bewegungserziehung

1. Begründung und Zielstellung

Kinder haben ein ausgeprägtes, individuell strukturiertes Bewegungsbedürfnis, dessen Befriedigung ein Erfordernis des biologischen Wachstums ist und das die gesamte Entwicklung entscheidend beeinflußt. Ausreichende Bewegung fördert Gesundheit und Vitalität und verhindert Fehlentwicklungen, die durch die Unterdrückung des Bewegungsdrangs entstehen können. Außerdem wird über die Motorik von den ersten Lernprozessen an auch die geistige Entwicklung entscheidend gefördert.

Der den Kindern zugestandene Spiel- und Bewegungsraum verhindert insbesondere in den Städten oft eine freie Entfaltung des Bewegungsdrangs: Die Wohnungen/Kinderzimmer sind eng, die Straßen gefährlich und die Spielplätze meist phantasielos und wenig attraktiv. So wachsen manche Kinder ohne ausreichende Bewegungserfahrungen auf und verbringen viel Zeit vor dem Fernsehapparat. Als Folge dieser Bewegungsarmut lassen sich schon bei mehr als einem Drittel der Schulanfänger Haltungsschwächen feststellen.

Aus diesen Gründen sollte der Kindergarten der Bewegungsbereitschaft und dem Bewegungsdrang der Kinder Zeit und Raum geben und die möglichen Ausdrucksformen durch Bewegung erschließen, indem unter sachgerechter Anleitung entsprechende Erfahrungsmöglichkeiten und Situationen angeboten werden. Bewegungserziehung ist somit unverzichtbarer Bestandteil der pädagogischen Arbeit im Kindergarten.

Die Absicht, bei Kindern die Bewegungsbereitschaft zu wecken oder auf vielfältige Ausdrucksformen hin weiterzuentwickeln, kann durch ein Angebot verwirklicht werden, das vor allem freie, spontane und spielerische Bewegungen anregt und Bewegungsfreude und Funktionslust auslöst – z. B. klettern, laufen, hüpfen, springen, werfen, rollen, schaukeln, schwingen, wippen, balancieren, tanzen – und auch sportartbezogene Bewegungsabläufe einschließen kann. Der Erzieher greift auch die Möglichkeiten auf, die sich außerhalb des Kindergartengebäudes im Freien anbieten, etwa rennen, hüpfen, fangen auf dem Rasen, rutschen, klettern, schaukeln an Spielgeräten; spielen und schwimmen im Wasser eines Lehrschwimmbeckens; spielen im Schnee, Schlitten- und Skifahren; spielen und turnen an und mit Geräten. In keinem Fall geht es um einseitiges, konkurrenzorientiertes Training einzelner sportlicher Bewegungsabläufe, sondern darum, möglichst vielfältige Bewegungsformen auf eine spielerische Art anzuregen.

Im einzelnen strebt Bewegungserziehung – sehr oft in Verbindung mit der rhythmisch-musikalischen Erziehung – folgende *Ziele* an. Sie will
– die Wahrnehmungsfähigkeit des Kindes über Bewegung steigern und vielfältige leibliche Erfahrungen ermöglichen;
– bei den Kindern das Bewußtsein eigenen Könnens wecken und dadurch ihr Selbstvertrauen stärken;
– die körperliche Leistungsfähigkeit steigern, motorische Fertigkeiten entwickeln und natürliche Wachstumsreize setzen;
– die kindliche Spielbereitschaft aufgreifen und das kindliche Spielvermögen weiterentwickeln und zu selbständigem Spielen befähigen;
– Kinder dazu führen, die Bewegungshandlungen anderer und die eigenen zu beobachten und verstehen zu lernen;
– gemeinsame Aktivitäten in Gang setzen und zu gegenseitigem Helfen führen (vgl. Schwerpunkt „Soziales Lernen").

2. Methodisch-didaktische Hinweise

Der Erzieher sollte dem Kind täglich vielfältige Möglichkeiten zur Bewegung im Freien und in geeigneten Räumen eröffnen.

Wie in allen anderen Bereichen des Kindergartens liegt der Schwerpunkt dabei auf dem Spiel, und zwar sowohl beim freien Bewegen als auch beim gelenkten Üben.

Aufgabe des Erziehers beim freien Spielen und Üben ist vor allem das Anbieten verschiedener Bewegungsräume: im Freien auf dem Spielplatz, der Rodelbahn, der Wiese, dem überdachten Pausenhof; im Kindergartengebäude im Flur, im Mehrzweckraum, genügend freier Platz im Gruppenraum etc. Durch das Bereitstellen vielfältiger Geräte (Bälle, Seile, Stelzen usw.) werden die Kinder zu den unterschied-

lichsten Bewegungsformen angeregt. (Vgl. Schwerpunkt „Spielen").
Die in den freien Spielen erworbenen Bewegungserfahrungen bilden die Grundlage für mehr gelenktes Spielen und Üben in den Bereichen
- Spiele
- Körpergefühl, Raum- und Zeiterfahrung (vgl. Schwerpunkt „Rhythmisch-musikalische Erziehung")
- Umgang mit Geräten
- spielen und schwimmen im Wasser.

Bei der Auswahl der Spiele und Übungen geht der Erzieher auf erkennbare Bedürfnisse einzelner Kinder bzw. der Gruppe ein. Er stellt die Aufgaben grundsätzlich so, daß sie den Kindern Möglichkeiten zur individuellen Ausgestaltung bieten. Er berücksichtigt dabei vielseitige Wachstumsreize, da nur auf diese Weise die Gesamtentwicklung der Kinder gefördert werden kann.

3. Aufgabenfelder

Spiele

Neben den vielfältigen freien Bewegungsspielen (vgl. Schwerpunkt „Spielen") regt der Erzieher auch Spiele an, bei denen bestimmte Regeln beachtet werden müssen.
Die folgenden Spiele stellen nur eine begrenzte Auswahl dar. Sie folgen jeweils einem Spielgedanken, der veränderbar und mit anderen Spielgedanken kombinierbar ist.

Fangspiele

Spielidee: Fangen und ablösen, gebunden und ungebunden bzw. geordnet und ungeordnet.
Grundsituation: Jeder fängt sich einen Partner (Freund/Freundin).
Spielraum: Deutliche Abgrenzung (Stühle, Fahnen, Bäume usw.) entsprechend dem Bewegungsradius und der Zahl der Kinder.
Spielverlauf: Die Kinder bewegen sich im Raum und suchen sich eigene Wege. Auf Signal fangen sich die Partner und setzen sich.

Abwandlung 1
Spielidee: Paarweise fangen mit Rollentausch
Spielverlauf: Die Kinder sitzen paarweise im Raum. Der Fänger wird bestimmt, z.B. der rechts sitzende Partner wird zum Fänger, oder das Paar einigt sich, wer Fänger wird. Wer gefangen hat, setzt sich. Rollenwechsel.

Abwandlung 2
Spielidee: Fangen in der Kleingruppe (ca. 6 Kinder)
Spielraum: Eine Abgrenzung für jede Gruppe.
Spielverlauf: Der Fänger wird durch die Gruppe ernannt. Die Kinder bewegen sich frei im Raum. Der Gefangene wird zum Fänger (fliegender Wechsel) usw.

Abwandlung 3
„Bruder hilf", „Schwester hilf"
„Stehbock – Laufbock"
Versteinern – Erlösen
Spielidee: Der Fliehende bekommt drei Aufgaben: Fliehen, Hilfe suchen, Hilfe geben.

Abwandlung 4 „Kettenfangen"
Spielgedanke: Der Gefangene faßt sich mit dem Fänger an der Hand. Bis zu 4 Kinder bilden eine Kette. Die Kleingruppe muß sich untereinander einigen. Die Kette darf nicht abreißen.

Führungsspiele

Der Grundgedanke dieser Spiele besteht darin, daß ein Kind bzw. eine Gruppe von Kindern das Bewegungsvorbild eines anderen Kindes nachahmt oder dem durch ein anderes Kind vorgegebenen Rhythmus (z.B. Trommel, Klangholz o.ä.) folgt. Das führende Kind soll lernen, so zu führen, daß das geführte Kind auch in der Lage ist zu folgen; das geführte Kind soll lernen, sich an einem Vorbild bzw. an akustischen Eindrücken zu orientieren.

Schattenlaufen
Spielverlauf: Die Kinder stehen paarweise hintereinander. Das führende Kind bewegt sich frei durch den Raum, das geführte Kind folgt ihm in Bewegungsformen und Bewegungs-

richtungen. Der Rollenwechsel kann selbständig erfolgen oder durch Impuls von außen angeregt werden.
Abwandlungen: Gehen, laufen, hüpfen in verschiedenem Tempo und verschiedenen Schrittgrößen. Abwandlungen in verschiedenen Schrittgrößen. Abwandlungen in verschiedenen Bewegungsrichtungen, z. B. laufen auf Geraden, in Kurven, Schlangen, Achter und Kreisen, Spiralen (Schnecken) u. ä.
Erweiterung der Aufgabe: Entsprechende Aufgaben in Schlangen und Gruppen (Rudel) ausführen.

Spiele mit Kleingeräten

Der fliegende Luftballon

Grundsituation: Die Spieler sollen den Ballon in der Luft halten.
Spielraum: Ein leerer Raum oder ein abgegrenztes Feld im Freien.
Spielverlauf: Eine Gruppe von 3 bis 5 Kindern soll den Ballon in der Luft halten. Welche Gruppe kann den Ballon in der Luft halten?

Abwandlung 1

Der Ballon soll im Sitzen in der Luft gehalten werden.

Abwandlung 2:

Eine Gruppe soll zwei Ballone in der Luft halten.
(Diese Spiele können jederzeit mit leichten Bällen verschiedener Größe gespielt und entsprechend abgewandelt werden.)

„Haltet den Korb voll": Spiel mit leichten Bällen, die beim Treffen nicht verletzen können, z. B. Papierbälle (zusammengeknüllte Zeitungen), Schaumstoffbälle, leichte Gummibälle u. a.

„Haltet den Korb voll", „Haltet den Korb leer"

Grundsituation: Bälle einfangen und wieder zurückbringen.
Organisation: Korb mit Bällen steht in der Mitte des Raumes.
Spielverlauf: In einem Korb sind Bälle. Eine oder zwei Personen müssen die Bälle aus dem Korb werfen (möglichst in alle Richtungen des Raumes) und die Kinder versuchen, die Bälle schnell wieder in den Korb zurückzutragen. Schafft es die Gruppe, daß der Korb nie leer wird?
Schafft es der Verteiler, daß er den Korb leert?

Abwandlung 1

Ein Kind zieht einen Korb (Waschmitteleimer) hinter sich her. Wer kann in den bewegten Korb hineintreffen?

Abwandlung 2

In einen aufgestellten Korb sollen so viel Bälle wie möglich aus verschiedenen Abständen hineingetroffen werden. Wer trifft in den Korb hinein?

Ablösespiel, z. B. mit dem Ball
(Bälle mit verschiedenen Eigenschaften)

Grundsituation: Das Gerät soll die Kontakte zwischen den Kindern herstellen.
Namensspiel
Organisation: Die Kinder stehen verteilt im Raum.
Spielverlauf: Der Ball wird geworfen oder gerollt. Dabei wird der Name eines Kindes aufgerufen. Das aufgerufene Kind muß den Ball fangen und wieder neu aufrufen.
Ähnliche Ablösespielformen können mit den Reifen vorgenommen werden, z. B. den Reifen tanzen lassen, zurollen.

Fangspiele mit Geräten, z. B. Seile, Tücher u. ä.
Fang den Schwanz
Organisation: Freie Raumaufstellung
Spielverlauf: Jedes Kind hat einen Schwanz sichtbar eingesteckt. Die Spieler versuchen, möglichst viele Schwänze zu fangen. Wer keinen Schwanz mehr hat, darf weiterfangen.

Abwandlung 1

Jedes Kind hat einen Schwanz
Organisation: Ein Fänger steht auf einer Seite – auf der gegenüberliegenden Seite steht die Spielgruppe. Auf Zuruf des Fängers wechseln die Kinder die Seite. Der Fänger versucht, so viele Schwänze zu rauben wie möglich. Wer keinen Schwanz mehr hat, wird Fänger.

Schwerpunkt: Bewegungserziehung

Körpergefühl, Raum- und Zeiterfahrung

Über das Bewegen ohne Gerät soll das Kind seine individuellen Bewegungsmöglichkeiten entfalten. Grunderfahrungen über die Bewegung und die Sinne können in der Auseinandersetzung mit dem Raum und im Zusammenspiel mit der Gruppe entwickelt werden (Vgl. Schwerpunkt „Rhythmisch-musikalische Erziehung").

Raum und Bewegung

Orientieren im Raum		Bewegungsmöglichkeiten im Raum		Zusammenspiel von Akustik und Bewegung (Geräusche, Klänge, Melodien)	
Über die Raumeinrichtung – taktile Erfahrung (Tasten) – optische Erfahrung (Sehen) – akustische Erfahrung (Hören)	Praktische Beispiele, z.B.: Fenster, Türen, Wände, Bodenmarkierungen, Klavier usw.	– Durch schnelle und langsame Bewegungsarten	Praktische Beispiele z.B.: Laufen, trippeln, huschen, flitzen, fliegen, schleichen, schlürfen...	– Bewegungssteuerung über das **Wahrnehmen** von Geräuschen	z.B.: Solange das Geräusch zu hören ist, bewegen sich die Kinder im Raum. Lange und kurze Geräusche, summen, singen...
Über die Form und Fläche des Raumes – taktile Erfahrung – optische Erfahrung – akustische Erfahrung	z.B.: Länge und Breite abschreiten, Höhe und Tiefe abschätzen usw.	– Durch hohe und tiefe Bewegungsarten	z.B.: Auf den Zehenspitzen – in der Hocke, sich groß und klein machen, gestreckt – gebückt usw.	– Bewegungssteuerung über das **Unterscheiden** von Geräuschen und Klängen	z.B.: Holz, Felle, Metalle; solange das Holz zu hören ist, am Platz bewegen, solange die Trommel spielt, in den Raum... Unterscheiden von harten und weichen Klängen, laut, leise...
Über Male (Markierungspunkte im Raum) – taktile Erfahrung – optische Erfahrung – akustische Erfahrung	z.B.: Stühle, Tische, kleine Kästen, Reifen, Stangen usw.	– Durch runde und gerade Bewegungen	z.B.: Sich drehen, in Schlangenlinien, Schnecken, Spiralen sich bewegen, trudeln... marschieren, in Zickzacklinien, geradeaus-, seitwärts-, rückwärtsgehen.		
Ordnen im Raum Über geordnete und ungeordnete Organisationsformen	z.B.: Sich frei im Raum bewegen, ohne einen Partner anzustoßen, auf Zeichen eine Schlange, Paare, Reihen, Kreise bilden usw.	– Durch Bewegung am Platz	z.B.: Im Stand, in der Hocke, im Knien, im Sitzen (Sitzhocke, Fersensitz, Grätschsitz), im Liegen (Bauch-, Rücken-, Seitlage), Vierfüßler, Bank.	– Bewegungssteuerung über das **Wiedererkennen** und **Wiedergeben** von Geräuschen (Rhythmen), Klängen, Tönen	z.B.: Einen Rhythmus (kurz, kurz, lang) innerhalb eines musikal. Ablaufs wiedererkennen. AB-Formen in Liedern oder Tänzen hören (instrumental-vokal), rhythmische Ketten und Rondoformen entwickeln. Frage- u. Antwortspiele...

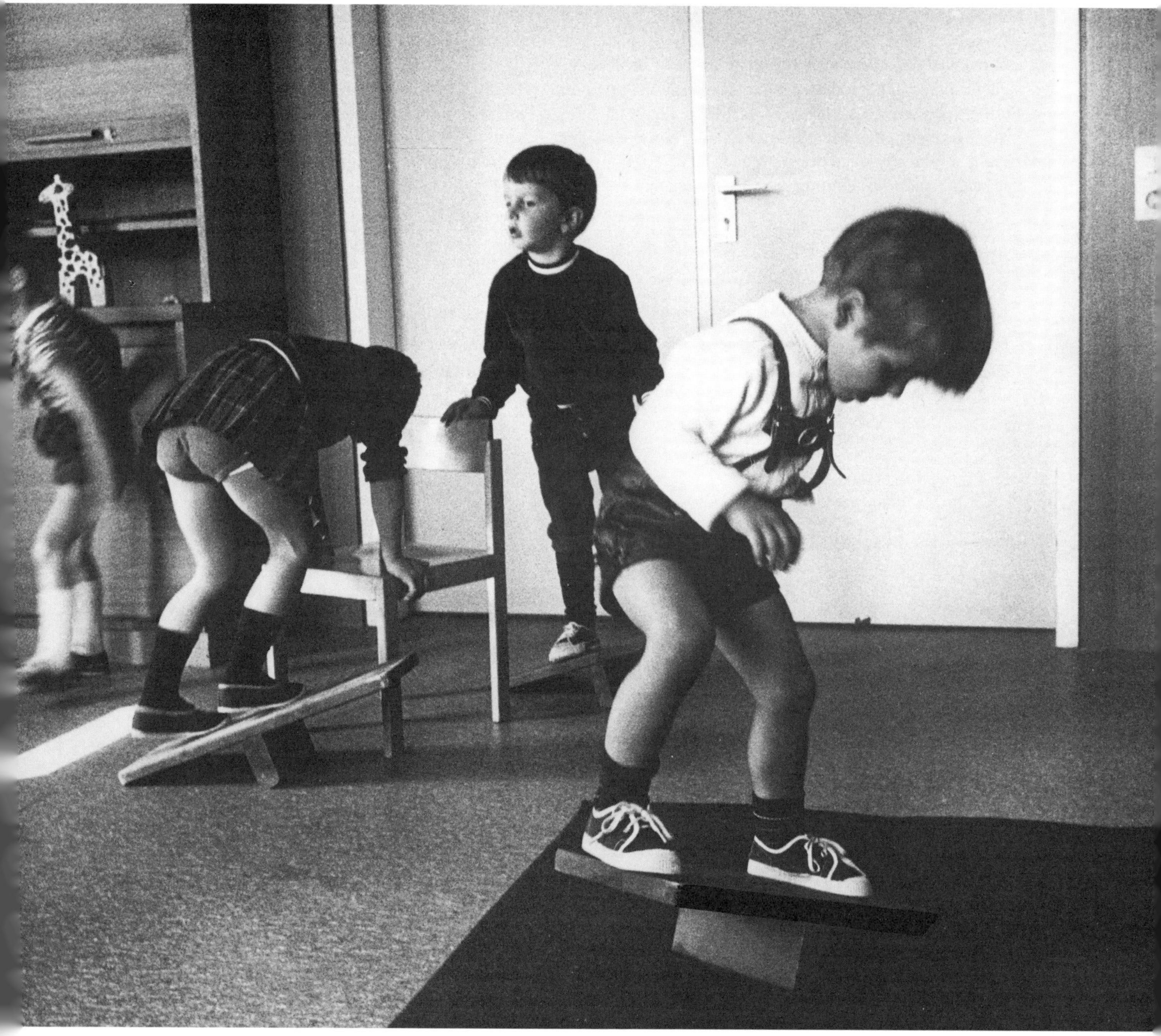

Schwerpunkt: Bewegungserziehung

Umgang mit Geräten

Ein reichhaltiges Angebot an Geräten an den verschiedensten Örtlichkeiten (Stelzen, Bälle, Klettergerüst u. a. im Freien; Sprossenwand, Bänke u. a. im Mehrzweckraum oder in der Turnhalle einer benachbarten Schule) regt die Kinder zu immer neuen Formen der Bewegung an und gewährt ihnen umfassende sensu-motorische Erfahrungen.

Das Bereitstellen der verschiedenartigen Geräte fördert die Entdecker- und Erfinderfreude bei den Kindern. Gleichzeitig wird den Kindern die Eigengesetzlichkeit des jeweiligen Gerätes einsichtig. Die Kinder machen über den Umgang mit den Geräten neue soziale Erfahrungen: Das gemeinsame Spiel schafft neue Kontakte.
Im folgenden wird exemplarisch der Umgang bzw. die Bewegungsmöglichkeit mit Geräten aufgezeigt.

Beispiel Ball:

Verschiedene Bälle bereitlegen wie:
Luftballon, japan. Papierball, Wasserball, Plastikball, Papierknäuel, Tischtennisball, Tennisball, Vollgummiball, Schlagbälle, Gymnastikball, Medizinball, Pushball, Hüpfball, Schaumstoffball

Entdecken des Materials über die **Eigengesetzlichkeit:**

Mit dem Ball **spielen**

über die **taktile Erfahrung** (Tasten):
rauh – glatt, hart – weich, schwer – leicht, rund – kantig usw.

über das Tasten: Die Oberfläche, die Elastizität, das Gewicht des Balles erkunden. Z.B. der Luftballon ist leicht und glatt – der Tennisball ist rauh, haarig, geschmeidig...
Vergleichen verschiedener Bälle miteinander.

über die **optische Erfahrung** (Sehen):
Größe, Form, Farbe

über das Sehen: Die Größe, die Farbe, die Form unterscheiden; organisieren der Gruppen über Farbe und Arten von Bällen.

über die **akustische Erfahrung** (Hören):
Welche Geräusche können mit dem Gerät erzeugt werden?

über das Hören: Einzelne Geräusche der aufspringenden Bälle unterscheiden,
z. B. Medizinball – Tischtennisball; sich bewegen, so lange wie der Ball zu hören ist; mit den Händen verschiedene Geräusche am Ball erzeugen.

über die **Bewegungsmöglichkeit:**
spontanes und freies Spiel mit dem Gerät; Sammeln von vielf. Bewegungserfahrungen mit dem Gerät.

z.B. mit dem Ball so spielen, daß man ihn nicht verliert: Den Ball auf verschiedene Weise rollen (Hand, Fuß, Kopf, Schulter, usw.), den Ball springen lassen und wieder auffangen; den Ball tragen, ohne ihn zu verlieren; den Ball nach Zielen werfen (bewegliche, unbewegliche); den Ball hochwerfen und wieder fangen, an die Wand werfen und wieder fangen.

2 Kinder + 1 Ball: Z. B. sich den Ball auf verschiedene Art zuspielen: rollen – prellen – werfen.

2 Kinder + 2 Bälle: Z. B. sich zwei Luftballone zuspielen.

2 Kinder + 1 Reifen + 1 Ball: Reifen liegend – den Ball darin rollen, den Ball im Reifen springen lassen. Reifen als Tor – der tanzende Reifen und der Ball usw.

über das **Zusammenspiel** mit Partnern und Geräten:
Anwenden von Grunderfahrungen und Entwickeln von Kombinationsmöglichkeiten (Koordination + Kooperation)
(einfache Spielformen entwickeln)

3 Kinder + 1 Ball: Vereinfachte Ablösespielformen entwickeln. Ball prellen und abwechselnd fangen.

Auch einzelne Großgeräte (z. B. Sprossenwand und Bänke im Mehrzweckraum oder die Sandgrube im Freien) erschließen den Kindern angemessene Bewegungsanreize.

Sprossenwand:

Spielidee/Kombinationsmöglichkeiten:	Kinder steigen an der Sprossenwand. Kinder hängen an der Sprossenwand. Verbunden mit Matten und mit eingehängten Langbänken zahlreiche Variationsmöglichkeiten, z. B. Rutschbahn.
Förderung – der motorischen Fähigkeiten:	Durch Übungen, die vor allem die Kraft und die Ausdauer ansprechen. Schwerpunkte: Rücken-, Bauch-, Armmuskulatur.
– der Bewegungsfertigkeiten an Geräten:	Hinaufsteigen, wobei immer mehr Sprossen ausgelassen werden, hängen und heben der Beine…
– der Verhaltensweisen:	Übungen erfordern teilweise Mut. Soziale Sensibilität: ein Kind wartet mit dem Klettern, um ein anderes unsicheres Kind nicht zu stören. Selbstsicherheit.

Turnbank:

Spielidee/Kombinationsmöglichkeiten:	Verwendbar als Sitzbank, Spielfeldbegrenzung, Sprunggerät; umgekehrt als Balancierbank oder Schwebebalken; zusammen mit der Sprossenwand auch als schiefe Ebene verwendbar (kann auch mit Matten abgedeckt werden). Kinder gehen oder balancieren gern auf Baumstämmen. Die Bank kann diese ersetzen: Durch Gehen auf breiten und schmalen Balken und Kanten werden Koordination und Kontrolle der Bewegungen gefördert.
Förderung – der motorischen Fähigkeiten:	Geschicklichkeit, Körperbeherrschung, Gewandtheit (Balancieren, Gehen auf der Bank), Entwicklung der Sprungkraft durch Übersprünge und Absprünge, Entwicklung der Armkraft durch Ziehen des Körpers (auch an der schiefen Ebene), Verbesserung der Bauch- und Rückenmuskulatur durch Übungen im Sitzen, Entwicklung der Elastizität, Bewegungskoordination-Bewegungskontrolle.
– der Bewegungsfertigkeiten am Gerät:	**Auf der Bank:** Gehen, laufen, hüpfen, springen, balancieren in allen Variationen und Kombinationen. **Unter der Bank:** Kriechen, ziehen, schieben, durchwinden, stemmen. **Über die Bank:** Springen, abspringen, wechselspringen, sicher springen einbeinig, beidbeinig und im Wechsel.
– der Verhaltensweisen:	Selbstsicherheit, Mut: beim Balancieren lehnen die Kinder die Hilfe des Erwachsenen ab. Körperbeherrschung, Kreativität, Erfinden von Bewegungsformen, freies Bewegen und Erproben von Bewegungen. Toleranz: Das Kind schimpft nicht, wenn es beim Durchkriechen angerempelt wird. Kooperation: durch Partner- und Gruppenspiele.

Sandgrube (Sandkasten):

Spielidee/Kombinationsmöglichkeiten:	Grube zum Hineinspringen, Kombination mit einer Rutsche.
Förderung – der motorischen Fähigkeiten:	Durch Übungen, die Sprungkraft und Schnelligkeit beanspruchen; durch Übungen, welche die Reaktionsfähigkeit verbessern; durch Übungen, die Geschicklichkeit erfordern.
– der Bewegungsfertigkeiten am Gerät:	Hineinspringen, anlaufen, abspringen, über eine Schnur hochspringen, einbeinig abspringen, beidbeinig und wechselseitig abspringen, Drehsprünge, Geschicklichkeitssprünge.
– der Verhaltensweisen:	Das Kind erfindet vielfältige Bewegungs- und Sprungformen.

Schwerpunkt: Bewegungserziehung

Spielen und Schwimmen im Wasser

Wasser übt auf Kinder eine große Anziehungskraft aus. Sie spritzen, planschen, gießen, matschen gerne, haben auf der anderen Seite sehr oft Angst, in ein mit Wasser gefülltes Becken zu steigen.

Ein weiteres Aufgabenfeld der Bewegungserziehung im Kindergarten liegt deshalb darin, Kindern erste Erfahrungen im Wasser zu vermitteln. Selbst unter besonders günstigen Bedingungen können nur einzelne Kinder – abhängig von den örtlich verschiedenen Gegebenheiten und dem Ausmaß sonstiger individueller Förderung – zum sicheren Schwimmen geführt werden.

Wird dieser Bereich in den Kindergarten einbezogen, müssen mehrere Voraussetzungen erfüllt sein:
- Ein Schwimmbecken (Lehrschwimmbecken) mit einer Wassertiefe von ca. 60 bis 70 cm und einer Wassertemperatur von 26 bis 28 °C sollte sich in der Nähe des Kindergartens befinden.
- Der Erzieher muß in Baden-Württemberg die Berechtigung für die Durchführung des Schwimmkurses in einem Lehrschwimmbecken nachweisen können. Diese ist dann gegeben, wenn er den Besuch eines offiziell anerkannten Fortbildungslehrgangs nachweist.
- Wird der Schwimmkurs in einer anderen Schwimmanlage durchgeführt, ist der Nachweis des Grundscheins der DLRG bzw. das Rettungsschwimmabzeichen Bronze der neuen Prüfungsordnung erforderlich, sofern keine Aufsichtsperson bzw. ein Kurshelfer anwesend ist, die eine Ausbildung als Rettungsschwimmer nachweisen kann.
- Der Träger muß den Schwimmkurs als regulären Teil der Kindergartenarbeit anerkennen.
- Das Einverständnis der Eltern muß eingeholt werden.

Da das Aufsuchen eines Schwimmbads mit Kindern dieser Altersstufe vom Erzieher erhöhte Aufmerksamkeit verlangt, empfiehlt es sich, Eltern um Hilfe und Mitarbeit zu bitten.

Bereich der Wassergewöhnung	Bewegungsraum	Aktivitäten der Kinder, Beispiele	Grunderfahrung/Empfehlungen
Duschen	Duschraum, Seife, Seifenschale, Waschlappen, Bademütze	Dusche an- und ausmachen, kalt- und warmstellen, Wasser auffangen mit Seifenschale u. Mütze, gefüllte Bademützen auf den Boden klatschen lassen, Wasser über sich regnen lassen, waschen, sitzen, liegen, krabbeln, gehen, laufen.	Erstes Vertrautwerden der Gruppe mit Wasser. Gefühl für Wärme und Kälte, Hygiene. Empfehlung: Kinder nur kalt geduscht aus der Dusche ins Wasser entlassen (von der Dusche sofort ins Wasser)!
Strampeln und Spritzen	Beckenrand, Treppe	Mit den Händen ins Wasser patschen, mit den Füßen im Wasser spritzen, Wechsel zwischen schnell u. langsam in Bauch- u. Rückenlage; Wasserschöpfen, Gesicht und Brust waschen, nur den Erzieher anspritzen, Wasser wegwerfen.	Empfehlung: Aufgabenstellung oft wechseln, Übungen mit geringer Eigenbewegung der Kinder nur ganz kurz anbieten. Grunderfahrung: Wasser als Spielzeug
Laufen, gehen, springen, hüpfen im Wasser	Treppe, Becken: 30–70 cm tief	Auf der Treppe von Stufe zu Stufe absitzen, auf der Treppe entlangkrabbeln, sich auf der Treppe entlangziehen, dabei mit Beinen spritzen. Gehen mit Handfassung, gehen und laufen mit verschiedenen Armbewegungen („Maulwurf", „Hund").	Erfahren von Wasserwiderstand u. Kältereiz u. das unterschiedliche Verhalten des Wassers bei schnellen u. langsamen Bewegungen. Empfehlung: Bei Spielen mit der ganzen Gruppe nur Spiele anbieten, bei denen möglichst **alle** Kinder **immer** in Bewegung sind.

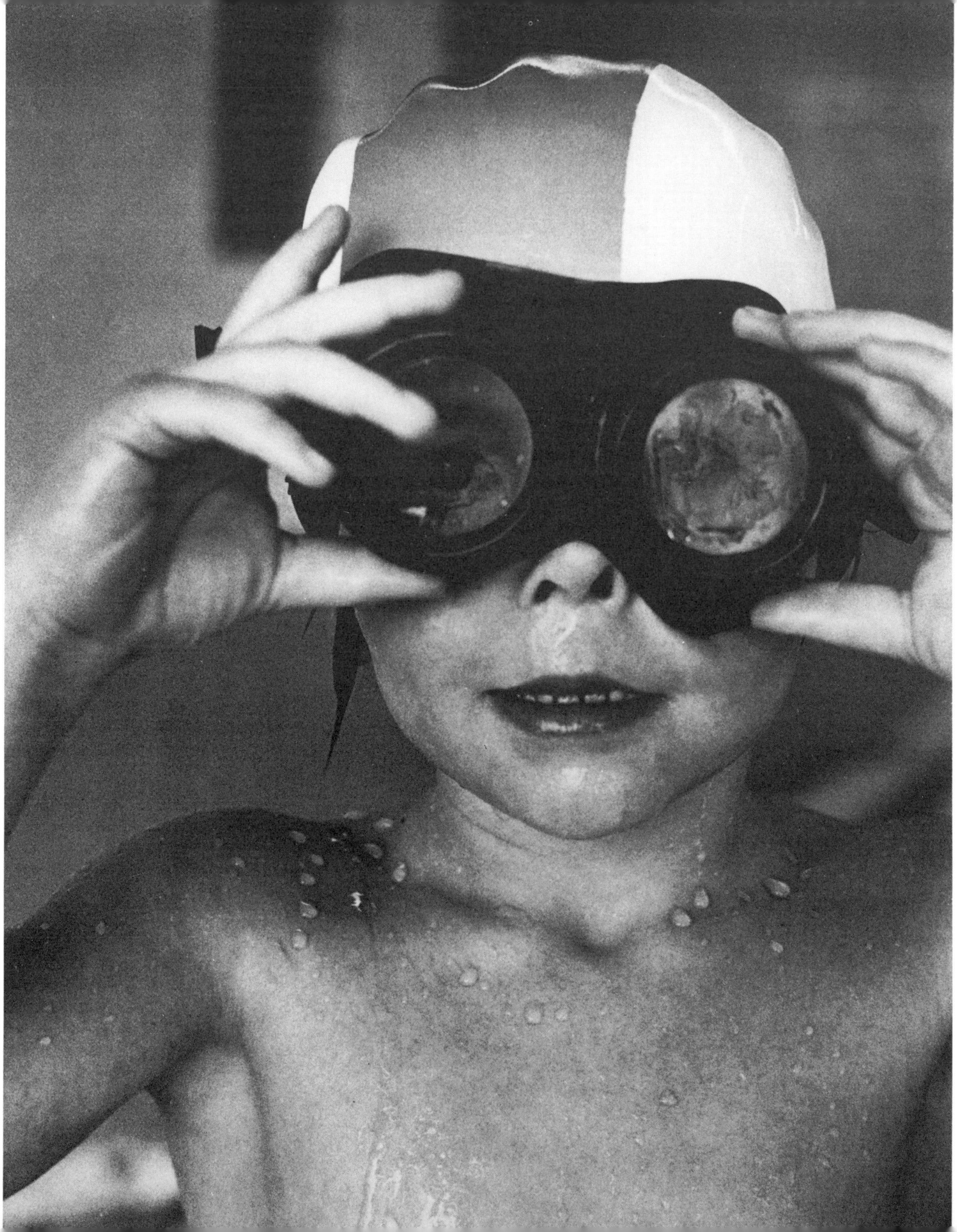

Schwerpunkt: Bewegungserziehung

Bereich der Wassergewöhnung	Bewegungsraum	Aktivitäten der Kinder, Beispiele	Grunderfahrung/Empfehlungen
		Doppeltes Armkreisen, wechselseitiges Armkreisen, Armkreisen beim Vorwärts- u. Rückwärtsgehen. Springen, Hüpfen allein, mit Handfassung, mehrere Kinder zusammen, beim Aufkommen mit den Händen aufs Wasser schlagen, beim Aufsprung ganz klein machen. Laufspiele: Fangen, in Schlange gehen, Schwarzer Mann	Aus diesem Grunde eignen sich nur wenige der gängigen Kindergartenspiele auch als Spiele im Wasser. (Unbedingt zu vermeiden sind also Spiele wie z.B. „Faul-Ei", „Katz und Maus" usw.)
Bewußtes Atmen	Im Schwimmbecken, zu Hause in der Badewanne, im Waschbecken	Ins Wasser pusten, blasen, brummen, schnauben, schreien. Durch Mund und Nase getrennt u. gemeinsam ausatmen. Tischtennisbälle durch Pusten vorwärtstreiben. Kräftiges Ausatmen, möglichst ins Wasser, in Verbindung mit Armbewegungen beim Gehen; unter Wasser die Luft ausblasen, das Wasser sprudeln lassen.	Empfehlung: Pustewettkämpfe sollten möglichst nicht durchgeführt werden.
Spielen mit Gegenständen	Becken: Bälle, Reifen, Tauchringe, Schwimmbretter, Gigantos, Tauchfiguren, Zauberschnüre, Plastikspielzeug (Eimer, Gießkanne, Luftballon, Spritzpistole, Schnorchel)	Spiele: „Haltet eure Seite frei!" – „Haltet das Wasser frei!" – Zauberschnur: drunter, drüber. Nilpferde bringen Boote zum Kentern (vgl. Gildenhard, S. 119). Mit Bällen in Reifen treffen, die im Wasser liegen. Luftballon: Hände, Kopf verhindern, daß er aufs Wasser kommt, Luftballons vorwärtstreiben.	Grunderfahrung: Wasser als vertrauter Bereich, in dem man wie auf dem Land sich angstfrei bewegen und spielen kann. Empfehlung: Breites Spielzeugangebot bereithalten, dem Kind viel Raum zum eigenen Spielen und Probieren lassen, nur bei ängstlichen Kindern helfen und anregen.
Springen ins Wasser	Becken, Treppe, Beckenrand, Gigantos	Von der untersten Stufe ins Wasser springen (1.–3. Stufe). Vom Beckenrand ins Wasser gleiten bzw. am Erzieher ins Wasser klettern in Brust und Rückenlage. Hineinspringen mit Handfassung, Erzieher steht im Wasser; Springen in den Reifen; Springen zu zweit mit Hand anfassen, Springen mit dem Brett (vgl. Gildenhard, S. 106–108).	Grunderfahrung: Überwinden von Angst. Empfehlung: Jeder Zwang und jedes zu nachdrückliche Fordern sollte unbedingt vermieden werden.

Bereich der Wassergewöhnung	Begwegungsraum	Aktivitäten der Kinder, Beispiele	Grunderfahrung/Empfehlungen
Tauchen ins Wasser, Augen öffnen unter Wasser	Becken, Treppe, Tauchringe	Nach Tauchringen, Muscheln, bunten Steinen (selbst angemalt), gut eingepackten Bonbons tauchen. Dem Partner unter Wasser die Hand geben, sich guten Tag sagen, sich durch Grimassen-Schneiden unter Wasser zum Lachen bringen. Finger zählen. Unter einer Schnur durch, durch einen Reifen, durch die Beine eines Partners tauchen. Sich im Spiegel unter Wasser anschauen.	Grunderfahrung: Abbau von Hemmungen vor dem Wasser, Erfahren der andersartigen optischen Verhältnisse. Empfehlung: Nach dem Auftauchen sollten die Kinder auf keinen Fall die Augen mit den Händen reiben, sondern versuchen, die Augen durch kräftiges Zwinkern wasserfrei zu bekommen. Empfindlichen Kindern sollte man möglichst beim ersten Brennen das Tragen von Chlorbrillen anraten.
Liegen auf dem Wasser, Gleiten im Wasser	Beckenwand, Treppe, Schwimmbretter	Sich gegenseitig in Strecklage an den Händen oder am Brett durchs Wasser ziehen oder vom Erzieher ziehen lassen. Wie ein Bleistift oder Brett auf dem Wasser liegen, ohne zu atmen. Sich wie ein Brett auf die Treppe zuschieben lassen, aus dem Sitz auf der Treppe abstoßen und zum Erzieher gleiten. Sich in der Rückenlage am Kopf durchs Wasser ziehen lassen.	Grunderfahrung: Das Wasser trägt den Körper, wenn man eingeatmet hat. Empfehlung 1: Diesen Bereich immer nur kurzzeitig anbieten, weil die Kinder sich dabei sehr wenig bewegen und deswegen schnell zu frieren beginnen. Empfehlung 2: Jeder Zwang und jedes zu nachdrückliche Fordern sollte unbedingt vermieden werden.

4. Eltern

Die Zusammenarbeit mit Eltern im Bereich der Bewegungserziehung bietet sich in mehreren Punkten an:
Der Erzieher erörtert mit den Eltern die Bedeutung ausreichender Bewegung für eine gesunde Entwicklung der Kinder und informiert sie über Ziele und Verfahren der Bewegungserziehung im Kindergarten. Er diskutiert mit den Eltern, welches Spielzeug zur Bewegung auffordert und wie den Kindern auch zu Hause Raum für Bewegung geschaffen werden kann, z.B. durch eine entsprechende Gestaltung des Kinderzimmers, Flurs, Gartens, Hobbyraums...
Darüber hinaus hat er manche Möglichkeiten, Eltern und Kinder zu einer aktiven Freizeitgestaltung anzuregen. Er kann beispielsweise eine Wanderung für Eltern und Kinder – evtl. in Zusammenarbeit mit dem Kooperationslehrer – organisieren und dabei Spiele initiieren, die Erwachsene und Kinder gleichermaßen ansprechen. Auch kann er hin und wieder Nachmittage anbieten, an denen Eltern und Kinder gemeinsam turnen und Bewegungsspiele machen.
Oft ist der Erzieher auch auf die Mithilfe der Eltern angewiesen. So wird er auf jeden Fall Eltern um Unterstützung bitten, wenn er mit seiner Gruppe ein Schwimmbad besucht oder eine Wanderung unternimmt.

5. Literatur

Bannmüller, E.: Neuorientierung der Bewegungserziehung in der Grundschule. Stuttgart 1979.
Blumenthal, E.: Bewegungsspiele für Vorschulkinder. Schorndorf 1978³.
Cratty, B.: Aktive Spiele und soziales Lernen. Ravensburg 1977.
Diem, L.: Sport für Kinder. München 1973.
Dies.: Spiel und Sport im Kindergarten. Ein erprobtes Konzept mit Beispielen und didaktischen Hilfen. München 1980.
Döbler, E., Döbler, H.: Kleine Spiele. Berlin 1972.
Gildenhard, N.: Vielseitiger Schwimmunterricht in Vorschule und Eingangsstufe. Schorndorf 1977.
Ders.: Schwimmen in der Vorschule. In: W. Betsch (Hrsg.): Bewegungserziehung im Vorschulalter. Das Stuttgarter Modell. Schorndorf 1979².
Hahmann/Zimmer: Bewegungserziehung für drei- bis sechsjährige Kinder. Hrsg. von der Landesbildstelle Rheinland-Pfalz 1974.
Haselbach, B.: Tanzerziehung. Grundlagen und Modell für Kindergarten, Vor- und Grundschule. Stuttgart 1971.
Kerkmann, K.: Wir spielen in der Grundschule. Schorndorf 1974.
Kiphard, E. J., Hünnekens, H.: Bewegung heilt. Psychomotorische Übungsbehandlung bei entwicklungsrückständigen Kindern. Gütersloh 1971.
Knirsch, K.: Geräteturnen mit Kindern. Stuttgart 1977.
Zöller, G.: Musik und Bewegung im Elementarbereich – ein Beitrag zur Kommunikations- und Kreativitätserziehung. Donauwörth 1976⁴.

Erfahrungen mit der Umwelt (Natur und Technik)

1. Begründung und Zielstellung

Seine Umwelt ist dem Kind der beständigste Lernanreiz, Anlaß zu spontaner Nachahmung der Handlungen Älterer, zum „Selber-machen-Wollen" ebenso wie zum „Immer-wieder-machen-Wollen". Es macht erste Erfahrungen – auch ohne Anleitung von Erwachsenen – mit Gegenständen und Sachverhalten von Natur und Technik.

Der Kindergarten knüpft im vorliegenden Schwerpunkt an das natürliche Interesse der Kinder für ihre nähere Umgebung an und unterstützt das kindliche Streben nach zunehmender Selbständigkeit. Er vermittelt Erfolgserlebnisse, ermutigt durch Raumaufteilung, eine anregende Materialausstattung und -bereitstellung sowie durch seine Angebote zum spielerischen Erkunden von Sachverhalten und Erscheinungen der unbelebten und belebten Umwelt.

Das bloße Neugierverhalten, das Kinder allem Neuen gegenüber zeigen, soll weiterentwickelt werden zu einer aktiven Fragehaltung, zu einem Mehr- und-genauer-Wissen-Wollen, das seinerseits notwendigerweise eine Ordnung und Systematisierung der bisher angesammelten Erfahrungen erfordert.

„Erfahrungen mit der Umwelt" als Angebot im Kindergarten vermittelt Einsichten in leicht zu beobachtende Naturerscheinungen, ihre Wirkungen auf die Menschen und die Natur sowie Einsichten in die gestaltenden Eingriffe des Menschen. Dazu ein Beispiel: Die Kinder haben ein Unwetter erlebt. Sie waren beunruhigt, hatten vielleicht sogar Angst. Sie staunen über die angerichteten Zerstörungen und fragen nach den Ursachen. Vieles davon läßt sich durch Beobachten, Beschreiben und kleine Experimente erklären und besser verstehen. Die Kinder sind nun auch leichter zu motivieren, z. B. Regenkleidung mitzunehmen.

Der Mensch hat aber auch gelernt, sich Wind und Wasser dienstbar zu machen. Segelboot, Windmühle und Wasserrad sind leicht durchschaubare Beispiele dafür. Der Erzieher sollte nicht versäumen, den Kindern diese Erfahrungen zugänglich zu machen, indem er Spiele und Materialien bereitstellt.

Insgesamt wollen die folgenden Anregungen in pragmatischem Sinne dazu beitragen, die Kinder immer selbständiger, handlungsfähiger und damit einsichtiger und unabhängiger von der Hilfe der Erwachsenen werden zu lassen. Dieser Prozeß verwirklicht sich in drei Bezugssystemen:
– in der Mensch-Umwelt Beziehung,
– in der Auseinandersetzung des Kindes mit sich selbst,
– in der Mensch-Mensch Beziehung.

Da die Auseinandersetzung des Kindes mit sich selbst erst anhand der Mensch-Mensch Beziehung bzw. Mensch-Umwelt Beziehung sichtbar wird, genügt es, das erste und dritte Bezugssystem besonders hervorzuheben.

Der Prozeß der Verselbständigung auf Grund von Einsicht und Handlungsfähigkeit läßt sich an folgenden einfachen Beispielen verdeutlichen:

Das Kind beobachtet Wachstumsvorgänge bei sich selbst und anderen Kindern; es vergleicht diese mit dem Wachstum bei Tieren und Pflanzen. Daraus kann sich die Erkenntnis ergeben, daß Pflanzen und Tiere Lebewesen sind und spezifische Bedürfnisse haben, wenn sie diese auch nicht so äußern können wie wir.

Das Kind erkennt im sachgerechten Gebrauch des Telefons eine Erweiterung seiner Kommunikationsmöglichkeiten. Es kann beispielsweise selbst Hilfe herbeirufen, mit Verwandten oder Kindergartenkindern sprechen.

2. Grundlagen

Ausgangslage des Kindes

Der Schwerpunkt „Erfahrungen mit der Umwelt" gibt dem Erzieher Anregungen, wie der Umwelt der Kinder immer wieder neue Lernsituationen abgewonnen werden können. Von eigenen Beobachtungen und Gestaltungsideen ausgehend erfahren die Kinder, wie Materialien, Gegenstände und Werkzeuge zu handhaben sind. Sie lernen mit Tieren und Pflanzen umzugehen, eigene Ziele zu verfolgen und gleichzeitig die Auswirkungen auf andere Menschen, die Natur und die Gegenstände zu beachten. Die Kinder werden dadurch zunehmend selbständiger und lernen, sachangemessener und rationaler zu handeln.

Da Kinder durch die individuellen Erfahrungen geprägt sind, müssen bei der Planung die örtlichen Verhältnisse berücksichtigt werden. Großstadtkinder besitzen andere Vorerfahrungen und Kenntnisse als Kinder aus ländlichen Gegenden. Erstere kennen z.B. die Verhaltensweisen beim Benützen von U-Bahn, Straßenbahn und Parkhaus, letztere hingegen kennen landwirtschaftliche Maschinen und haben Einblick in Arbeiten wie Säen und Ernten. Andererseits ist vom Erzieher zu beachten, daß die Erfahrungsbereiche heute ineinander übergehen und viele Eltern ihren Kindern manche Anregungen geben. Er sollte sich deshalb über die Familiensituation informieren und ständigen Kontakt mit den Eltern halten.

Die Beobachtung einzelner Kinder während des Spielens und anderer Tätigkeiten gibt dem Erzieher Aufschlüsse, wie gründlich oder oberflächlich diese eine Sache kennen und wofür sich einzelne Kinder interessieren. Daraus leitet er individualisierende und differenzierende Angebote ab mit dem Ziel, jedes Kind angemessen zu fördern.

Der Text enthält an verschiedenen Stellen Hinweise, welche Aktivitäten/Angebote sich für jüngere bzw. ältere Kinder eignen. Ist dies nicht gegeben, so kann als Richtschnur gelten: Jüngere Kinder sollten vor allem ausgiebig Gelegenheit erhalten, Primärerfahrungen mit verschiedensten Materialien zu sammeln. Mit zunehmender Sprachkompetenz wächst auch die Fähigkeit, Sekundärerfahrungen zu verarbeiten.

Die in diesem Text enthaltenen Angebote dürfen nicht als Rezeptsammlung mißverstanden werden. Der Erzieher entscheidet immer wieder vor Ort, ob ein Vorschlag unverändert übernommen werden kann oder modifiziert oder ganz anders gestaltet werden muß. Es kann auch notwendig sein, ein Teilthema in andere Zusammenhänge einzugliedern.

Anforderungen an den Erzieher

Erklärungsversuche der Kinder für Beobachtungen aus der Natur oder für technische Vorgänge haben oft den Charakter von Behauptungen: „Das ist so, das weiß ich, das hat mir mein Vater gesagt." Es ist für Kinder teilweise eine neue Erfahrung, daß bei der Erklärung naturwissenschaftlicher und technischer Sachverhalte objektive Maßstäbe gelten, also nicht die soziale Stellung oder die unbestrittene Autorität eines Menschen entscheidend ist für das Gewicht seiner Argumente.

Der Erzieher hat dies zu berücksichtigen und sollte nicht durch vorschnellen Einsatz seiner Autorität Meinungsverschiedenheiten beenden. Ebenso sind Mehrheitsentscheidungen der Kinder hier ungeeignete Mittel. Naturwissenschaftliche Erklärungen haben jedoch, auch wenn sie noch so gut abgesichert sind, immer nur den Charakter von Modellvorstellungen, die so lange gelten, bis eine bessere Theorie gefunden wurde. Dieser Prozeß der fortlaufenden Verbesserung von Erklärungsversuchen sollte sich auch in den Sachgesprächen der Kinder widerspiegeln, d. h. der Erzieher sollte Teillösungen und vorläufige Erklärungen durchaus im Raum stehen lassen, als Motivation für weiteres Fragen und Forschen verwenden bzw. später wieder darauf zurückkommen. Er achtet weiter darauf, daß bei solchen Gesprächen weniger erfahrene Kinder und solche, die nicht genügend Selbstvertrauen haben, zu Wort kommen. Dies kann durch Kleingruppenbildung unterstützt werden. Die Kinder sollen durch eigenes Fragen, Suchen, Probieren und Finden weiterkommen.

Sachgespräche sind nur fruchtbar, wenn sie von entsprechenden Erfahrungen mit der belebten und unbelebten Natur sowie der technisch gestalteten Umwelt des Kindes ausgehen. Durch diesen Grundsatz wird das methodische Vorgehen jedoch nicht festgelegt. Ein Sachgespräch bietet sich an als Vorbereitung für mögliche Erfahrungen (Problemstellung), als Zwischenbesprechung bei auftretenden Schwierigkeiten (Problemklärung) oder wenn überraschende Entdeckungen (Ergebnisdarstellung, neue Fragestellung) gemacht wurden. Hier gibt es viele Variationsmöglichkeiten. Im allgemeinen umkreisen Sachgespräche jedoch schwerpunktmäßig eine der drei Grundoperationen des Problemlösungsprozesses, nämlich Fragen (Problemstellung) – Hypothesen stellen (Problemeingrenzung, Überprüfung der Lösungswege) – Lösungswege suchen.

Erfahrungen aus der Praxis zeigen, daß einmalige, zeitlich begrenzte Angebote zur Erkundung der Umwelt den Lernvoraussetzungen und dem Lernvermögen der Kinder nicht entsprechen. Kinder dieses Alters brauchen vielfältige und wiederholte Anlässe, um sich öfters und selbständig mit Gegenständen, Werkzeugen oder einer bestimmten Arbeitstechnik auseinanderzusetzen oder manche Versuche noch einmal durchführen zu können. Der Erzieher geht bei der

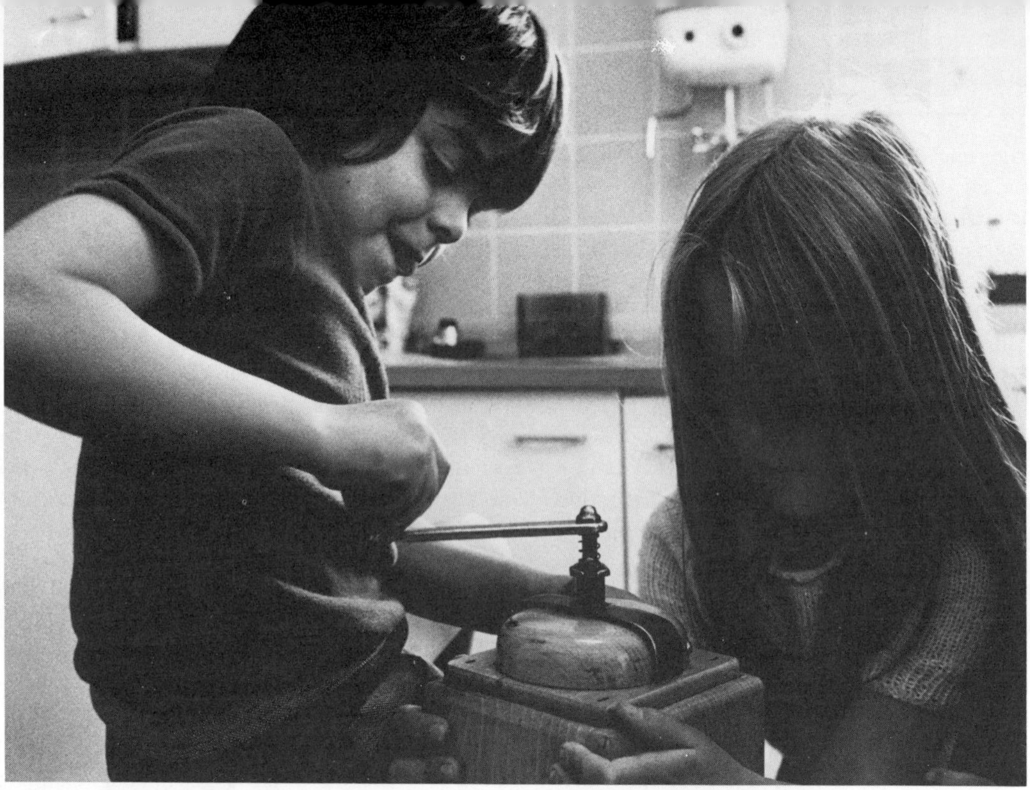

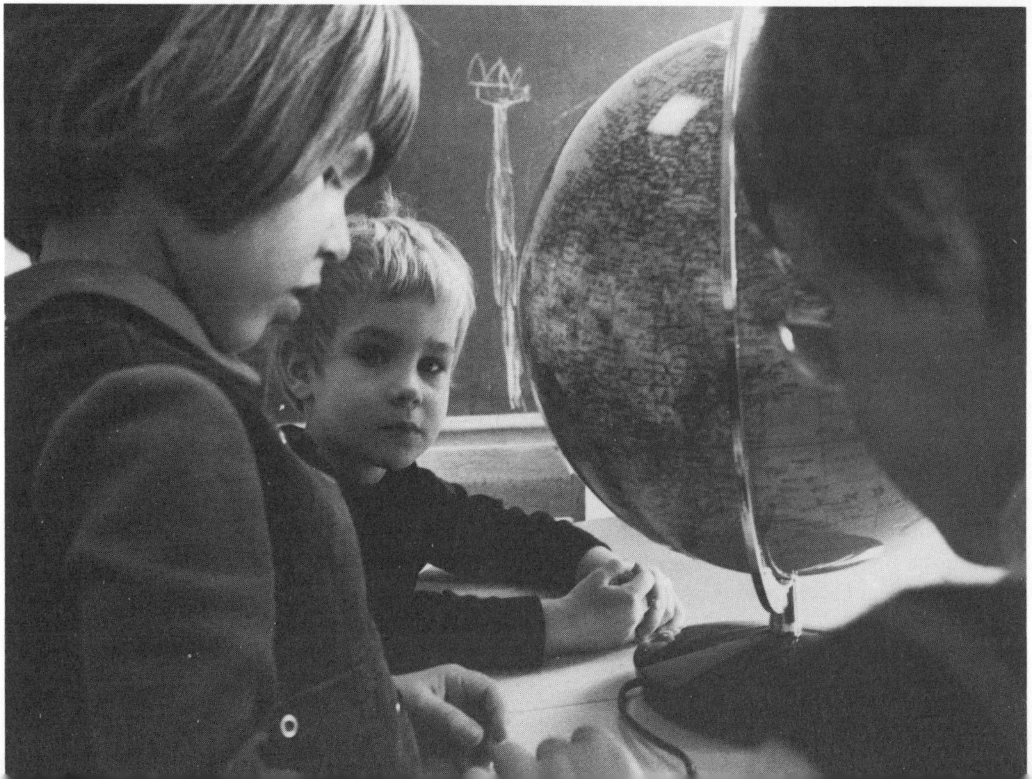

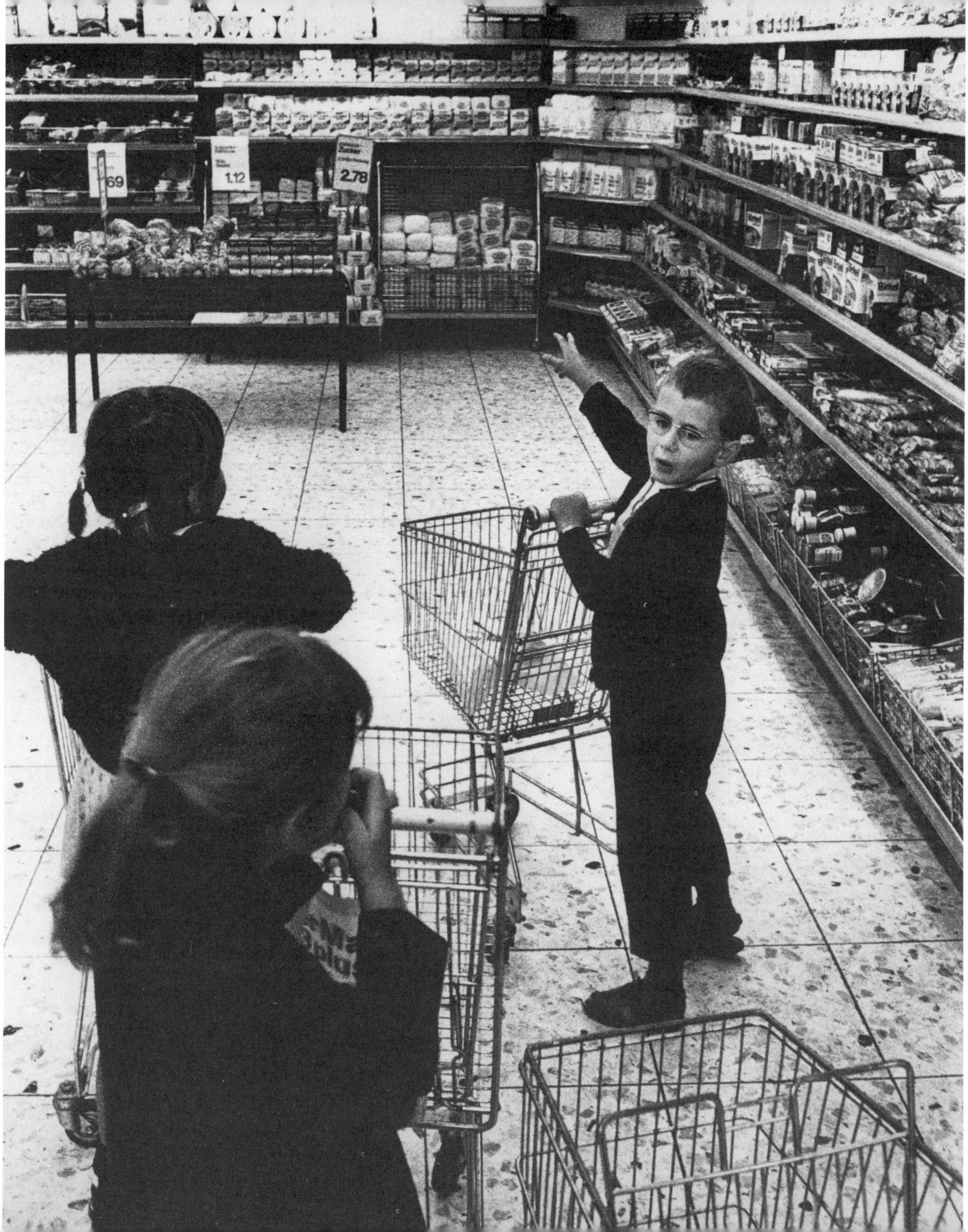
1.12
2.78

Planung und der Auswahl entsprechender Angebote von diesen Voraussetzungen aus und vermeidet dadurch ein nur oberflächliches „Anreißen" von Inhalten und Fragen.

Didaktische und methodische Hinweise

Im Hinblick auf die Vielfalt möglicher Anlässe, Situationen und Themen war eine Beschränkung auf bestimmte Themen notwendig. Die vorliegende Auswahl kam unter Berücksichtigung folgender Kriterien zustande:
– Nur solche Sachverhalte wurden ausgewählt, die mit hoher Wahrscheinlichkeit zum Erfahrungsbereich aller Kinder gehören. Es ist nicht Anliegen der hier vertretenen Konzeption, ein möglichst umfassendes Programm zu erstellen.
– In Abstimmung mit den anderen Schwerpunkten entfallen hier weitgehend Inhalte zum sozialen Lernen, obwohl sich in der Praxis die soziale Komponente der Umwelterfahrung nicht abtrennen läßt. (Vgl. dazu die Schwerpunkte „Soziales Lernen" und „Religiöse Erziehung"). Umwelt- und Sachbegegnung steht vor allem auch mit Sprachförderung in enger Wechselwirkung (vgl. Schwerpunkt „Sprechen und Sprache"). Der Erzieher berücksichtigt diese ganzheitlichen Aspekte bei der Planung des Angebots für die Kindergruppe.
– Die ausgewählten didaktischen Einheiten[67] sollten Themen behandeln, die den Kindern Primärerfahrungen[68] auf breiter Basis vermitteln. Gleichzeitig sollte gezeigt werden, wo in Büchern und audiovisuellen Medien (Film, Bild, Ton) weitere Informationen zu finden sind.
– Die didaktischen Einheiten sind so komplex angelegt, daß viele Aspekte und vielfältige Möglichkeiten der Auseinandersetzung aufgezeigt werden. Somit können, je nach Ort, Zeit und äußeren Umständen, unter den gegebenen Teilthemen[69] diejenigen ausgewählt werden, die bei den Kindern „ankommen", ihnen Spaß machen. Systematische Vollständigkeit im Sinne aller aufgezeigten Möglichkeiten muß und kann nicht erreicht werden.

Im Kindergarten geht es hauptsächlich darum, Erlebnisse und Erfahrungen der Kinder, die sie im täglichen Umgang mit Natur und Technik machen, aufzunehmen und ihre Fragen und Vermutungen zu klären.

– Der Kindergarten will dem Kind eine Umgebung anbieten, in der es sich wohlfühlt. Auf dieser Basis können sich Lernprozesse entwickeln. Der Erzieher sollte hierzu Gelegenheiten nutzen und Spielsituationen schaffen. Fruchtbare Momente entstehen oft in ungeplanten Situationen, und viel hängt davon ab, wie sie von ihm aufgegriffen werden. Dabei geht es darum, das Denken und Fühlen der Kinder anzuregen, zu verfeinern, weiterzuentwickeln, aber nicht zu früh in systematische Bahnen zu lenken.

Grundbedürfnis des Kindes

Das Eingehen auf die Grundbedürfnisse des Kindes (vgl. Grafik S. 197) ist Grundprinzip sowohl bei der Planung der pädagogischen Arbeit wie auch bei ihrer Verwirklichung. Wenn der Erzieher nicht nur einzelne Angebote, sondern den gesamten Tagesablauf und insbesondere das freie Spielen in seine Überlegungen miteinbezieht, so erleichtert ihm dieses Vorausplanen flexibles und sensibles Verhalten in der konkreten Situation. Er kann dann auf die jeweils aktuellen – oft nicht vorhersehbaren – Bedürfnisse der Kinder, auch eines einzelnen Kindes, leichter eingehen (vgl. S. 11 ff.: 4. Hinweise zur Planung und zu den Schwerpunkten).

Die in den didaktischen Einheiten angesprochenen Teilthemen können nicht alle Grundbedürfnisse zugleich berücksichtigen, müssen sich aber im Rahmen der Gesamtplanung so einordnen, daß eine allseitige Förderung des Kindes möglich wird. Die Grafik will dies veranschaulichen, indem sie zwar Beziehungen verschiedener Grundbedürfnisse untereinander erkennen läßt, aber kein Grundbedürfnis dem anderen unterordnet.

---

[67] *Didaktische Einheiten:* Aus umweltbezogenen Erfahrungsbereichen (z. B. Feuer, Wärme und Licht wird durch didaktische und methodische Überarbeitung ein Paket von kindergartengemäßen Angeboten/Aktivitäten zusammengestellt. Diese didaktische Einheit ist überwiegend nach sachlogischen Gesichtspunkten aufgebaut, die Auswahl und Einpassung der Angebote in ihre Planung für die Praxis muß die Erzieherin selbst leisten.
[68] *Primärerfahrung:* Mit den eigenen Sinnen erworbene Erfahrungen (unmittelbare Objekterfahrung). Hiervon ist die Sekundärerfahrung zu unterscheiden, d. h. durch Tradition über Personen, Bücher oder Medien vermittelte Erfahrung, ohne daß unmittelbare Objekterfahrung stattgefunden hat.
[69] *Teilthemen:* Eine → didaktische Einheit gliedert sich in Teilthemen, d. h. einzelne Angebote/Aktivitäten werden unter Leitgedanken zusammengefaßt.

Grundlagen

```
                sich geborgen
                fühlen in der Familie, in der Welt (rel. Bezug)
    sich bewegen      geliebt werden/lieb haben
                                  sich freuen/Freude
       essen                      bereiten
                                     sich ver-
    trinken                          ständigen/sich
                                     mitteilen
  schlafen,                         spielen,
  sich ausruhen, ——— K i n d ——— tätig sein,
  sich entspannen                    sich austoben
                                       sich aus-
  sich schützen/                       drücken,
  beschützen                           gestalten
       selbständiger               anerkannt
       werden, er-                 werden/Erfolg haben
       wachsen werden
                entdecken   mehr erfahren,
                            mehr wissen wollen,
                            forschen
```

Außerdem ist bei jeder didaktischen Einheit der Schwerpunkt angegeben, welche Grundbedürfnisse in ihr optimal berücksichtigt sind bzw. sich leicht in entsprechende Angebote umsetzen lassen; andere können dabei am Rande mit angesprochen werden.

Ein Beispiel:
Das *Thema "Wohnen"* berücksichtigt die Grundbedürfnisse „sich geborgen fühlen, sich schützen, gestalten". Folgende weitere Grundbedürfnisse könnten anhand der funktionalen Wohnungsaufgliederung in Wohnzimmer, Küche, Kinderzimmer, Schlafzimmer angesprochen werden: „Sprechen/sich verständigen; essen und trinken; spielen/tätig sein/toben; schlafen/sich ausruhen". Sicher gibt es jedoch bessere Gelegenheiten, um jedes einzelne dieser Grundbedürfnisse in Angeboten zu berücksichtigen. Deshalb werden bei jeder didaktischen Einheit nur die zentralen Grundbedürfnisse genannt.
Selbstverständlich könnte das Beispiel „Wohnen" auch im Sinne von „mehr wissen wollen; forschen" erweitert werden. So kann man verschiedene Baustoffe auf ihre Eignung untersuchen und vergleichen. Oder es wird gefragt, wie Menschen anderswo wohnen. Das „Selbständig-Werden" können die Kinder z.B. durch zuverlässiges Bedienen von Briefkasten, Türen und Türschlössern oder des Telefons zeigen. Somit hat der Erzieher viele Möglichkeiten, Angebote für verschiedene Altersstufen zu entwickeln.
Andere Grundbedürfnisse des Kindes wie „geliebt und anerkannt werden" lassen sich weniger gut in formulierte Angebote fassen; ihnen wird durch die persönliche Zuwendung und die Einzelbetreuung in Spiel- und Lernsituationen entsprochen.

Mögliche Inhalte und ihre didaktisch-methodische Aufbereitung
Sachbezogenes Lernen vollzieht sich im Kindergartenalter in Alltagssituationen. Diese lassen sich thematisch beschreiben, wie es im folgenden Schema gezeigt wird. Bestimmte Erfahrungsbereiche sind dem Kind näher als andere.
So gehören Nahrung, Kleidung und Wohnung (Kinderzimmer bzw. eigene Ecke) zu den elementaren Lebensnotwendigkeiten, für die das Kind Schritt um Schritt immer selbständiger sorgen kann. Hier lernt es durch Tun. Von täglichen Verrichtungen ausgehend stößt das Kind ständig auf weitere Erscheinungen, die zum Staunen und Nachdenken anreizen, die Lernen erfordern und aus denen der Erzieher Anregungen für sein Planen gewinnt. Daraus ergeben sich umfassende Themen, die hier Erfahrungsbereiche des Kindes heißen, z.B. Wasser, Pflanzen, Tiere, Bauen, Verkehr. Sie sind aus Alltagserfahrungen der Kinder abgeleitet, lassen sich wissenschaftlich klar eingrenzen und spielen im Leben der Kinder eine wichtige Rolle.

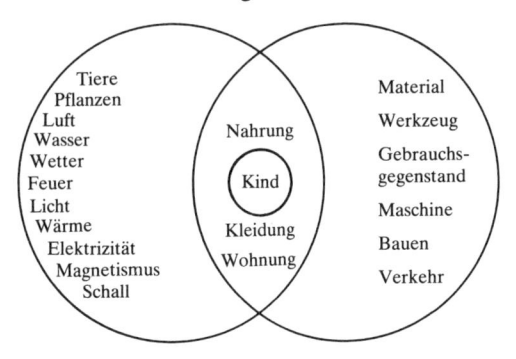

```
   ┌─────────────┐   ┌──────────┐   ┌─────────────┐
   │ Tiere       │   │          │   │ Material    │
   │ Pflanzen    │   │ Nahrung  │   │ Werkzeug    │
   │ Luft        │   │          │   │             │
   │ Wasser      │   │  ┌────┐  │   │ Gebrauchs-  │
   │ Wetter      │   │  │Kind│  │   │ gegenstand  │
   │ Feuer       │   │  └────┘  │   │             │
   │ Licht       │   │ Kleidung │   │ Maschine    │
   │ Wärme       │   │          │   │             │
   │ Elektrizität│   │ Wohnung  │   │ Bauen       │
   │ Magnetismus │   │          │   │             │
   │ Schall      │   │          │   │ Verkehr     │
   └─────────────┘   └──────────┘   └─────────────┘
```

Die vorliegende Grafik zeigt eine Zusammenstellung umweltbezogener Erfahrungsbereiche. Das ist einmal das Bewußtwerden unseres Angewiesenseins auf „Versorgung" mit Luft, Wasser, Wärme und Licht. Manche Naturerscheinungen wie Wasserkraft, Feuer, Wind, Schall, magnetische Kraft oder Elektrizität können durch technische Maßnahmen in Gebrauch genommen werden. Der natürlich gegebenen Umwelt steht eine technisch veränderte, gestaltete Umwelt gegenüber, ohne die menschliches Leben nicht denkbar ist.

Pflanzen und Tiere gehören zu unserer täglichen Umgebung wie Wetter oder Landschaft. Auf der anderen Seite bilden sie die Grundlage für Nahrung und Kleidung und somit eine Voraussetzung der menschlichen Existenz.

Auf welche Weise im Kindergarten erste Erfahrungen mit Lebewesen gemacht werden können, soll exemplarisch erläutert werden.

Kinder wachsen in einer vom Menschen geprägten Welt auf, erst mit der Zeit erregen Tiere und Pflanzen ihre Aufmerksamkeit. Kindgemäßes Spielzeug ist auf das Neugierverhalten der verschiedenen Altersstufen zugeschnitten und entsprechend robust ausgelegt. Tiere und Pflanzen sind jedoch nicht in dieser Weise vorangepaßt, Eltern und Erzieher müssen daher stets darauf achten, ob die Kinder nicht mit ihren Liebesbezeugungen einem Tier wehtun. Kindern fehlt zunächst noch das Gefühl, was Tiere ertragen können und was nicht, ganz zu schweigen von den Pflanzen, die vielfach überhaupt nicht als Lebewesen erkannt und respektiert werden. In der Regel sind Kinder auch erst mit 6 bis 7 Jahren alt genug, um Tiere oder Pflanzen selbstverantwortlich zu pflegen; und auch hier ist immer wieder Ermahnung oder Nachhilfe nötig. Der erzieherische Wert des Umgangs mit Pflanzen und Tieren ist jedoch unbestritten: Sie sind eine Brücke zum Verständnis der Umwelt, die *allen* gehört, nicht nur den Menschen allein. Kinder können dadurch allmählich aus ihrer egozentrischen Haltung gelöst werden.

Der Kindergarten sollte ständig unterschiedliche Angebote bereithalten, die den Umgang mit Tieren und Pflanzen ermöglichen, z.B.:

– Robuste Zimmerpflanzen halten, deren Pflege man auch Kindern anvertrauen kann (Fleißiges Lieschen, Amaryllis, Calla, Buntnessel).
– In der kalten Jahreszeit Blumenzwiebeln treiben lassen (Wassernarzissen, Krokusse), im Sommer einfache Blumenbeete anlegen und pflegen (Ringelblumen, Löwenmäulchen, Bartnelken, Sonnenblumen...).
– Eine einfache Tierhaltung auf dem Fensterbrett einrichten (Aquarium mit Goldfischen oder Guppies, Zebrafinken oder Kanarien als Stubenvögel).
– Im Winter ein Futterhäuschen einrichten, um Vögel zu beobachten und kennenzulernen. Im Sommer Meerschweinchen oder Kaninchen im Freien halten.
– Statt eines sterilen Zaunes sollte der Kindergarten eine Naturhecke aus verschiedenen Sträuchern als Einfriedung besitzen. Dadurch werden Vögel, Schmetterlinge, Käfer und andere Insekten angelockt.
– Auf Spaziergängen sollte man Gelegenheitsbeobachtungen aufgreifen: Die blühenden Obstbäume und das allmähliche Heranreifen der Früchte zeigen; über den Weg kriechende Schnecken oder Straßen von Ameisen beobachten.
– „Besuche" bei Tieren machen: Pferde, Kühe oder Schafe auf der Weide, Hühner im Garten, Enten oder Schwäne auf dem Teich in den Anlagen.
– Angebote aufgreifen: Die Ausstellung des Kleintierzüchtervereins besuchen, in die Tierschau eines Zirkus gehen oder einen Zoobesuch durchführen.

Da Tiere auch Krankheitsüberträger sein können, begrenzen hygienische Überlegungen die Möglichkeiten der Tierhaltung beträchtlich. Jedoch sollte man nicht vergessen, daß Kindern erlaubt werden kann, ihre Lieblinge für kurze Zeit in den Kindergarten mitzubringen und den anderen zu zeigen.

Die didaktische Strukturierung von Erfahrungsbereichen erfordert ein doppeltes Vorgehen: Zum einen müssen Spiele, Gespräche und Fragen der Kinder auf vorhandenes Interesse hinweisen. Nach diesen Beobachtungen richtet der Erzieher seine Planung aus. Zum anderen: Informationen über die sachlichen Hintergründe müssen bereitstehen, Materialien und Spiele beschafft werden. Der Erzieher muß sich kindgemäße Formulierungen zur Erklärung der Sachverhalte überlegen. Dabei sollen die Grundbedürfnisse des Kindes (vgl. S. 196 f.) weitestgehend berücksichtigt werden. So entstehen didaktische Einheiten.

Es hat sich bewährt, Eltern über die geplanten Aktivitäten und Angebote zu unterrichten, etwa durch Aushang von Wochenplänen am Schwarzen Brett. In Einzelfällen können Eltern an der Planung bestimmter Vorhaben beteiligt sein (vgl. Grundlagen: 2. Zusammenarbeit mit Eltern, S. 5 ff.).

3. Darstellung exemplarischer Erfahrungsbereiche

Im folgenden werden zwei Erfahrungsbereiche ausführlich dargestellt und gleichzeitig erläutert, wie aus umweltbezogenen Erfahrungsbereichen didaktische Einheiten entstehen.

Hierzu wurde folgende Gliederung gewählt:
Die *Vorbemerkungen* rufen wichtige Assoziationen zu dem angesprochenen Thema ins Gedächtnis und verweisen auf Beziehungen zu anderen Schwerpunkten. Es wird angegeben, welche *Grundbedürfnisse des Kindes* (vgl. Grafik S. 197) hier besonders angesprochen werden. Der *Gestaltungsvorschlag* gibt Tips zur Realisierung und jahreszeitlichen Einordnung der Angebote.

Anhand der Themenübersicht und der Ziele kann der Erzieher die jeweiligen Schwerpunkte der *Teilthemen* überprüfen. Die Planungsunterlagen selbst sind in 3 Spalten gegliedert, wobei links mögliche Einzelthemen genannt sind *(Aktivitäten/Angebote)*, in der Mitte *methodische Hinweise* gegeben werden und rechts *mögliche Erfahrungen* der Kinder (in altersgemäßer Sprache) ausformuliert sind.

Die *Sachanalyse* soll dem Erzieher das ermüdende Wälzen von Fachliteratur ersparen. Sie erläutert, ausschließlich für sein besseres Verständnis, die zuvor angesprochenen Sachverhalte. In den Planungsunterlagen selbst wird durch ein Symbol ($\triangle$) auf entsprechende Erläuterungen verwiesen.

Die Auswahl und Einpassung der folgenden Angebote in die Planung der eigenen Praxis muß der Erzieher selbst vornehmen. Die spezifischen örtlichen Bedingungen (Stadt – Land, industrialisierte – ländlich strukturierte Umgebung und darauf beruhende unterschiedliche Vorerfahrungen der Kinder) erfordern flexible Entwürfe. Weitere Planungsprinzipien ergeben sich aus dem Jahreskreis mit seinen naturbedingten Wandlungen und den Festen und Feiern.

Die Alltagsereignisse im Kindergarten sowie thematische Zusammenhänge wie Jahreszeiten, Sinneserfahrungen (Wasser, Licht und Schatten, Farbe, Geschmack, Gestalt), Einrichtungen (Post, Feuerwehr, Schule), Pflanzen, Tiere, menschliche Grundbedürfnisse lassen sich nicht nur dem Schwerpunkt „Erfahrungen mit der Umwelt" zuordnen. Der Erzieher muß deshalb in der Planung Sach- und Sprachhandeln mit sozialem Lernen in Einklang bringen und pädagogische Anregungen schwerpunktübergreifender Art schaffen.

Erfahrungsbereich Wasser

Vorbemerkung: Wasser als lebenspendende wie auch lebenvernichtende Naturgewalt stellt für den Menschen – bis herein in unsere Gegenwart – eine fortwährende Herausforderung dar. Der Mensch kann sich die Kräfte des Wassers in vielfältiger Weise nutzbar machen. Aber diese Kräfte können sich auch gegen ihn wenden, Zerstörung und Unheil anrichten. Das Ausbleiben des Wassers – oft zurückzuführen auf Eingriffe des Menschen in die Landschaft – kann Hungersnot verursachen. In Mythen und Religionen wird dies auch als Gottesstrafe ausgelegt, während die lebenspendende Kraft des Wassers als Ausdruck der Gnade Gottes gilt (vgl. Schwerpunkt „Religiöse Erziehung").

Im Rahmen dieser didaktischen Einheit wird auf vielfältige Weise die Handlungsfähigkeit des Kindes gefördert, werden Einsichten in leicht beobachtbare Sachverhalte und in die gestaltenden Eingriffe des Menschen vermittelt. Der spielerische, handelnde Umgang mit Wasser und anderen Stoffen steht dabei im Vordergrund; alltägliche Verrichtungen wie kreatives Tun werden sprachlich begleitet, Erfahrungen in der sprachlichen Aufarbeitung geklärt und geordnet. Jedoch sollte der Erzieher auch etwas von den oben genannten Einsichten transparent werden lassen.

Wasser fasziniert Kinder. Schon den Kleinsten macht es Spaß, Steine ins Wasser plumpsen zu lassen. Beim Baden wird geplanscht und gespritzt. Pfützen, Wassergräben, kleine Bäche sind besonders anziehend. Daneben darf nicht übersehen werden, daß es immer wieder Kinder gibt, die

Schwerpunkt: Erfahrungen mit der Umwelt

Scheu vor Wasser haben und bei denen die Erzieherin behutsam vorgehen und sie auch vor „Überraschungen" durch andere Kinder schützen muß. Auch wird Wasser – etwa beim Baden in einem fließenden Gewässer – von kleinen Kindern viel intensiver und beängstigender empfunden.

Der Erzieher kann viele Erfahrungen mit Wasser beim Kind voraussetzen, wenn er an die Gestaltung dieser Einheit geht. Er sollte sich klar machen, wo in der Umgebung des Kindergartens Wasser für Kinder erreichbar ist und welche speziellen Möglichkeiten er nützen kann, um den Kindern Erfahrungen mit Wasser zu vermitteln.

Der Umgang mit Wasser kommt dem *kindlichen Grundbedürfnis* „spielen, tätig sein, sich austoben" besonders entgegen.

Im spielerischen Umgang mit Wasser stellen sich dem Kind immer neue Fragen. Hier läßt sich sein Grundbedürfnis „mehr erfahren, mehr wissen wollen, forschen" besonders gut ausleben. Einige Angebote berücksichtigen vor allem das Grundbedürfnis „sich ausdrücken, gestalten". Dem Grundbedürfnis „selbständig werden, erwachsen werden" wird durch den richtigen Umgang mit Wasser im täglichen Leben durch die gewonnenen Einsichten entsprochen.

Gestaltungsvorschlag:
Für Aktivitäten mit Wasser eignen sich die Sommermonate am besten. Jedoch sollen nicht alle Angebote in der hier vorgegebenen Abfolge durchgeführt werden. Der Erzieher kann manche weglassen oder andere kombinieren.

Themenübersicht:

1. Teilthema: SPIELEN MIT WASSER MACHT SPASS
Ziel: Lustbetonter Umgang mit Wasser soll dessen Eigenschaften und bestimmte Gesetzmäßigkeiten erleben und erfahren lassen.

2. Teilthema: MENSCHEN, TIERE UND PFLANZEN BRAUCHEN WASSER ZUM LEBEN
Ziel: Wasser ist notwendig in bezug auf Leben und Überleben, aber auch, um das Leben angenehmer zu gestalten.

3. Teilthema: WAS WASSER ALLES KANN
Ziel: Einige Eigenschaften des Wassers kennenlernen.

4. Teilthema: IM WASSER LEBEN TIERE UND PFLANZEN
Ziel: Verhaltensbeobachtungen an leicht zu pflegenden Wassertieren.
Das Kind soll entdecken: Wasser ist Lebensraum von mancherlei kleinen Tieren und Pflanzen, nicht nur von Fischen. Wasser darf deshalb von Menschen nicht verschmutzt werden durch Öl, Abfälle und dergleichen.

1. Teilthema: SPIELEN MIT WASSER MACHT SPASS

Ziel: Lustbetonter Umgang mit Wasser soll dessen Eigenschaften und bestimmte Gesetzmäßigkeiten erleben und erfahren lassen.

Aktivitäten/Angebote	methodische Hinweise	mögliche Erfahrungen
1.1 **Spielen und hantieren mit Wasser** Eine große Wanne mit Wasser (oder mehrere), dazu Plastikflaschen, Joghurtbecher, einige Trichter, Siebe, dichte und durchlöcherte Plastik-Tüten, Schwämme, Lappen u. a. zur Verfügung stellen.	– Das Angebot sollte immer wieder bei günstigem Wetter auf dem Spielplatz gemacht werden, ab und zu auch im Waschraum, wo die Kinder entstandene Pfützen selbst auftrocknen. – Das Angebot an Spielutensilien kann immer wieder verändert werden. Dadurch wird der Erfahrungsbereich vergrößert. (Eimer zum Umschütten, Schlauchstücke, in verschiedener Höhe angebohrte Flaschen, Papierbecher). – In Dürrezeiten sollte das Wasser nie weggeschüttet werden, sondern zum Blumengießen oder, wenn sauber, zum Putzen verwendet werden.	– Mit Wasser gefüllte Gefäße sind schwer. △ – Wasser bleibt nicht im Sieb, △ eine Flasche mit Löchern kann man nur bis zum 1. Loch in der Flaschenwand füllen. △ – Lappen und Schwämme nehmen Wasser auf, △ Wasserpfützen auf dem Fußboden muß man auftrocknen, damit niemand rutscht und fällt. – Wenn es nicht regnet, muß man mit dem Wasser sparsam umgehen.

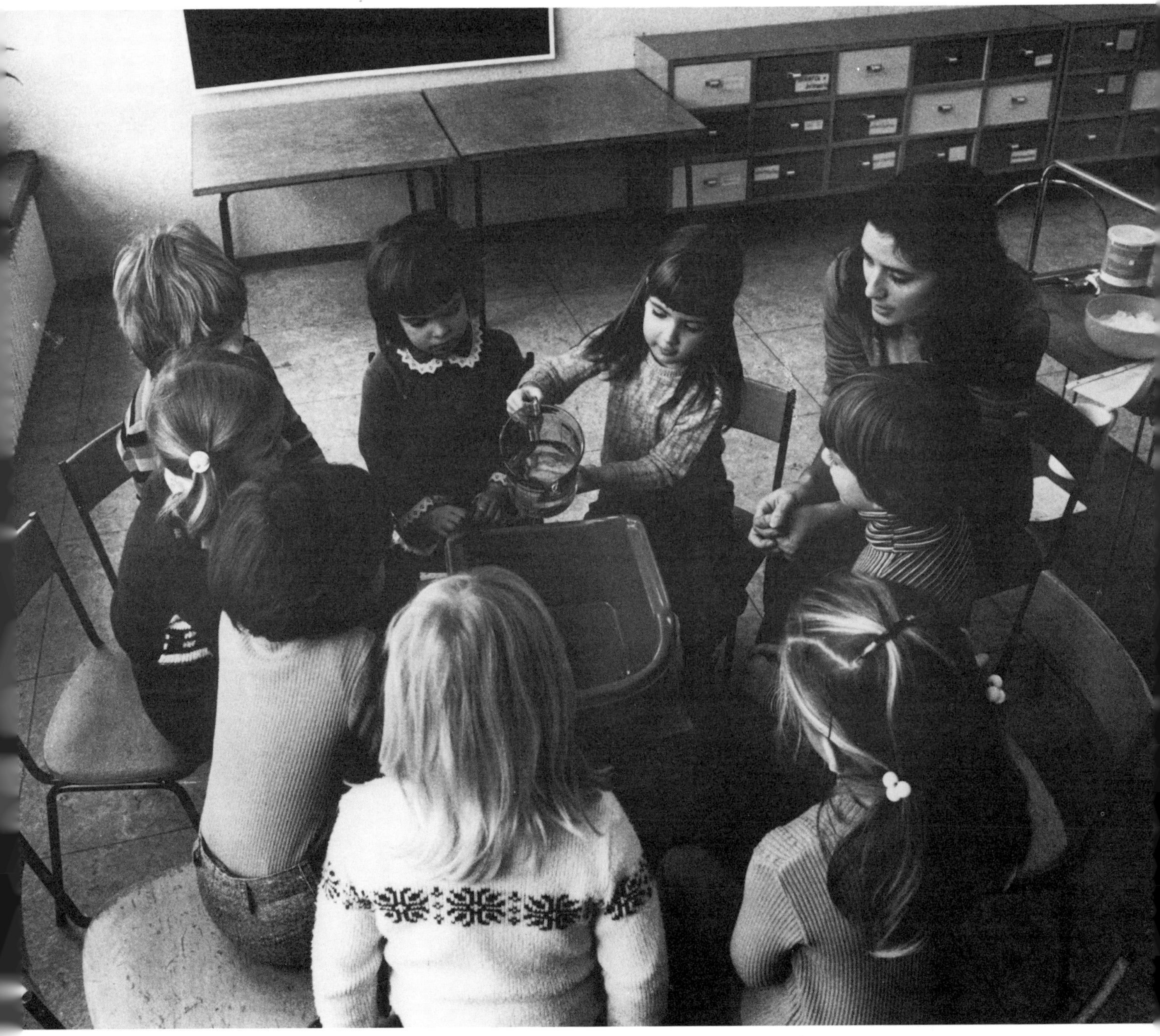

Schwerpunkt: Erfahrung mit der Umwelt

Aktivitäten/Angebote	methodische Hinweise	mögliche Erfahrungen
1.2 **Malen mit Wasser auf dem Hartplatz des Kindergartens** Kleine Spülmittelflaschen werden mit Wasser gefüllt. Jedes Kind sucht sich einen Platz und grenzt durch eine Wasserspur die Fläche ab, die es gestalten möchte. Die entstandenen Wasserzeichnungen werden bestaunt, soweit sie noch sichtbar sind. Weitere Möglichkeiten: – eine große Fläche gemeinsam gestalten – Spuren gehen mit nassen Füßen – nasse Hände an der glatten Hauswand abdrucken.	Gezieltes Angebot für ältere Kinder. Die Anregung wird während des freien Spiels an die Kleinen weitergegeben.	– Wasser hinterläßt Spuren. – Die Sonne trocknet nasse Flächen △ (Wasser verdunstet). △
1.3 **Geschicklichkeitsspiele** Mit Wasser gefüllte Gefäße zu einem Ziel tragen (... auf der flachen Hand, über Hindernisse, Wasserbeutel auf dem Kopf tragen...). **Wasser schütten** Gleiche Wassermengen in verschiedene Glasgefäße schütten. Es sollte kein Wasser daneben gegossen werden. **Ratespiele:** Geräusche erzeugen und identifizieren.	– Es sollten Kleingruppen gebildet werden, damit das einzelne Kind häufig aktiv sein kann. – Die Kinder gruppieren sich in der Nähe eines Waschbeckens, vor das eine spanische Wand geschoben wird. Ein Kind macht mit Wasser Geräusche. Es stehen ihm verschiedene Gegenstände zur Verfügung (Trinkhalm zum Luft einblasen, Plastikflasche zum Spritzen...). Die ratenden Kinder umschreiben und benennen die Geräusche. Der Erzieher achtet auf Sprachförderung und bietet Verben, die den Kindern nicht geläufig sind, an (z.B. plätschern, glucksen, sprudeln, gurgeln).	– Wasser in Gefäßen muß man vorsichtig tragen. △ Ich kann es. – Wasser paßt sich dem jeweiligen Gefäß an. – Wassermengen kann man messen. Ich kann Wasser eingießen, ohne zu verschütten. Bewegtes Wasser verursacht Geräusche, ich kann sie unterscheiden und benennen.

Darstellung exemplarischer Erfahrungsbereiche

Aktivitäten/Angebote	methodische Hinweise	mögliche Erfahrungen
1.4 **Schiffchen bauen** aus Rinde, Korken, Styropor. Schiffchen formen aus Knetmasse. Verschiedene Formen. Welches schwimmt am besten? **Schiffchen falten** aus Papier.	– Das Angebot kann während der freien Spielzeit gemacht werden. Auch die jüngeren Kinder sollen Schiffchen haben, ältere Kinder können um Hilfe gebeten werden.	– Schwimmfähigkeit durch Beladen erproben. – Ein Papierschiffchen saugt sich mit Wasser voll und geht unter. Plastik läßt kein Wasser durch.
1.5 **Rhythmisch-musikalisches Spiel mit Wassergeräuschen** Reagieren auf verschiedene Wassergeräusche, die unter entsprechenden Gesichtspunkten auf Band aufgenommen wurden (gleichmäßiges Tropfen, Wasser schütten in einem bestimmten Rhythmus...); die Kinder erfinden mögliche Bewegungen, einigen sich auf Bewegungsarten, und reagieren dann auf die jeweils wechselnden Wassergeräusche. **Eventuell Stummfilm:** (Kielwellen – bewegtes Meer – Paddeln auf einem See – Quelle, Bergbach – Wasserfall, Wasserwirbel) Die Kinder versuchen, Wassergeräusche bzw. Wasserbewegungen auszudrücken: akustisch, graphisch, motorisch.	– Wenn kein Film zur Verfügung steht, kann den Kindern eine entsprechende Geschichte erzählt werden (etwa: Kahnfahrt, Wasser plätschert an die Bootswand, tropft von den Paddeln. Gewitter zieht auf, Regen fällt...). Dies ist allerdings nur möglich, wenn die Kinder Vorerfahrungen gemacht haben. – Die Kinder werden aufgefordert, die Geschichte auf Orff'schen Instrumenten hörbar zu machen. Die Kinder einigen sich, welches Geräusch auf welchem Instrument gespielt wird. – Malen mit Kleisterfarben auf Tapeten oder anderen großen Flächen.	– Wassergeräusche können wie Musik sein. – Wir können gemeinsam Musik machen; wenn wir aufeinander hören, können wir eine Geschichte spielen.
1.6 **Malen mit Wasserfarben** Thema: große und kleine Wellen	Das Angebot ist für ältere Kinder gedacht. Die einzelnen Wellenbilder werden zu einem großen Wandbild zusammengefügt. Deshalb empfiehlt es sich, z.B. nur blaue und grüne Farbe zur Verfügung zu stellen. Bunte Fische können aufgeklebt werden.	Benützt man viel Wasser, wirkt die Farbe hell, nimmt man nur wenig Wasser, bekommt man einen kräftigen Farbton.

Schwerpunkt: Erfahrung mit der Umwelt

2. Teilthema: MENSCHEN, TIERE UND PFLANZEN BRAUCHEN WASSER ZUM LEBEN

Ziel: Wasser ist notwendig in bezug auf Leben und Überleben, aber auch um das Leben angenehmer zu gestalten.

Aktivitäten/Angebote	methodische Hinweise	mögliche Erfahrungen
2.1 **Wir kochen Nudelsuppe** (Päckchensuppe) **Mischen eines Fruchtsaftgetränks**	– Beim Kochen sollten sich nicht mehr als 4 Kinder beteiligen – das Angebot wird wiederholt. – Päckcheninhalt und fertige Suppe vergleichen... – Leitungswasser, das zum Mischen verwendet wird, wird ggf. abgekocht. Den Kindern sollte gesagt werden, daß Leitungswasser nicht immer zum Trinken geeignet ist.	– Mit heißem Wasser muß man vorsichtig umgehen, wenn Wasser kocht, gibt es Blasen und Dampf, kochendes Wasser kann den Topfdeckel heben. △ Wenn man nicht aufpaßt, kocht die Suppe über. – Nudeln werden weich, Gemüse quillt auf. – Ich kann mein Getränk selbst mischen!
2.2 **Kühe und Pferde an der Tränke** (Dias) Die Kinder berichten von eigenen Beobachtungen.	Nur wenige Bilder genügen. Die Kinder werden angeregt zum Erzählen ihrer Erlebnisse.	Auch Tiere brauchen Wasser. Ein Bauer muß sich um seine Tiere kümmern – ich muß aufpassen, daß mein Häschen immer frisches Wasser hat...
2.3 Die Kinder begießen bei Trockenheit jeden Morgen die Stauden und Rabatten, die zum Kindergarten gehören. **Kresse einsäen** (Bohnen, Erbsen oder Linsen keimen lassen.	Die Kinder werden zu sachgemäßem Versorgen ihrer Pflanzen angehalten.	Meine Kresse wächst, weil ich ihr täglich Wasser gebe und darauf achte, daß die Sonne sie nicht verbrennt.

3. Teilthema: WAS WASSER ALLES KANN

Ziel: Einige Eigenschaften des Wassers kennenlernen.

Aktivitäten/Angebote	methodische Hinweise	mögliche Erfahrungen
3.1 **Wir bauen ein Wasserrad**	Durch Bereitstellung weiterer Materialien werden die Kinder angeregt, neue Lösungen zu finden (s. Sachanalyse).	Wasser hat Kraft. △
3.2 **Spielmaterial und Puppenkleider waschen** **Die Kinder reinigen ihre Gummistiefel**		– Wasser kann vieles sauber machen. △ – Ich kann meine Gummistiefel selbst waschen und blitzblank reiben.
3.3 **Wir machen selbst Eis am Stiel** Das mit Zitronensaft vermischte Zukkerwasser wird in kleine Plastikförmchen gegossen (Honigportionstöpfchen). Wenn ein Deckel vorhanden ist, wird er in der Mitte durchbohrt, damit ein Zahnstocher in die Flüssigkeit gesteckt werden kann. Ein Pappestückchen kann als Deckelersatz dienen. **Im Winter:** Eisbildung im Freien beobachten (Eiszapfen, Reif, Eisblumen).	Die Angebote, Zucker auflösen und Eis herstellen, sollten möglichst am selben Tag gemacht werden.	Aus Zuckerwasser und Zitronensaft wird Eis.
3.4 **Wir lösen Zucker in Wasser oder Tee** In abgekochtem warmen und kalten Wasser werden Würfelzucker, Hagelzukker, Puderzucker... aufgelöst.	– Jedes Kind löst eine andere Zuckerart auf. Es sollten Hypothesen aufgestellt werden. Welcher Zucker löst sich zuerst auf (Würfelzucker, Puderzukker...)?	– Wasser kann Zucker auflösen, man sieht ihn nicht mehr, aber man schmeckt ihn. – In warmem Wasser löst sich Zucker rascher.
3.5 **Mischen mit Wasser** Tonmehl – Kleister – Gips	– Den Kindern sollten immer wieder Möglichkeiten gegeben werden, mit Ton oder Gips zu arbeiten. – Die Kinder werden bei der Vorbereitung der Materialien für Bildnerisches Gestalten beteiligt (Ton, Pappmaché... zubereiten).	– Wasser verändert Stoffe. △ – Aus Tonmehl wird geschmeidiger formbarer Ton. – Gips wird hart; während er trocknet, gibt er Wärme ab.

Schwerpunkt: Erfahrung mit der Umwelt

Aktivitäten/Angebote	methodische Hinweise	mögliche Erfahrungen
3.6 **Berichte, Sachgespräche über Gefahren,** in die wir durch Wasser kommen können (Rohrbruch – Überschwemmung – Ertrinken).	Den Kindern darf nicht Angst gemacht werden, sie sollen vielmehr erfahren, wie man sich in Gefahrensituationen verhalten, wie man sich helfen kann.	Wasser kann gefährlich sein. (Verhalten im Freibad; unbekannte Gewässer; Spielen am Flußufer).
3.7 **Besuch im Spritzenhaus der Feuerwehr**	Im Sommer: mit dem Gartenschlauch spritzen, die Kinder springen durch die Wasserfontäne. Buch: Die Feuerwehr hilft immer, von Baumann/Schramm, München 1970.	Mit Wasser kann man Feuer löschen. Die Feuerwehr hilft auch bei anderen Notfällen.
3.8 **Ich kann schwimmen** (Vgl. Schwerpunkt „Bewegungserziehung")		Wasser kann tragen, Wasser kühlt ab, im Wasser schwimmen macht Spaß.

4. Teilthema: IM WASSER LEBEN TIERE UND PFLANZEN

Ziel: Verhaltensbeobachtungen an leicht zu pflegenden Wassertieren.
    Das Kind soll entdecken: Wasser ist Lebensraum von mancherlei kleinen Tieren und Pflanzen, nicht nur von Fischen. Wasser darf deshalb von Menschen nicht verschmutzt werden durch Öl, Abfälle und dgl.

Aktivitäten/Angebote	methodische Hinweise	mögliche Erfahrungen
4.1 **Einrichten eines Aquariums** mit Goldfischen oder Guppies	Für Goldfisch- oder Guppy-Aquarien gibt es Anleitungen in Zoogeschäften.	Ich darf nicht vergessen, für die Fische zu sorgen.
4.2 **Kurzzeitaquarium** (ca. 2 Wochen) mit Wasserpflanzen, kleinen Wassertieren, Wasserflöhen, Insektenlarven, Wasserschnecken, Kaulquappen oder Molchen. **Sachgespräch:** Wann fühlen sich unsere Wassertiere und -pflanzen wohl? (Tiere haben andere Lebensansprüche als wir Menschen).	Für Tümpelaquarien sollte man Tiere, Pflanzen und auch Wasser aus demselben Tümpel mitbringen. Die Aquarien nicht zu dicht bevölkern, nur sparsam füttern (Teichfutter!). Das Aquarium muß oben abgedeckt sein, damit keine Tiere entweichen. △	Nicht nur Fische leben im Wasser, auch Pflanzen können im Wasser wachsen – manche Tiere leben von Pflanzen, andere fressen kleinere Tiere auf. Nur bestimmte Tiere passen zusammen.

Sachanalyse
Umgangsqualitäten, die sich in spielerischer Form erfahren lassen:
Um das Wasser mit seinen Eigenschaften besser zu verstehen, nimmt man als Denkmodell die *„Teilchenvorstellung"* zu Hilfe: Wasser besteht demnach aus Teilchen (Moleküle), die keine feste Bindung untereinander eingehen und frei gegeneinander verschiebbar sind. Daraus lassen sich zwanglos wichtige Eigenschaften ableiten.
Wasser fließt, weil die Teilchen gegeneinander beweglich sind, immer zum tiefsten Punkt. Dieses *Fließen* kann man zur Energiegewinnung nutzen (vgl. Wasserrad). Ein Gefäß muß wasserdicht sein, sonst fließt das Wasser, der Schwerkraft folgend, aus (vgl. 1.1).
Wenn Wasser zur Ruhe kommt, bildet sich immer eine *waagrechte Oberfläche* aus, da alle Teilchen sich relativ zum niedrigsten Niveau einstellen. Dabei spielt die Form des Gefäßes keine Rolle (vgl. 1.1 und 1.3).
Flüssigkeiten besitzen ein eigenes *Trägheitsverhalten*, weil die Teilchen sich gegeneinander verschieben (vgl. Wasser muß ich vorsichtig tragen...). Die Teilchen behalten die einmal angefangene Bewegung bei, d. h. plötzliches Abbremsen oder ruckartige Bewegungen führen dazu, daß der Inhalt des Gefäßes überschwappt (vgl. 1.3).
Mit der Beweglichkeit der Moleküle lassen sich auch *Verdunstung* und *Verdampfen* erklären. Wir müssen uns vorstellen, daß die Wasserteilchen in einer gewissen Bewegung sind und sich gegenseitig anstoßen (Brownsche Molekularbewegung). Dadurch kommt es vor, daß einzelne Moleküle, vergleichbar mit angeschlagenen Tennisbällen, die Flüssigkeit verlassen und in den gasförmigen Zustand übergehen. Dies bezeichnet man als „Verdunsten", das bei allen Temperaturen stattfindet. Temperaturerhöhung müssen wir als Zunahme der Bewegungsenergie der Moleküle verstehen. Verdunstung wird also bei höherer Temperatur beschleunigt. Schließlich können wir beim Kochen von Wasser die zunehmende Bewegungsenergie direkt beobachten: Es beginnt zu strömen und zu wallen, Dampfblasen steigen auf. Dampf braucht bekanntlich mehr Raum als Wasser (vgl. 1.2 und 2.1). (vgl. Dampfmaschine).
Die Bildung von *Eis* muß man sich umgekehrt vorstellen: die Molekularbewegung hört auf, die Moleküle werden in ein festes Kristallgitter eingefügt, d. h. Eis ist verfestigtes Wasser. Eine Besonderheit des Wassers ist, daß es in gefrorener Form 10 % mehr Raum einnimmt.
Gefrierendes Wasser in Ritzen, Spalten usw. ist deshalb gefährlich, weil es eine *Sprengwirkung* besitzt: Straßen bekommen Frostschäden, Mauern zerfallen. Der Mensch muß sich gegen diese Wirkungen schützen (vgl. 3.3).
Die freie Beweglichkeit der Wasserteilchen ist nicht unbegrenzt; dies läßt sich erfahren, wenn man die Hand ins Wasser taucht. Es weicht bei langsamen *Eintauchen* ohne weiteres aus, schlägt man dagegen mit der flachen Hand aufs Wasser, spürt man Widerstand, es fühlt sich bretthart an, weil die Teilchen nicht schnell genug ausweichen können („Bauchpflatscher") (vgl. 3.8).
Wasserteilchen dringen auch aktiv in Stoffe ein. *Saugfähige Stoffe* enthalten zwischen den Fasern Hohlräume, in die Wasser eindringen kann. Deshalb werden Putzlappen oder Kleider beim Durchtränken mit Wasser schwer, die enthaltene Luft weicht dabei in Form von Blasen aus. Mit durchnäßter Kleidung erkältet man sich leicht (vgl. 1.1 und 3.2).
Viele Stoffe, z.B. Farbe, Schmutz *lösen* sich im Wasser, indem die Wassermoleküle sich zwischen die anderen Moleküle schieben und sich mit ihnen durchmischen. Anwendung: Wasser kann Schmutz abtransportieren (vgl. 1.6, 3.2, 3.4).
Wasser trägt nicht nur Stoffe, die leichter sind (Holz, Öl), auch Schiffe aus Stahl schwimmen, weil sie viele Hohlräume enthalten und dadurch Wasser verdrängen (Archimedisches Prinzip). Dies läßt sich gut mit Plastilinschiffchen im Vergleich zu Plastilinkugeln ausprobieren (vgl. 1.4).

Wasser als Lebensnotwendigkeit und Lebensraum: Wasser ist *lebensnotwendig* für Mensch, Tier und Pflanze. Nahrung kann nur mit Hilfe des Wassers in körpergerechte Form gebracht werden, alle Stoffwechselvorgänge spielen sich im wässrigen Medium ab. Pflanzenzellen strecken sich (wachsen) durch die Aufnahme von Wasser (vgl. 2.2, 2.3).
Wasser ist ausschließlicher *Lebensraum* für bestimmte Tiere und Pflanzen, die eine in sich geschlossene Lebensgemeinschaft bilden. Hinweise zur Einrichtung eines Aquariums und zur Haltung und Pflege von Fischen: Grundsätzlich nur wenige Tiere halten. Eine saubere Kies- und Sandschicht über Torfplatten ist notwendig, wenn Wasserpflanzen eingesetzt werden. Eine ausreichende Belüftung ist erforderlich (elektrische Filteranlage, notfalls häufiges Wechseln des Wassers). Nicht in die Sonne stellen, da sonst starke Algenbildung). *Futter:* Handelsübliches Futter aus dem Zoogeschäft; Futtergabe dosieren, da sich aus Futterresten Giftstoffe entwickeln können (vgl. 4.1, 4.2).
Für Menschen kann Wasser *lebensgefährlich* werden; man ertrinkt im Wasser, da die Lungen auf Luftatmung eingerichtet sind (vgl. 3.8).

Wie Eigenschaften des Wassers genutzt werden: Die Eigenschaften des Wassers werden vielfältig und gezielt technisch genutzt, um bestehende menschliche Bedürfnisse zu befriedigen.
Wasser wird beispielsweise bei Prozessen eingesetzt, wo es um die *Änderung des Zusammenhaltes der Form von Stoffen* geht. So können z.B. harte Tonfiguren mit Wasser aufgelöst und in eine neue Form überführt werden (vgl. 3.5). Mit Wasser können auch *Stoffe, die miteinander eine Verbindung eingegangen sind, getrennt werden.*
Neben dem Wissen um die Eigenschaften eines Stoffes müssen die entsprechenden Verfahren und Gegenstände bekannt sein, die zusammen mit dem Stoff in Einsatz gebracht werden, um optimale Lösungen verwirklichen zu können (vgl. 3.2, 3.4).
Die Saugfähigkeit des Werkstoffes Papier (vgl. „Ein Papierschiffchen saugt sich mit Wasser voll") ist mit der Kapillarwirkung zu erklären. Viele Stoffe sind mit einem Netz feiner Haarröhrchen (=

Kapillaren) durchzogen, in welchen das Wasser emporsteigt. Diese Tatsache wird vielfältig genutzt (vgl. Löschblatt, Papiertaschentücher, Servietten usw.).

Wasser wird auch dann verwendet, wenn bestimmte *Eigenschaften eines Stoffes geändert* werden sollen oder ihnen eine bestimmte Form gegeben werden muß (z. B. eine Mischung von Wasser und Gipspulver ergibt eine steinharte Masse; flüssiges Zuckerwasser und Zitronensaft können zu hartem Eis in einer bestimmten Form gefroren werden; die Erstellung von Betonbauwerken wäre ohne Wasser nicht möglich) (vgl. 3.4, 3.5). Wasser kann Ringe antreiben (vgl. Wasserrad); es besitzt Lageenergie (z. B. das in einem Stausee gespeicherte Wasser). Wird es durch Rohre zu einer Turbine abgeleitet, treibt es diese an und strömt dann über den Wasserablauf ins Flußbett unterhalb des Stauwehrs. Seine Lageenergie wird in Bewegungsenergie umgewandelt. Im Wasserkraftwerk ist die Turbine mit einem Generator gekoppelt, der wie ein großer Fahrraddynamo arbeitet: Turbine und Generator wandeln die Bewegungsenergie des Wassers in elektrische Energie (elektrischer Strom) um. Über Fernleitungen kommt sie in Häuser, Fabriken u. a.

Erfahrungsbereich Feuer, Wärme, Licht

Vorbemerkung: Das Licht ist seit Menschengedenken Symbol des Lebens, die Dunkelheit Symbol des Todes. Die Herrschaft des Menschen über das Feuer, seine Abhängigkeit vom Feuer werden als Zeichen der Macht bzw. Ohnmacht des Menschen gesehen. So wird in alten Mythen das Feuer als Anfang der menschlichen Kultur überhaupt gefeiert. In der christlichen Religion ist Feuer einerseits oft ein Symbol für Gott, andererseits das Symbol für die ewige Verdammnis. Das Wort vom „Licht der Welt" ist mit der Verheißung des ewigen Lebens verknüpft (vgl. Schwerpunkt „Religiöse Erziehung").

In der Einheit „Feuer, Wärme, Licht" wird der emotionale Bereich stark angesprochen. Die Erzieherin wird die Empfindungen des Kindes erahnen und zu verstehen versuchen: Das Erschrecken vor plötzlichem, grellem Licht (z. B. Blitz), den Zwiespalt zwischen Furcht und Angezogenwerden bei offenem Feuer, aber auch das Gefühl der Geborgenheit bei warmem, gedämpften Licht, die Angst in der Dunkelheit sowie Neugier und Entdeckerfreude bei im Dunkeln verborgenen Geheimnissen. Ein wichtiges Ziel sehen wir darin, daß Kinder lernen, ihre Gefühle, ihre Ängste und auch ihr Wohlbefinden auszudrücken und anderen mitzuteilen; dies geschieht beim jüngeren Kindergartenkind noch vorwiegend mit außersprachlichen Mitteln (Mimik, Gebärde; vgl. hierzu auch die Schwerpunkte „Soziales Lernen" und „Sprechen und Sprache"). Bei dem Versuch, Ängste aufzuarbeiten und abzubauen, wird die religiöse Erziehung einen wichtigen Beitrag leisten können.

Feuer ist für das Kind ein unheimliches und zugleich reizvolles Erlebnis. Angst und Neugierde sind hier nahe beieinander. Die Erzieherin muß sich sowohl auf die Kinder einstellen, bei denen entsprechende Experimente den Hang zum Zündeln verstärken können, wie auch auf die Kinder, die aus unerklärlichen Gründen oder infolge besonderer Erlebnisse mit großen Ängsten zu kämpfen haben.

Mit dieser Einheit werden – wie oben ausgeführt – insbesondere die Grundbedürfnisse „sich geborgen fühlen", „sich schützen", wie auch die *Grundbedürfnisse* „sich verständigen", sich ausdrücken" angesprochen.

Gestaltungsvorschlag

Besondere Erlebnisse der Kinder wie „Brand", „Laternenfest" oder „Stromausfall" können die Auswahl dieser Einheit nahelegen. Besonders geeignet erscheint uns diese Einheit für die Zeit von Oktober bis Weihnachten. Bestimmte Teile sind selbstverständlich ausklammerbar und mit anderen Einheiten zu verbinden (z. B. Feuerwehr).

Themenübersicht:

1. Teilthema: LICHT UND SCHATTEN GEHÖREN ZUSAMMEN

Ziel: Kinder erleben das Angenehme und Unangenehme, aber auch das Interessante von Sonnenlicht und Schatten.
Ziel: Kinder erfahren Licht und Schatten bewußt.

2. Teilthema: ES IST DUNKEL – WIR MACHEN LICHT

Ziel: Kinder benutzen verschiedene Lichtquellen, sie kennen ihre Namen.
Ziel: Kinder lernen mit Streichhölzern umzugehen (nur möglich nach Absprache mit den Eltern).
Ziel: Kinder lernen Vorsichtsmaßnahmen beim Umgang mit offenem Feuer.

3. Teilthema: WIR SPIELEN MIT LICHT UND FARBEN

Ziel: Kennenlernen von Lichteffekten durch den Einsatz verschiedener Papiersorten
und von einfachen optischen Geräten.

Darstellung exemplarischer Erfahrungsbereiche

4. Teilthema: MENSCHEN, TIERE UND PFLANZEN BRAUCHEN LICHT UND WÄRME
Ziel: Einige Orientierungsmöglichkeiten im Dunkeln üben.
Ziel: Im Spiel erleben, mit welchen Schwierigkeiten blinde Menschen zu kämpfen haben.
Ziel: Angst vor der Dunkelheit abbauen.
Ziel: Erleben, daß grüne Pflanzen zum Licht wachsen.
Ziel: Erleben, daß Wasser, Wärme, Licht für gutes Wachstum notwendig sind.

5. Teilthema: WIE WIR FEUER, LICHT UND WÄRME NÜTZEN KÖNNEN
Ziel: Kinder erleben, daß mit Hilfe von Feuer und Wärme Gegenstände bewegt bzw. fahrbar gemacht werden können.
Ziel: Kinder erleben, daß man sich durch Lichtsignale verständigen kann.
Ziel: Kinder erfahren, wie Feuer und Wärme beim Kochen, Backen und Grillen die Nahrung schmackhaft und bekömmlich machen.
Ziel: Kinder erleben, daß Feuer und Wärme Gegenstände und Materialien verändern.

1. Teilthema: LICHT UND SCHATTEN GEHÖREN ZUSAMMEN
Ziel (1.1): Kinder erleben das Angenehme und Unangenehme, aber auch das Interessante von Sonnenlicht und Schatten.

Aktivitäten/Angebote	methodische Hinweise	mögliche Erfahrungen
1.1.1 Situation: Die Mehrzahl der Kinder spielt im schattigen Sandkasten, andere in der prallen Sonne.		Im Schatten ist es kühl (angenehm). Im Schatten kann ich besser gucken, die Sonne blendet nicht.
1.1.2 Verschiedene Spielangebote: – Schatten machen, Schatten fangen – Schattenbild zu verschiedenen Tageszeiten vergleichen.	Schatten mit farbiger Kreide umfahren lassen.	Bei Regen oder bedecktem Himmel kein Schatten. Schatten verändert sich durch Bewegung, Schatten spiegelt die Bewegung. Mein Schatten ist manchmal größer, manchmal kleiner.
1.1.3 Sich vor der Sonne schützen: – Hand vor die Stirn halten – Kopfschutz – Schild selber basteln – Sonnenschirm – Sonnensegel	Ideen der Kinder, wie sie sich vor der Sonne schützen wollen, aufgreifen und Entsprechendes erproben.	Sonne kann unangenehm sein (gefährlich wegen Sonnenbrand und Sonnenstich), deshalb muß ich mich vor der Sonne schützen. △

Ziel (1.2): Kinder erfahren Licht und Schatten bewußt.

Aktivitäten/Angebote	methodische Hinweise	mögliche Erfahrungen
1.2.1 Licht und Schatten im taghellen und verdunkelten Raum ausprobieren. Warum verdunkeln wir?	Beleuchtungseffekte verschiedener Lichtquellen im hellen und verdunkelten Raum. Bereitstellen von Lampen und Taschenlampen. Kleine Gruppen bilden.	Ich kann den Schatten bewegen und beeinflussen, wie ich will. Die Sonne ist heller als Lichter, die wir anzünden.

Schwerpunkt: Erfahrung mit der Umwelt

Aktivitäten/Angebote	methodische Hinweise	mögliche Erfahrungen
1.2.2 Spiele: – Fingerschattenspiele, Gegenstände erraten. – Person erraten. (Wer ist hinter der Leinwand?) – Schattenspiele, – Ratespiele.	– Aufbau unbedingt vorher ausprobieren: Position von Lichtquelle, Gegenstand, Leinwand (evtl. im Türrahmen). – Kinder gehen hinter der Leinwand vorbei (Materialien zur Verkleidung anbieten). – Kinder spielen selbst (Rollenspiel). – Nachahmen von Tätigkeiten (Pantomime).	– Schatten bildet nur Umrisse ab.
1.2.3 Schattenriß-Portrait von Kindern anfertigen.	1. Blatt an die Wand kleben. 2. Kind im Profil davor setzen (Lichtquelle und Kopf müssen auf gleicher Höhe sein). 3. Umriß nachzeichnen (evtl. ausschneiden und aufkleben).	– Mein Schatten gibt ein Bild von mir.
1.2.4 Schattenspiele mit selbstgebastelten Figuren (von den Kindern angefertigt). Verschiedene Materialien anbieten: Schachteln, Pappe, Spitzen, Tüll…	Märchen, z.B. Bremer Stadtmusikanten, Sterntaler, Froschkönig. Nicht mehr als zwei Kinder hinter der Leinwand.	Schatten bilden Umrisse ab, eine aufgemalte Nase kann man nicht sehen. Auch Schatten können eine Geschichte „erzählen".

2. Teilthema: ES IST DUNKEL – WIR MACHEN LICHT

Ziel (2.1): Kinder benutzen verschiedene Lichtquellen. Sie kennen ihre Namen.

Aktivitäten/Angebote	methodische Hinweise	mögliche Erfahrungen
2.1.1 Motivationsgeschichten: a) Der große Bruder löscht im Kinderzimmer dem kleinen das Licht, um ihn zu ärgern… b) Es ist Nacht, das elektr. Licht fällt aus, wie helfen wir uns?	Lösungsmöglichkeiten im Rollenspiel erproben.	Ich kann im Dunkeln den Lichtschalter/die Taschenlampe finden.

Ziel (2.2): Kinder lernen, mit Streichhölzern und Kerzen umzugehen.
(Nur möglich nach Absprache mit den Eltern. Streichhölzer und Feuerzeuge grundsätzlich unter Verschluß halten).

Aktivitäten/Angebote	methodische Hinweise	mögliche Erfahrungen
2.2.1 Wir gießen Kerzen aus gesammelten Kerzenresten (freiwerdende Dochte wieder verwenden) (vgl. Brunnen-Reihe Nr. 84).	Möglichst hohe Ausstecherformen benützen. Vorbereitungen: Plastilin auf Alufolie glatt walzen, Formen ausstechen, Plastilinplätzchen entfernen, Ausstechform wieder einsetzen. Gießen. Nicht zu heißes Wachs verwenden. Gebrauchte Dochte in erstarrendes Wachs einsetzen. Arbeit in Kleingruppen; Gießen als Einzelbeschäftigung. Vorsichtsmaßnahmen beachten!	Mit heißem Wachs muß ich vorsichtig umgehen. Wachs erstarrt. Ohne Docht brennt die Kerze nicht.
2.2.2 Wir zünden unsere Kerzen an.	Kerzen auf feuerfeste Unterlagen stellen, Anzünden nur mit Kindern, die möchten. Jede Gelegenheit im Kindergarten nutzen, um mit einzelnen Kindern Kerzen anzuzünden. Lange Kaminstreichhölzer empfehlenswert, nur eine Schachtel verwenden. Wassereimer bereitstellen.	Ich halte mein Streichholz richtig. Ein nasses Streichholz brennt nicht. △ Die Streichholzflamme ist hell, heiß, man kann sich daran verbrennen. Wachs wird wieder flüssig und heiß, deshalb brauche ich einen Kerzenhalter. △
Teestunde mit Kerzenlicht. Wir löschen unsere Kerzen auf verschiedene Weisen.	– Bilderbuchbetrachtung: Momokos Geburtstag von Brückner/Iwasaki. – Auspusten darf jedes Kind selbst; Kinder dürfen auch andere Möglichkeiten vorführen.	Kerzenlicht schafft eine warme Atmosphäre, Gemütlichkeit. Die Kerzenflamme „lebt", flackert. △ Ich kann die Flamme auspusten, sie mit nassen Fingern ausdrücken, ihr die Luft wegnehmen. △

Ziel (2.3): Kinder lernen Vorsichtsmaßnahmen beim Umgang mit offenem Feuer.

Zu diesem Lernziel sollen vor allem Katastrophen und Beinahe-Unfälle aus dem Alltag aufgegriffen werden. Anknüpfungspunkte ergeben sich auch aus erfundenen Umweltgeschichten. Beispiele: Feuergefahr bei ausgetrocknetem Adventskranz, Kerzen in der Nähe von Vorhängen, Kleidungsstücke aus Kunststoff, Klebstoff und offene Flamme, Kerzen in der Puppenstube.
Folgende Versuche, ausschließlich durch den Erzieher vorgeführt, sind, unter Beachtung von Sicherheitsvorkehrungen, denkbar: Brennproben mit frischem und trockenem Tannenreisig, Textilien aus Wolle, Baumwolle und Kunststoff (nicht brennbare Unterlagen wie Eternit oder Asbest verwenden!)
Auf Grund der gemachten Vorerfahrungen könnte ein Besuch bei der Feuerwehr (evtl. motiviert durch eine Feuerwehrübung oder einen Brandfall) wertvoll sein. Die Kinder erahnen, welche Schäden ein Feuer anrichten kann, und daß man sachverständige Hilfe braucht. Von den Details sind folgende besonders wichtig:
– Die Feuerwehr muß schnell kommen. (Vor der Ausfahrt des Spritzenhauses darf man nicht parken.)
– Das Auto muß ständig fahrbereit sein, es fährt mit Blaulicht und Sirene, und alle müssen auf der Straße ausweichen.
– In den Straßen der Stadt sind Wasserzapfstellen (Hydranten) eingerichtet.
– Der Feuerwehrmann besitzt eine Schutzkleidung, um möglichst nahe an das Feuer heranrücken zu können.

Schwerpunkt: Erfahrung mit der Umwelt

3. Teilthema: WIR SPIELEN MIT LICHT UND FARBEN

Ziel (3.1): Kennenlernen von Lichteffekten durch den Einsatz von verschiedenen Papiersorten und von einfachen optischen Geräten.

Aktivitäten/Angebote	methodische Hinweise	mögliche Erfahrungen
3.1.1 Lichterspiele im Freien (Spiele mit Spiegeln).	– Mit Spiegel kann man jemand blenden. – Partnerspiele mit Spiegeln: z.B. Spiegelpunkte fangen (Lichtflecke überdecken sich). – „Spiegelmalerei" (Mit dem Lichtfleck Linien nachziehen, Bewegungen ausführen).	– Wir können Sonnenlicht spiegeln (einfangen) und weiterleiten. △
3.1.2 Kinder experimentieren mit Taschenlampe und farbigem Seidenpapier.	– Spiele wie bei 3.1.1 – Puppenstuben abdecken (verdunkeln) und Einrichtungsgegenstände mit farbigem Licht anstrahlen. – Kleiderfarben ändern sich unter gelbem Straßenlicht.	– Ich kann es auch! – Die Puppenstube sieht ganz anders aus. △
3.1.3 Transparentarbeiten und/oder Fensterglasmalereien über die ganzen Fenster.	– Farbige Seidenpapiere übereinander legen lassen.	Beleuchtung im Kindergartenraum wird anders (wohltuende Atmosphäre bei Sonnenlicht).
3.1.4 Verschiedene Laternen herstellen.	– Schatteneffekte bei Rüben- oder Scherenschnittlaterne, – Farbwirkung bei Laternen aus transparentem Papier.	Unsere Laternen leuchten ganz verschieden (Staunen über Lichteffekte und Farbspiele).
3.1.5 Laternentanz (Laternenfest, Laternenpolonaise).	– Schlichte Formen, wenig Wechsel, ruhige Bewegungen (entsprechende Musik wählen). – Auch im abgedunkelten Raum proben!	

Darstellung exemplarischer Erfahrungsbereiche

4. Teilthema: MENSCHEN, TIERE UND PFLANZEN BRAUCHEN LICHT UND WÄRME

Ziel (4.1): Einige Orientierungsmöglichkeiten im Dunkeln üben.

Aktivitäten/Angebote	methodische Hinweise	mögliche Erfahrungen
4.1.1 **Spiele**: – Blinde Kuh, Topf schlagen } tasten – Personen und Dinge ertasten } – Hänschen piep einmal! } hören – Jakob wo bist du? } – Der Hund bewacht den Knochen. hören und erspüren	Regelspiele mit verbundenen Augen	– Auch ein Spiel, bei dem ich nicht sehe, macht Spaß. △ – Ich kann mit den Händen, Ohren, der Nase „sehen". – Ich kann täuschen, indem ich die Stimme verstelle. – Ich kann mir etwas ausdenken, um einen Gegenstand im Dunkeln zu finden.
4.1.2 **Rhythmische Übungen:** – Sich ohne Worte abholen – Wohnung suchen (mit verbundenen Augen) – Führen und Folgen	Kinder liegen mit geschlossenen Augen am Boden. Ein Kind holt eines nach dem anderen durch Berührung. Alle gehen in der Schlange oder frei durch den Raum. Kinder kennzeichnen ihre Wohnungen (z.B. als Kreis oder mit Reifen): – Partner führt (an der Hand; zwischen Klötzchen hindurch) zur Wohnung. – Weg abtasten (Gegenstände kennzeichnen den Weg, z.B. Seil, Reifen, Klötze). – Partner führt durch hörbare Zeichen den ganzen Weg entlang oder vom Ziel (Wohnung) aus (Erschwerung: mehrere Wohnungen werden von verschiedenen Paaren gleichzeitig gesucht).	– Auch wenn ich nichts sehen kann, die anderen wissen, daß ich da bin. Ich bin sicher, daß ich nicht vergessen werde und mir niemand weh tut. – Berührungen können schön sein. Ich kann mich einem anderen anvertrauen; ein anderer vertraut mir. Auch meine Fußsohlen ertasten den Weg.
– Blinder und Blindenhund: Die ganze Gruppe bewegt sich mit geschlossenen Augen (ohne Berührung).	– Hörbare Signale geben (brummen, bellen...). – „Windsignale" mit Fächer, Papier, Atem u.a.	– Man kann sich durch Berühren (Fingerspitzen) verständigen. – Jeder muß ein eigenes Signal erfinden, sonst gibt es im Dunkeln Verwechslungen.

Schwerpunkt: Erfahrung mit der Umwelt

Ziel (4.2): Im Spiel erleben, mit welchen Schwierigkeiten blinde Menschen zu kämpfen haben.

Aktivitäten/Angebote	methodische Hinweise	mögliche Erfahrungen
4.2.1 Verschiedene häusliche Beschäftigungen blind durchführen (Tisch decken, blind essen, trinken…). Sachgespräch: Blinde Menschen, Hilfen für Blinde im täglichen Leben. Schulen für Blinde.	– Dieselben Tätigkeiten vorher mit „offenen Augen" durchführen. – Woran man Blinde erkennt: Binde, Brosche, weißer Stock, Blindenhund; Blindenschrift, Blindenuhr (Tastuhr), akust. Verkehrsampel, Blindengarten. – Wie sich Blinde zurecht finden: Gespräch, Dias, Film usw. Mappe: Becker/Niggemeyer: Ich bin doch auch wie ihr. O. Maier, Ravensburg.	– Für mich ist es sehr schwierig, wenn ich nicht sehen kann. – Blinde Menschen kann man an bestimmten Zeichen erkennen, damit man auf sie Rücksicht nimmt. – Blinde „lesen" mit den Fingerspitzen, Blinde müssen besonders gut hören und tasten können. – Auch Blinde können arbeiten und spielen.

Ziel (4.3): Angst vor der Dunkelheit abbauen (Absprache mit den Eltern erforderlich).

Aktivitäten/Angebote	methodische Hinweise	mögliche Erfahrungen
4.3.1 Wir bauen eine Höhle und beleuchten sie mit einer Taschenlampe.	– Höhle im bekannten Raum aus Decken, Kisten, Karton, Tischen u. a. – Kinder bringen verschiedene Lichtquellen mit, deren Sicherheit und Wirkungsgrad besprochen wird.	– Man kann nicht alle Lichter in die Höhle mitnehmen, sonst wird es gefährlich (ich weiß auch, warum…). – Versch. Beleuchtungen schaffen versch. Atmosphären; manche Lichter werfen unheimliche Schatten.
4.3.2 Es gibt auch Schatten, die Angst machen. Wir lassen Schatten wachsen und kleiner werden. Experimentieren mit Geräuschen (z.B. umfallende Bauklötze, knisterndes Papier usw.) im abgedunkelten Raum.	– Mit dem Diaprojektor eine Projektionsfläche anstrahlen, Gegenstände aus dem täglichen Erfahrungsbereich (Spieltiere, Kanne, Tasse usw.) in den Strahlengang bringen. Variation der Entfernung von Gegenstand und Lichtquelle. – Einige alltägliche Geräusche werden zunächst bei Licht vorgeführt, dann läßt man sie mit Variationen im Dunkeln ablaufen. Anschließend realisieren Kinder, die sich trauen, eigene Ideen (Absprache mit Eltern erforderlich).	– Schatten können mal groß, mal klein sein. Vor großen Schatten brauche ich keine Angst zu haben. – Nicht nur die Dinge und ihre Schatten sehen anders aus, auch Geräusche können in Dunkelheit und Stille ganz anders klingen.

Darstellung exemplarischer Erfahrungsbereiche

Aktivitäten/Angebote	methodische Hinweise	mögliche Erfahrungen
4.3.3 **Geschichte**: Wenn es dunkel wird.	Vgl. Sachbilderbuch „hell und dunkel", Finken-Verlag, Oberursel. Möglichkeiten geben, die Anregungen des Sachbilderbuchs auszuprobieren.	Auch andere Menschen haben Angst.
4.3.4 Gespräch über Angst (Träume), Malen von Angsterlebnissen, Geschichte: Der Nachtvogel, (von Ursula Wölfel), aus: Die grauen und die grünen Felder, Neithard-Anrich-Verlag, Mülheim/Ruhr.	– Wichtig: Solche Gespräche sollten immer einen positiven Abschluß finden (positive Träume und Erfahrungen ansprechen). – Kinder malen lassen, was sie empfinden, anschließend darüber sprechen lassen. – Die Illustrationen des gleichnamigen Bilderbuchs sind für die Altersstufe nicht geeignet.	

Ziel (4.4): Erleben, daß grüne Pflanzen zum Licht wachsen.

Aktivitäten/Angebote	methodische Hinweise	mögliche Erfahrungen
4.4.1 Beobachtung von Topfpflanzen am Blumenfenster.	Pflanzen, die zum Licht wachsen, drehen und beobachten, wie sie sich erneut zum Fenster wenden. (Besonders geeignet sind Amaryllis (Blüte), Kressekeimlinge, Buntnessel.)	Pflanzen „schauen" zum Licht. △ Draußen kann ich das besonders gut bei Sonnenblumen sehen.

Ziel (4.5): Erleben, daß Wasser, Wärme und Licht für gutes Wachstum notwendig sind.

Aktivitäten/Angebote	methodische Hinweise	mögliche Erfahrungen
4.5.1 Wir beobachten Barbarazweige und Blumenzwiebeln im Winter (Zimmer).	Forsythien, Kirschzweige **nach** dem ersten Frost schneiden, in warmes Wasser legen und am nächsten Tag aufstellen; tägliche Beobachtungen. Zwiebeln von Krokussen, Wassernarzissen, Hyazinthen u. ä. im Zimmer treiben lassen (Hinweis: im dunklen und kühlen Raum vortreiben oder Stanniolhütchen verwenden).	Auch im Winter können Frühlingspflanzen (unter besonderen Bedingungen) blühen.

Schwerpunkt: Erfahrung mit der Umwelt

5. Teilthema: WIE WIR FEUER, LICHT UND WÄRME NÜTZEN KÖNNEN

Ziel (5.1): Kinder erleben, daß mit Hilfe von Feuer, Licht und Wärme Gegenstände bewegt bzw. fahrbar gemacht werden können.

Aktivitäten/Angebote	methodische Hinweise	mögliche Erfahrungen
5.1.1 Wir bauen eine Warmluftschlange.	Die Kinder zeichnen den Kreis selbst auf starkes Zeichenpapier mit Hilfe eines runden Gegenstandes (Dose). Die Spirale zeichnen sie in Form einer Schneckennudel und malen sie bunt an.	Aus einer kleinen Scheibe kann ich eine lange Schlange schneiden, die sich bewegt.
Wir bauen ein Warmlufträdchen. [Zeichnung: Drahtstift und Warmluftrad mit Alleskleber verbinden; Flügel schräg stellen; Kupferfolie; Alu-Blech-Halterung; Drahtstift oder langer Nagel; kleiner Nagel; Holzklotz; hier kurze Christbaumkerze aufstellen]	Das Warmlufträdchen baut der Erzieher zusammen mit interessierten älteren Kindern. Anlaß z.B. Weihnachtspyramide. Für die Herstellung des Warmlufträdchens benötigt man: 1 Scheibe Kupferfolie (Ø ca. 8 cm) 1 Streifen Alu-Blech (15 cm lang) 1 langen Nagel 2 kurze Nägel 1 Kerze 1 kleines Holzbrettchen (vgl. Werkzeichnung)	Wenn ich meine Hand hoch über die Kerze halte, spüre ich die (aufsteigende) Wärme. Diese warme Luft dreht die Papierspirale und das Warmlufträdchen.
5.1.2 Wir bauen ein Warmluftschiff. [Zeichnung: Kupferfolie; Fahrtrichtung; Schiffskörper aus Holz]	Werkzeug und Arbeitsmaterial für 4 Kinder liegen bereit: je eine Holzleiste (50 × 5 × 200 mm), 1 Streifen Metallfolie, 2 kleine Nägel, 1 kleine Kerze. Werkzeug: Schneidelade und kleine Schraubzwingen, Feinsäge, Hammer.	Das Schiffchen schwimmt, aber es bewegt sich nicht. Wenn ich die Kerze anzünde, erwärmt sich die Luft unter der Folie und strömt nach hinten weg. Deswegen bewegt sich mein Schiffchen nach vorne.

Ziel (5.2): Kinder erleben, daß man sich durch Lichtsignale verständigen kann.

Beispiele: Viele Lichter auf der Straße und zu Hause wollen uns etwas sagen:
- Licht am Fahrrad (Scheinwerfer, Rücklicht, Rückstrahler, Katzenaugen),
- Blaulicht auf Polizei-, Kranken- und Feuerwehrauto,
- Gelblichtblinker auf Transportlaster, an Straßenbaustellen und Fußgängerüberwegen,
- Gelblichtblinker als Richtungsanzeiger bei Autos,
- Lichthupe am Auto,
- Beleuchtung am Auto (helle Scheinwerfer, rote Rücklichter und Bremsleuchten),
- Taschenlampe des Verkehrspolizisten (Vorschaltmöglichkeit bunter Gläser),
- Verkehrsampeln,
- gelbe Kontrolleuchten bei Elektroherd, Bügeleisen, Kühltruhe, Blitzlichtgerät...

Zu diesem Lernziel werden Erfahrungen und Beobachtungen der Kinder aus ihrer unmittelbaren Umgebung aufgegriffen. Einfache Modelle und technische Gegenstände, die von den Kindern selbst betätigt und in Gebrauch genommen werden dürfen, tragen dazu bei, das Lernziel zu erreichen.
Folgende Aktivitäten sind denkbar: Ein Kinderfahrrad mit vollständiger Beleuchtungsanlage wird von den Kindern in Gebrauch genommen, Verkehrsspiele auf dem Hof unter Mitverwendung einer (Polizei-)Taschenlampe oder Ampelanlage.
Kleine Kindergruppe benutzt unter Aufsicht eines Erwachsenen Elektroherd und Bügeleisen: Einschalten...

Ziel (5.3): Kinder erleben, wie Feuer und Wärme beim Kochen, Backen und Grillen die Nahrung schmackhaft und bekömmlich machen.

Der Erzieher sucht geeignete Anlässe, in denen die Kinder durch Eigenaktivität die beabsichtigten Erfahrungen sammeln können. Es ist darauf zu achten, daß möglichst viele Kinder bei den vorgeschlagenen Tätigkeiten beteiligt sind.
Folgende Situationen bieten sich an:
- Für Weihnachten, Geburtstag, Muttertag u. ä. Anlässe werden Kleingebäck, ein Gugelhopf o. a. einfache Gebäcksorten hergestellt;
- auf einem Gartenfest oder einem Ausflug werden Würstchen oder Kartoffeln gegrillt bzw. gebraten;
- zur Bereicherung des Vormittagsvespers können z. B. Eier, Pudding o. a. gekocht werden;
- nach dem Besuch des Wochenmarkts wird ein Obstsalat hergestellt und anschließend gegessen;
- für die Vesperpause wird Tee gekocht.

Ziel (5.4): Kinder erleben, daß Feuer und Wärme Gegenstände und Materialien verändern.

Aktivitäten/Angebote	methodische Hinweise	mögliche Erfahrungen
5.4.1 Wir formen aus Ton Menschen, Tiere, Kerzenhalter und Schälchen.	Freies Plastizieren mit Ton. Besondere Aufmerksamkeit muß der Bereitstellung einer gut zu verarbeitenden Tonmasse geschenkt werden (weder zu feucht, noch zu trocken). Die Kinder erfahren im Spiel mit dem Werkstoff, daß ungebrannter Ton mit Wasser geschmeidig glitschig wird. Der Besuch einer Töpferei bietet sich an.	Der Ton ist ganz weich. Er läßt sich leicht zusammendrücken. Er löst sich im Wasser auf. Nach dem Brennen ist der Ton steinhart. Er löst sich im Wasser nicht mehr auf. Die große Hitze im Ofen hat den Ton steinhart gemacht. Er hat eine andere Farbe.

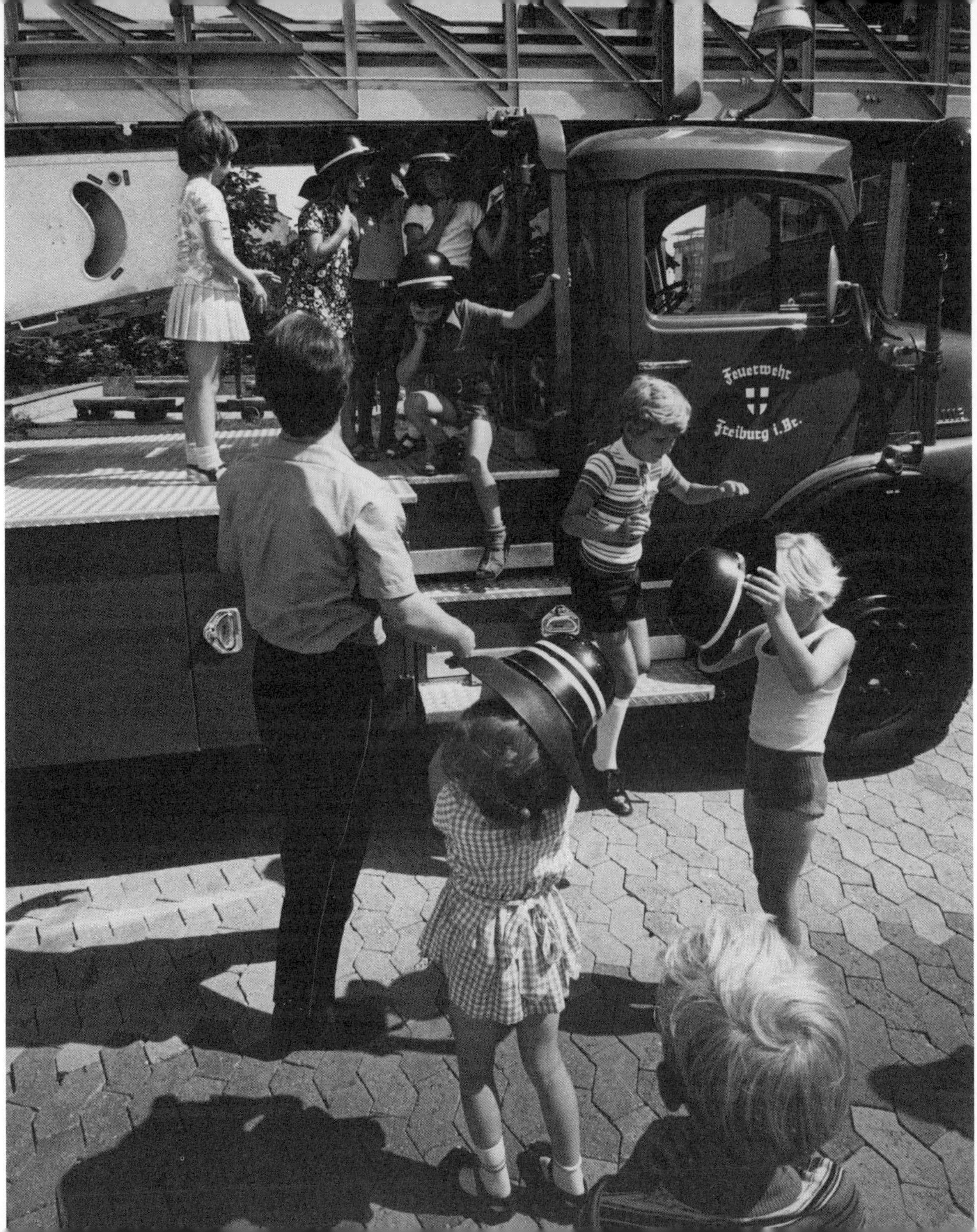
Feuerwehr
Freiburg i.Br.

Sachanalyse

Eigenschaften von Feuer: Feuer ist die älteste Kulturerrungenschaft des Menschen. Feuer spendet Wärme und Licht durch Glut und Flammen. Wissenschaftlich gesehen handelt es sich um den Vorgang der *Verbrennung*, der meist unter Flammenentwicklung abläuft. Dabei reagieren die Brennstoffe mit dem Luftsauerstoff (Oxydation). Bei der vollkommenen Verbrennung entstehen nur gasförmige Verbrennungsprodukte (z.B. Kohlendioxyd), bei der unvollkommenen entsteht auch Asche als fester Rückstand.

Damit die Verbrennung in Gang kommt, muß die *Entzündungstemperatur* erreicht werden, die für jeden Brennstoff verschieden hoch ist: für leicht brennbare Stoffe wie Haushaltsgas oder Benzin liegt sie niedriger als für Holz oder Kohle. „Feuerfeste" Stoffe wie z.B. Eisen haben einen sehr hohen Schmelzpunkt und reagieren langsam mit Luftsauerstoff.

Die Verbrennung vollzieht sich *an der Oberfläche*, wo Brennstoff und Luftsauerstoff in Kontakt kommen. An der Kerzenflamme läßt sich dies gut beobachten: Die Flamme schmilzt das Wachs, der Docht saugt es auf, und in der Kerzenflamme wird es verdampft. Erst das „Kerzengas" entzündet sich und brennt. Die Flamme ist an den Rändern und an der Spitze am heißesten. Leicht verdampfbare Stoffe sind daher besonders feuergefährlich (Äther, Benzin; vgl. 2.2.1, 2.2.2, 2.3, 4.3.1).

Hat sich ein leicht entzündbarer Stoff (Gas, Benzindampf, Kohlenstaub usw.) intensiv mit Luft durchmischt, kann die Verbrennung explosionsartig ablaufen. Es entsteht eine *Stichflamme*, die, wenn sie nicht entweichen (verpuffen) kann, u.U. große Zerstörungen anrichtet. Andererseits wird die „kontrollierte Explosion" im Automotor nutzbringend in Bewegungsenergie umgewandelt.

Umgang mit Feuer: Beim Anzünden kommt es darauf an, daß die Entzündungstemperatur rasch erreicht wird. Deshalb darf z.B. der Brennstoff nicht feucht sein, weil das Wasser sich langsam erwärmt (s.u.). Wichtig ist auch, daß der Luftsauerstoff ungehindert von allen Seiten zutreten kann. Man muß z.B. Papierblätter zusammenknüllen, darf sie nicht einfach aufeinanderlegen (vgl. 2.3).

Brennt ein Feuer, ist es wichtig, die Flammen unter Kontrolle zu behalten. Dies ist bei groben, schwer entzündbaren Brennstoffen (Holzscheite, Kohle) leichter als mit feinen, leicht entzündbaren (Stroh, Reisig). Das Abbrennen läßt sich mit der Luftzufuhr regeln. Mit flüssigen und gasförmigen Brennstoffen kann man auch mit der zugeführten Menge sehr genau die Verbrennung regeln (vgl. 5.3).

Für das *Löschen von Feuer* gibt es im wesentlichen zwei Wege:
a) Man sorgt für Abkühlung unter die Entzündungstemperatur des Brennstoffs. Wasser ist dafür gut geeignet, da es sich nur langsam erwärmt und bereits bei 100°C siedet, was unter der Entzündungstemperatur vieler Brennstoffe liegt. Außerdem wirkt es nicht nur oberflächlich, denn es wird von vielen feuergefährlichen Stoffen aufgesaugt, was einen wirksamen Schutz vor Entzündung bietet.

b) Man entzieht dem Feuer die Luft. Benzin läßt sich z.B. schlecht mit Wasser löschen, da es auf Wasser schwimmt und sich schlecht mit ihm vermischt. Besser ist hier Schaum, der sich wie eine Decke über Flammen und Glut legt. Man kann auch mit Sand, Erde oder einer Decke Feuer löschen.

Eigenschaften von Wärme und Licht: Ein erwärmter Körper strahlt die ihm zugeführte Energie wieder ab. Diese *Strahlung* ist zuerst langwellig und unsichtbar (Infrarot-Strahlen), der Mensch spürt sie jedoch auf der Haut als Wärme. Weitere Erhitzung des Körpers führt schließlich zur Rot- und Weißglut, d.h. die Strahlung wird auch für das Auge sichtbar. In der Glühlampe wird z.B. dieser Weg zur Lichterzeugung beschriften, indem ein Draht elektrisch bis zur Weißglut erhitzt wird.

Bei ihrer gradlinigen Ausbreitung treffen die Strahlen auf Gegenstände, die mehr oder weniger undurchlässig sind, d.h. es entsteht ein *Schatten*. Dies ist bekannt vom Licht, gilt aber genauso für Infrarot-Strahlen, z.B. kann man am Lagerfeuer auf der einen Körperseite fast braten, während man auf der anderen friert (vgl. 1.2.2, 1.2.3, 1.2.4).

Die Energie der Infrarot-Strahlen (Wärme) wird leicht abgegeben und kann von geeigneten *Wärmeträgern* weitertransportiert werden (Wasser in der Zentralheizung, vom Ofen erwärmte Luft). Wärme kann deshalb „strömen", „fließen", „aufsteigen", je nach den Eigenschaften des Wärmeträgers (vgl. 5.1, 5.2).

Licht kann fast nicht gespeichert werden (im Gegensatz zur Wärme), d.h. es ist augenblicklich da bzw. nicht mehr da. Wenn Lichtstrahlen andere Stoffe durchdringen, werden sie verändert (Brechung, Beugung), dadurch entstehen besondere Lichteffekte. An Staub oder Nebel, an einem Vorhang oder einem Lampenschirm beobachten wir die *Beugung* der Lichtstrahlen. Es entsteht „gedämpftes Licht", weil die harten Übergänge von Licht und Schatten gemildert oder aufgehoben sind. Die Brechung des Lichts und seine Zerlegung in Spektralfarben beobachten wir im Regenbogen, an Glaskanten und speziellen Glasprismen. Linsen können Lichtstrahlen sammeln oder zerstreuen. Spiegel lenken die Strahlen um, Farbfilter verändern das weiße Licht und erzeugen andere Stimmungen (vgl. 3.1.1 bis 3.1.5, 5.2).

Das Gegenteil von „Licht" ist „Dunkel", was nichts anderes bedeutet als „Mangel an Licht". Deshalb fallen uns auch im Dunkeln kleinste Lichtpunkte auf; wir sehen die Sterne am Himmel, die tags überstrahlt werden, Lichtreflexe und fluoreszierende Stoffe (z.B. Leuchtziffern) fallen uns auf, sobald sich unsere Augen umgestellt haben.

Anwendung von Wärme und Licht im täglichen Leben: Das Feuer liefert beides, Wärme *und* Licht. Die moderne Technik ermöglicht es, den jeweiligen Bedürfnissen entsprechend Wärme *oder* Licht zu erzeugen. Seit den ältesten Zeiten wurden Lichter eingesetzt, um auch die Nachtstunden nutzen zu können. Diese alten Verfahren arbeiten noch mit der *offenen Flamme* (Kerze, Fackel, Öl- oder Gaslampe...), wobei als Nebenprodukte sehr viel Wärme und Ab-

Schwerpunkt: Erfahrung mit der Umwelt

gase anfallen. Über Elektrizität kann man zu einem besseren Verhältnis von Licht und Wärme kommen (vgl. 2.3, 4.3.1).
Elektrische Lichterzeugung geschieht entweder über Glühlampen (s.o.) – auch hier entsteht noch viel Nebenwärme – oder über Leuchtröhren. Hier wird die Gasfüllung (Quecksilberdampf, Argon, Neon) durch Elektronen zur Lichtaussendung angeregt (Glimmentladung) und es entsteht „kaltes" Licht, d. h. die Nebenwärme ist weitgehend ausgeschaltet.
Elektrische Wärmeerzeugung erfolgt ebenfalls ohne Flamme. Durch den Einsatz geeigneter Verfahren kann man Wärme fast ohne beobachtbare Lichterscheinungen erzeugen (Kochplatte, Bügeleisen, Heizlüfter...) (vgl. 5.3).
Elektrizität kommt meist aus der Steckdose. Wegen der damit verbundenen Gefahren darf im Kindergarten mit Strom von 220 Volt nicht experimentiert werden, vielmehr geht es um eine *Anleitung der Kinder zu gefahrlosem Gebrauch von Elektrogeräten* (Schalter bedienen; Kabel ein- u. ausstecken; wie sehen einwandfreie Kabel und Stecker aus? Wozu braucht man Sicherungen?). Experimente mit dem elektr. Strom dürfen nur mit Batterien oder Trafos bis 24 V durchgeführt werden (vgl. 2.1.1, 4.3.1).
Immer mehr wird – auch aus Ersparnisgründen – der *rationelle Umgang mit Wärme* bedeutsam (Lichterzeugung ist weniger kostspielig). Man verwendet im Hausbau wärmeisolierende Techniken (Isolierfenster, Glasfasermatten, Styropor), um den Wärmeverlust möglichst klein zu halten. Für die gesunde Lebensführung spielt ebenso die Wahl der richtigen Kleidung eine wichtige Rolle.

Feuer, Licht und Wärme und ihre Wirkungen auf die Natur und Menschen: Feuer hat auf das Leben eine zerstörende Wirkung, denn durch hohe Temperaturen werden die Stoffwechselvorgänge gestört. Andererseits wird die Umsetzung abgestorbener biologischer Substanz radikal verkürzt („reinigende" Wirkung des Feuers, es entsteht keine Fäulnis. Neues Leben kann sich schnell wieder ausbreiten). Feuer wird vom Menschen seit ältesten Zeiten benutzt, um Naturvorgänge in seinem Sinne zu beeinflussen bzw. zu steuern: Die Verdaulichkeit von Nahrung wird durch Kochen verbessert; durch Brandrodung wurde Platz für Kulturpflanzen geschaffen (vgl. 5.3).

Man unterscheidet bei Verbrennungen 3 Grade:
  a) Rötung, Schmerzhaftigkeit der Haut, oft mit nachfolgender Abschälung der Oberhaut.
  b) Blasenbildung, dadurch Entstehung hochroter, nässender Hautstellen.
  c) Außer Rötung und Blasenbildung auch Verkohlungen.
Sonnenbrand ist Schädigung der Haut durch den kurzwelligen Anteil des Sonnenlichts, er kann bis zu Verbrennungen 2. Grades führen. Solche Wirkungen kurzwelliger Strahlen kann man auch technisch zur Nahrungszubereitung nutzen (Mikrowellenherde). (Vgl. 1.1.1, 1.1.3).
Eine *grüne Pflanze* wendet sich bekanntlich zum Licht, sie braucht Sonnenenergie zum Aufbau von Zucker (Photosynthese, Assimilation). Dies bedeutet andererseits nicht, daß Pflanzen ohne Licht nicht wachsen würden: Keimende Samen wachsen in der dunklen Erde; bei wenig Licht treiben die Pflanzen sogar besonders schnell, die Triebe werden überlang, aber sie bleiben fahl (wenig Blattgrün), wie sich an keimenden Kartoffeln im Keller beobachten läßt. Zum Wachsen braucht die Pflanze viel *Wasser und Wärme*, dann laufen die Stoffwechselvorgänge rasch ab. Pilze können über Nacht aus dem Boden schießen. Die grünen Pflanzen brauchen *außerdem Licht*. Durch ungleiches Wachstum der Blattseiten oder Stengelflächen krümmt sich die Pflanze, so daß sie das einfallende Licht optimal nutzen kann (vgl. 4.4.1, 4.5.1).
Der Mensch orientiert sich vor allem über die Augen, er ist also zum Arbeiten, für Spiel und Freizeit auf Licht angewiesen. Sehr wichtige Sinne sind außerdem Hören und Tasten. Wenn durch äußere oder innere Faktoren bestimmte Sinnesleistungen ausfallen, kommt nun die Bedeutung der restlichen Sinne besonders zum Bewußtsein. Dies kann man durch entsprechende Spiele (Blinde Kuh usw.) realisieren. Man kann damit auch auf das Schicksal von Blinden und Taubstummen aufmerksam machen. Beim Blinden sind neben dem Hören und Tasten auch Raumvorstellung und Kinästhetik besser ausgebildet als normal. In einem vertrauten Raum bewegen sich Blinde mit großer Sicherheit, da sie (unbewußt) Entfernungen mit Schritten ausmessen und verrechnen. (Schwerhörige oder Gehörlose können, ohne die Musik zu hören, tanzen, da sie den Rhythmus über den Fußboden aufnehmen (vgl. 4.1.1, 4.1.2).
Es gibt Tiere, die sich anders orientieren als der Mensch: Für den Hund sind Gerüche wichtiger als das, was er sieht. Die Katze hört besonders gut und kann in der Nacht besser sehen als der Mensch. Für Tiere ist die Wärmeregulation weniger problematisch als für den Menschen, denn sie sind entweder mit entsprechenden Schutzeinrichtungen (Fell, Federn) ausgestattet oder leben nur in Lebensräumen, die ihren Wärmeansprüchen genügen (Eidechsen, Käfer) oder können sich durch angeborenes Verhalten schützen (Zugvögel, Winterschläfer). Der Mensch muß sich durch die *Wahl der richtigen Kleidung* sowohl auf Kälte, Hitze wie Regen und Sturm einstellen. Kindern muß vor allem bewußt gemacht werden, daß nasse Kleider nicht mehr richtig vor Kälte schützen. Die zwischen Haut und den verschiedenen Kleiderhüllen sowie zwischen den Fasern enthaltene Luft ist ein guter Isolator. Feuchte Kleider sind schwer, kleben aufeinander, enthalten kaum noch Luft und verlieren damit ihre Isolierung weitgehend.

Technische Nutzung von Feuer, Wärme, Licht: Im Bereich der Werkstoffprüfung spielen die Eigenschaften von Feuer, Wärme, Licht eine entscheidende Rolle.
Manche Stoffeigenschaften können im Kindergarten schon erfahren werden, beispielsweise durch den Umgang mit Modellierwachs, das Schmelzen von Fett in der Pfanne; eine Kerze biegt sich, wenn man sie lange in der warmen Hand hält und Plastilin läßt sich leichter verarbeiten, wenn man es mit dem warmen Atem anhaucht.
Kindergartenkinder machen vielfältige Beobachtungen: die Tür vor dem Heizungsraum ist aus Eisen; auf den Grillrost legt man Alumi-

niumfolie, damit das Grillgut nicht verbrennt; Feuerwehrleute tragen spezielle Anzüge, die nicht verbrennen, wenn sie vom Feuer erfaßt werden; die Versuche mit Feuer führt der Erzieher auf Asbestplatten vor, die bei den verwendeten Temperaturen nicht verbrennen.
Die Kinder erleben durch solche Realbegegnungen die vielfältigen Eigenschaften verschiedener Stoffe. Dieses Wissen ist im Hinblick auf Unfallverhütung ernst zu nehmen (vgl. 2.3).
Wichtig erscheint auch das Wissen um das Verhalten bestimmter Nahrungsmittel und Textilien (Kleidungsstücke) gegenüber Wärme, Feuer, Licht. Die Technik bietet dem Verbraucher den Kühlschrank an, um schnell verderbliche Nahrungsmittel länger haltbar machen zu können. Automatisch geregelte Bügeleisen sind dazu geschaffen, entsprechende Stoffe mit der geeigneten Temperatur zu bearbeiten. (Vgl. auch die ausbleichende Wirkung des Lichtes bei Kleidungsstücken, Kinderzeichnungen, Seidenpapiergestaltungen am Fenster...)
Mit dem Wissen um bestimmte Materialeigenschaften können gezielte technische Prozesse durchgeführt werden. Durch zielgerichtetes Einwirken von Feuer, Wärme, Licht werden Stoffe verändert. Dem Kindergartenkind wird dieser Tatbestand deutlich bei dem Brennvorgang von Tonplastiken (vgl. 5.4.1) oder beim Einschmelzen von Wachs (vgl. 2.2.1). Das heißt, zwei Materialien verhalten sich beim Einwirken von Wärme völlig verschieden: der eine Stoff wird steinhart, der andere fließend weich. Der Modellierton besteht aus einem komplizierten Gemisch verschiedenster Einzelsubstanzen. Reine Tonsubstanz hat die Eigenschaft hoher Plastizität (Schmelzpunkt über 1600°C). Tonsubstanz ist mit Feldspat gemischt, der eine niedere Schmelztemperatur besitzt. Bei ca. 1100°C schmilzt der Feldspat und fließt als Feldspatglas zwischen die ungeschmolzenen und als Stützgerüst wirkenden Tonteilchen. Dieser Vorgang wird als Versinterung bezeichnet und gibt den keramischen Massen die erwünschte Stabilität.
Mit Hilfe von Feuer und Wärme kann Stoffen eine bestimmte Form gegeben werden. Sehr viele Gegenstände unserer Umwelt, Gegenstände unseres täglichen Gebrauchs sind auf diese Weise gefertigt worden:
der Puppenkopf, Plastikspielzeug, Joghurtbecher, Trink-, Fenster-, Brillengläser, das Gehäuse der Schreibmaschine, viele Teile des Autos u.a. mehr.
Die geschilderten Prozesse wird das Kind selbst handelnd erleben, wenn der heiße, amorphe Puddingbrei in eine kalte Form gegossen wird und im fertigen Zustand eine bestimmte, ihm zugedachte Gestalt aufweist. Wachsgießen, Metallgießen am Silvesterabend können gleichwohl zu diesen technischen Prozessen gezählt werden.
Warme Luft steigt nach oben. Diese Beobachtung machen Kinder im Sommer, wenn die heiße Luft über der Asphaltstraße flimmert. Im Winter beobachtet man die aufsteigende warme Luft über dem Heizkörper vor dem kalten Fenster.
Die hier geschilderte Tatsache machten sich 1783 die Gebrüder Montgolfier aus Lyon zunutze. In einem großen Warmluftballon, der mit feuchtem Stroh angeheizt wurde, stiegen ein Hammel, eine Ente und ein Hahn als erste Passagiere in die Luft und kehrten auch wieder wohlbehalten zurück.
Die aufsteigende warme Luft bewegt als Luftstrom die Warmluftschlange bzw. das Warmlufträdchen (vgl. 5.1.1).
Bei dem Warmluftschiff ist der Rückstoßantrieb (Raketenantrieb) wirksam (vgl. 5.1.2). Die aufsteigende Warmluft wird durch den Metallschirm nach hinten abgeleitet. Der Rückstoß bewegt das Schiffchen nach vorne. Vgl. dazu auch den Flug eines aufgeblasenen Luftballons.

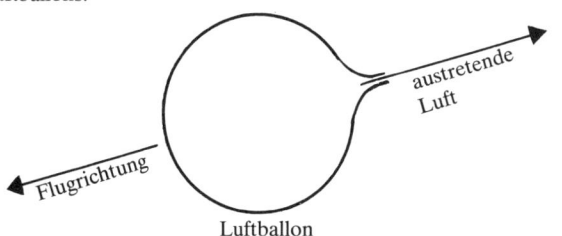

Luftballon

4. Literatur und Medien

(In Auswahl, soweit sie für die hier angeführten Planungen benötigt werden.)

Bilderbücher/Vorlesebücher

Bartos-Höppner, B./Degler-Rummel, G.: Die Laternenkinder. Bilderbuch. München 1970.
Baumann, H./Schramm, U.: Die Feuerwehr hilft immer. München 1970.
Becker, A./Niggemeyer, E.: Ich bin doch auch wie ihr. Ravensburg 1975.
Brückner, Ch.: Momokos Geburtstag. Illustr. von Chihiro Iwasaki. Hanau 1977.
Burningham, J.: So geht das Jahr durchs Land. Ravensburg o.J.
Carigiet, A.: Der große Schnee. Bilderbuch. Zürich o.J.
Guggenmoos, J.: Was macht die Maus am Donnerstag? dtv-junior Nr. 7001. München 1974.
Hell und dunkel. Sachbilderbuch. Finken-Verlag Oberursel o.J.
Herders Großes Bilderlexikon. Illustr. von Robert André. Freiburg 1980.
Hopf, A.: Die Regentropfen Pling, Plang, Plung. München 1974.
Janosch: Das Auto hier heißt Ferdinand. Bilderbuch. München o.J.
Steinwede, D./Ruprecht, S.: Vorlesebuch Religion I. Göttingen/Köln/Lahr/Zürich 1971.
Wildsmith, B.: Der Nordwind und die Sonne. Bilderbuch. Freiburg/Zürich 1971[2].
Wölfel, U.: Die grauen und die grünen Felder. Mülheim/Ruhr 1971.
Dies.: 28 Lachgeschichten. Düsseldorf 1969.

Schwerpunkt: Erfahrung mit der Umwelt

Zitierte Liederbücher/Schallplatten

Das Liedernest. Fidula-Verlag, 5407 Boppard/Rhein
Die Mundorgel. Fidula-Verlag (s. o.)
St. Martins- und Laternenlieder, Schallplatte. Fidula Fon 1124, Fidula-Verlag (s. o.)
Willkommen, lieber Tag, Bd. 1. Frankfurt 1969, hrsg. von R. R. Klein.

Verwendete Musikgeräte und Instrumente

Orff-Instrumente

Verwendete AV-Materialien und Geräte

Tonbandgerät (Kassettenrecorder)
Dia-Projektor und Filmprojektor
FT 2442 Der trainierte Alleingang (Film für Elternabend)
Nanuk der Eskimo (ST 610, Kreisbildstellen)
FT 2272 Pamfi Medienkombination, Verkehrserziehung für 5 bis 7jährige.
Selbst hergestellte Dias und Filme.

Aus den Vorräten im Haushalt

Eisbrocken – Zutaten für Speiseeis; Fruchsaft (Sirup); Kakao, Kokosfett, Kokosflocken; Kalktabletten; Kartoffeln für Keimversuche; Kirschzweige (Forsythienzweige); Kürbis oder Rübe (für Laterne); Mehl; Nüsse; Päckchensuppe; Pulverkaffee, Instant-Tee; Salz; Watte/Wattekugeln; Zucker (Hagelzucker, Puderzucker, Würfelzucker).

Aus dem Hausrat

Alufolie; Milchkanne aus Aluminium (zur Speiseeisherstellung); Ausstecher (für Kleingebäck); Backblech; Blasebalg; Bügeleisen; verschiedene Eimer; verschieden große Einmachgläser; Fächer (zum Fächeln); Feuerzeuge; Fön; Gasanzünder mit Feuerstein; Gaslampe (Camping-Zubehör); Glasgefäße (verschiedene Höhen und Weiten zum Wassereinfüllen); Kaminstreichhölzer (lange Streichhölzer); Kerzen; Leintuch (möglichst dünn und durchscheinend für Schattenspiele); Saftkrug; Siebe; Spiegel; Taschenlampe; Tasse; Trichter; Tücher zum Augenverbinden (und Papiertaschentücher); Ventilator; Wäscheklammern; Wannen (groß und klein).

Verwendete Spielmittel und Turngeräte

Blasrohr; Bauwagen; Decken; Gymnastikstäbe; Luftballons; Reifen; Seile; kleine Plastikförmchen; Spieltiere mit markantem Umriß (z. B. Bär, Elefant, Giraffe, Bambi); Turnbank.

Materialien und Geräte aus dem „HSH"
(Widmaier-Katalog, 7300 Esslingen/a.N.)

Aluminiumblech; Dachpappnägel; Holzklotz; Holzbrettchen (kurz); Holzleisten; Kupferfolie; Nägel (lang und kurz); Räder; Leitrollen (Teewagenräder); Vierkantleisten.

Aus dem Bastelmaterial-Vorrat des Kindergartens

Alleskleber; Dochte für Kerzen; Gips; Kleister; Knetmasse; Papier (saugfähig); Papier (wasserabstoßend gemacht durch Wachs bzw. Leinöl); starkes Zeichenpapier; Pappe; Seidenpapier (farbig); Ton (gebrauchsfertig); Tonmehl; Wachsfarben; Kleister; Kleisterfarben.

Verwendete wertlose Materialien

Abfallstücke vom Fahrradschlauch und Fahrradmantelteile; Clopapierrollen; Feuersteine; Joghurtbecher, kleine Plastikförmchen (wie Portionsschälchen f. Marmelade und Honig); Kerzenstummel und Wachsreste; Korken; Lappen; Plastikflaschen; Plastikröhren; Plastiktüten (dicht und durchlöchert); Rinde; Schachteln (Kartons, Kisten); Schlauchstücke; Schwämme, Schaumstoff; Spitzen, Tüll; Spritzflaschen (kleine Spülmittelflaschen); Styropor; Walnußschalen; Wellpappe.

Verwendete Werkzeuge

Beißzange; Feinsäge und Schneidlade; Hammer; Schraubzwinge.

Tiere und Pflanzen

Goldfische, Guppies; Hyazinthenzwiebeln, Krokusknollen; Kaulquappen; Larven von Wasserinsekten; Molche; Samen von Kresse, Bohnen, Erbsen, Linsen; Topfpflanzen: Buntnessel, Amaryllis; Wasserschnecken; Wasserflöhe; Wassernarzissen (Tazetten).

Experimentiereinrichtungen

Aquarien; Blumentöpfe oder Quarkbecher; Lupe; Sandkasten; starke Lichtquellen (z. B. Diaprojektor, Tageslichtschreiber).

Verkehrserziehung

1. Begründung und Zielstellung

Bereits Kindergartenkinder nehmen am Straßenverkehr teil. Deshalb ist es erforderlich, sie für dieses Stück Realität mit Kenntnissen, Fertigkeiten und Einstellungen auszurüsten und zu befähigen, sich darin zurechtzufinden.
Kinder dieses Alters sehen die Verkehrswelt aus ihrer Perspektive. Sie reagieren spontan, ichbezogen, für Erwachsene unberechenbar; sie selbst stehen im Mittelpunkt ihrer Welt und neigen dazu, in Verkehrssituationen allein aufgrund ihrer momentanen Bedürfnislage und ohne Rücksicht auf objektive Gegebenheiten zu handeln.
Ergebnisse aus Untersuchungen der Entwicklungspsychologie weisen darauf hin, daß Kinder dieser Entwicklungsstufe ihre Umwelt vorwiegend ganzheitlich erfassen. Sie nehmen Wesentliches und Unwesentliches in der gleichen Weise wahr. Vor allem jüngeren Kindern fehlt die Fähigkeit, Gefahren einer Verkehrssituation vorauszusehen oder Ursache- und Wirkungszusammenhänge zu bedenken. Sie reihen vielmehr Einzelbilder lose aneinander, ohne inneren Zusammenhang.
Kinder dieses Alters setzen sehen und gesehen werden gleich: Beispielsweise schauen sie am Straßenrand nach links und rechts und überqueren trotz herannahender Fahrzeuge die Straße in der Annahme, der Fahrer habe sie gesehen. Sie überschätzen in solchen Situationen Fahrvermögen und technische Möglichkeiten. Nach ihrer Meinung kann ein Auto auf der Stelle anhalten.
Das periphere Sehen dieser Kinder ist noch nicht so weit entwickelt, daß sie ein den Erwachsenen vergleichbares Sehfeld überblicken können. Entfernung und Geschwindigkeit eines herannahenden Fahrzeuges können sie noch nicht einschätzen.
Das Hörvermögen und die Wahrnehmung akustischer Signale ist, wenn keine physiologischen Beeinträchtigungen vorliegen, gut entwickelt. Bereits kleine Kinder können laute und leise akustische Reize unterscheiden und lokalisieren. Sie sind imstande, einfache Geräusche den Gegenständen zuzuordnen, welche diese erzeugen. Die Bedeutung einzelner Signale, beispielsweise das Hupen eines Autos als „Vorsicht!" zu verstehen, muß jedoch schrittweise erlernt werden.

Emotionale Antriebe überlagern öfters andere Beweggründe. Der Kiosk auf der gegenüberliegenden Straßenseite, der Spielkamerad auf dem Gehweg gegenüber liegt im Augenblick im Zentrum des Interesses, das herannahende Auto ist Nebensache. Psychische Einwirkungen beeinflussen das Verhalten der Kinder und können einen Erregungszustand bewirken, der es ihnen schwer macht, andere objektive Gegebenheiten ihrer Umwelt wahrzunehmen.
Verkehrserziehung im Kindergarten ereignet sich innerhalb der pädagogischen Angebote und zielt auf
– die Differenzierung der akustischen und optischen Wahrnehmung (vgl. die Schwerpunkte „Ästhetische Erziehung", „Rhythmisch-musikalische Erziehung"),
– die Übung und Beherrschung der Motorik (vgl. die Schwerpunkte „Bewegungserziehung" und „Rhythmisch-musikalische Erziehung"),
– das soziale Lernen (vgl. Schwerpunkt „Soziales Lernen") und auf
– die schrittweise, dem Kind entsprechende Einführung in das Verkehrssystem und den Verkehrsalltag.
Die Mitarbeit der Eltern und die Zusammenarbeit zwischen Eltern und Erzieher ist in diesem Bereich besonders wichtig. Die pädagogischen Bemühungen im Kindergarten müssen durch ein entsprechendes Verhalten des Elternhauses in Verkehrssituationen unterstützt und begleitet werden.

2. Didaktische und methodische Hinweise

Die folgenden didaktischen und methodischen Hinweise sollen zeigen, wie die für ein angemessenes Verhalten im Straßenverkehr wichtigen Fähigkeiten im Bereich der Wahrnehmung, der Motorik, des Sozialverhaltens und der Kognition durch Angebote in den einzelnen Schwerpunkten in spielerischer Form gefördert werden können.
Besonders das Spiel und verschiedene Spielformen (z. B. Ratespiele) enthalten vielfältige Möglichkeiten, die optische und akustische Wahrnehmung der Kinder zu differenzieren (vgl. die Schwerpunkte „Spielen", „Rhythmisch-musikalische Erziehung" und „Bewegungserziehung").
Bilderbücher, Bildgeschichten fördern insbesondere die visuelle Wahrnehmung und machen die Kinder für die Ab-

sichten anderer Personen zunehmend empfindsam (vgl. Schwerpunkt „Sprechen und Sprache"). Die Beobachtung von Vorgängen, etwa bei der Durchführung einfacher Versuche, schärft den Gesichtssinn (vgl. Schwerpunkt „Erfahrungen mit der Umwelt").
Übungen in spielerischer Form zur Verbesserung der Raumwahrnehmung und der Wahrnehmung von Raumlagebeziehungen bieten insbesondere die rhythmisch-musikalische Erziehung sowie die Bewegungserziehung.
Soziales Lernen als Erziehungsprinzip und als Absicht in bestimmten Spielen und Spielformen bahnt Rücksichtnahme, Selbstbeherrschung und Verständnis für Regeln im Umgang mit dem anderen an. Kinder lernen hier, Normen zu akzeptieren, welche den Normen der Erwachsenenwelt entsprechen und dort lebensnotwendig sind, z. B. das eigene Verhalten und die Absicht anderer in Beziehung setzen und entsprechend handeln, das Recht anderer zu achten, sich in schwierigen Situationen zu helfen wissen, z. B. die Polizei als Helfer, telefonieren können, Erwachsene um Rat und Hilfe bitten.
Die rhythmisch-musikalische Erziehung und die Bewegungserziehung differenzieren die Motorik und fördern die Beweglichkeit.
Die unmittelbare Begegnung mit den Gegenständen der Umwelt sowie der handelnde Zugriff durch Begreifen, Probieren, Verändern, die Darstellung von Eindrücken und Erlebtem im Ausdrucksspiel, durch Malen und Zeichnen, durch Sprache fördert nicht nur die Denkfähigkeit, sondern ermöglicht es den Kindern auch, die komplexe Umwelt aufzuschlüsseln und in kleinen Schritten immer besser zu verstehen. Sie lernen, Teile eines Ganzen zu beachten und wesentliche Vorgänge von unwesentlichen zu trennen (vgl. Schwerpunkt „Erfahrungen mit der Umwelt").
Bestimmte Ereignisse (Wasserrohrbruch – Baustelle versperrt den Gehweg zum Kindergarten), Erkundungen (Besuch einer öffentlichen Einrichtung), Erlebnisse der Kinder (Verkehrsunfall in der Straße, die sie auf dem Weg zum Kindergarten überqueren) nutzt der Erzieher, um mit den Kindern verkehrsgerechtes Verhalten zu üben und exemplarische Informationen über Verkehrsmittel, Verkehrswege, Verkehrsregelungen und Verkehrsteilnehmer zu vermitteln. Kinder spielen häufig mit Spielfahrzeugen aller Art, bauen Straßen und spielen im Rollenspiel Verkehrssituationen durch. Auch hier ergeben sich viele Möglichkeiten, auf reale Situationen und richtiges Verkehrsverhalten hinzuweisen. Im Freien oder im Gruppenraum können im Modell Verkehrssituationen, welche die Kinder erlebt haben, nachgestellt und richtiges Verhalten geübt werden; beispielsweise werden in der Raummitte oder auf dem Bauteppich Gehweg, Bordsteinkante, Fahrbahn, Verkehrszeichen ausgelegt. Die Kinder simulieren richtiges Verkehrsverhalten und korrigieren sich gegenseitig. Oder: Kinder aus einer Straße bauen in der Bauecke ihren Weg zum Kindergarten nach (mit Häusern, Straßen, Ampeln, Unterführungen etc.). Sie zeigen ihren Weg zum Kindergarten. Der Erzieher fragt an gefährlichen Stellen nach: Wie gehst du über diese Straße? Was beachtest du besonders? Während des Bauens kann der Erzieher Kinder beobachten und erhält Hinweise auf markante Punkte, welche ihnen wichtig erscheinen und an welchen sie beispielsweise die Straße überqueren. Dadurch, daß einzelne Kinder Verkehrssituationen und ihr Handeln darstellen, lernen die anderen, sich in jene hineinzuversetzen und ihre Umgebung differenziert wahrzunehmen.

3. Eltern

Kinder machen an der Hand ihrer Eltern erste Erfahrungen im Straßenverkehr. Deren praktisches Verhalten wirkt als Modell; sie können grundlegende Einsichten und Verhaltensmuster (Fußgängerüberweg, Ampel) vermitteln, nach denen sich die Kinder dann richten, wenn sie allein unterwegs sind. Die Verantwortung der Eltern für ein situationsgerechtes Handeln ist deshalb sehr groß.
Dem Erzieher im Kindergarten kann die Verantwortung für praktische Übungen in realen Verkehrssituationen nicht übertragen werden. Folglich müssen die Eltern selbst richtiges Verhalten in typischen Situationen (Anlaß: Der Weg zum Kindergarten, zum Bäcker…) einüben. Der Erzieher wiederholt und unterstützt diese Erfahrungen, indem er bestimmte Situationen, Erlebnisse der Kinder aufgreift und modellhaft richtiges Verhalten einübt.
Insgesamt gesehen unterstützt der Kindergarten die Kinder auf dem Wege zu einem verkehrsgerechten Verhalten. Er

setzt dabei hauptsächlich Impulse, welche die Wahrnehmung, die Motorik, die soziale, emotionale und kognitive Entwicklung der Kinder fördern.

Zuweilen ist es erforderlich, in Arbeitsgruppen während eines Elternabends, durch Elternbriefe, durch Einzelgespräche, durch Literaturhinweise oder Empfehlung von Fernsehsendungen den Eltern Anregungen zu geben, wie sie selbst sich verkehrsgerecht verhalten und wie sie die Bemühungen des Kindergartens in diesem Anliegen unterstützen können. Dabei lernen Eltern Situationen im Straßenverkehr kennen, die für ihr Kind gefährlich sind; sie erfahren, wie – unangepaßt – sich Kinder aufgrund ihrer Entwicklungsvoraussetzungen im Straßenverkehr bewegen und deshalb gefährdet sind; sie erhalten praktische Hinweise, wie sie außerhalb des Kindergartens verkehrsgerechtes Verhalten ihrer Kinder fördern können. Im Einzelfall kann der Erzieher gemeinsam mit den Eltern individuelle Hilfen beraten und begleitend durchführen.

4. Literatur

Biermann, G.: Die psychologische Situation von Unfallkindern. In: Nissen/v. Strunk: Seelische Fehlentwicklung im Kindesalter, o.O., o.J.

Blendermann, K. A.: Die Bildung der Verkehrsintelligenz in der Grundschule. Braunschweig 1972.

Böcher, W.: Vorsicht – Umsicht – Rücksicht. Bad Godesberg 1975.

Bongard, A. E.: Verkehrserziehung im Vorschulalter. In: Straßen für das Jahr 2000. Neukirchen 1971.

Knopf, G./Strecker, D.: Schritt für Schritt mehr Sicherheit, Landesverkehrswacht Niedersachsen, Frankfurt 1974.

Janov, A.: Das befreite Kind. Fischer 1975.

Günther, R./Heinrich, H. Ch./Langosch, E.: Erlebnis und Verhaltensformen von Kindern im Straßenverkehr. In: Unfall- und Sicherheitsforschung im Straßenverkehr, Heft 4/1976. Hrsg. im Auftrag des Bundesministers für Verkehr von der Bundesanstalt für Straßenwesen.

Müller-Lueken, U.: Psychologische Voraussetzung bei dem Zustandekommen kindlicher Unfälle. In: Der Unfall im Kindesalter. Stuttgart 1972.

Munsch, G.: Verkehrserziehung und Maßnahmen zum Schutze gegen Verkehrsgefahren bei Kindern im vorschulischen Alter. München 1971.

Sandels, S.: Kinder im Straßenverkehr. In: Zeitschrift für Verkehrssicherheit, 2/1971.

Strecker, B./Strecker, D.: Kindgerechte Verkehrserziehung in der Vorschulzeit sowie in der Eingangsstufe der Grund- und Sonderschule. Braunschweig 1975.

Vorschulbriefe zur Verkehrserziehung. RGG-Verlag, Braunschweig (erscheinen monatlich). Braunschweig 1974.

Arbeitshilfen für die Eltern

Partner auf der Straße, Band 1 (mit Schülerheft, Lehrerheft). Rot-Gelb-Grün-Verlag, Braunschweig, in Kooperation mit Klett/Stuttgart.

Welt des Verkehrs, Band 1. ADAC-Verlag/Vogel Verlag (mit Schülerheft und Elternheft).

Schritt für Schritt mehr Sicherheit, Landesverkehrswacht Niedersachsen.

(Eine ausführliche Bibliografie über verkehrspädagogische Bücher und Aufsätze ist beim Deutschen Verkehrssicherheitsrat, Bonn-Beuel, erhältlich. Die Liste wird jedes Jahr um neuerschienene Werke ergänzt.)

Pädagogische Hilfen für die Arbeit mit ausländischen Kindern im Kindergarten

1. Begründung und Zielstellung

Zur Situation der ausländischen Kinder

Die Anwesenheit ausländischer Arbeitnehmer in der Bundesrepublik wirft Probleme unterschiedlicher Art auf. Von großer Bedeutung ist dabei die Frage, wie die Kinder ausländischer Arbeitnehmer, die entweder auf dem Wege des Familiennachzuges eingereist oder im Inland geboren sind, in den Kindergärten[70] angemessen betreut werden können.
Da ausländische Arbeitnehmer und ihre Familien besonders in den industriellen Ballungsräumen wohnen und arbeiten, steigt hier die Zahl der kindergartenfähigen und schulpflichtigen Kinder in entsprechender Weise an. Mehr als bisher ist davon auszugehen, daß aller Voraussicht nach der größere Teil dieser Ausländergeneration bei uns bleiben und seßhaft werden will[71].
Die Situation der ausländischen Kinder ist im Hinblick auf ihre persönliche Entwicklung und ihre Bildungs- und Berufschancen außerordentlich unterschiedlich. „Völlige Assimilation in der deutschen Gesellschaft" – „völlige Isolation in der jeweiligen Nationalitätengesellschaft" als Endpunkte einer Skala beschreiben viele mögliche Lebenssituationen.
Viele Kinder wechseln innerhalb kurzer Zeit zwischen Heimatland und der Bundesrepublik Deutschland hin und her. Zahlreiche Kinder leben infolge der Unsicherheit bzw. Unentschlossenheit ihrer Eltern im Hinblick auf ihre längerfristige Lebensplanung zwischen zwei Welten. Dazu kommt, daß unterschiedliche Erziehungsstile zwischen Elternhaus und Kindergarten den Kindern die Eingliederung erschweren können.
Die Konzentration der ausländischen Familien in einzelnen Stadtbezirken mit vergleichsweise geringerer Wohnqualität erschwert natürliche Kontakte zu einheimischen Kindern, die am ehesten durch gemeinsames Spielen entstehen könnten. Die häufige Berufstätigkeit beider Elternteile führt oft dazu, daß jüngere Kinder von älteren Geschwistern oder außerfamiliären Personen betreut werden. Zu diesen häuslichen Pflichten kommt eine nicht unerhebliche Belastung durch die Schule hinzu. Zum Teil besuchen die ausländischen Kinder neben der deutschen Schule zusätzlich den muttersprachlichen Zusatzunterricht am Nachmittag.

Die Deutschkenntnisse der Kinder, die erst relativ kurze Zeit in der Bundesrepublik leben, sind in der Regel gering. Daneben beherrschen viele Kinder, die im Bundesgebiet geboren und hier aufgewachsen sind, Deutsch nur in Sprachfragmenten, unvollständigen Sätzen und einfachen Sprachmustern. Diese Kinder können sich zwar verständlich machen, beherrschen oft jedoch weder ihre Muttersprache noch die deutsche Sprache.
Trotz der Häufung erschwerender Entwicklungsfaktoren kommt den ausländischen Kindern innerhalb ihrer Familien eine bedeutende Mittlerfunktion zu. Die älteren Kinder passen auf die jüngeren auf. Sie erledigen Einkäufe und Besorgungen; sie werden zu Dolmetschern ihrer Eltern. Die Kinder bilden als Mitglied einer Institution (Kindergarten bzw. Schule) Brücken zwischen nationaler und einheimischer Kultur und schaffen Gelegenheiten zu gegenseitigem Kennenlernen und Gespräch.

Welche Folgerungen ergeben sich für den Kindergarten? Aufgrund von Informations- und Werbeveranstaltungen der Trägerverbände besuchen immer mehr ausländische Kinder den Kindergarten. Dennoch kennen manche Eltern diese Einrichtung zu wenig. Es ist also auch in Zukunft wichtig, die ausländischen Eltern über Erziehungsziele, Tagesablauf und Organisation, Aufnahmebedingungen, Betrieb und finanziellen Beitrag zu informieren (vgl. 3. Elternarbeit). Dabei erfahren sie auch, daß die Erziehung ihrer Kinder, vor allem die religiöse Erziehung, grundsätzlich in ihrer Verantwortung bleibt. Durch die Aufklärung über die Bedeutung einer frühzeitigen, kindgerechten und vor allem sprachlichen Förderung im Kindergarten im Hinblick auf einen erfolgreichen Schulbeginn kann gleichzeitig die Verantwortungsbereitschaft der ausländischen Eltern für eine fundierte Schul- und Berufsausbildung ihrer Kinder geweckt und gefördert werden.
Die ersten Impulse, den Kindergarten kennenzulernen, sollten wie bisher von den Kindergärten am Ort oder deren Trägerverbände ausgehen. Hilfe leistet dabei die Mitarbeit von

---

[70] Hier und im folgenden steht der Begriff Kindergarten für alle Formen institutioneller Elementarerziehung wie Kindertagesstätte, Tagheim etc.
[71] Ausführliche Daten siehe Anhang A.

deutschen oder ausländischen Eltern, die auch Kinder im Kindergartenalter haben, persönliche Kontakte zum Erzieher, Informationsblätter über Kindergärten in der jeweiligen Landessprache, Hausbesuche und gemeinsame Veranstaltungen der Träger.

Die Aufgabe des Kindergartens, der die besondere Situation der ausländischen Kinder berücksichtigt, beginnt also nicht erst mit der Aufnahme der Kinder in die Einrichtung, sondern setzt schon vorher im Vorfeld ein (vgl. 3. Elternarbeit).

Ausländische Kinder im Kindergarten stellen dem Erzieher pädagogische Aufgaben, zu deren Lösung er zusätzliche didaktisch-methodische Handreichungen braucht.

Der Schwerpunkt „Pädagogische Hilfen für die Arbeit mit ausländischen Kindern im Kindergarten" will Verständnis für die Situation der ausländischen (wie auch der deutschen) Kinder wecken und dem Erzieher Hilfen für die Praxis anbieten. Die Konzeption des Buches „Lebensraum Kindergarten" geht davon aus, daß der Erzieher die vorliegenden Angebote unter pädagogischen Gesichtspunkten ganz oder teilweise verändern, ergänzen oder selbst neu entwerfen kann. Es geht vordringlich um Erlebnis- und Lernsituationen, die den individuellen Bedürfnissen und Entwicklungsmöglichkeiten der Kinder entgegenkommen. Dabei ist das Zusammenleben mit deutschen Altersgenossen grundlegend. Dies gilt vor allem im Hinblick auf das Erlernen der deutschen Sprache, die Einführung dieser Kinder in die neue, andersartige Umgebung, die Entwicklung von sozialen Fähigkeiten, die Befähigung deutscher Kinder zu einem positiven Zusammenleben mit ausländischen Kindern, das Vorbereiten dieser Kinder auf die Schule.

Im Kindergartenalltag sind diese Aufgaben integriert in die einzelnen Bereiche wie Soziales Lernen, Spielen, Umwelterkundung, Elternarbeit; im Schwerpunkt selbst wird diese Integration durch Querverweise deutlich gemacht.

Ziele: Im Rahmen der allgemein geltenden Ziele der Kindergartenpädagogik ist wichtigstes Ziel der Arbeit mit ausländischen Kindern die Eingliederung in die gegebene Lebenswirklichkeit, wobei
— Eingliederung nicht als Anpassung an deutsche Lebensweisen unter Aufgabe der heimatlichen Kultur und Religion zu verstehen ist, sondern als

— Eingliederung in jene für das Leben notwendigen sozialen und gesellschaftlichen Strukturen, die es dem Kind erst erlauben, anerkanntes Mitglied in unserer Gesellschaft zu werden und zu sein. Dabei sollte auch eine mögliche Reintegration in die heimatliche Kultur gewährleistet bleiben.

Schon im Elementarbereich muß deshalb begonnen werden, auch dem ausländischen Kind Handlungssicherheit in unmittelbaren Lebenssituationen zu vermitteln. Auf Seiten der deutschen Kinder sind Vorurteile abzubauen und Kooperationsbereitschaft und -fähigkeit zu entwickeln.

Folgende Ziele sind vor allem anzustreben:

Einführung des Kindes in die neue, andersartige Umgebung des Kindergartens, das heißt:

— Vertrautmachen mit den anderen Kindern, den Erziehern, Helfern, den Spielmaterialien, den sonstigen Einrichtungen, Gepflogenheiten und praktizierten Ordnungsformen,
— schrittweiser Abbau von Angst und Unsicherheit sowie allmählicher Aufbau eines Selbstwertgefühls,
— Erschließung kleiner, konkreter und überschaubarer Spiel- und Handlungsfelder als Vorstufe zu einer umfassenderen sozialen Handlungsfähigkeit.

Entwicklung von sozialen Fähigkeiten durch:

— Entwicklung der Spielfähigkeit als Voraussetzung für den Aufbau sozialer Beziehungen,
— langsame Einführung in kleine Spiel- und Lerngruppen, wobei nationale Gruppierungen berücksichtigt werden können, die eine gewisse persönliche Atmosphäre gewährleisten,
— Aktivierung spezifischer Fähigkeiten, z.B. im musikalischen, ästhetischen und Bewegungsbereich, um so dem ausländischen Kind Möglichkeiten der Selbstfindung zu geben,
— Befähigung zum Vertreten eigener Bedürfnisse und Interessen.

Bereitstellen von Hilfen zum Erlernen der deutschen Sprache

Hier ist vor allem gedacht an:
- Schaffen vielfältiger Sprechanlässe im Rahmen der gesamten Kindergartenarbeit,
- Üben und Festigen einfacher Sprachstrukturen durch Spiele und Materialien.

Befähigung deutscher Kinder zu einem positiv gestalteten Zusammenleben mit ausländischen Kindern

Das bedeutet konkret:
- Die deutschen Kinder können an Beispielen über Lebensweise und Kultur, Sitten und Bräuche der Herkunftsländer der ausländischen Spielkameraden informiert werden (Kleidung, Nahrung, Wohnen, Spiele, Feste, Lieder u. a.).
- Gemeinsames Spielen und Lernen hilft gegenseitige Vorurteile abbauen, fördert die Hilfsbereitschaft und bahnt Verständnis an für andersartige religiöse Sitten und Gebräuche.
(Zur Frage der religiösen Erziehung im Kindergarten siehe den Schwerpunkt „Religiöse Erziehung".)

Vorbereiten der ausländischen Kinder im Kindergarten auf die Schule

- Hierbei kommt der Kooperation zwischen Kindergarten und Grundschule[72] besondere Bedeutung zu. Die Zusammenarbeit von Erziehern und Lehrern, wie sie in o. g. Bekanntmachung empfohlen ist, erleichtert auch den ausländischen Kindern den Übergang vom Kindergarten in die Grundschule.

2. Hilfen für die praktische Arbeit mit Kindern ausländischer Arbeitnehmer im Kindergarten

Die Aufgabe des Kindergartens im Hinblick auf ausländische Kinder besteht darin, sie entsprechend ihrer Altersstufe in die deutschen Verhältnisse einzuführen und ihnen individuelle Entwicklungsmöglichkeiten zu eröffnen. Dies erfordert keine grundsätzlich andere Konzeption der Kindergartenpädagogik. Allerdings sind die einzelnen konkreten Aufgaben, aber auch die Schwierigkeiten, die sich beim Eingliedern der ausländischen Kinder in die neue Lebenswirklichkeit ergeben, klar herauszustellen.

Zur Bewältigung der Aufgaben sollte sich der Erzieher nicht nur auf die Bereitstellung und Entwicklung von Hilfen für die unmittelbare Praxis konzentrieren, sondern sich ebenso eingehend über die Situation von Menschen, die in einem fremden Land wohnen, informieren. Damit sollte die Überprüfung der eigenen Einstellung gegenüber ausländischen Arbeitnehmern Hand in Hand gehen.

Die oft andersartige Lebensweise ausländischer Erwachsener, ihre unterschiedlichen Einstellungen und Werthaltungen, einschließlich ihrer religiösen Sitten und Gebräuche, widersprechen in manchem unseren Normen und Werthaltungen und können folglich zu unreflektierten Vorurteilen führen. Diese wirken sich auch auf die Einstellungen und Verhaltensweisen gegenüber deren Kindern aus. Deutsche Kinder ahmen das Vorbild der Erwachsenen nach. Daraus entstehen Schwierigkeiten beim Zusammenleben im Kindergarten. Neben Verständigungsschwierigkeiten stößt der Erzieher in der Kindergruppe insbesondere auf Verhaltensunsicherheiten ausländischer Kinder. Diese können sich bei den Kindern in aggressivem Verhalten oder in passivem Rückzug äußern und werden dadurch direkt zu entscheidenden Fragen des erzieherischen Tuns.

Wenn der Erzieher den ausländischen Kindern im Kindergarten unbefangen und herzlich begegnen will, sollte er sich möglicher Vorurteile bewußt werden, sein eigenes Verhalten prüfen und es gegebenenfalls auch ändern. Er sollte sich deshalb auch Informationen über die soziale und kulturelle Lage in den Herkunftsländern der ausländischen Kinder verschaffen, insbesondere über die Familienstruktur, die Erziehungspraktiken, die Rollenverteilung innerhalb der Familie, die Lebens- und Lernbedingungen, über religiöse Vorstellungen und daraus resultierenden Verhaltensweisen[73].

---

[72] Vgl. Empfehlungen an die Grundschulen zur Kooperation zwischen Kindergärten und Grundschulen. Bekanntmachung vom 20. 12. 1976, UA II 1047–15/118. In: Kultus u. Unterricht 2/1977, S. 37 ff.
[73] Vgl. Müller, H. (Hrsg.): Ausländerkinder an deutschen Schulen. Stuttgart 1974.

Im Laufe der Zeit wird durch gegenseitiges Kennenlernen im Zusammenleben mit den Kindern und durch sinnvolle Elternarbeit eine neue Grundlage geschaffen.

Es ist nicht Ziel des Kindergartens, die ausländischen Kinder einzudeutschen. Die Sitten und Gebräuche sowie die religiösen Vorstellungen der ausländischen Familien sollen deshalb nicht nur geduldet, sondern auch anerkannt werden.

Das setzt Einfühlungsvermögen in die Kinder und ihre Eltern, ihre Tradition und Lebensweise voraus.

Wichtig ist der Erfahrungsaustausch der Erzieher untereinander. Dabei werden Probleme des einzelnen ausländischen Kindes erkannt und Hilfen für das weitere pädagogische Handeln entwickelt. Die Teilnahme von ausländischen Erziehern oder Lehrern kann bei solchen Gesprächen in bestimmten Fällen hilfreich sein.

Im Anhang C sind eine Reihe von Fragen aufgelistet. Diese können als Anregung dienen für Erziehergespräche sowie zur Vorbereitung von entsprechenden pädagogischen Hilfen. In Fortbildungsveranstaltungen können durch Erfahrungsaustausch weitere didaktisch-methodische Handreichungen entwickelt sowie zusätzliche Informationen, z.B. über den sozio-kulturellen Hintergrund der ausländischen Arbeitnehmer, die Erziehung der Kinder, geschlechtsspezifische Rollenverteilung vermittelt werden.

Im folgenden werden praktische Anregungen für die Verwirklichung der Ziele aufgezeigt.

Hilfen zur Einführung des ausländischen Kindes in den Kindergarten

Das Kind ausländischer Arbeitnehmer steht unterschiedlichen Erwartungen gegenüber. In der Familie lernt das Kind die Normen und Verhaltensmuster des Heimatlandes kennen, im Kindergarten wird es in ein anderes, oft fremdes Sozialgefüge hineingestellt. Diese unterschiedlichen Rollenerwartungen können zu schweren Konfliktsituationen für das Kind führen. Die Tatsache, daß dasselbe Verhalten des Kindes in den verschiedenen Bereichen unterschiedlich bewertet werden kann, erschwert ihm die Orientierung zu Hause und im Kindergarten. Als Folge davon können psychische und soziale Störungen auftreten.

Für Kinder, die unmittelbar aus dem Heimatland in den Kindergarten kommen oder erst kurze Zeit in der Bundesrepublik Deutschland leben, ergeben sich neben den üblichen Eingewöhnungsschwierigkeiten zusätzliche Probleme. Sie sehen sich einer fremden Umgebung und auch einer völlig unbekannten Sprache gegenüber, die die Überwindung des Fremdseins erschwert sowie Angst, Unsicherheit und ein Gefühl der Isolierung hervorruft. Während das einheimische Kind die freundlichen und aufmunternden Worte der Erzieherin verstehen kann, besteht beim ausländischen Kind die Gefahr, daß es diese Worte falsch interpretiert. Entfallen die Einführungshilfen für das Kind, ist zu befürchten, daß es von Anfang an in eine Außenseiterrolle gerät. Deshalb ist zuerst eine intensive Beschäftigung mit dem Kind, das Beobachten seines Verhaltens und Hilfestellung im persönlichen Bereich sowie im Gruppenleben notwendig. In den ersten Tagen und Wochen sind Hilfen zum Einleben wichtiger als bestimmte Angebote.

Grundsätzlich haben wir dabei eine ähnliche Ausgangslage, wie sie sich immer dann ergibt, wenn ein neues Kind in die Gruppe kommt. Kinder vermögen sich nicht spontan in diese Situation einzufühlen. Sie können sich nicht in die Lage des fremden Kindes versetzen; sie können aber durch den Erzieher dafür aufgeschlossen und sensibel gemacht werden. Er erklärt beispielsweise: „Sonja ist fremd; sie kann uns nicht verstehen, wir können sie nicht verstehen."

Das Eingewöhnen in das Leben des Kindergartens dauert eine längere Zeit und vollzieht sich bei jedem Kind anders. Darum wird der Erzieher immer wieder auf bestimmte Dinge aufmerksam machen. Er ermutigt die deutschen Kinder bei ihrem Bemühen und bestätigt sie, indem er auf Fortschritte beim Ausländerkind hinweist.

Das ausländische Kind kann sich erst in die Gruppe eingewöhnen, wenn es zum Erzieher eine verläßliche Beziehung findet. Das Kind wird sich zunächst in seiner Nähe aufhalten, sich oft an ihn wenden und bei ihm Bestätigung suchen. Dadurch gewinnt es Sicherheit, sich auch in eine Gruppe zu wagen, sich anderen Kindern anzuschließen.

Der Erzieher hat viele Möglichkeiten zu zeigen, daß er dem Kind zugewendet ist. Er beteiligt es in der ersten Zeit bei seinen Tätigkeiten, läßt es in der Küche helfen, nimmt es mit, wenn er gelegentlich eine Besorgung macht oder in eine andere Gruppe geht. Im Kindergartenalltag gibt es eine

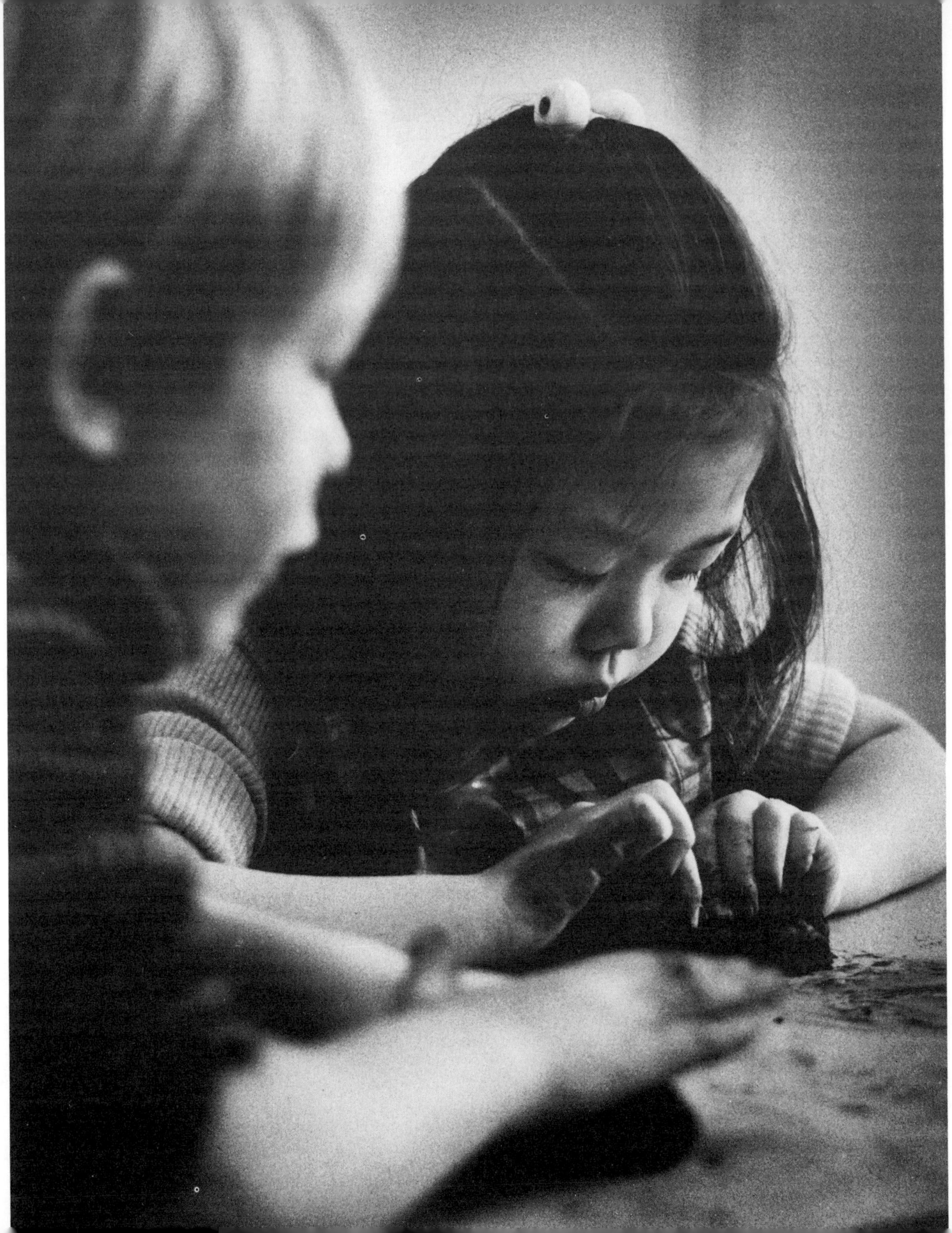

Fülle weiterer Möglichkeiten, die der Erzieher wahrnehmen kann, damit das Ausländerkind Vertrauen in seine Umgebung gewinnt. Hierzu trägt eine herzliche Atmosphäre und eine freundliche Sprechweise bei. Der Erzieher sollte versuchen, mit wenig Sprache, durch eindeutige Gestik und Mimik, auch durch körperliche Zuwendung dem Kind ein Gefühl des Angenommenseins zu vermitteln. Dies kann beispielsweise schon durch eine freudige Begrüßung beim Kommen des Kindes geschehen, die ihm zeigt, daß es gerne gesehen ist. Dann gelingt es auch, das Selbstwertgefühl des Kindes zu stärken, so daß das Kind erleben kann: „Ich bin wichtig."

Darüber hinaus wird der Erzieher aber auch *Hilfen zur Orientierung im Kindergarten* geben.

Das beginnt damit, daß er für eine verläßliche äußere Ordnung sorgt. Er schafft damit räumliche und zeitliche Fixpunkte, die in der Eingewöhnungsphase so wenig wie möglich verändert werden sollten. So gibt er dem Kind das Gefühl der Sicherheit und erleichtert ihm, sich zurechtzufinden. Es folgt ein schrittweises Einführen in die Gepflogenheiten und Ordnungsformen des Kindergartens, die einen geregelten Tagesablauf gewährleisten. Dies bezieht sich auf das Aufräumen, die Sitzordnung, den Tagesrhythmus (Essens- und Schlafgewohnheiten) und die gebräuchlichen Umgangsformen wie Begrüßung, Verhalten bei Spaziergängen u. a.

Da manche ausländische Kinder in der Anfangszeit mehr Zuwendung bedürfen und den Erzieher stark in Anspruch nehmen, kann bei den anderen Kindern Eifersucht entstehen. Um diese zu verhindern, sollte der Erzieher sein Verhalten den Kindern der Gruppe erklären und zu begründen suchen.

Das Erzieherverhalten hat auch in solchen Situationen Vorbildfunktion: die Kinder der Gruppe werden sich in ähnlicher Weise bemühen, mit dem neuen Gruppenmitglied Kontakt aufzunehmen. Dabei üben sie Formen sozialen Verhaltens ein, die über die konkrete Situation hinaus positive Einstellungen für den Umgang mit Menschen anderer Kulturen und Rassen grundlegen können.

Besonders wichtig ist für das neu hinzukommende Ausländerkind das *freie Spielen*. Hier kann es sich mit dem selbstgewählten Material frei betätigen und entscheiden, mit wem es umgehen will. Im freien Tun werden am ehesten Verkrampfungen gelöst, die aus Fremdheit und Angst erwachsen. Findet das Kind von sich aus keinen Zugang zu den Spielen und Spielzeugen, eröffnet der Erzieher Handlungsmöglichkeiten im Anspielen und leitet das Spiel in selbständiges Tun über (vgl. Schwerpunkt „Spielen").

Nach und nach führt der Erzieher das ausländische Kind in das Spielen der Gruppe ein. Dabei können die anderen Kinder über Spiele, deren verschiedene Verwendungsmöglichkeiten sowie Spielregeln informieren und so das ausländische Kind zunehmend am Gruppenleben beteiligen.

Spielen und Leben in der Gruppe

Für die Eingliederung der ausländischen Kinder in eine Kindergartengruppe gelten im wesentlichen die Grundsätze der Sozialerziehung (vgl. Schwerpunkt „Soziales Lernen").

Der Erzieher unterstützt Gruppenprozesse, indem er beobachtet, behutsam lenkt und ggf. korrigiert. Ausländische Kinder neigen dazu, in einer Kleingruppe von Kindern der eigenen Nationalität zu verharren. Im Kindergarten wird von ihnen erwartet, daß sie sich in die Gesamtgruppe einleben. Dabei benötigt das einzelne Kind oft den Erzieher als Vermittler.

Bei der Einführung des ausländischen Kindes in die Gruppe der anderen Kinder kann der Erzieher etwa wie folgt vorgehen:
– Bekanntmachen mit den Kindern der Gruppe: Vorstellung, Namensnennung, Hinweis auf Kinder derselben Muttersprache, Überlegungen zur Gruppenzuweisung, Auswahl erster geeigneter Spielgefährten, Aktivierung von Helferdiensten;
– Behutsame Motivierung der anderen Kinder, das neue Kind mit in ihr Spiel einzubeziehen;
– Spielangebote, die vor allen Dingen zu einem Mitspielen durch Nachahmen auffordern;
– Verstärkung kleinster Schritte der Kontaktaufnahme des Kindes, damit es zu neuen Kontaktversuchen ermutigt wird.

Bei der Wahrnehmung dieser Teilaufgaben sind insbesondere die Sprachkenntnisse des Ausländerkindes zu berücksichtigen bzw. festzustellen. Extreme Verhaltensweisen wie Sichzurückziehen oder Aggressivität sind oft auf mangelnde

Sprachkenntnisse zurückzuführen. Der Erzieher verdeutlicht dies den Kindern, z.B.: „Marco hat es nicht so böse gemeint. Er kann es nämlich noch nicht richtig sagen."

Der Erzieher hilft dem Kind, Spannungen auszuhalten und Versagungen zu ertragen. Ebenso kann er dem Kind einsichtig machen, daß es selbst durch sein Verhalten die Reaktionen der anderen beeinflussen kann: „Wenn du die anderen beim Spielen störst, mögen sie dich nicht leiden!"

Das Zusammenleben von deutschen und ausländischen Kindern kann für alle bereichernd sein. Sie spielen gemeinsam, feiern Feste miteinander und erleben dabei immer wieder, wie sie zusammengehören. Spontan und natürlich üben sie im normalen Alltag alle Spielarten sozialen Verhaltens ein, wenn der entsprechende Erlebnisraum geschaffen wird. Er eröffnet deutschen Kindern Einblicke in fremde Lebensweisen. Der Erzieher nutzt alle Gelegenheiten und berichtet über Heimat, Brauchtum und Sprache der ausländischen Kinder oder läßt diese selbst erzählen.
Kinder erfahren, was Nico, Sonja u.a. zu Hause essen und bereiten gemeinsam diese Mahlzeiten zu. Sie lassen sich schildern, wie bestimmte Feste (z.B. Weihnachten, Geburtstag) gefeiert werden.
Im Spiel stellen sie Bräuche und Sitten aus den Herkunftsländern der ausländischen Kinder dar. Dabei werden heimische Spiele, Lieder, Tänze, Märchen und Sagen einbezogen. Typische Gegenstände aus den Heimatländern werden vorgestellt, z.B. Wandbehänge aus Jugoslawien, Krüge aus Griechenland. Ausländische Kinder bringen andere Gegenstände von zu Hause mit und schmücken damit den Gruppenraum aus. Dabei können sie den deutschen Kindern die Namen der Gegenstände in ihrer Muttersprache mitteilen. Ausländische Kinder verfügen im rhythmisch-musikalischen Bereich meistens über besondere Ausdrucksformen. Der Erzieher bietet ihnen hier vielfältige Möglichkeiten, sich unabhängig von Sprache auszudrücken.
Eine solche Atmosphäre ermutigt ausländische Kinder, die deutsche Sprache zu erlernen.

Hilfen zum Erlernen der deutschen Sprache

Generell wächst das ausländische Kind in Deutschland mit *zwei Sprachen* auf, die zumeist noch in verschiedener Ausprägung (Dialekt und Schriftsprache) dem Kind begegnen. Es lernt zu Hause in seiner Familie und im Umgang mit Personen und Gruppen aus seinem Heimatland seine Muttersprache. Durch gleichzeitige Kontakte mit der deutschen Umgebung erwirbt es zugleich deutsche Sprachkenntnisse. Diese frühe Zweisprachigkeit führt jedoch zu unterschiedlichen Formen des Sprachverhaltens bei ausländischen Kindern, die jeweils abhängig sind von der Aufgeschlossenheit und den Interessen der Eltern. Je nachdem, ob ausländische Arbeitnehmer offen gegenüber deutschen Kontakten und Bildungsangeboten sind, wird auch das Interesse der ausländischen Kinder an ihrer deutschen Umgebung vorhanden sein und folglich auch die Bereitschaft zum Erlernen der deutschen Sprache. Die Sprachlernsituation des ausländischen Kindes wird bestimmt von einer Reihe von sozialen, ökonomischen, kulturellen und individuellen Faktoren, die weder vom Kind noch von der Erzieherin beeinflußt werden können.
Außerdem unterscheiden sich die Sprachschwierigkeiten der Kinder ausländischer Arbeitnehmer grundsätzlich von denen deutscher Kinder aus sozial benachteiligten Schichten. Während es sich bei letzteren um schichtspezifische Probleme von Sprachlernprozessen handelt, ist die deutsche Sprache für die ausländischen Kinder eine fremde Sprache, die sie zusätzlich zu ihrer Muttersprache lernen müssen. Es stellt sich somit das Problem des Erwerbs einer Zweitsprache.
Grundsätzlich lassen sich drei Gruppen von ausländischen Kindern mit unterschiedlicher Beherrschung der deutschen Sprache unterscheiden:
– Ausländische Kinder, die im Heimatland geboren sind, sich dort eine gewisse Zeit aufgehalten haben, dann zu ihren Eltern nach Deutschland gekommen sind und nun Deutsch als neue Sprache dazulernen müssen. Diese Kinder sprechen meistens wenig deutsch, können sich oft nur mit Hilfe von Zeichen verständigen und sprechen ihrer Altersstufe gemäß die Muttersprache (evtl. auch in verschiedenen Dialekten).

- Der größte Teil der ausländischen Kinder ist in Deutschland geboren und in einer mehr oder weniger vom Heimatland geprägten familiären Umgebung aufgewachsen. Diese Kinder haben nur in einem bestimmten, sozial begrenzten Rahmen ihre Muttersprache erlernt und durch gewisse Kontakte über die eigene Familie hinaus deutsche Sprachmuster erworben. In ihnen werden Formen des sogenannten „Gastarbeiterdeutsch" erkennbar. Außerdem zeigt sich, daß kein kontinuierlicher Sprachlernprozeß stattgefunden hat. Vielmehr reproduziert das Kind sprachlich dies, was es im Umgang mit den Deutschen aufgeschnappt hat: meistens Sprachfragmente, unvollständige Sätze und Sprachmuster aus der sozialen Unterschicht. Diese ausländischen Kinder lernen weder ihre Muttersprache in der Weise wie im Heimatland, noch verfügen sie über jene Kompetenz in der Zweitsprache wie ihre deutschen Altersgenossen, die eine relativ problemfreie sprachliche Kommunikation ermöglicht. Zusätzliche Schwierigkeiten haben vor allem jene Kinder, deren Eltern verschiedenen Nationalitäten angehören.
- Eine dritte Gruppe verfügt mehr oder weniger über dieselben Sprachkenntnisse und -fertigkeiten wie ihre deutschen Altersgenossen. Die Muttersprache steht in der Gefahr, zur Zweitsprache bzw. zu einer fremden Sprache zu werden. Für die Kindergartenarbeit bedeutet dies, daß kaum Integrationsschwierigkeiten spezifischer Art auftreten. Allerdings besteht auf der anderen Seite das Problem einer zunehmenden Entfremdung von den kulturellen und sozialen Bindungen an das Heimatland. Dieser müßte im Kindergarten gleichzeitig begegnet werden.

Sprachförderung im Kindergarten ist auch für ausländische Kinder eingebunden in das gesamte alltägliche Geschehen (vgl. Schwerpunkt „Sprechen und Sprache"). Sie geht von der konkreten Anschauung aus, nimmt vorhandene Sprachmuster auf, führt zur Abstraktion und vollzieht sich in Prozessen nach je eigenem Lerntempo des einzelnen Kindes. Das kleine Kind nimmt die Sprache seiner Umgebung unbewußt auf und eignet sie sich selbstverständlich fast mühelos an.

Der Kindergarten bildet mit seinen vielfältigen Lebensvollzügen ein reiches sprachliches Anregungsmilieu: Im Zusammenleben mit Kindern und Erwachsenen, im freien und strukturierten Spielen bieten sich die verschiedensten Sprechanlässe zum Vertrautwerden mit der Sprache und zum Sprechen (vgl. Schwerpunkte „Spielen" und „Soziales Lernen") an.

Der Erzieher begleitet das Kind sprachlich beim Umgang mit den Dingen: er benennt die Gegenstände, mit denen es gerade umgeht, bezeichnet die Tätigkeiten oder verdeutlicht sie pantomimisch, versprachlicht dessen Wünsche und Gefühle. Es ist wünschenswert, daß der Erzieher einige Redewendungen in der jeweiligen Landessprache kennt und spricht, z.B. Formen der Begrüßung sowie Redewendungen, die Zustimmung und Bestätigung ausdrücken.

Durch Handpuppen kann das Kind Sprechen als Dialog erleben. Zunächst wird der Erzieher nur mit einer Puppe spielen. Die zuhörenden Kinder werden zu Gesprächspartnern; sie wenden bereits gelernte Sprachmuster an (Begrüßen, Sichvorstellen, Bejahen, Verneinen usw.). Das kann in vielen Variationen wiederholt und gefestigt werden. Dabei sollten vor allem Figuren und Tiere agieren, die dem Kind vertraut sind.

Das Erlernen einer fremden Sprache geschieht vornehmlich durch Kommunikation mit vertrauten Personen. Hat der Erzieher solche Beziehungen zum Kind angebahnt, wird sich Sprache durch Sprechen im Umgang differenzieren. Langsames artikuliertes Sprechen ist dabei wichtig.

Im Umgang mit den deutschen Kindern der Gruppe lernen ausländische Kinder die fremde Sprache am besten. Der Erzieher sorgt dafür, daß das ausländische Kind in die Unternehmungen anderer mit einbezogen wird: Kinder spielen nebeneinander. Das fremde Kind nimmt atmosphärisch auf, es ahmt einzelnes nach, geht mit, setzt sich dazu. Kinder werden durch den Erzieher zum Miteinanderspielen angeregt. Aufforderungen und Regeln werden als Sprachmuster bei Kreis- und Laufspielen kennengelernt und angewendet (vgl. Schwerpunkt „Spielen", „Soziales Lernen", „Rhythmisch-musikalische Erziehung", „Bewegungserziehung").

In besonderer Weise motivieren Bilderbücher Kinder, sich zu äußern. Sie können hier die erlebte Wirklichkeit wiedererkennen, benennen und darüber erzählen (vgl. Schwerpunkt „Sprechen und Sprache", Exkurs: Über den Umgang mit Literatur im Kindergarten, S. 112ff.).

Alle Angebote und Hilfen des Erziehers werden davon bestimmt sein, das Kind im Zusammenleben mit Gleichaltrigen in die deutsche Sprache hineinwachsen zu lassen[74].

Eine *gleichzeitige Förderung der Muttersprache und der deutschen Sprache* im Elementarbereich ist außerordentlich problematisch. Durch eine muttersprachliche Förderung bliebe zwar eine stärkere Anbindung an die Kultur des Heimatstaates erhalten; es besteht jedoch die Gefahr einer Überforderung der Kinder durch eine zweisprachige Förderung im Kindergarten.

Folgende Gesichtspunkte sind für diesen Fragenkomplex, der noch nicht hinreichend geklärt ist, von besonderer Bedeutung:

Es wird vor allem Aufgabe der Familie und heimatlicher Bezugsgruppen sein müssen, dafür zu sorgen, daß diese Kinder ihre Muttersprache erlernen.

Das gleichzeitige Erlernen der Muttersprache und der deutschen Sprache fällt dem ausländischen Kind leichter, wenn es in jeder Bezugssituation (Familie, Kindergarten) nur mit einer Sprache konfrontiert wird.

Der Übergang vom Kindergarten in die Grundschule

Im Kindergarten werden die Kinder mit allen Anregungen *auch* auf die Schule vorbereitet. Dies geschieht die ganze Zeit über und nicht erst kurz vor dem Eintritt in die Schule. Für das ausländische Kind sind im Hinblick auf die Vorbereitung auf die Schule alle vorangehend aufgezeigten Hilfen und Angebote wichtig. Der Erzieher sollte daher dem Kind zuerst helfen, seine noch als diffus erlebte Umwelt zu ordnen, sich darin zu orientieren und Schritt für Schritt zu erweitern. Die zunehmende Sicherheit, die das Kind in seiner Umwelt gewinnt und die Fähigkeit, sich sprachlich mitzuteilen, ist eine wesentliche Vorbereitung auf die Schule (vgl. Schwerpunkt „Erfahrungen mit der Umwelt").

Um den ausländischen ebenso wie den deutschen Kindern den Übergang vom Kindergarten in die Grundschule zu erleichtern, ist es besonders wichtig, daß Erzieher und Lehrer kooperieren[75].

Eine solche Zusammenarbeit umfaßt die sinnvolle Abstimmung der Erziehungsstile, Inhalte und Arbeitsformen beider Einrichtungen, insbesondere die direkten Hilfen, die den künftigen Schulanfängern geboten werden[76].

Voraussetzung ist, daß Erzieher und Lehrer sich im Interesse der Kinder kennenlernen und Einblick in die Arbeit der anderen Einrichtung gewinnen.

Die künftigen Schulanfänger lernen bereits im Kindergarten ihren Lehrer und umgekehrt die Lehrer ihre künftigen Schüler kennen. Die Beobachtung ihres Entwicklungsstandes und ihres Sozial- und Spielverhaltens ergibt Hinweise für die Gestaltung des Anfangsunterrichts. Im Hinblick auf die ausländischen Kinder ist es besonders wichtig, daß der Lehrer ihre sprachliche Entwicklung kennt, um diese in der Schule entsprechend kontinuierlich zu fördern.

In Absprache mit dem Erzieher kann der Lehrer bei einzelnen Kindern frühzeitig kompensatorische Maßnahmen anregen, mittragen und kontinuierlich weiterführen. Hierbei bieten sich verschiedene Möglichkeiten in der Kleingruppenarbeit an.

Erzieher und Lehrer sollten alle Eltern – dies ist vor allem bei den ausländischen Eltern erforderlich – über den Bildungsauftrag der Grundschule informieren und in Fragen, die den Übergang betreffen, beraten. Dies bezieht sich z. B. auf Fragen der Schulfähigkeit, Besuch des Allgemeinen Schulkindergartens, Formalitäten beim Schuleintritt, Ausstattung des Erstkläßlers u.a.m.

Der Besuch in der Schule spielt für die künftigen Schulanfänger eine besondere Rolle. Das Kennenlernen des Schulgebäudes, eines Klassenzimmers, das Bekanntwerden mit anderen Lehrern und Schülern kann die Befangenheit vor der Einrichtung abbauen.

Insgesamt baut die Mitarbeit des Lehrers im Kindergarten positive Beziehungen zwischen Kindern, Erziehern und Lehrern auf. Diese Tätigkeit bietet die Gewähr, daß der Lehrer die geistige und körperliche Belastbarkeit, die Arbeitsformen und -gewohnheiten der Kinder kennenlernt und in der 1. Klasse berücksichtigt[77].

---

[74] In manchen Kindergärten und Kindertagesstätten haben Erzieher didaktische Hilfen zum Erlernen der deutschen Sprache entwickelt und erprobt.

[75] Vgl. Empfehlungen an die Grundschulen zur Kooperation zwischen Kindergärten und Grundschulen. In: Kultus und Unterricht 1977, S. 37.

[76] Erfahrungen, Anregungen und Hilfen für die Praxis enthält die Schrift: Dokumentation Bildung Nr. 1 – Kooperation zwischen Kindergärten und Grundschulen. Hrsg. vom Ministerium für Kultus und Sport. Baden-Württemberg 1979.

[77] Vgl. dazu „Gestaltung eines kindgemäßen Anfangsunterrichts" in der o. g. Schrift, S. 33 ff.

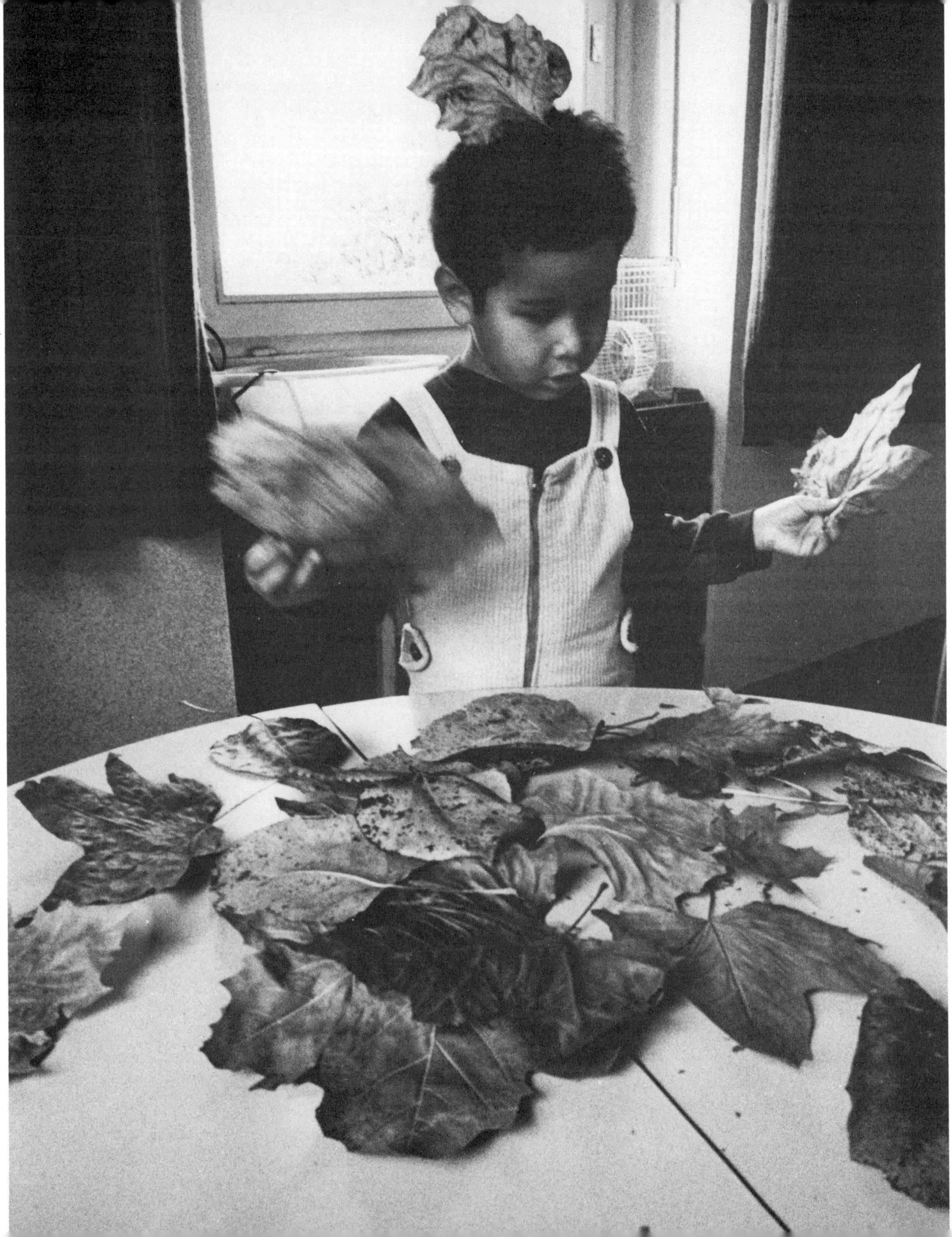

Materialhinweise

Materialien

Für die Eingliederung der ausländischen Kinder in den Kindergarten bedarf es eigentlich kaum besonderer Anschaffungen. Sofern für den Kindergarten geeignete Materialien in ausreichendem Maß zur Verfügung stehen, eignen sie sich ebenso auch für die Förderung des ausländischen Kindes. Zum Teil wird das vorhandene Material bei diesen Kindern anders eingesetzt als bei deutschen Kindern. Zusätzliche Anschaffungen betreffen höchstens geeignetes Anschauungsmaterial über die Heimat der Ausländerfamilien.
Der Erzieher hält zu gegebenen Anlässen Gegenstände und Materialien aus den Herkunftsländern bereit, z. B.

– Wandbehänge aus Jugoslawien
– Tonpfeife aus der Türkei
– Krüge aus Griechenland
– Musikinstrumente
– Öllampe aus Samos
– Photographien

Spiele

Puppen und Handpuppen

Selbstgemachte Tiere aus Strumpfsocken
Steifftiere (Katze, Häschen, Schaf, Ziege…)

Strukturierte Spiele

zur Übung geistiger Funktionen
(Unterschiede erkennen, Ähnlichkeiten feststellen, Zuordnen von Dingen, Begriffe festigen wie Farbe, Menge, Größe usw.).
Spiele mit den Kindern herstellen, wie sie im Schwerpunkt „Erfahrungen mit der Umwelt" beschrieben werden;
Spiele, die im Kindergarten vorhanden sind (Lotto, Memory, Domino…).

Bücher

a) Sachbücher mit wenig Text:

Heyduck-Huth, H.: Jahreszeiten-Bilderbuch. Ravensburg.
Mitgutsch, A.: Rundherum in meiner Stadt. Ravensburg.
Ders.: Strom und Straße. Ravensburg.
Ders.: Was ich schon kann. Ravensburg.
Wernhard, H.: Wer kommt da? Ravensburg.
Bilderbuchreihe Schroedel Verlag Hannover: Tinas Puppe (62303) – Tiere rundherum (62304).
Fotobände: „Kinder aus aller Welt"
Bunter Kinderkosmos: Einzelbände: Tiere in Haus und Garten; In Feld und Hof; In Wald und Flur. Franckh, Stuttgart.
André, R.: Herders Buntes Bilderlexikon, Freiburg.
Aus der Reihe „Mein 1. Taschenbuch", O. Maier Verlag, Ravensburg: Irini: Bei uns in Griechenland, Nr. 42 – Deniz: Bei uns in der Türkei, Nr. 35 – Gordana: Bei uns in Jugoslawien, Nr. 36
Lorens u. a.: Das Dorf der Zusammenarbeit, Achenbach Verlag, Gießen.
Haën, W.: Wie kleine Tiere groß werden. Ravensburg.

b) Bilderbücher

Leaf, M.: Ferdinand der Stier. Parabel Verlag, München.
Öner, C. O./Peker, O.: Gülibik der Hahn. Neithard Anrich Verlag, Neunkirchen.
Kirchberg, Ursula: Selim und Susanne. Ellermann Verlag, München.
Reidel, Marlene: Kasimirs Weltreise. Betz Verlag, München.
Lionni, L.: Frederick. Middelhauve Verlag. Köln.
Carle, E.: Gute Reise, bunter Hahn! Stalling Verlag, Oldenburg.
Galler, H.: Der kleine Nerino. Schroedel Verlag, Hannover.
Lehrer, L./Krist-Schulz, H.: Die bunte Flaschenpost. Verlag Herder, Freiburg.

c) Geschichten

Dichter Europas erzählen Kindern aus aller Welt. Middelhauve Verlag.
Guggenmoos, J.: Was denkt die Maus am Donnerstag. dtv junior München.
Steinwede, D./Ruprecht, S.: Vorlesebuch Religion. Göttingen/Köln/Lahr/Zürich 1971–76.

Schallplatten und Liederbücher

Fidula-Kindertänze: Maccaroni/aus Italien – Bella Bimba/aus Italien – Buenos Dias/aus Lateinamerika – Wir schließen das Tor/aus Deutschland – Tänze aus Griechenland. Calig-Verlag, München. –
Obrig, J.: Kinderspiele aus aller Welt. Goldmann Verlag, München.
– Europäische Weihnachtslieder. Fidula Fon 1146, Fidula Verlag, Boppard

Liederbücher

Der Turm, hrsg. von K. Schilling, H. König und H. Hoss, Voggenreiter Verlag, Bad Godesberg. 607 Lieder aus allen europäischen Staaten in der Originalsprache und mit deutschem Text.
Der Zündschlüssel, hrsg. von H. J. Holzmeister, Fidula Verlag, Boppard.

Wir jagen die Räuber fort – Schallplatte mit Singheft, Peter Janssen Musik Verlag, Telgte (Die Geschichte eines kleinen Italieners).
Knaurs Kinderlieder der Welt. Droemer-Knaur Verlag, München.

Dia- und Tonbildreihen, Filme
Pepino. 36 Dias. Die Geschichte des Gastarbeiterkindes Pepino will Kindern von 6–11 Jahren das Problem des Fremdseins nahebringen.
Alltag in der Türkei. Vista Point Verlag. Köln, (Gut einsetzbare Dias und dazugehörender Text.)
Pinuccia findet Freunde. 31 Dias. Einweisung eines italienischen Mädchens in eine deutsche Grundschule.
... und es kamen Menschen. 24 Dias.
Grenzen überwinden. 50 Dias. Beide Diareihen zeigen die soziale, wirtschaftliche und menschliche Situation der ausländischen Arbeitnehmer.

Ausleihmöglichkeiten:
Fachstelle für Medienarbeit/Diözese Rottenburg, Sonnenbergstr. 15, 7000 Stuttgart 1 – Landesbildstelle Württemberg, Rotenbergstr. 111, 7000 Stuttgart 1.

Rommel, K.: Freude für die Welt, Weihnachtsliturgie, Nr. 65. Verlag Junge Gemeinde, Stuttgart 1971. (Hier treten jeweils 2 Kinder auf, um spezifische Weihnachtsbräuche ihres Landes darzustellen).
Weihnachtsbräuche aus aller Welt. Dia-Reihe. Auszuleihen beim Institut für Auslandsbeziehungen, Charlottenplatz 17, 7000 Stuttgart 1.

Sprachhilfen:
Arbeitsgruppe Vorschulerziehung: Anregungen III: Didaktische Einheit im Kindergarten, darunter eine didaktische Einheit: Gastarbeiterkinder. Kösel Verlag. München 1976.
Franger, G./Kneipp, H.: So leben wir. Ravensburg 1978. Eine Fotomappe enthält 24 Karten, die Kinder im Kindergarten über die familiäre und kulturell andersartige Situation in den Herkunftsländern informieren soll, z.B. ein Bild von einer griechisch-orthodoxen Taufzeremonie u.a. Dabei werden Anregungen zum internationalen Kochen, Spielen, Singen gegeben.
Lumpp, G.: Sprachunterricht im Kindergarten? Über die Notwendigkeit und Möglichkeit einer Sprachförderung für ausländ. Kindergartenkinder am Beispiel des „Denkendorfer Modells". In: Theorie und Praxis der Sozialpädagogik 86 (1978), S. 147–158.
Oelmann, R./Steffen, R.: Pina und Rocco. Verlag Schroedel. Hannover. (Ein Sprachbuch).
Tomberg, G.: Audiovisuelle Medien: Ausländische Kinder. In: Welt des Kindes, 56 (1978), S. 287–288.
Wiezorek, G.: Komm, spiel mit mir. Spielsituationen, die ausländische Kinder aktivieren. In: Welt des Kindes, 56 (1978) S. 266–273.

3. Elternarbeit

Eine vertrauensvolle und intensive Zusammenarbeit mit ausländischen Eltern ist Voraussetzung für eine erfolgreiche Arbeit mit deren Kindern. Sie unterstützt den Kindergartenbesuch und hilft den Kindern, sich in den gegebenen Lebensverhältnissen zurechtzufinden.

Elternarbeit mit ausländischen Eltern beginnt bereits vor der Aufnahme der Kinder in den Kindergarten. Die ersten Kontakte gehen vom Kindergarten bzw. dessen Träger aus mit dem Ziel, die Eltern über die Einrichtung zu informieren und die Bedeutung des Kindergartenbesuchs für die jetzige und zukünftige Lebensbewältigung darzulegen.

Dabei bietet sich die Zusammenarbeit mit anderen Institutionen und Personen der Gemeinde bzw. Pfarrgemeinde an. In Betracht kommen zum Beispiel die Gemeindeassistentin, die die neu zugezogenen Familien besucht, die Sozialstation, deren Mitarbeiter durch Krankenbesuche die Familien kennenlernen, die Mitarbeiter in der Jugendarbeit, des Altenwerks und des Besucherdienstes.

Dabei ist folgendes zu berücksichtigen:

Die Einrichtung Kindergarten gibt es in einigen Herkunftsländern der ausländischen Familien nicht bzw. in anderer Form.

Manchen ausländischen Eltern ist die Arbeit des Kindergartens, dessen spezifischer Bildungsauftrag und die dort praktizierten Erziehungsstile unbekannt. Die Scheu vor dem Fremden und die Vorbehalte gegenüber der unbekannten Einrichtung erschweren oft eine positive Einstellung zum Kindergarten.

Sprachbarrieren bei ausländischen Eltern und Kindern, begrenzte Kontaktmöglichkeiten zwischen ausländischen und deutschen Eltern sowie zwischen ausländischen Eltern und Erziehern behindern eine hinreichende Information über diese Einrichtung.

Die Elternschaft der ausländischen Kinder stellt eine höchst heterogene Gruppe dar. Aufgrund der soziokulturellen Unterschiede zwischen Herkunftsland und Gastland ergeben sich Anpassungsprobleme, die bei den ausländischen Eltern und Kindern bis zur Entfremdung von der heimatlichen Kultur und schließlich zu Identitätskrisen führen können.

Der Erzieher macht sich die entsprechenden sozio-kulturellen Hintergründe der jeweiligen Herkunftsländer[78] bewußt. Dadurch ist eine vorurteilsfreie Begegnung, ein gleichberechtigtes Gespräch und ein gleichgerichtetes Handeln mit ausländischen Eltern möglich.
Die Rahmenbedingungen des Kindergartens sollten nach Möglichkeit auch den Bedürfnissen der ausländischen Eltern entgegenkommen.

Elternarbeit mit ausländischen Eltern ist auf die Initiative und die Mitarbeit der Kindergartenträger angewiesen. Sie schließt Formen der Kooperation zwischen Träger und Erzieher ein und unterstützt dessen praktische Arbeit.
Elternarbeit will über den persönlichen Kontakt und die gegenseitige Information über Erziehungsziele und Erziehungspraktiken Vertrauen und gegenseitiges Verständnis wecken. Dadurch wird eine gemeinsame Basis für die pädagogischen Maßnahmen im Kindergartenalltag hergestellt.

Im einzelnen bedeutet dies:

Im Gespräch mit den Eltern lernt der Erzieher die Einstellung zu Zielen und Methoden der Erziehung kennen. Er erfährt Näheres über den Entwicklungsprozeß des Kindes und erhält erste Eindrücke von den Familienverhältnissen.
Der Erzieher spricht mit den Eltern über Ziele, Inhalte, Methoden und die Organisation des Kindergartens. Mögliche Vorbehalte können ausgeräumt werden, die Bereitschaft für den Kindergartenbesuch wird verstärkt und eine Grundlage für die gemeinsam getragene Erziehung und Bildung geschaffen.
Durch den persönlichen Kontakt zwischen Erzieher und Eltern, durch das Aufeinander-Zugehen und Miteinander-Sprechen entsteht ein Vertrauensverhältnis, welches den schrittweisen Einbezug der ausländischen Eltern in die Arbeit ermöglicht und eigenverantwortliche Initiativen in Gang setzen kann.
Daneben kann bei deutschen Eltern das Verständnis für die ausländischen Eltern und Kinder geweckt werden. Durch gemeinsam geplante und durchgeführte Veranstaltungen lassen sich engere Beziehungen zwischen deutschen und ausländischen Familien anbahnen.

Didaktisch-methodische Überlegungen

Der Erzieher hat von folgenden Vorüberlegungen auszugehen:
Aufgabe und Bedeutung des Kindergartens als familienergänzende und familienunterstützende Erziehungseinrichtung ist vielen ausländischen Eltern relativ unbekannt.
Existentielle Lebensfragen wie zum Beispiel Sorge um den Arbeitsplatz, Wohnungsenge, Isolation der Kinder und Mütter im Wohngebiet überlagern oft Erziehungs- und Ausbildungsfragen.
Ausländische Eltern haben kaum Gelegenheit, mit qualifizierten Gesprächspartnern Erziehungsfragen zu erörtern.
Die Maßnahmen im Vorfeld des Kindergartens zielen hauptsächlich auf die ausländischen Eltern, die ihre kindergartenfähigen Kinder nicht in diese Einrichtung schicken. Deshalb muß sich der Erzieher zunächst einen Überblick über die im Einzugsbereich des Kindergartens lebenden Familien mit kindergartenfähigen Kindern verschaffen und feststellen, welche Kinder keinen Kindergarten besuchen[79].
Danach ist Kontakt zu den ausländischen Eltern aufzunehmen und allmählich ein *gegenseitiges* Vertrauensverhältnis aufzubauen. Geeignete Mittel können der Elternbrief und der Hausbesuch sein.
Der *Elternbrief*[80] in der jeweiligen Muttersprache sollte im April/Mai (also vor dem Eintritt zu Schuljahresbeginn) an die Eltern verteilt werden. Er informiert über die Aufgaben und Ziele, die Angebote und Tätigkeiten des Kindergartens, weist auf die Bedeutung des Kindergartenbesuchs der Kinder insbesondere für den künftigen Schulbesuch hin und regt zur Anmeldung im nächsten Kindergarten an.
Erfahrungsgemäß unterstützt das persönliche Gespräch mit der Familie, zum Beispiel ein *Hausbesuch*, das Anliegen. Sachkundige Berater wie Sozialarbeiter der Kirchen, der Städte und Gemeinden und der Wohlfahrtsverbände, Mitglieder des Ausländerbeirats der Gemeinde, auch Mitglieder nationaler Vereinigungen können dabei Hilfe leisten.

---

[78] Vgl. Müller, H., (Hrsg.) Ausländerkinder an deutschen Schulen. A.a.O.
[79] Die Anschriften der Familien können bei der Meldebehörde oder beim kommunalen Rechenzentrum erfragt werden.
[80] Verschiedene Trägerverbände haben Elternbriefe in den Sprachen der Hauptentsendeländer verfaßt.

Im Gespräch sind die Aufgaben des Kindergartens, organisatorische Fragen und die Kindergartenordnung zu erläutern (z. B. Tagesablauf, Öffnungszeiten, Bringen und Abholen der Kinder, Entschuldigungen bei Krankheit, Versicherungsschutz, Anmeldung, Anschrift des Kindergartens, finanzieller Beitrag, Freiwilligkeit des Besuchs, Essen u. a.).
In der Phase der Begegnung von ausländischen Eltern und Erziehern können die ausländischen Eltern, die selbst Kinder im Kindergarten haben (Kontakteltern), eine wertvolle Vermittlerrolle übernehmen: sie sprechen Eltern gleicher Nationalität an, vermitteln Gespräche mit dem Erzieher, begleiten den Erzieher bei Hausbesuchen, bringen die Eltern mit in den Kindergarten und dienen als Dolmetscher oder helfen beim Ausfüllen der Anmeldeformulare.

Um die Scheu vor der fremden Einrichtung abzubauen, können ausländische Eltern mit dem Kind vor der Anmeldung in den *Kindergarten eingeladen* werden. Eltern und Kind erleben und sehen dabei den Tagesablauf sowie das Zusammenleben und Spielen der Kinder. Der Wunsch des Kindes, auch hierher kommen zu dürfen, wird die Einstellung der Eltern positiv beeinflussen.
Es ist empfehlenswert, in dieser Phase mit den anderen Kindergärten am Ort bzw. auf Trägerebene zusammenzuarbeiten. Auf dieser Ebene können *Elterntreffen* mit den jeweiligen Nationalitäten zur Abklärung pädagogischer und organisatorischer Fragen veranstaltet werden. Die Kontakteltern und die sachkundigen Berater können an der Vorbereitung beteiligt sein. Die Terminplanung sollte beiden Elternteilen das Kommen ermöglichen, eine Kinderbetreuung während dieser Zeit muß gewährleistet sein. Das Treffen ist vor der Aufnahme der Kinder in den Kindergarten durchzuführen. Einladungen in der Muttersprache und persönliche Einladung durch Erzieher, Kontakteltern und Vertreter der Ausländervereinigungen sind Voraussetzungen für einen guten Besuch.
Ist es gelungen, Kontakte und eine Vertrauensbasis mit ausländischen Eltern zu begründen, schicken diese ihre Kinder eher in den Kindergarten. Der Kindergartenbesuch sollte durch weitere Formen der Elternarbeit begleitet werden.

Das Gespräch beim Bringen und Abholen der Kinder ist hierbei von großer Bedeutung. Es dient dem persönlichen Bekanntwerden und beseitigt Barrieren und Vorbehalte gegenüber dem Kindergarten. Der Erzieher kann dabei die Initiative ergreifen und auf einzelne Eltern zugehen.

Ausländische Eltern sollten zu einem *Besuch der Kindergruppe/des Kindergartens* eingeladen werden. Dabei erleben sie ihr Kind/die Kinder bei verschiedenen Tätigkeiten sowie den Umgang der Kinder untereinander und die Beziehungen zwischen Kind und Erzieher. Allmählich können sie schrittweise in die Arbeit einbezogen werden: zum Beispiel kochen sie mit den Kindern heimische Speisen, singen und tanzen mit der Gruppe.

Die Einrichtung von *Sprechstunden* im Kindergarten bietet die Gelegenheit, ausländische Eltern auch in Alltagsfragen zu beraten. Vielleicht ist dabei die Mitarbeit eines sachkundigen ausländischen Elternteils oder eines Sozialberaters möglich.

Ist beispielsweise ein Kind erkrankt, bietet sich ein *Hausbesuch* an. Ausländische Eltern und Erzieher lernen sich kennen; in der Regel freuen sich die ausländischen Familien und fühlen sich geehrt. Bitten die Eltern um einen Besuch, sollte man ihn nicht ausschlagen.

Elterntreffen sollten mit Bastel- oder Spielaktionen verbunden sein: Zusammenkünfte, bei denen nur gesprochen wird, hemmen das gegenseitige Bekanntwerden.
In die Vorbereitung können die Kontakteltern einbezogen werden. Die Einladungen sind in der Muttersprache verfaßt. Landsmannschaftliche Gruppenbildungen sind möglich. Der Termin sollte die (Schicht-) Arbeitszeiten der Eltern berücksichtigen.

An einem *Werk- oder Bastelabend* sollten solche Tätigkeiten ausgewählt werden, die dem eigenschöpferischen Gestalten breiten Spielraum lassen und durch die Art der Bearbeitung das gegenseitige Kennenlernen fördern (z. B. fertigen mehrere Eltern zusammen ein Werkstück). Schriftliche Einladungen in der Muttersprache sollten durch Gespräche, etwa beim Bringen oder Abholen der Kinder, ergänzt werden. Dabei können die Kinder ihren Eltern zeigen, welche Tätigkeiten an diesem Abend geplant sind und diese zur Teilnahme anregen.

Nachmittagstreffen von ausländischen und deutschen Müttern, auch in Zusammenarbeit mit der Kirchengemeinde oder der Kommune, wollen die Isolation der ausländischen Mütter aufheben und mit deutschen Müttern näher bekanntmachen. Das gleiche Ziel verfolgen gemeinsame Elterntreffen mit deutschen und ausländischen Eltern.

Der *Elternabend* mit ausländischen und deutschen Eltern sollte zunächst die ausländischen Eltern in Kleingruppen zusammenfassen[81]. Die Themenauswahl kann gemeinsam mit ihnen getroffen werden. Dabei achtet der Erzieher darauf, daß deren Alltagsprobleme auch aufgegriffen werden.

Elternabende dieser Art tragen dazu bei, Einstellungen anderer kennenzulernen und zu tolerieren. Wenn der Erzieher den ausländischen Eltern Gelegenheit gibt auszudrücken, was sie verstanden haben oder nicht verstehen konnten, dann werden diese auch zum nächsten Abend kommen.

Zur Vorbereitung des Abends kann sich der Erzieher folgende Fragen stellen:
– Welches Thema/welche Themen werde ich anbieten?
– Wie rege ich das Gespräch an (Einführung, Beispiele aus dem Kindergarten, Medien; was können Eltern beitragen?)
– Können Eltern als Dolmetscher (Gruppensprecher) tätig sein?
– Nach welchen Gesichtspunkten teile ich die Gruppen ein? Welche Einzelaufgaben stelle ich?

Mögliche Themen/Inhalte können sein:
– Wie lernen Kinder im Kindergarten Deutsch? Bei welchen Anlässen und Tätigkeiten, mit welchen Medien und Materialien?
– Wie verstehe ich aggressives Verhalten? Wie versuche ich, damit umzugehen?
– Wie bereite ich im Kindergarten das Kind auf die Schule vor?
– Wie fördere ich im Tagesablauf die Integration der ausländischen Kinder in die Gruppe?
– Welche Gegenstände und Materialien, Spielzeuge sind im Kindergarten für die Kinder vorhanden? Wie können die Eltern ihre Kinder zum pfleglichen Umgang mit diesen Gegenständen erziehen?
– Wir planen ein internationales Fest.

Zum Abschluß des Abends sollte sich der Erzieher bei den Eltern der verschiedenen Nationalitäten für die fruchtbare Zusammenarbeit bedanken.

Gemeinsame Erlebnisse schaffen ein Zusammengehörigkeitsgefühl. Von ausländischen und deutschen Eltern geplante und gestaltete *Feste* für und mit Kindern und Eltern fördern gute gegenseitige Beziehungen. Beispielsweise kann unter dem Motto „Eine Reise nach..." symbolisch eine Reise in die Heimatländer der Eltern mit Kostproben von Spezialitäten, mit Dias von Land und Leuten, mit Folkloretänzen unternommen werden.

Der Erzieher sollte deutsche Eltern und Kinder ermuntern, ausländische Kinder zum Spielen, zu Geburtstagsfeiern nach Hause einzuladen. Er kann private Aktivitäten zwischen deutschen und ausländischen Familien anregen und Patenschaften sowie Nachbarschaftshilfen fördern.

Zum Beispiel können deutsche/ausländische Familien Kinder, deren Eltern ganztags berufstätig sind, über Mittag aufnehmen.

Die geschilderten Tätigkeiten wollen mit dazu beitragen, *Kontakte* und länger andauernde *Beziehungen zwischen ausländischen und deutschen Familien* anzubahnen und zu festigen. Daraus können sich auch Hilfeleistungen deutscher Eltern für solche Situationen ergeben, in denen sich Ausländerfamilien nur schwer zurechtfinden, zum Beispiel Behördengänge, Schulanmeldung, Arztbesuche, Ausfüllen von Formularen, Rechtsauskünfte.

Durch eine vielseitige und intensive Elternarbeit kann der Kindergarten einen Beitrag zur Gemeinwesenarbeit in dem umgebenden Wohnbereich leisten.

---

[81] Der Termin sollte günstig gewählt werden, damit möglichst viele Eltern kommen können.

4. Literatur

Die folgende Literatur informiert über die allgemeine Problemlage der ausländischen Arbeitnehmer in der Bundesrepublik unter folgenden Aspekten:
— die wirtschaftliche, soziale und kulturelle Situation in den Herkunftsländern,
— Anwerbung, Anreise, Arbeitsaufnahme, Rechtsstatus (Ausländergesetz),
— das Leben in der Bundesrepublik: Wohnsituation, Arbeitsmarkt und Arbeitsplatz, Sprachprobleme, Freizeitgestaltung,
— Bildungsniveau und Bildungsvorstellungen,
— Integrationsprobleme.

Boos-Nünning, U./Hohmann, M (Hrsg.): Ausländische Kinder. Gesellschaft und Schule im Herkunftsland. Düsseldorf 1977.
In sechs Länderberichten – Portugal, Spanien, Italien, Jugoslawien, Griechenland, Türkei – wird der Versuch unternommen, die Lebens- und Lernbedingungen zu beschreiben und zu analysieren. Die Herausgeber gliedern die Einzelgutachten nach folgendem Schema: 1. Sozialstruktur, 2. Sozialisationsbedingungen und außerschulische Sozialisationsinstanzen, 3. Bildungssysteme. Ein abschließendes Kapitel der Herausgeber versucht, die interkulturellen Beziehungen (zwischen Entsende- und Aufnahmeland) aufzuzeigen.

Gerstacker, R./López-Blasco, A.: Ausländische Kinder im Kindergarten. München 1977.
Die vorliegende Studie wurde im Auftrag des Europarates erstellt und untersucht, welche Fördermaßnahmen für ausländische Kinder im Kindergartenalter unternommen werden.

Hohmann, M (Hrsg.): Unterricht mit ausländischen Kindern. Düsseldorf 1976.
Das Buch enthält Beiträge von Schulpraktikern und Wissenschaftlern zu speziellen Unterrichtsproblemen ausländischer Kinder. Neben der Analyse der schulischen Situation ausländischer Kinder enthält das Buch Beiträge zur Didaktik und Methodik einzelner Lernbereiche (Deutsch als Fremdsprache, Muttersprachlicher Unterricht, Gemeinsamer Unterricht) sowie zu methodischen und didaktischen Einzelfragen (Vorschulische Erziehung, Innere Differenzierung, Leistungsbeurteilung und -diagnose u. a.).

Kemperer/Bahr, U.: Ausländerkinder im Kindergarten. Ein Arbeitsbericht. In: Theorie und Praxis der Sozialpädagogik, 86 (1978) S. 172–174.

Leudesdorff, R./Zillessen, H. (Hrsg.): Gastarbeiter – Mitbürger. Bilder, Fakten, Gründe, Chancen, Modelle, Dokumente. Gelnhausen 1974.
In diesem Sammelband sind Sachinformationen und Modelle für die Arbeit mit ausländischen Arbeitnehmern in breiter Vielfalt zusammengefaßt worden. Sie enthalten Anregungen für die verschiedenen Bereiche der Sozialarbeit und sind für Erzieherinnen, insbesondere für ihre Elternarbeit, informativ.

Mellinghaus, G. (Hrsg.): Der fremde Nachbar. Von der Herkunft unserer Ausländer und ihrer Schwierigkeit, hier zu leben und Deutsch zu lernen. Tübingen–Basel 1977. Das Buch gibt einen Überblick über Geographie und Kultur, Familienstruktur und Sprache (und Sprachvergleich mit deutscher Sprache), das Bildungs- und Schulsystem der Hauptentsendeländer Griechenland, Italien, Jugoslawien, Portugal, Spanien und der Türkei.

Müller, H. (Hrsg.): Ausländerkinder an deutschen Schulen. Stuttgart 1974.
Das Buch behandelt zwar schwerpunktmäßig die schulischen Probleme der Ausländerkinder, bietet jedoch gerade im 1. Teil auch für die Erzieherin wertvolle Informationen über die soziokulturellen Bedingungen der Erziehung in den Heimatländern. Neben der Beschreibung der familiären, sozialen und religiösen Umwelt türkischer, italienischer und jugoslawischer Kinder, findet sich von griechischen und spanischen Autoren eine Einführung in die Sozialisations- und Erziehungspraktiken in ihren Heimatländern. Außerdem enthält der Band Ausführungen über außerschulische Förderungsmaßnahmen und vermittelt einen Einblick in eine Reihe von Stellungnahmen öffentlicher Einrichtungen und Institutionen zum Problem der Ausländerkinder.

Schrader, A./Nikles, B./Griese, H.: Die zweite Generation. Sozialisation und Akkulturation ausländischer Kinder in der Bundesrepublik. Kronberg 1976.
Die Untersuchung beschäftigt sich vor allem mit Problemen der Eingliederung der sogen. 2. Generation. Diese bestehen nach Ansicht der Verfasser vor allem in einem schwerwiegenden Kulturwechsel, der zu erheblichen Schwierigkeiten im Sozialisationsprozeß des Ausländerkindes führen und seine geistig-seelische Entwicklung gefährden kann. Die Arbeit stellt dann ein Modell zur Erklärung von Sozialisationsproblemen ausländischer Kinder vor und zeigt dabei die Bedeutung sowohl der ausländischen Familie wie auch deutscher altershomogener Spielgruppen auf. Für die Arbeit im Kindergarten interessieren insbesondere die Kapitel über das ausländische Kind und seine Familie, Spracherwerb und Probleme des Bilingualismus, altershomogene Gruppen und Stigmatisierungsprozesse.

Schuh, H. und E.: Komm bitte! Deutsch für ausländische Kinder an deutschen Grundschulen. München 1976 (Hueber Verlag).
Das Lehrwerk besteht aus dem Lehrerhandbuch, 2 Tonbändern, Wandbildern und Masken, 4 Leseheften, 1 Schreibheft. Der situativ angelegte Grundkurs 1 + 2 vermittelt in Gesprächsform die 250 wichtigsten Wörter und die wichtigsten Strukturen der Umgangssprache. Das Lehrwerk, das für die Grundschule konzipiert ist, kann als Gesprächsgrundlage in Fragen der Kooperation im Bereich „Deutsch als Fremdsprache" herangezogen werden.

Sigel, A./Walz, H. D.: Vorstellungen von deutschen Kindergärtnerinnen im Blick auf pädagogisches Handeln mit Gastarbeiterkindern. In: Sozialpädagogische Blätter 30 (1979) Heft 1, S. 12–19.
Der Aufsatz berichtet über eine Befragung von 20 Kindergärtnerinnen in einer süddeutschen Industriestadt und über deren praktische Erfahrungen mit Ausländerkindern. Dabei werden gewisse Vorurteile gegenüber Ausländerkindern im Kindergarten sichtbar. Der Verfasser versucht aufgrund der Befunde, Probleme der Integration zu diskutieren.
Tsiakalos, G. und S.: Kinder ausländischer Arbeitnehmer in der Kindergartengruppe. In: Mörsberger, H./Moskal, E./Pflug, E. (Hrsg.): Der Kindergarten. Handbuch für die Praxis in drei Bänden, Bd. 2, S. 256–285, Freiburg 1979³.
Uhlig, O.: Die ungeliebten Gäste. Ausländische Arbeitnehmer in Deutschland. München 1974.
Was diesen Band interessant macht, ist die geglückte Verbindung von allgemeinverständlicher Sachinformation und anschaulichen Berichten aus der Praxis vom Direktor des Arbeitsamtes Stuttgart.
Ausländerbeschäftigung. Probleme–Aspekte–Meinungen. Heft 9/10: Die innere Mission 64 (1974).
Zur Situation der ausländischen Arbeitnehmer in der Bundesrepublik Deutschland. Heft 3: Caritas 77 (1976).

Amtliche Empfehlungen und Erlasse

Kultusministerium Baden-Württemberg: Empfehlungen an die Grundschulen zur Kooperation zwischen Kindergärten und Grundschulen. (Bekanntmachung vom 20. 12. 1976, Amtsblatt Kultus und Unterricht 1977/S. 37).
Kooperation zwischen Kindergärten und Grundschulen. Erfahrungen, Anregungen und Hilfen für die Praxis. Hrsg. vom Ministerium für Kultus und Sport, Baden-Württemberg, 1979.
Vorläufige Richtlinien des Ministeriums für Arbeit, Gesundheit und Sozialordnung in Baden-Württemberg für die Bezuschussung von Maßnahmen der Sprachförderung für ausländische Kinder im Vorschulalter mit Mitteln des Landes vom 24. Januar 1979.
Ministerium für Arbeit, Gesundheit und Sozialordnung, Baden-Württemberg (Hrsg.): Wegweiser für ausländische Arbeitnehmer und ihre Familien in Baden-Württemberg (in den Landessprachen der sechs Hauptentsendeländer sowie in Deutsch erhältlich).

Anhang A

Ausländische Wohnbevölkerung in Baden-Württemberg – Entwicklung und Veränderung

Die Entwicklung der ausländischen Wohnbevölkerung in Baden-Württemberg ist seit etwa 1973 (Anwerbestop) durch eine nachhaltige Veränderung der Alters- und Erwerbsstruktur gekennzeichnet. Während die Zahl der ausländischen Arbeitnehmer seit Herbst 1973 von rund 600 000 zunächst um etwa 25 % auf 442 000 im Januar 1978 zurückgegangen und bis März 1979 wieder auf 459 000 angestiegen ist, hat die ausländische Wohnbevölkerung im September 1979 nach dem Hochstand im Jahre 1974 (907 000) und dem tiefsten Stand im Jahre 1977 (821 000) nunmehr wieder 852 000 erreicht. Dies bedeutet, daß der Rückgang von ausländischen Erwerbspersonen durch Familiennachzug und Geburtenüberschuß praktisch ausgeglichen worden ist. Das Verhältnis von Arbeitnehmern zu Nichtarbeitnehmern von 3 : 1 im Jahr 1970 hat sich auf ein Verhältnis von nahezu 1 : 1 verändert. Damit nähert sich die Familien- und Altersstruktur der ausländischen Wohnbevölkerung in Baden-Württemberg derjenigen der deutschen Bevölkerung an. Dies führt zu einer entsprechend stärkeren Inanspruchnahme der sozialen Infrastruktur und der Bildungseinrichtungen des Landes. Die Zahl der ausländischen Kinder und Jugendlichen unter 18 Jahren ist von 1970 bis zum 1. 1. 1979 von 134 000 auf 260 000 angestiegen. Im Bereich der Kinder bis unter 10 Jahren ergibt sich folgendes Bild:

Tabelle 1:

Alter von... bis unter	Zeitpunkt	Gesamtbevölkerung	darunter Anzahl	Ausländer %
0–3	27. 5. 1970	420 055	34 142	8,1
	1. 1. 1975	311 646	65 871	21,1
	1. 1. 1978	276 173	51 839	18,8
	1. 1. 1979	272 997	49 802	18,2
3–6	27. 5. 1970	467 367	28 403	6,1
	1. 1. 1975	389 626	52 864	13,6
	1. 1. 1978	304 265	58 515	19,2
	1. 1. 1979	288 310	57 555	20,0
6–10	27. 5. 1970	609 082	25 524	4,2
	1. 1. 1975	622 060	52 966	8,5
	1. 1. 1978	526 782	54 833	10,4
	1. 1. 1979	488 035	59 986	12,3

Die absoluten Zahlen sind bei allen Altersgruppen gestiegen. Der Anteil ausländischer Kinder bis zu 6 Jahren an der entsprechenden Altersgruppe beträgt ca. 19 % (107.357), der Anteil der kindergartenfähigen Kinder an der Altersgruppe 20,0 % (57 555). Der Anteil der ausländischen Kinder hat sich im Vergleichszeitraum bei den 0 bis 3jährigen und den 6 bis 10jährigen z. T. mehr als verdoppelt, bei den 3 bis 6jährigen sogar mehr als verdreifacht.

Im Schuljahr 1977/78 besuchten 72 887 ausländische Kinder die öffentlichen und privaten Grund- und Hauptschulen des Landes: das ist 8,4 % der insgesamt 866 832 Schüler an diesen Schulen. Die Aufteilung nach Staatsangehörigkeit zeigt Tabelle 2:

Tabelle 2:

Staatsangehörigkeit	Anzahl	
	absolut	relativ
türkische Kinder	21 503	29,5 %
italienische Kinder	16 851	23,1 %
jugoslawische Kinder	11 769	16,1 %
griechische Kinder	10 972	15,1 %
spanische Kinder	3 773	5,2 %
portugiesische Kinder	2 295	3,1 %
Kinder anderer Nationalität	5 724	7,9 %
	72 887	100,0 %

In den letzten Jahren ist in Baden-Württemberg ein Rückgang des Anteils der ausländischen Geburten zu verzeichnen. Lag dieser 1974 bei 24 %, so ging er über 21,9 % (1975) auf 17,8 % (1978) zurück. Derzeit ist jedes sechste Neugeborene ein ausländisches Kind. Aufgrund der zur Verfügung stehenden Daten kann mit einer starken Zunahme des Anteils ausländischer Kinder in der Grund- und Hauptschule sowie Berufsschule gerechnet werden. Da ausländische Arbeitnehmer und ihre Familien besonders in den Verdichtungsräumen des Landes arbeiten und wohnen, bedeutet dies oft, daß in diesen industriellen Ballungszonen die Zahl der kindergartenfähigen und schulpflichtigen Kinder auf über die Hälfte des entsprechenden Altersjahrgangs ansteigen kann. In den städtischen Wohngebieten ergeben sich innerhalb der Einzugsbereiche von Kindergärten bzw. Grundschulen in Abhängigkeit von der Wohnqualität selbst beträchtliche Schwankungen im Hinblick auf den Ausländeranteil.

Im Kindergartenbereich wird die tatsächliche Belastung der Einrichtungen davon abhängen, inwieweit der Kindergartenbesuch der ausländischen Kinder ansteigen wird: Im Jahre 1979 haben rd. 33 000 Ausländerkinder einen Kindergarten besucht, das sind 58 % der entspr. ausländischen Altersgruppe gegenüber 74 % bei der entspr. deutschen Altersgruppe. Obwohl der Anteil der Ausländerkinder in Kindergärten von 7 % im Jahre 1973 auf 16 % im Jahre 1979 angestiegen ist, sind diese Kinder somit immer noch unterrepräsentiert. Das Recht dieser Kinder auf eine angemessene Erziehung und Ausbildung macht eine Verstärkung der Bemühungen zur Verbesserung ihrer Lebenssituation, auch im Kindergartenbereich, außerordentlich wichtig. Mehr als bisher ist davon auszugehen, daß aller Voraussicht nach der größere Teil dieser Ausländergeneration in der Bundesrepublik Deutschland bleiben und seßhaft werden will.

Die Zukunftsplanung (Verweildauer, Rückkehrvorstellungen) der ausländischen Arbeitnehmerfamilien beeinflußt Zielvorstellungen und Maßnahmen für die Ausländerkinder in erheblichem Umfang. Eine Untersuchung (Stichtag 30. 9. 1979) erbrachte folgende Verweildauer der ausländischen Arbeitnehmer in Baden-Württemberg:

Tabelle 3:

Unter	1 Jahr	bei	6,0 % der Ausländer
1 bis unter	4 Jahre	bei	14,3 % der Ausländer
4 bis unter	6 Jahre	bei	9,4 % der Ausländer
6 bis unter	10 Jahre	bei	35,1 % der Ausländer
10 und mehr	Jahre	bei	34,7 % der Ausländer

Eine im Sommer 1978 durchgeführte Umfrage bei ausländischen Haushaltsvorständen über Verweil- und Rückkehrvorstellungen brachte als Ergebnis, daß
– 14 % der Befragten noch vor 1982 und
– 11 % 1982 oder später in die Heimat zurückkehren wollen,
– 30 % der Befragten zeitlich nicht konkret fixierte Rückkehrvorstellungen haben,
– fast 46 % der Befragten dauernd in Baden-Württemberg bleiben wollen.

Es ist anzunehmen, daß der Wunsch, hier zu bleiben von den Heranwachsenden noch häufiger geäußert wird und unbestimmte Rückkehrabsichten mit zunehmender Aufenthaltsdauer weiter abnehmen werden.

Anhang B

Rechtsstatus ausländischer Arbeitnehmer

Die folgenden Ausführungen wollen dem Erzieher einen allgemeinen Überblick über den Rechtsstatus ausländischer Arbeitnehmer geben. In Einzelfällen sind kompetente Auskünfte von den zuständigen Stellen der Kommune bzw. des Regierungspräsidiums oder von den Arbeitsämtern einzuholen. Manche Städte und Trägerverbände haben Sozialberater für den hier betroffenen Personenkreis bestellt.

Bei einer Darstellung des Rechtsstatus der ausländischen Arbeitnehmer, die in der Bundesrepublik weilen, muß zwischen Staatsangehörigen aus Nicht-EG-Staaten (Jugoslawien Portugal, Spanien, Türkei) und EG-Staatsangehörigen (u. a. Italien, Griechenland ab 1. 1. 81 Vollmitglied) unterschieden werden.

1. Für Nicht-EG-Staatsangehörige gilt:

Ausländer, die zur Ausübung einer nicht selbständigen Erwerbstätigkeit in das Bundesgebiet einreisen, unterliegen einer doppelten behördlichen Kontrolle. Sie bedürfen einer *Aufenthaltserlaubnis* nach § 2 Abs. 1 des Ausländergesetzes, die von den unter der Aufsicht der Innenverwaltung stehenden Ausländerbehörden erteilt wird, und einer *Arbeitserlaubnis* nach § 19 Arbeitsförderungsgesetz in Verbindung mit der Arbeitserlaubnisverordnung (AEVO).

Eine *Aufenthaltserlaubnis*, die zur Arbeitsaufnahme berechtigt, wird grundsätzlich nur dann erteilt, wenn auch die Erteilung einer Arbeitserlaubnis von der Arbeitsverwaltung in Aussicht gestellt worden ist. Erteilung und Fortbestand einer Arbeitserlaubnis setzen das Bestehen einer gültigen Aufenthaltserlaubnis voraus (§ 5 AEVO).

Eine Aufenthaltserlaubnis darf nur erteilt werden, wenn Belange der Bundesrepublik Deutschland nicht beeinträchtigt werden.

– Die Aufenthaltserlaubnis kann *befristet* oder *unbefristet* erteilt bzw. räumlich beschränkt werden (§ 7 Abs. 1 und 2 AuslG). Durch die am 1. 10. 1978 in Kraft getretenen geänderten Verwaltungsvorschriften des Bundes zum Ausländergesetz wurde der aufenthaltsrechtliche Status von Ausländern in diesem Punkt wesentlich verbessert. Hiernach ist ausländischen Arbeitnehmern nach einem 5jährigen ununterbrochenen rechtmäßigen Aufenthalt eine unbefristete Aufenthaltserlaubnis zu erteilen, wenn u. a. ihre hier lebenden Kinder der gesetzlichen Schulpflicht nachkommen.

– Die Aufenthaltserlaubnis kann mit Bedingungen und Auflagen versehen werden (§ 7 Abs. 3 und 4 AuslG).

– Die vor dem Anwerbestop (seit November 1973) allgemein praktizierte Einreise angeworbener ausländischer Arbeitnehmer ist nicht mehr möglich.
Der Nachzug naher Familienangehöriger ausländischer Arbeitnehmer – Ehegatte und Kinder unter 18 Jahren – ist weiterhin möglich, wenn eine angemessene Wohnung zur Verfügung steht und bestimmte weitere Voraussetzungen erfüllt sind. Die Aufenthaltserlaubnis wird in der Regel mit der Auflage versehen, daß eine Arbeitsaufnahme bzw. selbständige Erwerbstätigkeit nicht gestattet ist.

– Der aufenthaltsrechtliche Status der ausländischen Kinder hängt weitgehend vom aufenthaltsrechtlichen Status der Eltern ab. Insbesondere nehmen sie an der seit 1. 10. 1978 geltenden Möglichkeit der stufenweisen Verfestigung des Aufenthalts ausländischer Arbeitnehmer teil (VV Nr. 4 zu § 7 des Ausländergesetzes). Eine Aufenthaltserlaubnis ist im übrigen bis zur Vollendung des 16. Lebensjahres nicht erforderlich. Einreise und Aufenthalt als Kind eines ausländischen Arbeitnehmers sind nicht beschränkt.

Eine *Aufenthaltsberechtigung* ist die stärkste Form der Aufenthaltserlaubnis. Sie kann nicht zeitlich und räumlich begrenzt werden, eine Ausweisung ist nur bei schwerwiegenden Verstößen möglich; die Aufenthaltsberechtigung wird nach der geänderten Verwaltungsvorschrift zum Ausländergesetz nunmehr in der Regel *nach 8jährigem rechtmäßigem Aufenthalt* erteilt, sofern besondere Arbeitserlaubnis, gewisse Sprachkenntnisse, angemessene Wohnung und der Nachweis über den Schulbesuch der Kinder vorhanden sind.

Ausländer aus Nicht-EG-Staaten, die im Bundesgebiet eine unselbständige Erwerbstätigkeit ausüben wollen, können von der Arbeitsverwaltung eine allgemeine oder besondere *Arbeitserlaubnis* erhalten.

– Die *allgemeine Arbeitserlaubnis* wird nach Lage und Entwicklung des Arbeitsmarktes unter Berücksichtigung der Verhältnisse des einzelnen Falles erteilt. Die Beschäftigungsmöglichkeit deutscher und ihnen gleichgestellter ausländischer Arbeitnehmer (z. B. EG-Staatsangehöriger) darf durch die Erteilung nicht beeinträchtigt werden (§ 19 AFG). Aufgrund des bestehenden Anwerbestops wird grundsätzlich keine Arbeitserlaubnis für eine erstmalige Arbeitsaufnahme erteilt. Erleichterungen gelten für Familienangehörige (vgl. 3.).

– Die *besondere Arbeitserlaubnis* wird ohne Rücksicht auf die Lage und Entwicklung des Arbeitsmarktes insbesondere erteilt (Rechtsanspruch)
an Arbeitnehmer, die mindestens 5 Jahre ununterbrochen und rechtmäßig im Bundesgebiet tätig sind,
an Arbeitnehmer, die mit Deutschen verheiratet sind,
an anerkannte Asylberechtigte und Flüchtlingen,
an unter 18 Jahre alte Kinder ausländischer Arbeitnehmer, wenn sich auch die Kinder mindestens 5 Jahre ununterbrochen rechtmäßig im Bundesgebiet aufgehalten haben.

2. Für EG-Staatsangehörige gilt:

Auch EG-Staatsangehörige benötigen eine *Aufenthaltserlaubnis*, die jedoch erst nach der Einreise beantragt werden muß. Arbeitnehmer und nahe Familienangehörige haben grundsätzlich einen Rechtsanspruch auf Erteilung einer Aufenthaltserlaubnis. Die Aufenthaltserlaubnis wird grundsätzlich für 5 Jahre erteilt.

Die aufenthaltsrechtlichen Verbesserungen, die durch die Änderung der Verwaltungsvorschrift zum Ausländergesetz geschaffen worden sind, können auch von EG-Angehörigen in Anspruch genommen werden, soweit sie über die EG-Regelungen hinausgehen. Aufgrund der durch EG-Recht geschaffenen Freizügigkeitsregelungen für eine Beschäftigung in der Bundesrepublik Deutschland benötigt dieser Personenkreis keine *Arbeitserlaubnis*.

3. Anwerbestop und Wartezeitregelung

Aufgrund bindender Anweisungen des zuständigen Bundesministers für Arbeit und Sozialordnung und der Bundesanstalt für Arbeit wird seit der Verhängung des Anwerbestops im November 1973 ausländischen Arbeitnehmern aus Nicht-EG-Staaten für die erstmalige Arbeitsaufnahme im Bundesgebiet grundsätzlich keine

Arbeitserlaubnis mehr erteilt. Eine Ausnahmeregelung gilt lediglich für nachgezogene Familienangehörige.
Anstelle der sog. Stichtagsregelung ist seit 1. April 1979 eine sog. Wartezeitregelung in Kraft getreten.
Hiernach kann
- *nachgereisten Ehegatten* nach vierjährigem Aufenthalt im Bundesgebiet erstmalig eine Arbeitserlaubnis erteilt werden für eine Beschäftigung in Bereichen mit besonderen personellen Engpässen; die Wartezeit kann auf drei Jahre verkürzt werden in Arbeitsamtsbezirken mit besonders starkem Arbeitskräftemangel,
- *Jugendlichen*, die vor Vollendung des 18. Lebensjahres in das Bundesgebiet nachgezogen sind, nach einem Aufenthalt von zwei Jahren erstmalig eine Arbeitserlaubnis erteilt werden. Nach regelmäßiger und bis zum Ende dauernder Teilnahme an anerkannten, berufsvorbereitenden Vollzeitmaßnahmen von mindestens 6monatiger Dauer bei Vorliegen eines deutschen Hauptschulabschlusses oder eines höherwertigen Abschlusses sowie zur Eingehung eines Ausbildungsverhältnisses in einem anerkannten Ausbildungsberuf soll auf die Erfüllung der Wartezeit verzichtet werden.

In jedem Fall ist jedoch § 19 des Arbeitsförderungsgesetzes (Vorrang deutscher und ihnen gleichgestellter Arbeitnehmer) zu beachten.

4. Schulpflicht

Nach § 72 des Schulgesetzes für Baden-Württemberg (SchG) besteht für alle Kinder und Jugendlichen, die im Land Baden-Württemberg ihren Wohnsitz oder gewöhnlichen Aufenthalt oder ihre Ausbildungs- oder Arbeitsstätte haben, Schulpflicht. Es wird ausdrücklich darauf hingewiesen, daß die Schulpflicht demnach auch für ausländische Kinder und Jugendliche gilt.
Die Schulpflicht erstreckt sich auf den regelmäßigen Besuch des Unterrichts und der übrigen verbindlichen Veranstaltungen der Schule sowie auf die Einhaltung der Schulordnung. Dasselbe gilt für Schüler, die berufsschulpflichtig sind.
Die Schulpflicht ist durch den Besuch einer deutschen Schule zu erfüllen. Über Ausnahmen entscheidet die Schulaufsichtsbehörde.
Nach § 76 SchG sind alle Kinder und Jugendlichen zum Besuch der Grundschule und einer auf ihr aufbauenden Schule, der Berufsschule bzw. der Sonderschule verpflichtet, soweit nicht für ihre Erziehung und Unterrichtung in anderer Weise ausreichend gesorgt ist. Anstelle des Besuches der Grundschule darf anderweitiger Unterricht nur ausnahmsweise in besonderen Fällen von der Schulaufsichtsbehörde gestattet werden.
Der Schulpflichtige hat die Schule zu besuchen, in deren Schulbezirk er wohnt. Die Schulaufsichtsbehörde kann hiervon Abweichungen zulassen oder anordnen.
Nach § 85 SchG haben die Erziehungsberechtigten und diejenigen, denen Erziehung oder Pflege eines Kindes anvertraut ist, die Anmeldung zur Schule vorzunehmen und dafür Sorge zu tragen, daß der Schüler am Unterricht und an den übrigen verbindlichen Veranstaltungen der Schule regelmäßig teilnimmt und sich der Schulordnung fügt. Sie sind verpflichtet, den Schüler für den Schulbesuch in gehöriger Weise auszustatten, die zur Durchführung der Schulgesundheitspflege erlassenen Anordnungen zu befolgen und dafür zu sorgen, daß die im Schulgesetz vorgeschriebenen pädagogisch-psychologischen Prüfungen und amtsärztlichen Untersuchungen ordnungsgemäß durchgeführt werden können.
Gemäß § 92 SchG i.V.m. §§ 1 Abs. 1,6 der Schulbesuchsverordnung vom 8. 6. 1976 (K. u. U. S. 1185) begehen Erziehungsberechtigte sowie die für die Berufserziehung der Schüler Mitverantwortlichen und deren Bevollmächtigte eine Ordnungswidrigkeit, wenn sie nicht auf die Erfüllung der Schulpflicht hinwirken.
Nach dem Gemeinsamen Erlaß des Innenministeriums und des Ministeriums für Kultus und Sport über die verbesserte Durchsetzung der Schulpflicht vom 5. 7. 1978 (GABl. S. 573, K. u. U. S. 1347) werden die Grundschulen jährlich rechtzeitig vor Schuljahresbeginn von den Meldebehörden davon unterrichtet, welche in deren Bereich gemeldeten Kinder erstmals schulpflichtig werden. Darüber hinaus werden die Schulen (Grundschulen, Hauptschulen, geschäftsführenden Schulleiter für das berufliche Schulwesen bzw. die gewerblichen und die hauswirtschaftlichen Berufsschulen) über den Zuzug ausländischer schulpflichtiger Kinder und Jugendlicher aus dem Ausland oder aus dem Bereich einer anderen Meldebehörde unverzüglich nach der Anmeldung unterrichtet. Die Schulen werden dadurch in die Lage versetzt, darauf hinzuwirken, daß bei Schulpflichtverletzungen Maßnahmen der unteren Verwaltungsbehörden bzw. der Ortspolizeibehörden veranlaßt werden.
Die Ausländerbehörden werden künftig bei der Verlängerung der Aufenthaltserlaubnis gemäß § 7 Abs. 2 i.v.M. § 2 Abs. 1 des Ausländergesetzes, insbesondere bei der Erteilung einer unbefristeten Aufenthaltserlaubnis nach fünfjährigem ununterbrochenem rechtmäßigen Aufenthalt auch darauf achten, ob der Antragsteller die Erfüllung der Schulpflicht ihrer Kinder gewährleisten. Insoweit bildet die Erfüllung der Schulpflicht ein selbständiges Kriterium im Rahmen des Aufenthaltsrechts[82].

---

[82] Eine ausführliche Darstellung der in Anhang A und B angeschnittenen Fragen enthält: „Konzeption des Landes Baden-Württemberg zur Verbesserung der Situation der zweiten Ausländergeneration, hrsg. vom Ministerium für Arbeit, Gesundheit und Sozialordnung, Baden-Württemberg o. J.

Anhang C

Fragen und Anregungen für Erziehergespräche

Die nachfolgenden Fragen dienen als Anregung für pädagogische Besprechungen.
Fragen, die einzelne Kinder betreffen:

Nationalität der Eltern

Wie lange ist die Familie schon in Deutschland? ....

Wie lange ist das Kind schon in Deutschland? ....

Aus welchem Wohnbezirk kommt das Kind? ....

Wohnen hier auch deutsche Familien?

Wohnen in dem Haus des Kindes auch deutsche Familien?

Sind beide Eltern berufstätig?

Ist es beim Bringen oder Abholen des Kindes schon zu einem Gespräch mit den Eltern gekommen?

Nehmen die Eltern an Festen des Kindergartens teil?

Haben Sie die Familie schon zu Hause aufgesucht?

Fragen, die die ganze Gruppe betreffen:

Wie hoch ist der Anteil der ausländischen Kinder in Ihrer Gruppe? .

Gibt es Verhaltensweisen, in denen sich ausländische Kinder von anderen Kindern unterscheiden?
Welche? ....
....

Fallen Ihnen an ausländischen Kindern besondere (positive) Fähigkeiten auf?
Welche? ....
....

Kommen ausländische Kinder leicht in Kontakt zu anderen Kindern?

Haben Sie sich schon Gedanken gemacht über die Gründe unterschiedlichen Verhaltens bei ausländischen Kindern?

Halten Sie eine besondere Zuwendung Ihrerseits zum ausländischen Kind für notwendig?

Haben Sie ausländische Kinder innerhalb Ihrer Arbeit schon spezifisch gefördert?
Auf welche Weise? ....
....

Nehmen die deutschen Eltern Möglichkeiten wahr, mit den ausländischen Eltern ins Gespräch zu kommen?

Haben die Eltern auch außerhalb des Kindergartens untereinander Kontakte?

Gibt es diese Kontakte auch mit ausländischen Eltern?

Vom Umgang mit Kindern, die schwieriges Verhalten zeigen

1. Begründung und Zielstellung

In der Kindergruppe des Kindergartens wird das Verhalten eines Kindes mit einer größeren Anzahl von Kindern vergleichbar. Es besteht die Chance, individuelle Fähigkeiten, aber auch besondere Schwierigkeiten frühzeitig wahrzunehmen und zu beurteilen, die Eltern im Gespräch zu beraten und einer Fehlentwicklung der Kinder durch ausgleichende Angebote im sozialen, emotionalen und kognitiven Bereich nach Möglichkeit vorzubeugen.

Schwieriges Verhalten beruht auf einem kurzen oder längerfristigen Entwicklungsprozeß. Seine Ursachen reichen von Krisen in der normalen Entwicklung, beispielsweise Trotz als Ausdruck der übenden Selbstbehauptung gegenüber vertrauten Personen, über aktuelle Ereignisse – z. B. ein Todesfall in der Familie, der Verlust des Lieblingstieres, Eintritt in den Kindergarten und Trennungsängste, bis hin zu tiefgreifenden Störungen oder Fehlentwicklungen.

Die Kenntnis dieser vielfältigen Bedingungen ist im Einzelfall notwendig.

Ein Kind drückt durch sein Verhalten ein Bedürfnis aus. Der Erzieher sollte jenes als Bedürfnis verstehen und die dahinterliegenden Motive zu ergründen suchen. Ein solches Verständnis ist Voraussetzung jeder gezielten Förderung und nur über sorgfältige Beobachtung zu erreichen. Letztere umfaßt Bedingungen, die an Personen und Situationen gebunden sind und berücksichtigt auch die Lebenswelt des Kindes außerhalb des Kindergartens.

Dabei darf allein das Verhalten beschrieben werden. Deutende Interpretationen oder Bewertungen des schwierigen Verhaltens – besonders im Gespräch mit den Eltern – oder „Abstempelungen" als nicht der Norm entsprechend sind zu vermeiden.

Im Anfangsstadium des Entwicklungsprozesses schwierigen Verhaltens sind Hilfen am wirksamsten. Zu diesem Zeitpunkt ist das Kind wesentlich leichter zu beeinflussen; positive Entwicklungsanreize sind erfolgversprechender zu setzen.

Innerhalb der täglichen pädagogischen Arbeit im Kindergarten können die schwierigen Verhaltensweisen sinnvoll behandelt werden, die durch Krisen im normalen Entwicklungsverlauf sowie durch aktuelle Ereignisse bedingt sind.

Schwieriges Verhalten, das auf tiefgreifende Störungen hinweist, kann im Kindergarten nicht angegangen werden. Diese Kinder müssen an spezielle Dienste vermittelt werden.

Die Zusammenarbeit mit den Eltern ist ganz besonders bei Kindern mit schwierigem Verhalten notwendig. Eine einfühlend verstehende Gesprächsführung und -haltung des Erziehers schafft eine vertrauensvolle Atmosphäre und begünstigt einen offenen Meinungs- und Erfahrungsaustausch.

2. Schwieriges Verhalten im Kindergarten

Wie alle Verhaltensweisen des Kindes hat schwieriges Verhalten eine Ursache, ein Erscheinungsbild und verfolgt eine Absicht.

Es kann bedingt sein durch
- organische Störungen (Hör- und Sehfehler, motorische und intellektuelle Entwicklungsrückstände oder Behinderungen),
- Beziehungsstörungen (z. B. Mutter-Kind-Beziehung),
- die Familienstruktur (z. B. Einzelkind, Eltern getrennt),
- belastende (traumatische) Erlebnisse des Kindes (schmerzhafte oder schockartige Erlebnisse),
- das soziokulturelle Umfeld (z. B. nicht integrierte ausländische Familie),
- die Persönlichkeit des Erziehers (z. B. die Qualität der Beziehungen zum Kind).

Das Erscheinungsbild schwierigen Verhaltens sollte im zeitlichen Verlauf und in seiner Abhängigkeit von Situationen und Personen beschrieben werden. Die Beobachtung und Beschreibung umfaßt dabei Verhaltensäußerungen des Kindes

- in der Familie
- und im Kindergarten im Umgang mit anderen Kindern und im Kontakt mit dem Erzieher.

Durch sein Verhalten will das Kind etwas erreichen. Der Erzieher sollte versuchen, die Äußerung und deren Beweggründe zu verstehen: Kindlicher Trotz kann beispielsweise dem Kind helfen, eine unüberschaubare, als bedrohlich empfundene Situation zu umgehen; Clownerie wird getrieben, um soziale Anerkennung in der Gruppe zu finden, also einen angenehmen Zustand herbeizuführen; aggressive Ausbrüche eines zurückhaltenden „braven" Kindes können befreiend wirken und zur Selbstbefreiung beitragen.

Im Umgang mit Kindern, die schwieriges Verhalten zeigen, ist der Erzieher auf Unterstützung angewiesen. Die Aussprache im Arbeitsteam oder in Erfahrungsgruppen bildet für seine Arbeit einen stabilisierenden Hintergrund und vermittelt den Rückhalt, mit Kindern mit schwierigem Verhalten umzugehen, sie nicht zu schnell aus der Gruppe auszusondern oder abzuwehren, sondern ihnen die notwendige pädagogische Betreuung und Sicherung zu geben.

3. Möglichkeiten, schwieriges Verhalten zu erfassen

Die Beobachtung des Kindes, partnerschaftliche Gespräche mit dessen Eltern sowie das Überdenken der Gegebenheiten im Kindergarten verbreitern die Informationsgrundlage des Erziehers und helfen ihm, das Verhalten des Kindes zu verstehen.

Die Entscheidung, welche schwierigen Verhaltensweisen eines Kindes durch Zusammenarbeit mit dessen Eltern im Kindergarten pädagogisch sinnvoll angegangen werden können, sollte aufgrund mehrfacher Beobachtungen und Beschreibungen gemeinsam im Team besprochen und gefällt werden. Die Erzieher sorgen in den anderen Fällen dafür, daß ärztliche, psychologische, logopädische, heilpädagogische oder sonstige Fachkräfte eingeschaltet werden: beispielsweise bei bisher übersehenen Hör- und Sehfehlern, bei Haltungsfehlern, bei motorischen Behinderungen, bei größeren intellektuellen Entwicklungsrückständen, bei schweren Sprachfehlern; ferner bei Verhaltensweisen, die auf schwerwiegende Probleme hinweisen können wie z.B. heftigste Wutanfälle, starke Angstzustände, gegen sich selbst gerichtetes aggressives Verhalten. In allen Zweifelsfällen empfiehlt sich ein Gespräch mit Mitarbeitern einer Beratungsstelle.

Beobachtung des Kindes

Die gelegentliche oder häufige Beobachtung einzelner Kinder während des Tagesablaufs im Kindergarten erlaubt eine fortlaufende und frühzeitige Beschreibung. Diese enthält Aussagen über das Verhalten des Kindes im Umgang

– mit der Mutter (beim Gebracht- und Abgeholtwerden),
– mit dem Erzieher (allein oder in der Gruppe),
– mit beiden zugleich,
– mit anderen Kindern,
– in der Gruppe,
– in der Sach- und Umweltbegegnung (allein oder in der Gruppe),
– im Bewegungsraum Kindergarten (allein oder in der Gruppe),
– zusammen mit anderen Kindern aus der eigenen Gruppe in der Gruppe der Kollegin.

Die Beschreibung dient dem Erzieher zum Verständnis des Vorhabens, ist Grundlage für Teambesprechungen oder Elterngespräche und die Vermittlung an spezielle Dienste.
Im Tagesablauf richtet der Erzieher seine Aufmerksamkeit besonders auf Situationen, in denen das schwierige Verhalten des Kindes häufig auftritt, etwa beim Bringen und Abholen des Kindes, beim Wechsel von Tätigkeiten, z.B. vom Freispiel zum strukturierten Spiel, in Wahl- und Rivalitätssituationen, beim Wechsel von Angeboten, die das Beendigen oder Abbrechen einer Beschäftigung zur Folge haben.

Tritt in diesen Situationen und bei diesen Tätigkeiten schwieriges Verhalten auf, achtet der Erzieher besonders darauf,
– ob vorwiegend das Kind Probleme hat,
– ob das Verhalten des Kindes in erster Linie der Gruppe Schwierigkeiten bereitet,
– ob das Kind bestimmte Anforderungen in manueller, sprachlicher, motorischer, sensorischer oder intellektueller Hinsicht nicht erfüllen kann,
– ob das Verhalten in Abhängigkeit von Reaktionen bzw. Anweisungen des Erziehers auftritt.

Anregungen für die Entwicklungsbeobachtung enthält der Anhang zu diesem Schwerpunkt (vgl. S. 257).

Informationen durch Elterngespräche

Gespräche mit Eltern sind für den Umgang mit Kindern, die schwieriges Verhalten zeigen, unabdingbar notwendig. Die allgemeine Elternarbeit im Kindergarten (vgl. S. 5 ff.) erleichtert solche Gespräche. Erzieher und Eltern lernen sich kennen; erstere erhalten Auskünfte über das Kind, ein vertrauensvoller Meinungsaustausch zwischen den Partnern wird angebahnt.

Schwieriges Verhalten hat verschiedenartige Ursachen. Problemorientierte Elterngespräche (vgl. S. 255) dienen dazu, aus Informationen über das familiäre Umfeld und die emotionalen Beziehungen Einsicht in Hintergründe des Problems zu erhalten, bei den Eltern Einsicht in das Problem zu vermitteln und gemeinsam Lösungen zu erarbeiten. Beide Seiten können ohne Vorbehalte ihre Problemsicht mitteilen (nur Beobachtungen, keine Deutungen oder Wertungen); beide Partner hören einander zu; jeder akzeptiert die Gefühle des anderen, gleichgültig, wie sehr sich diese von den eigenen unterscheiden. Auf dieser Basis sind dann auch selbstverantwortete Entscheidungen über die weitere Betreuung des kindlichen Verhaltens möglich.

In problemorientierten Elterngesprächen sollten über die folgenden Bereiche des familiären Umfeldes Auskünfte eingeholt und Meinungen ausgetauscht werden:
- die Struktur und die Situation der Familie (Stellung in der Geschwisterreihe, Wohnsituation, berufliche Tätigkeit und Belastungen der Eltern u. a.),
- die Biografie des Kindes im Überblick,
- Vorstellungen der Eltern über Ziele und Mittel der Erziehung,
- Verhaltensweisen des Kindes, welche die Eltern nur schwer ertragen können, Erziehungsschwierigkeiten.

Die Beachtung der Gegebenheiten im Kindergarten

Schwieriges Verhalten eines Kindes kann auch bedingt sein durch Gegebenheiten, die im Kindergarten selbst liegen. Der Erzieher muß diese möglichen Ursachen in die Beobachtung einschließen. Solche Momente können sein:

- räumliche Gegebenheiten, organisatorischer Rahmen und Auswirkungen auf die Gruppe (zu große Gruppe, zu kleine Gruppe – dominierende Kleingruppen, bedrohende Cliquen),
- Zusammensetzung der Kindergruppe (altersgemischte Gruppe, eine Altersgruppe fehlt oder ist überrepräsentiert),
- Stabilität der Gruppenbeziehungen (häufiger Wechsel verhindert den Aufbau länger dauernder Freundschaften),
- Umgang der Kinder miteinander (Anführer, Vorbildwirkung ihres Verhaltens),
- Angebote (zu geringe Spiel- und Materialangebote, Mangel an Phantasie, Eintönigkeit der „vorbereiteten Umwelt"),
- Beziehungen des Erziehers zu den Kindern (Grundstimmung und Atmosphäre des Umgangs mit Kindern, Vorbild, „Modell"),
- Beziehungen der Erzieher untereinander (helfend, freundschaftlich, Modellwirkung). Die Mitarbeitergruppe bildet den stabilisierenden Hintergrund für ein einfühlendes Aufeinander-Zugehen von Erzieher und Kind. Auseinandersetzungen zwischen Erzieher und Träger oder der Erzieher untereinander können den Umgang mit den Kindern belasten.

Der Erzieher sollte sich ständig prüfen, ob er vorwiegend das als schwieriges Verhalten registriert, was Störungen verursacht, während beispielsweise der Zurückgezogenheit eines „braven" Kindes keine Bedeutung im Sinn eines beobachtenswerten Verhaltens beigemessen wird.

4. Einleitung und Durchführung von Hilfen

In der Person des Erziehers, den heilpädagogischen Hilfen innerhalb des Kindergartens und den Elterngesprächen als Ausdruck des gemeinsamen Bemühens von Elternhaus und Kindergarten, dem Kind zu helfen, liegen drei Ansatzpunkte vor für eine pädagogische Betreuung dieser Kinder im Kindergarten.

Die Person des Erziehers

Der Erzieher ist für viele Kinder der erste Erwachsene außerhalb der Familie, der als Bezugsperson und Identifikationsfigur bedeutsam wird. Die Kinder versuchen, emotionale Bindungen zu ihm aufzubauen, sie identifizieren sich mit ihm und imitieren sein Verhalten.

Der Erzieher muß sich seiner Vorbildwirkung bewußt sein. Besonders im Umgang mit schwierigen Kindern kann er durch sein persönliches Vorbild in einer andauernden, stabilen Beziehung Anreize zu einer positiven Verhaltensänderung setzen. Dies betrifft die Art und Weise, wie er Kinder anspricht und ihnen erwidert, ihnen Mut macht, sie ermuntert und lobt, die Methoden, wie er die Beziehungen der Kinder untereinander anbahnt, positive Bindungen verstärkt und allmählich ein Gruppengefühl erweckt.

Die lange Verweildauer der Kinder in einer Gruppe und die konstante Bezugsperson (in der Regel derselbe Erzieher über drei Jahre) begünstigen eine intensive personale Beziehung. Gleichzeitig ist es dem Erzieher möglich, schwieriges Verhalten eines Kindes frühzeitig wahrzunehmen, zu beobachten und rechtzeitig pädagogische Betreuungsmaßnahmen einzuleiten.

Dabei kann der Erzieher einen großen Teil der schwierigen Verhaltensweisen des Kindes durch die sozialpädagogischen Gegebenheiten, die im Kindergarten wirken, positiv beeinflussen. Er sollte sich jedoch hüten, bei massiven Verhaltensschwierigkeiten einzelner Kinder als Therapeut arbeiten zu wollen. Dies darf er im Interesse des Betroffenen nicht tun. Er hat vielmehr die Verpflichtung, in solchen Fällen zwischen Kind, Eltern, Kindergarten und therapeutischer Einrichtung zu vermitteln (vgl. S. 255 f.).

Weitere Voraussetzungen für das Einleiten und die Durchführung geeigneter Hilfen sind:
– eine ausreichende Kenntnis der häufig auftretenden Verhaltensschwierigkeiten und ihrer möglichen Ursachen und Verläufe (Literaturstudium, vgl. dazu Literatur S. 258; Erfahrung);
– das stetige Bemühen um ein Verstehen der besonderen Situation dieser Kinder (schwieriges Verhalten als Ausdruck eines Bedürfnisses ansehen);
– eine Überprüfung der eigenen Einstellung und Haltung: Der Erzieher sollte von sich aus versuchen, im Gespräch mit seinen Mitarbeitern, durch Hospitationen anderer Erzieher in seiner Gruppe seine pädagogischen Maßnahmen sowie seine Haltung zu den betreffenden Kindern durchzusprechen, Erfahrungen auszutauschen, um sich selbst zu entlasten (Psychohygiene) und sicher zu werden und um ein positives emotionales Klima in der Beziehung zu den Kindern zu bewahren;
– eine realistische Einschätzung der zu erwartenden Erfolge und Rückschläge: Erfolge sind in der Regel nur längerfristig zu erwarten, Rückschläge dürfen nicht als persönliches Versagen oder Nicht-Wollen des Kindes interpretiert werden. Beständigkeit und Flexibilität bestimmen die Haltung und die pädagogischen Maßnahmen des Erziehers.

Pädagogische Hilfen innerhalb des Kindergartens

Jedes Kind braucht die liebevolle Zuwendung des Erziehers. Das Gefühl, angenommen zu sein und in seiner Eigenart bejaht zu werden, ermutigt zum Handeln und Lernen und fordert die Kräfte des Kindes heraus. Der Erzieher schafft folglich Anlässe, in denen das Kind Erfolg hat und dadurch ermutigt wird, anspruchsvollere Aufgaben zu bewältigen. Hat das Kind eine erste Sicherheit in den personalen Beziehungen erreicht, können weitere sachliche Anforderungen gestellt werden (Methode der kleinen Schritte). Der Erzieher schafft Freiräume, die Kinder vor Streit und Bedrohung durch andere schützen, er vermeidet Situationen, die schwieriges Verhalten einzelner Kinder provozieren können. Diese Merkmale des Erziehungsstiles bestimmen das Gruppenklima und haben in sich heilende Wirkungen auf die Kinder.

Auf der anderen Seite wohnen den Angeboten im Kindergarten sozialpädagogische Intentionen inne. Aufgrund der Beobachtung der Kinder bei freien oder mehr strukturierten Situationen und im vertrauten Umgang mit ihnen lernt der Erzieher deren Fähigkeiten, aber auch deren Ängste, Hemmungen und schwierige Verhaltensweisen kennen: daraus leitet er Folgerungen für sein pädagogisches Handeln ab. Er plant und stellt Angebote bereit, welche die schwierigen

Verhaltensweisen einzelner Kinder positiv beeinflussen können.

Das *freie Spielen* hat in hohem Maße psychohygienische Bedeutung für die kindliche Entwicklung. Das Kind kann seinen eigenen Impulsen folgen, es erlebt Freiheit; es ist schöpferisch tätig; es erlebt im Spielen Macht und Gewalt über andere, auch wenn es sich nur um eine symbolische Übernahme der Macht handelt; im freien Spielen kann es positive wie auch negative Eindrücke verarbeiten, indem es Konflikte nachgestaltet und wiederholt; es stiftet Beziehungen zu anderen Kindern und bahnt soziale Fähigkeiten an.

Das *strukturierte Spiel*, besonders im Rollenspiel, gleicht Spieldefizite aus und hilft der individuellen Entwicklung des Kindes (vgl. Schwerpunkt „Spielen").

Soziales Lernen unterstützt der Erzieher, indem er die Entwicklung freundschaftlicher Beziehungen durch Angebote fördert. Bei Festen erleben die Kinder ein starkes Zusammengehörigkeitsgefühl. Glückhafte und traurige Erlebnisse bahnen Mitfühlen und die Bereitschaft an, auch den anderen und dessen Handeln verstehen zu lernen.

Wenn sich einzelne Kinder zu stark von der Gruppe absondern, wenn andere Kinder durch Clownerie die Gruppe stören, wenn ein Kind von einem anderen zu sehr abhängt, greift der Erzieher pädagogisch ein, indem er die ersten behutsam in gemeinsame Beschäftigungen einbringt, die zweiten ablenkt und den Übermut durch besondere Angebote kanalisiert, im letzten Beispiel beide in die Gruppe integriert. Bei Streitigkeiten regt er die Kinder zu eigenen Lösungsvorschlägen an oder bietet altersangemessene und alternative Lösungswege an (vgl. Schwerpunkt „Soziales Lernen").

Die Eingliederung ausländischer Kinder unterstützt der Erzieher, indem er der Gruppe Einblicke in die Lebensweise dieser Kinder, deren Heimat eröffnet. Er erzählt deutschen Kindern über Heimat und Brauchtum; Lieder, Tänze, Märchen und Sagen, Spiele werden einbezogen; die Kinder basteln Gegenstände, wie sie in den Heimatländern üblich sind, schmücken die Räume und lernen nebenbei einige Namen dieser Dinge in der fremden Sprache (vgl. Schwerpunkt „Pädagogische Hilfen für die Arbeit mit ausländischen Kindern").

In der *rhythmisch-musikalischen Erziehung* können Stauungen, Spannungen, Aggressionen abgebaut, andrerseits durch bewußte Bewegungsschulung Ich-Kräfte aufgebaut werden. Rhythmik gibt der Eigentätigkeit, der Phantasie und Kreativität des Kindes Raum. Es werden bewußt Situationen geschaffen, die das Zusammenspiel mit einem Partner fördern; soziales Handeln wird dadurch angebahnt, daß in Gruppen gespielt wird, Partnerspiele geübt und Rollen nachgespielt werden. Rhythmik reguliert bzw. beeinflußt die menschliche Psyche. D. h. über die Bewegung kann in die seelische Konstitution hineingewirkt werden. Mit der Bewältigung von Bewegungsvorgängen wird Selbsterfahrung möglich, wächst das Selbstvertrauen: beides Grundlagen einer gesunden Entwicklung im psychischen Bereich.

Gemeinsames Singen und Musizieren weckt ein Gruppengefühl. Der gesungene Textvortrag kann beim Spracherwerb und bei der Behandlung von Sprechschwierigkeiten, z. B. von Stottern, eine wichtige Rolle spielen (vgl. Schwerpunkt „Rhythmisch-musikalische Erziehung").

Kinder beziehen Bildangebote auf vorangegangene individuelle Erlebnisse. Die große Intensität des kindlichen Bild-Erlebens hängt mit der Fähigkeit zusammen, sich mit dargestellten Figuren zu identifizieren. Zu einzelnen Figuren werden komplexe Gefühlsbeziehungen unterhalten (Liebe, Angst, Ablehnung). Latente eigene Konflikte können aktiviert und auf das Bildgeschehen projiziert werden. Hier kann die Bildbetrachtung durch gemeinsame Verarbeitung zur Klärung, Beruhigung und Sicherheit des Kindes, verbunden mit heilenden Wirkungen, beitragen.

Spiele in Wasser und Sand, Malen mit Kleister- und Fingerfarben, Kneten und Tonen, Spritzen und Planschen schaffen Lustbefriedigung durch sensitive Körpergefühle (vgl. Schwerpunkt „Ästhetische Erziehung").

Der Erzieher nutzt Gelgenheiten aus oder schafft Situationen, die das Mitteilungsbedürfnis und die Freude an der *Sprache* beim Kind fördern. Dies setzt voraus, daß er beobachtet, wann und wie Kinder der Gruppe sprechen: unter welchen Bedingungen wird Sprechen und Sprache herausgefordert, bei welchen Vorfällen oder Verhaltensweisen der Kinder oder des Erziehers wird die Redefreudigkeit eingeschränkt, gehemmt, abrupt beendet oder provoziert und verstärkt. Er greift helfend ein, erfindet Anlässe, um schüch-

terne oder aus spracharmen Elternhäusern stammende Kinder zum Sprechen zu bringen. Er akzeptiert wortkarge Kinder in ihren Andeutungen, nötigt diese jedoch nicht zum Reden. Er erfaßt aus ihren Äußerungen auch das nicht Gesagte, aber Mitgemeinte durch aktives Zuhören und beantwortet angemessen ihre Fragen. Dadurch werden diese Kinder ermutigt, ihre Anliegen weiterhin sprachlich zu äußern. Korrekturen der Syntax oder der Grammatik hemmen die Redebereitschaft und sind hier zu unterlassen (vgl. Schwerpunkt „Sprechen und Sprache").
Der Kindergarten sollte den Kindern eine „vorbereitete Umgebung" anbieten, in der sie sich wohlfühlen. Auf dieser Basis können sich Lernprozesse entwickeln. Fruchtbare Momente entstehen oft in ungeplanten Situationen. Die Sensibilität des Erziehers für solche Augenblicke und sein didaktisch-methodisches Geschick sind entscheidende Voraussetzungen dafür, das Lernen der Kinder anzuregen, zu verfeinern und weiterzuentwickeln. Die *Sache* selbst regt Kinder, die nicht genügend Selbstvertrauen haben, zum Sprechen, Probieren und eigenen Suchen an (vgl. Schwerpunkt „Erfahrungen mit der Umwelt").

Elterngespräche

Problemorientierte Gespräche mit Eltern über schwieriges Verhalten ihrer Kinder werden durch die im Rahmen der allgemeinen Elternarbeit grundgelegte Vertrauensbasis erleichtert. Auch für diese Gesprächsform sind Takt und Einfühlungsvermögen des Erziehers wesentliche Voraussetzungen.
Folgende Bedingungen sind zu berücksichtigen, damit das Gespräch für die Beteiligten zufriedenstellend verläuft:
Der Termin muß festgesetzt, die Gesprächsdauer ungefähr vorausbestimmt sein, um frei von Zeitdruck sprechen zu können (Berücksichtigung der Berufstätigkeit der Eltern, der Anwesenheit von Kindern im Kindergarten).
Der Erzieher besorgt ein gemütliches, ruhiges Zimmer und achtet auf die gleichwertige Sitzverteilung der Gesprächspartner. Unterbrechungen und Störungen von draußen sind nach Möglichkeit auszuschließen.
Problemorientierte Elterngespräche streben einen partnerschaftlichen Meinungsaustausch an, getragen von dem Bemühen, einem Kind zu helfen. Der Erzieher schildert zunächst seine Beobachtungen. Dabei sollte er bedenken, daß seine Aussagen Eltern unter Umständen tief treffen und Enttäuschungen bewirken können: diese stehen vielleicht im Gegensatz zu den meist positiven Erwartungen der Eltern über die Rolle ihres Kindes im Kindergarten oder weisen Eltern auf Verhaltensweisen hin, die sie zumeist gar nicht sehen wollen oder können.
In dieser Phase ist es sehr wichtig, daß der Erzieher die Eltern zu Wort kommen läßt, zuhört. Er erfährt, wie die Eltern seine Beobachtungen aufgenommen haben. Er drückt dadurch auch seine Bereitschaft aus, die anderen anzuhören. Der Gesprächspartner soll spüren, daß ihm für sein Anliegen Zeit gelassen wird, seine Gefühle ernst genommen werden, daß sein Gegenüber helfen will. Er wird ermutigt, sich mitzuteilen, d. h. tiefer zu gehen und Aufschluß darüber zu geben, was in einem vorgeht und sich damit freier zu machen.
Mit der dem Partner eingeräumten Zeit, Aufmerksamkeit und Gelassenheit bringt der Erzieher auch seinerseits seine Persönlichkeit mit in das Gespräch ein. Er läßt den anderen merken, daß er ihn nicht beeinflussen oder verändern will, vielmehr Selbstverantwortung und Selbstentscheidung anstrebt. Er vermeidet degradierende Botschaften, indem er sich beispielsweise hütet, den anderen zu kritisieren, zu beurteilen, Verhalten zu diagnostizieren, zu warnen, zu drohen oder zu moralisieren. Wenn bei den Eltern Einsicht in das Problem gelegt und eine Abklärung zwischen Eltern und Erzieher erfolgt ist, können gemeinsam mögliche Hilfen bedacht werden. Der Erzieher kann darlegen, welche Angebote innerhalb des Kindergartens erfolgen können oder kann Vorschläge für Hilfen außerhalb des Kindergartens machen. Gemeinsam können auch begleitende Maßnahmen im Rahmen der Familie bedacht werden.

Vermittlung an spezielle Dienste

Die Notwendigkeit, spezielle Dienste in Anspruch zu nehmen, kann sich einmal nach längerem gemeinsamen Bemühen von Elternhaus und Kindergarten, zum zweiten gleich nach dem Erkennen des schwierigen Verhaltens eines Kindes im Kindergarten ergeben. Ist für den Erzieher ersichtlich, daß entweder die Eltern sehr schwierig sind oder das Kind durch massive Verhaltensschwierigkeiten die Eltern weitgehend überfordert, rät er ebenfalls zur Beratung durch spezielle Dienste. In allen Fällen ist eine große Sensibilität des Erziehers erforderlich, wie weit er im Vertrauen der Eltern diese dazu führen kann, auch für sie „unangenehme" Schritte zu unternehmen. Er sollte dabei sehr darauf achten, keine zusätzlichen Schwellen aufzubauen, die ein Scheitern spezieller Beratung und Therapie bedingen können.

Grundsätzlich ist es günstig, zunächst eine allgemeine Beratungsstelle in Anspruch zu nehmen, da der Erzieher oft nicht die Möglichkeit hat zu entscheiden, ob eine Spezialhilfe und welche notwendig sein wird. Empfehlenswert ist dabei ein Vorgespräch zwischen Erzieher und einem Mitarbeiter dieser Einrichtung. Hierbei kann die Notwendigkeit einer Fremdhilfe näher bestimmt werden.

Beratungsstellen arbeiten nach dem Prinzip der Vertraulichkeit. Die Übermittlung eines Kindes setzt die Zustimmung der Eltern voraus.

Im allgemeinen werden zunächst *allgemeine Beratungsstellen* in Anspruch genommen wie Erziehungsberatungsstelle (beim Landratsamt, Jugendamt oder den Kirchen), Bildungsberatungsstellen, Arzt und Gesundheitsamt, Familienfürsorge.

Von den allgemeinen Beratungsstellen kann an *spezielle Dienste* weitervermittelt werden. Zur Beratung und Therapie individueller begrenzter Verhaltensschwierigkeiten stehen zur Verfügung: der Psychagoge, heilpädagogische Gruppen, Heilgymnastik, Logopäden, Sonderschulkindergärten für geistig behinderte, körperbehinderte, hör- und sehbehinderte Kinder.

Eine Information des Erziehers über Untersuchungsergebnisse oder den Therapieverlauf kann aufgrund der Vertraulichkeit der Behandlung nur im Einverständnis mit den Eltern erfolgen.

Begleitung: Während der Behandlung des Kindes durch spezielle Dienste ist ein ständiger Kontakt zwischen Fremdhilfe, Kindergarten und Elternhaus einzuhalten. Therapeutische Maßnahmen und Fortschritte in der Behandlung müssen durch den Kindergarten und auch die Eltern unterstützend begleitet werden.

5. Anhang: Anregungen für die Entwicklungsbeobachtung

Die folgenden Hinweise haben das Ziel, aus den Verhaltensbeobachtungen einzelner Kinder Fördermaßnahmen abzuleiten. Die aufgeführten Kriterien sollen zu keinem fixierten psychologischen Gutachten über einzelne Kinder führen. Sie sind vielmehr Anregungen für persönliche Merkhilfen, das Gespräch zwischen den betroffenen Pädagogen und Grundlage für Elterngespräche. Zusätzliche Informationen zur Verhaltensbeobachtung ergeben sich aus den Werken, die das Kind im Kindergarten herstellt.

1. Sozialverhalten

Welches Kontaktverhalten zeigt das Kind innerhalb seiner Gruppe?
- Nimmt selbständig Kontakt auf (ungezwungen, aktiv, spontan).
- Hält sich zurück (gehemmt, scheu).
- Wartet darauf, daß man mit ihm Kontakt aufnimmt (passiv, abhängig).

Wie verhält sich das Kind gefühlsmäßig gegenüber Erwachsenen und Kindern?
- Äußert es spontan Gefühle (z. B. Zuneigung, Freude, Trauer, Wut, Eifersucht, Ärger)?
- Wirkt es eher gleichgültig, distanziert?
- Kann es seine Gefühle nicht ausdrücken?

Wie verhält sich das Kind bei Streitigkeiten?
- Stellt es sich, oder vermeidet es jede Auseinandersetzung?
- Sind die Reaktionen des Kindes der Situation angemessen?
- Kann es seine eigenen Bedürfnisse aussprechen?
- Kann es Bedürfnisse anderer wahrnehmen?
- Kann es Regeln akzeptieren? (Bei 3jährigen Kindern sind z.B. Trotzreaktionen und Widerstand entwicklungsbedingt).
- Kann es eigene Wünsche aufgeben, wenn es um Ausgleich verschiedener Bedürfnisse geht?

2. Emotionales Verhalten

Wie wirkt das Kind? (Bitte Alter beachten)
- Bei der Äußerung seiner Wünsche und Bedürfnisse (ängstlich, sicher)?
- Kann es sich überhaupt äußern?
- Zeigt es Verhaltensweisen (Ängste, Hemmungen), die sich nicht aus der Situation erklären lassen?

Wie verhält sich das Kind bei überraschenden neuen Situationen und auftretenden Schwierigkeiten? (Bitte Alter beachten)
- Kann es in Ansätzen selbst Lösungen suchen?
- Wirkt es irritiert und hilflos?
- Entwickelt es Initiativen?

3. Motivationales und intellektuelles Verhalten

Wie verhält sich das Kind bei Aufgaben, die Konzentration und Ausdauer erfordern?
- Kann es aufmerksam zuhören, Arbeitsanweisungen erfassen?
- Führt es Arbeiten kürzerer/längerer Dauer zu Ende?
- Kann es sich über einen längeren/kürzeren Zeitraum konzentrieren?

Wie verhält sich das Kind im Spiel?
- Bringt es neue, originelle Einfälle?
- Verwendet es meist vorgegebene Muster?
- Beharrt es auf immer gleichen Schemata?

Welche besonderen Interessen sind beim Kind zu beobachten?
- Z. B. in den Bereichen Spiel, Sprache, Musik, Malen, Werken, Sport, Natur, Technik, häuslich-pflegerischer Bereich.

4. Sprachverhalten

Zeigt das Kind altersgemäßes Sprachverständnis und sprachliche Ausdrucksfähigkeit?
- Kann es Gesprochenes inhaltlich erfassen?
- Kann es verständlich und zusammenhängend erzählen?
- Kann es Objekte benennen, Unterschiede und Gemeinsamkeiten herausfinden?

Sprachstörungen
(Bei Auffälligkeiten sind Sprachheilpädagogen zur Differentialdiagnose hinzuzuziehen).

5. Körperbeherrschung

Kann das Kind das Gleichgewicht bewahren und grobmotorische Abläufe koordiniert und gezielt einsetzen (Gehen, Laufen, Springen u. a.)?

Zeigt es Finger- und Handgeschicklichkeit (Koordination der Feinmotorik)?

Zeigt das Kind Links- oder Rechtsdominanz, bzw. zeigt es deutlich beidseitige Geschicklichkeit, z. B. beim Spielen, beim Werkzeuggebrauch?

6. Sinnesbeherrschung

Zeigt das Kind akustische Differenzierungsfähigkeit?
- Kann es Geräusche unterscheiden?

Zeigt das Kind Anzeichen, die evtl. auf Hörstörung hinweisen?
(Nähere Angaben bzw. diagnostische Abklärungen erforderlich).

Kann das Kind optische Gebilde differenziert betrachten?
- Kann es Einzelheiten aus einem wahrgenommenen Bild herausgliedern?
- Kann es optische Gebilde aus Einzelheiten (wieder) zusammensetzen?

Zeigt das Kind Anzeichen, die evtl. auf eine der folgenden Störungen im Bereich der optischen Wahrnehmung hindeuten?
- Augenfehler/Sehstörungen, Farbunterscheidungsschwäche, Formunterscheidungsschwäche (weitere diagnostische Abklärungen erforderlich).

6. Literatur

Bettelheim, B.: Liebe allein genügt nicht. Die Erziehung emotional gestörter Kinder. Stuttgart 1970.
Ders.: So können sie nicht leben. Stuttgart 1973.
Dreikurs, R./Soltz, V.: Kinder fordern uns heraus. Stuttgart 1962.
Ginott, H. G.: Eltern und Kinder. Bern/Stuttgart 1966.
Gordon, Th.: Familienkonferenz. Hamburg 1974.
Hassenstein, B.: Verhaltensbiologie des Kindes. München 1973.
Knehr, E.: Erziehen in Freiheit zur Ordnung. Stuttgart 1972. Bd. 1
Lehnemann-Brieschke, H.: Konfliktursachen und Konfliktbewältigung im Kindergarten. Fellbach 1980.
Meinertz, Fr.: Heilpädagogik. Bad Heilbrunn 1972.
Metzinger, A. (Hrsg.): Verhaltensgestörte Kinder in Kindergarten und Heim. Fellbach 1980.
Meves, Chr.: Verhaltensstörungen bei Kindern. München 1972.
Neumann, U.: Wieviel Liebe braucht ein Kind? Stuttgart 1970.
Petermann, F. und U.: Training mit aggressiven Kindern. München/Wien 1978.

Richter, H. E.: Patient Familie. Entstehung, Struktur und Therapie von Konflikten in Ehe und Familie. (Rowohlt TB) Hamburg.
Richter, H. E.: Eltern, Kind und Neurose. Die Rolle des Kindes in der Familie. (Rowohlt TB). Hamburg.
Rüdiger, D./Kormann, A./Peez, H.: Schuleintritt und Schulfähigkeit. München–Basel 1976.
Schepping, J.: Verhaltensstörungen im Kindergarten. Donauwörth 1977.
Schraml, W. I.: Einführung in die moderne Entwicklungspsychologie. Für Pädagogen und Sozialpädagogen. Stuttgart 1972.
Ders.: Einführung in die Tiefenpsychologie. Für Pädagogen und Sozialpädagogen. Stuttgart 1971.
Züblin, W.: Das schwierige Kind. Einführung in die Kinderpsychiatrie. Stuttgart 1975^4.
Zulliger, H.: Gespräche über Erziehung. Bern/Stuttgart 1977.
Ders.: Schwierige Kinder. Bern 1970.

Ausblick: Vom Kindergarten zur Grundschule

Der Schulanfang fällt in eine Phase besonderer Bildsamkeit[83]. Kinder, die in die Schule kommen, sind voll ursprünglicher Neugier und Wißbegierde: Sie wollen lernen. Der Schuleintritt und alles, was mit Schule zu tun hat, ist für diese Kinder und ihre Eltern von großer Bedeutung. Im Interesse der Kinder ist der Übergang vom Kindergarten zur Grundschule pädagogisch aufeinander abgestimmt und ohne Bruch zu gestalten. Die „Empfehlung an die Grundschulen zur Kooperation"[84] und das Grundlagenkapitel (vgl. S. 9ff.) enthalten Erfahrungen, Anregungen und Hilfen für die Praxis.

Förderung und Beratung in Fragen der Schulfähigkeit

Voraussetzung für den Schulbesuch der Kinder ist deren Schulfähigkeit bzw. Schulbereitschaft. Schulfähigkeit meint dabei, daß neben den persönlichen Voraussetzungen des Kindes die Bedingungen der Lernumwelt (Familie, Kindergarten etc.) entscheidenden Einfluß auf die psychomotorische, soziale und kognitive Entwicklung des Kindes und damit auf seine Schulfähigkeit ausüben. Daneben rücken auch die schulischen Eingangsbedingungen in den Blickpunkt: Diese sind nicht als feste, unveränderliche Größe zu betrachten, sondern es ist zu überlegen, wie Inhalte und Arbeitsweisen aussehen müssen, um Kinder mit gegebenen Lernvoraussetzungen im Hinblick auf notwendige Lehr- und Lernziele optimal fördern zu können. Schulfähigkeit ist somit kein eindeutig festgelegter Entwicklungsstand des Kindes. Bei vergleichbaren persönlichen Voraussetzungen einzelner Kinder kann die Entscheidung über deren Schulfähigkeit je nach den Bedingungen des Lernumfelds und den schulischen Eingangsbedingungen anders ausfallen. Als variable Faktoren der Schulfähigkeit rücken also neben der persönlichen Veranlagung des Kindes die Lernumwelt und die schulischen Eingangsbedingungen in den Mittelpunkt. Dadurch erfolgt eine Dynamisierung des Begriffes von diesen drei Seiten her.

Da Schulfähigkeit als veränderlich und beeinflußbar angesehen wird, hat sich auch die Auffassung über die angemessene Behandlung der sogenannten „nicht schulreifen" Kinder geändert[85]. Fördermaßnahmen auf einer breiten Basis sind primäres Ziel. Aufgrund von Beobachtung und Förderung über einen längeren Zeitraum ist eher eine fundierte Zuweisung zu den weiterführenden Bildungseinrichtungen möglich. Als begleitende Maßnahme hat ein beratendes Einwirken auf die familiäre Umwelt und die kindgemäße Gestaltung der 1. Klasse, besonders des Anfangsunterrichts, zu erfolgen.

Die Zusammenarbeit zwischen Erzieher und Lehrer im Rahmen der Kooperation gewährleistet eine fundierte Beurteilung der Schulfähigkeit aller Kinder und eine individuelle Beratung der Eltern. Einzelne wenige entwicklungsauffällige Kinder können dabei aufgrund von Beobachtung und gemeinsamen Besprechungen frühzeitig, kontinuierlich und gezielt gefördert werden. Das folgend beschriebene Verfahren dient primär der Förderung dieser Kinder und zielt auf eine Verbesserung im Bereich der pädagogisch-psychologischen Prüfung[86] (siehe auch Schwerpunkt „Vom Umgang mit Kindern, die schwieriges Verhalten zeigen"):

– Entsprechend dem prozeßhaft-dynamischen Konzept der Schulfähigkeit ist die Entwicklung aller Kinder langfristig zu beobachten und nicht punktuell festzustellen.
– Durch frühzeitiges Erkennen von individuellen Entwicklungsauffälligkeiten können schon einige Zeit vor Schuleintritt Fördermaßnahmen eingeleitet und in der Schule fortgeführt werden.

---

[83] Vgl. Roth, H. (Hrsg.): Begabung und Lernen. Ergebnisse und Folgerungen neuer Forschungen. Stuttgart 1974⁹.
[84] Vgl. Anmerkung 4, S. 9.
[85] Vgl. dazu Rüdiger/Kormann/Peez: Schuleintritt und Schulfähigkeit, München–Basel 1976, S. 202–203. Mandl/Krapp: Schuleingangsdiagnose. Neue Modelle, Annahmen und Befunde, Göttingen 1978, S. 29–42.
[86] Die Schulfähigkeit wurde vielfach punktuell zu einem festgesetzten Termin mittels genormter Schulreifetests bzw. Schuleignungstests festgestellt. Dabei ging man fast ausschließlich von der kognitiven Leistungsfähigkeit des Kindes aus. Häufig wurden über entsprechende Vorgaben hinaus alle schulpflichtigen Kinder in die Prüfung einbezogen, obwohl beispielsweise das Schulgesetz von Baden-Württemberg in § 74, Abs. 3 nur für die vorzeitige Aufnahme oder Zurückstellung von Kindern eine pädagogisch-psychologische Prüfung und eine Untersuchung durch das Gesundheitsamt vorsieht.

- Kriterium für die Einschulungs- bzw. Rückstellungsentscheidung ist vorrangig die Gesamtpersönlichkeit des Kindes (d. h. die Berücksichtigung des körperlichen, motivationalen, kognitiven und sozialen Entwicklungsverlaufes).

Das vorgeschlagene Verfahren stützt sich auf die Beobachtung zumindest der 5- bis 6jährigen Kinder durch Erzieher und Kooperationslehrer während des der Einschulung vorausgehenden Jahres, deren mehrmaliges Teamgespräch und deren Elternberatung bzw. Elterninformation. Daneben sind Entscheidungsgrundlage das schulärztliche Gutachten und in Einzelfällen die pädagogisch-psychologische Schuleignungsprüfung. Im Beobachtungszeitraum ist an das Folgende gedacht:

- Die sich allmählich entwickelnde Schulfähigkeit im körperlichen, motivationalen, kognitiven und sozialen Persönlichkeitsbereich ist durch Erzieher und Kooperationslehrer bei allen demnächst einzuschulenden Kindern zu beobachten.
- Kurz vor Weihnachten sollte ein Teamgespräch zwischen Erzieher und Kooperationslehrer mit dem Ziel stattfinden, die entwicklungsauffälligen Kinder herauszufinden, um sie gezielter beobachten und fördern zu können.
- Etwa zu Anfang des Kalenderjahres sollte eine Einzelberatung der Eltern entwicklungsauffälliger Kinder erfolgen. Dabei sind besonders mögliche Fördermaßnahmen in Kindergarten und Elternhaus, ggf. ein Antrag auf Zurückstellung und die Empfehlung zum Besuch des Allgemeinen Schulkindergartens zu besprechen.
- Einige Monate vor Schuleintritt ist in einem von Erzieher und Lehrer gestalteten Elternabend über die Themen Schulfähigkeit, vorzeitige Einschulung, Zurückstellung, Sonderschule, Allgemeiner Schulkindergarten unter pädagogischem und schulrechtlichem Aspekt zu informieren.
- Es liegt in der Zuständigkeit der Kindergartenleitung, die als Ergebnis des vorangegangenen Teamgesprächs in Erwägung gezogenen Fördermaßnahmen einzuleiten und durchzuführen. Für die weiterzuführende Entwicklungsbeobachtung in dieser Förderphase können keine festen Vorgaben gemacht werden. Sie setzt Einfühlungsvermögen in die Kinder voraus. Hilfreich kann der Erfahrungsaustausch unter den Erziehern sowie zwischen Erziehern und Lehrern sein. Es ist zu beachten, daß an dieser besonderen Beobachtungs- und Förderphase nur die wenigen entwicklungsauffälligen Kinder des betreffenden Jahrgangs teilnehmen. Dabei geht es nicht um eine „Verschulung" des Kindergartens. Der Kooperationslehrer sollte aber auch hier eingesetzt werden. In schwierigen Fällen können Beratungslehrer oder Erziehungs- bzw. Bildungsberatungsstellen konsultiert werden (vgl. Schwerpunkt „Vom Umgang mit Kindern, die schwieriges Verhalten zeigen", S. 255f.).
- Etwa 2 Monate vor Beginn der Sommerferien sollte ein weiteres Gespräch zwischen Erziehern und Kooperationslehrern über die jetzt noch schulunfähig erscheinenden Kinder stattfinden. Aufgrund der hierbei zusammengetragenen und gewichteten Beobachtungen und Informationen kann der Kooperationslehrer eine Empfehlung über einzelne dieser Kinder aussprechen. Zur weiteren Absicherung kann dann in Einzelfällen die vorgesehene pädagogisch-psychologische Prüfung veranlaßt werden. Das Ergebnis und die Entscheidung über den weiteren Bildungsweg der Kinder ist mit den Eltern zu besprechen.
- Die deutlichen Fälle der Sonderschulbedürftigkeit werden im vorgeschlagenen Verfahren i. d. R. sichtbar. In diesen Fällen ist eine Überprüfung der Sonderschulbedürftigkeit vorzunehmen.

Die Entscheidung über eine vorzeitige Einschulung trifft der Schulleiter der Grundschule, der sie sinnvollerweise unter entsprechender Beteiligung des Kooperationslehrers, der das Kind kennt, vornehmen wird.

Die pädagogisch unerwünschte Ausschulung aus dem laufenden ersten Schuljahr sollte bei diesem Verfahren kaum mehr vorkommen.

Aufgrund dieses abgestuften, langfristig wirkenden Verfahrens zur Beobachtung und Förderung aller Kinder können Erzieher und Lehrer

- bei der Beratung der Eltern,
- über das Einleiten rechtzeitiger Fördermaßnahmen,
- für die Entscheidungsfindung bei Fragen der Zurückstellung, vorzeitiger Einschulung und alternativer Bildungswege sachlich fundierte Aussagen machen.

Die Erfahrung aus der Praxis der Kooperationsvorhaben bestätigt, daß das Einschulungsverfahren auf diese Weise für die meisten Schulanfänger ohne Belastung bei mindestens gleich guter Vorhersagewahrscheinlichkeit gestaltet wird. Zugleich wird die Diagnose für die „Problemfälle" intensiviert und auf eine breitere Basis gestellt, wobei die formalisierte Testanwendung auf relativ wenige Einzelfälle beschränkt bleiben kann. Förderung kann je nach örtlichen Möglichkeiten frühzeitig einsetzen und in der Anfangsphase der 1. Klasse kontinuierlich aufgegriffen werden.

Die folgenden *Anregungen zur Förderung der Schulfähigkeit* beziehen sich unmittelbar auf den Bereich des Kindergartens, hier besonders die zukünftigen Erstkläßler, und mittelbar auch auf die 1. Klasse der Grundschule.
Erzieher und Lehrer sollten hierbei einander beratend zusammenarbeiten. Ihre auf die Tätigkeit in verschiedenen Institutionen beruhenden Erfahrungen können gegenseitig befruchtend und ausgleichend wirksam werden. Die isolierte Funktionsförderung einzelner Fähigkeiten oder Fertigkeiten wird zugunsten einer Förderung der Gesamtpersönlichkeit des Kindes durch die Angebote im Tagesablauf zurückgestellt. Folgende Schwerpunkte sind empfehlenswert:

Im somatischen Bereich:
— Sinnesertüchtigung durch die ganze Persönlichkeit herausfordernde Aktivitäten.
— Förderung durch Rhythmik und Bewegungserziehung mit dem Ziel der Vermittlung des Körpererlebnisses, der zunehmenden Körperbeherrschung, der Harmonisierung der Bewegungsabläufe, der Vorbeugung gegen Haltungsschäden und dem Abbau von falschen Handhabungen, die schulisches Arbeiten erschweren (vgl. Schwerpunkte „Bewegungserziehung", „Rhythmisch-musikalische Erziehung").
— Bei deutlicher Dominanz einer Seite sollte bei manchen Tätigkeiten behutsam auch die andere geübt werden.

Im motivationalen Bereich:
— Kindergarten und auch die Schule sollten so weit als möglich auf die Interessen und besonderen Situationen der Kinder eingehen. Dies ist Voraussetzung für die Motivierung der Kinder. Das unmittelbare Anknüpfen an die grundlegende Familienerziehung ist beim Aufbau von Motivationen besonders bedeutsam.
— Verwirklichung der in den „Leitgedanken zur Arbeit in der Grundschule" vorgegebenen Grundsätze[87] für die Gestaltung der pädagogischen Arbeit, insbesondere des Anfangsunterrichts.

Im kognitiven Bereich:
— Programme (Mappen) sollten nur selten und für begründete kurzfristige Fördervorhaben eingesetzt werden.
— Die Kontinuität der Bezugspersonen erhöht die Wirksamkeit der Fördermaßnahmen, d. h., nach Möglichkeit sollte der Kooperationslehrer zukünftiger Erstkläßlehrer werden. Ist dies aus organisatorischen Gründen nicht machbar, sollte der ehemalige Kooperationslehrer nach der Einschulung der Kinder weiter Kontakte mit ihnen unterhalten.
— Entdeckendes Lernen, handelndes Begreifen, konkret-anschauliche Erfahrung und das Schaffen von Gefühlsbeziehungen zu Personen und Sachen sind grundlegende Lernverfahren in der 1. Klasse (vgl. Leitgedanken 1.2.2., 1.2.4.).
— Der Lehrer sollte die Leistungsbereitschaft der Kinder aufgreifen und seine Angebote, verbindlichen Ziele und Inhalte in Übereinstimmung mit dem kindlichen Entwicklungsstand und Leistungsniveau bringen.

Im sozialen Bereich:
Sozialerziehung in Kindergarten und Grundschule kann im Normalfall nur als Erweiterung – aufbauend auf der sozialen Erziehung in der Familie – verstanden werden (vgl. Schwerpunkt „Soziales Lernen"). Aus dem Blickwinkel der Kooperation Kindergarten–Grundschule rückt folgendes in den Vordergrund:

---

[87] Vgl. Bildungsplan für die Grundschulen in Baden-Württemberg. Lehrplanheft 3/77, S. 9–16. Neckar-Verlag Villingen-Schwenningen o. J. Diese Ausführungen zur pädagogischen Arbeit in der Grundschule und deren Konsequenzen für einen kindgemäßen Anfangsunterricht werden stellvertretend für andere Veröffentlichungen angeführt.

- Vermitteln von Sicherheit und Geborgenheitsgefühl durch Förderung der Integration in die (größere) Gruppe sowie durch Vertrautmachen mit Kindergarten und Schulatmosphäre.
- In Zusammenarbeit von Lehrern und Erziehern ist ein rechtzeitiger Abbau von Fehlhaltungen, die den künftigen Schulerfolg in Frage stellen könnten, erforderlich. Hier sind, ggf. noch vor der Einschulung, entsprechende Fachkräfte (Erziehungsberatungsstelle, Beratungslehrer) im Einverständnis mit den Eltern einzuschalten.
- Soziale Erziehung vollzieht sich primär durch Erleben und Vorbild, kaum durch rationales Antrainieren mit Programmen („Mappen", konstruierte Materialien).
- Die grundlegende Bedeutung positiver Sozialbeziehungen für den Aufbau von Motivation und die Initiierung von Lernprozessen sollte berücksichtigt werden.

Herkunft der Abbildungen

Gerfried Beck, Stuttgart: S. 130, 155.
Heinz Moos-Verlag, München: S. 150.
Photo Schmeiser, Karlsruhe: S. 138 unten.
Hartmut W. Schmidt, Freiburg: Einbandbild, S. 2, 16, 24, 32, 37, 42, 43, 50, 62, 86, 95, 100, 107, 117, 124, 134, 141, 142, 144 oben, 147, 164, 173, 178, 183, 187, 191, 194, 195, 201, 218, 223, 227, 232, 237, 249.

Walter Schnebele, Karlsruhe-Durlach: S. 140, 143.
Die Bildvorlagen zu den folgenden Seiten im Schwerpunkt „Ästhetische Erziehung" wurden von den Mitarbeitern zur Verfügung gestellt: S. 121, 122, 123, 125, 126, 127, 128, 131, 132, 133, 135, 136, 137, 138 oben, 144 unten.

Jeden Tag aktuell

Hildegard Schaufelberger
Märchenkunde für Erzieher
Grundwissen für den Umgang mit Märchen
Herder

ISBN 3-451-**20130**-5

Adelheid von Schwerin
Sprache haben – sprechen können
Hilfen für sprach- und sprechauffällige Kinder im Kindergarten
Herder

ISBN 3-451-**21068**-1

Die Bände der Reihe **praxisbuch kindergarten** vermitteln praktische Hilfen und neue Ideen für den Berufsalltag. Erfahrene Autorinnen und Autoren aus dem Kindergartenbereich helfen, auf Menschen und Situationen offen und differenziert einzugehen und aus dem Alltag keine Routine werden zu lassen.

Gabriele Haug-Schnabel / Barbara Schmid
ABC des Kindergartenalltags
Der Kindergarten von innen und außen gesehen
Herder

Sylvia Näger
Kreative Medienerziehung im Kindergarten
Ideen – Vorschläge – Beispiele
Herder

Ingeborg Becker-Textor
Mit Kinderaugen sehen
Wahrnehmungserziehung im Kindergarten
Herder

Fink-Klein / Peter-Führe / Reichmann
Rhythmik im Kindergarten
Erlebnisreiche Spielformen mit Musik · Bewegung · Sprache
Herder

Helga Müller / Pamela Oberhumer
Kinder wollen spielen
Spiel und Spielzeug
Herder

Armin Krenz / Heidi Rönnau
Entwicklung und Lernen im Kindergarten
Psychologische Aspekte und pädagogische Hinweise für die Praxis
Herder

Monika Wieber
Modell Eltern-Kindergarten
Möglichkeiten und Erfahrungen einer eltern-integrativen Kindergartenarbeit
Herder

Wolfgang Longardt
Leben im Jahreskreis
Frühling und Sommer im Kindergarten
Herder

Wolfgang Longardt
Leben im Jahreskreis
Herbst und Winter im Kindergarten
Herder

Ruth Blecksmann
Soziales Verhalten im Kindergarten
Die Praxis der kleinen Schritte
Herder

Hans Herbert Deißler
Alltagsprobleme im Kindergarten
Hilfen für ihre Bewältigung
Herder

Helga Fischer
Teamarbeit im Kindergarten
Dienstbesprechungen und Planung erfolgreiche Beispiele für die Praxis
Herder

Hedi Friedrich
Auf Kinder hören – mit Kindern reden
Gespräche und Spiele im Kindergarten
Herder

Hermann Große-Jäger
Freude an Musik gewinnen
Erprobte Wege der Musikerziehung im Kindergarten
Herder

Huppertz / Scholten / Tolksdorf
Der Kindergarten stellt sich vor
Praxis der Öffentlichkeitsarbeit
Herder

Renate Zimmer / Ingrid Clausmeyer / Ludwig Voges
Tanz – Bewegung – Musik
Situationen ganzheitlicher Erziehung im Kindergarten
Herder

Gerda Lorentz
Freispiel im Kindergarten
Chancen seines bewußten Einsatzes
Herder

Christine Merz
Im Kontakt mit Eltern
Ratschläge für die Elternarbeit
Herder

Renate Zimmer
Kreative Bewegungsspiele
Psychomotorische Förderung im Kindergarten
Herder

Alexander Sagi
Verhaltensauffällige Kinder
Ursachen und Wege zur Heilung
Herder

Ingeborg Becker-Textor
Schwierige Kinder gibt es nicht – oder doch?
„Problemkinder" im Kindergarten
Herder

Verlag Herder

Freiburg
Basel
Wien

Bücher für die Arbeit mit Kindern

Rolf Krenzer
Heut' spielen wir Theater
248 Seiten, kart. EK 0916

Rolf Krenzer
Die Osterzeit im Kindergarten
144 Seiten, kart. EK 0908

Rolf Krenzer
Die Pfingstzeit im Kindergarten
168 Seiten, kart, EK 0910

Rolf Krenzer
Die Sommerzeit im Kindergarten
254 Seiten, kart, EK 0917

Rolf Krenzer
Die Herbstzeit im Kindergarten
216 Seiten, kart, EK 0909

Rolf Krenzer
Weihnachten im Kindergarten
236 Seiten, kart, EK 0906

Rolf Krenzer
Einfaches Basteln und Werken mit Kinden
128 Seiten, kart, EK 0907

Rolf Krenzer
Deine Hände klatschen auch
256 Seiten, kart, EK 0920

Rolf Krenzer
Das wird ein Fest
128 Seiten, kart, EK 0918

Rolf Krenzer
Was können wir spielen?
Einfache Spiele für Spielstube und Kindergarten.
136 Seiten, kart, EK 0914

Rolf Krenzer
Wir könnten Freunde sein
Geschichten vom Streiten und Versöhnen.
180 Seiten, kart, EK 0915

Ich freue mich und springe
16 Seiten, geh, EK 0919

Ilse Jüntschke, Werner Böse
Im Kindergarten Glauben erleben
Anregungen und Hilfen für Erzieherinnen.
192 Seiten, kart, EK 2279

Felicitas Betz
Märchen als Schlüssel zur Welt
Auswahl und Anleitung zum Erzählen und Gespräch mit Vorschulkindern.
108 Seiten, kart, EK 0316.
Kaufmann/Pfeiffer

Religion für kleine Leute

Eine Bilderbuchreihe von Regine Schindler, die vier- bis achtjährige Kinder zu einer ersten Begegnung mit dem christlichen Glauben führt.
Je 28 Seiten, gebunden

Benjamin sucht den lieben Gott
Mit Bildern von Ursula Verburg.

Das verlorene Schaf
Mit Bildern von Hilde Heyduck-Huth.

Steffis Bruder wird getauft
Mit Bildern von Sita Jucker.

Pele und das neue Leben
Mit Bildern von Hilde Heyduck-Huth.

Helen lernt leben
Mit Bildern von Colette Camil.

Deine Schöpfung – meine Welt
Mit Bildern von Hilde Heyduck-Huth.

Martinus teilt den Mantel
Mit Bildern von Hilde Heyduck-Huth.

. . . und Sara lacht
Mit Bildern von Eleonore Schmid.

Christophorus
Mit Bildern von Eleonore Schmid.

Die Sterndeuter kommen
Mit Bildern von Hilde Heyduck-Huth.

Jesus teilt das Brot
Mit Bildern von Eleonore Schmid.

Zwei Ritter schließen Frieden
Mit Bildern von Antonella Bolliger-Savelli.

Sankt Nikolaus
Mit Bildern von Carola Schaade.

Gute Nacht, Anna
Mit Bildern von Ivan Gantschev.

Ein Apfel für Laura
Mit Bildern von Gisela Degler-Rummel.

Wohnt Gott im Wind?
Mit Bildern von Eleonore Schmid.

Verlag Ernst Kaufmann **Ein Programm für den Kindergarten**